明季黨社考

〔日〕小野和子 著

李庆 张荣湄 译

图书在版编目(CIP)数据

明季党社考 /（日）小野和子著；李庆，张荣湄译
. —上海：上海古籍出版社，2023.10
ISBN 978-7-5732-0763-0

Ⅰ.①明… Ⅱ.①小… ②李… ③张… Ⅲ.①东林党
—研究②明代历史事件—研究 Ⅳ.①K248.305

中国国家版本馆 CIP 数据核字(2023)第 149476 号

明季党社考

[日]小野和子 著

李 庆 张荣湄 译

上海古籍出版社出版发行

（上海市闵行区号景路 159 弄 1-5 号 A 座 5F　邮政编码 201101）

（1）网址：www.guji.com.cn

（2）E-mail：guji1@guji.com.cn

（3）易文网网址：www.ewen.co

常熟市人民印刷有限公司印刷

开本 635×965　1/16　印张 32.5　插页 5　字数 438,000

2023 年 10 月第 1 版　2023 年 10 月第 1 次印刷

印数：1—1,800

ISBN 978-7-5732-0763-0

K·3404　定价：158.00 元

如有质量问题,请与承印公司联系

再 版 前 言

　　《明季党社考》的中文译本，在本世纪初的 2002 年译完，2006 年由上海古籍出版社出版，其间 2013 年出过一个新的印本。一晃，前后已近二十年了。深感时光如白马过隙。

　　关于该书的主要内容、在明代研究中的地位以及翻译的原委，笔者在本书《中文译本前言》中已有说明，不赘。要之，本书虽以"党社考"为名，但并非中国传统意义上的单纯考订史实的资料性之作，而是在考订事实的基础上，探讨晚明历史的学术论著。出版以来，关于明代党社、晚明历史的研究，又有相当的展开。在新的形势下，重新校阅，觉得本书包含了不少值得进一步思考的闪光之处，因此不揣浅陋，简略述之，敬供读者参考。

　　其一，本书勾画了 16 到 17 世纪，欧洲现代资本主义政治理念进入中国之前，明朝的政争历史。比如在万历年间的"考成法"问题上，倾向中央集权的宫廷、内阁，与强调要注意实际状况的地方势力、反对派，展开过激烈的论争，做了各种各样的探讨和调整。（见第一章）对于宫廷、内阁、六部等中央政府和地方政府的关系，对于行政和监察部门的关系；对于处理边疆问题时"战"与"和"的方针选择，对于政府决策，决定"国是"当采取的方法等问题，"东林"诸子和反对势力，也进行过反复的议论和较量。（见第二、三、五、六章）明末面对农民起义、清军入关，复社和各地的知识阶层，也有过当采取何种方式的选择和争论。（见第八章）这些都涉及统治阶级的各个集团和不同社会阶层的利益冲突。

　　明朝是建立在儒家理念上的政权，在传统的中国文化基础上，当时没有能找到一种满足当时社会发展的政治模式。明朝灭亡，在景山上吊的崇祯皇帝自称："非亡国之君"，那么，明亡于什么？或云亡于"党争"，或云亡于"阉党"（小野和子语，见本书《终章》），或云亡于"农民起义"，或云亡于"清朝龙兴"，究竟如何？明清鼎革，清军用铁血手段，中止了探讨。但问题依然摆在中国社会的面前。明朝究竟是亡于"党争"，还是亡于其本身的构造？不值得我们深思吗？

其二，本书在探讨明朝党社的变迁中，关注到中国思想发展的深层脉络和各种思想存在的社会经济基础问题。

对于明末的党社、书院和思想的关系，书中论及江西一些书院和王守仁弟子、江南的乡绅和王学左派、安徽的紫阳书院和罗近溪的江右学派，江苏的虞山书院、浙东弃繻社诸子所具有的思想等等，涉及哲学思想和各地经济团体的关系。

至于东林、复社活动和王阳明思想中"知行合一"的任侠精神；明末的儒学家刘宗周的政治实践和理念；还有从强调天下"存亡危机"、主张"人主能为百姓之主""百姓亦长为人主之主"的李三才，到在抗清志士血痕和尸骨基础上，沉思挥笔写下《明夷待访录》的黄宗羲对于君主、家国、天下、民众的态度和思考；凡此，都涉及阳明学派所包含的合理因素以及局限，涉及现代的思想因素在历史实践中的展开。书中有关论述，其实重提了这样的问题：中国传统社会中有没有现代思想的因素，其走向又如何呢？

其三，该书采用了不少稀见的史料，勾勒了在明末大动荡时期的历史舞台上，各种各样的人物淋漓尽致的表演。

有显赫于庙堂、权势威重的帝王将相，如神宗皇帝、张居正，还有李三才；有寄身林泉却声震朝野的东林诸子，如顾宪成、高攀龙、刘宗周；鼎革时期的权臣马士英、阮大铖，和与之对立的史可法；还有众多史乘中不显其名的献身者，如浙东抗清的王翊、陆宇（燝）等等。

他们有的为自己的理念，不畏人言，厉行变革；有的因为观念不同，怒对权贵，以命相博；有的端正自持，授徒传教，有的剑及履及，身体力行;有的钻营自身利益,献媚求宠,苟且谋生;还有的投机于权势、党派和不同民族之间,首鼠两端,以满足私欲。

各种不同的选择,都和他们自身的经历以及独特的精神世界有密切关系。他们的取向,反映了当时的社会状态和价值判断。作者认为,在当时,"只说学问和道德救不了国家的灭亡","那时所需要的,不仅是知识性的、而且是有着'武'的实践所燃烧的热情"(第九章),是否如此呢?

分析这些人物,探讨这个时代知识阶层乃至一般市民的生存方式,有没有值得我们今天可参考的经验、可吸取的教训呢?

总之,这部著作,闪现着不少睿智之光,为中国政治历史、社会经济、思想文化研究,提供了新的资料、新的视角,新的线索。有其存在的学术价值。

当然,正如小野先生自己所说,她的著作只是从一个角度对晚明历史的论述,还可以有其他角度的研究。(见《终章》)对此态度,笔者非常赞同。历史的真实,对历史发展规律(当然现在有不认同此说者)的认识,需要从不同角度进行的理性探索,这并不是任何一部著作所能单独完成的。我们都处在一定的历史长河之中,只能做自己所能做的事情。

最后,说明一下再版经纬。此事缘于2019年5月底,接到小野和子先生的电话,谈及该书再版的问题,据说,国内其他的出版社也有再版的意愿。10月,我到上海,把这个情况和上海古籍出版社的朋友谈了,经出版社研究之后,觉得有再版的必要。鉴于近年来国内出版界对知识产权的重视,希望我和小野先生联系,再次明确授权。

为此,我又和小野先生联系,承蒙她一贯的热情态度,亲自和日本京都大学出版会联系,并又把自己的书面授权书寄给我,这样,有关版权的手续算是齐全了。

好事多磨,就在此时,新冠肺炎病毒肆虐,国内由封城而限制交通,国际上各国先后疫情爆发,世界受到百年未遇的冲击。故稍有迟缓。

本书出版以来，社会上有各种反应，大多予以肯定，也有指出不足或提出不同看法者。对所有的批评，作为译者，自当虚心听取。故这次再版，又校阅全书，做了若干文字上的修正改动。

限于水平，不妥之处，肯定存在，期待着方家批评指正。

李　庆

2020 年疫情中

中译本前言

这里呈献给读者的,是当代日本著名中国学者小野和子的代表著作《明季党社考》的中文译本。

(一)

这部著作,以明代万历年间到清初晚明政权覆灭的政治史为背景,围绕万历时期的张居正改革、立国本、三案,天启间魏忠贤的宦官专政,崇祯时期的各种矛盾,南明政权的党争等一系列重大政治事件,比较具体地考察了被称为东林派或东林党以及其后继者复社的形成过程,主要成员、主要见解,组织和人际关系。虽说题名为"党社考",但并非中国传统意义上的单纯"考证"之作,而是夹述夹议,可以说,是一部从党争角度描述的晚明史。

本书的内容,笔者认为在这样一些方面值得注意:

1. 关于张居正改革和山西商人的关系的考证研究。

在第一章中,对主张"款贡"政策、推进"隆庆和议"的王崇古、方逢时,特别是张四维一族和山西盐商的关系,他们在当时政治格局中的位置进行了探讨,从一个侧面,揭示了张居正改革和山西盐商财阀的关系,研究了张居正政权的社会基础。

2. 对《万历邸钞》编纂者的考证,以及对东林派和东林党主要政见的探讨。

《万历邸钞》的编纂者,过去一直未能确定。在第三章中,小野先生根据有关资料,对钱一本的卒年进行了考察,论证了《万历邸钞》的编纂者是钱一本。进而论述了该书反映东林派观点的性质,并以《万历邸钞》为基本资料,探讨了东林派的政治理念。

3. 对东林书院,以及晚明时期各地书院网络的形成、相互关系的论述。

在第四章中,以具体的资料,论述了东林人士逐渐增强了党派意识,成为"党"的过程。探讨了他们基本的政治理念和组织形态,介绍了有代表性的江南四大书院和全国四大书院的形成、沿革、主要的代表人物等。

4. 后半部的诸章,是对复社以及其成员和晚明江南地区的抗清运动关系的考察。

书中用相当的篇幅论述了围绕着拥立福王的东林派、复社和反东林派的政治斗争,从一个侧面揭示了南明福王政权的兴衰过程和党争的关系。此外,还对鲁王政权,特别是四明山王翊、王江的抗清斗争情况作了考察,注意到了这种割据状态在中国历史上的共同性。

以上的各项研究,资料翔实,不尚空论,具有独创性。

(二)

这部著作,在近代的明史研究中,有其独特的地位。

首先,看晚明党社研究。作者在序章中以及书中的其他地方,回顾晚明党社的研究历史,指出早在 20 世纪 30 年代以后,中国的谢国桢、朱偰等人就进行了有关的研究。此后,日本的岛田虔次、沟口雄三等,又从另外的角度进行了探讨。而关于文学性的社团,中国有郭绍虞、日本有横田辉俊等的研究。在后半部谈到复社时,特地介绍了井上进的研究成果。此外还介绍了大久保英子、南炳文等等的研究。她的著作正是在这些前人研究的基础上,进一步展开的。这是尊重历史,也表现了一个学者严谨的治学态度。

其次,如果我们把视野再扩大到整个明史研究,此书的地位也许就可以看得更清楚。

第二次世界大战以后,明史的研究,或许和国际汉学界的中国史研究计划有关,在国际上有相当的展开。如美国,狄百瑞(De Bary,

William Theodore)、贺凯(Hucker, Charles Oscar)等的明史研究,房兆楹等编的明代传记资料,《剑桥明代史》的编写,欧洲学者对《明实录》的研究,澳洲柳存仁等对明代民间宗教的研究等等。此外,从东西文化交流史的角度对明代的研究,有关利玛窦为代表的传教士和中国的关系由此而引起的中国文化西渐,对欧洲近代文明形成的影响的考察,有对所谓"大礼仪之争"的研究,有对晚明政权和罗马教皇关系的研究以及有关史料的发掘等等,显现出非常多彩的景象。

在中国的大陆地区,明史研究,在有关明初政治史、朱元璋的研究,有关明代农民起义的研究,以及关于所谓"资本主义萌芽"在中国的发生和发展的研究等等方面,以吴晗、郑天挺、傅衣凌、李洵等为代表,有相当的成果。黄云眉在《明史》的考证上,堪称独步。台湾地区,黄健彰等的对于史料的大规模整理,《明实录》的刊行,各种稀有史料的复制。以及海外黄仁宇的《万历十五年》等研究著作的出版等等,也非常热闹。

日本有关明代历史的研究情况,笔者已有文章作了介绍(见《汉学研究》第三辑,北京外国语大学,1999 年)。要之,以清水泰次、星斌夫、山根幸夫、岩见宏、滨岛敦俊等为代表的社会经济史的研究,岛田虔次、荒木见悟、山下龙二等为代表的思想宗教史的研究,蔚为大观,有兴趣者可以参见。在此就不赘述了。

以上研究者所持的历史观念并不一致,有的从马克思主义的唯物史观出发,有的根据魏特夫(Karl, A. Wittfogel)的所谓"征服王朝"的理论,还有的操着韦伯(Max Weber)的宗教和商业理论的刀法。从研究的角度而言,有的从横断面,即从地域或宗族的角度进行剖析,有的则纵向性地探讨中国近代发展的过程,但都对明代史的研究的展开作出了贡献。

应该说,在第二次世界大战以后,明代史的研究,取得了相当的进展。但是在日本,比较系统的晚明党争史的专著还是非常少。小野先生的这部著作正是在这样的研究环境中产生的,被称为是日本有关明代政治史研究的填补空白之作(参见岛田虔次的《序言》),决非偶然。笔者认为,此书在研究上有如下的特点。

1. 注重从经济的角度进行观察。如在论说中,指出了张居正改革的背景中,有着山西盐商的理性精神。又如,关注到东林派和新兴产业经济的关系,认为东林和复社的产生发展,和江南地区自明代中叶以后的商品经济的发展——特别是棉纺业的发展,以及棉花纺织品的运输有密切关系。

2. 注意思想结构的探讨。对张居正的改革和后来成为东林人士的反对派的主张进行了对照,认为他们的分歧,是改革派中对具体改革方法见解的不同,而不是改革和反对改革的关系。书中还对于当时党社人士的思想结构进行了探讨,注意到他们和当时阳明学的关系。尤其令人感到有新意的是,指出东林党人士虽然也强调儒学的纲常,但是,他们特别重视横向的联系、重视朋友关系。在这样的现象中,有着近代平等思想的萌芽。这堪称独具慧眼之见。

3. 注重从地域的角度进行研究。如作者从地域研究的角度,探讨了西北的马政和山西盐商大族的关系,东林和复社人士和地域宗族的密切联系,读来都饶有兴味。

总之,此书的总体把握和细部论说,打破了近年一些中国学者的研究过于拘泥于文、史、哲的区分,困于不同领域的狭隘感,无论在日本的还是在世界的明史研究论著中,都显现出一种从不同角度切入的立体感和独特性。

明史,尤其晚明史的研究,在清末以来近百年的中国,是一个带有悲愤色彩的领域。清朝的一些遗老,对于收集明末遗民的著述,表现出相当的热情。如罗振玉等对《楼山堂集》等的收集刊行,他们在自己忠心仕奉的清朝祖先的敌人身上,发现了某种和自己共鸣的思想情感。又,抗日战争爆发以后,有的学者也在明末的抵抗运动人士身上,找到了自己的思想寄托。这说明,那个时代,是一个令人动感情的时代,存在着跨越历史年代而引发人们思考的东西。而以上的现象,在中国文化史上,也实在是一个可以再进一步研究的有意思的课题。

如果说，已经译成中文的《剑桥明代史》(The Cambridge History of China Volume 7，Ming)、司徒琳的《南明史》(Lynn Struve，The Southern Ming，1644—1662)等著作，反映了近年欧美学者的研究成果，那么，加上小野先生的这部著作，我们对于世界上有关明代研究的主要研究成果，或许就可以有比较全面的了解。

（三）

伽达默尔《真理与方法》(Hans-Georg Gadamer：Wahrheit und Methode，中文本 384 页，洪汉鼎译，上海译文出版社，1999 年)说过这样一句非常深刻的话："一种真正的历史思维必须同时想到它自己的历史性。"小野先生是意识到这一点的。她在书中提到：现在或可以从另外的角度对此进行论说(参见日文原书 632 页)。对此，我由衷感到敬佩，这才是一个追求真理的学者的态度。

事实上，在这个领域中，对一些重要问题，确实存在着一些不同的声音。比如：

1. 关于万历帝的评价的问题。近年有好几种专著出版，从不同的角度进行了论说。黄仁宇的《万历十五年》、樊树志的《万历传》所描绘的万历皇帝的形象，与小野先生的论述就有着不同。

2. 关于东林党、复社的性质和代表什么阶层或社会集团利益的问题。这个问题，在中国"资本主义萌芽"问题的讨论中就被涉及，论争纷纭。最近，中国有的学者又提出"东林非党"论(樊树志，见《复旦学报》社科版，2001 年第 1 期，56 页)，对是否有所谓的东林党进行质疑。这也是一种不同的学术观点。

3. 关于以阳明学为代表的明代思想和中国现代思想的关系问题。明末清初的社会变动，是否是中国近代思想的挫折？小野先生在本书中，基本上是同意岛田虔次先生《中国近代思维的挫折》一书中的观点的。当然，众所周知，对此存在着不同的见解。

4. 在本书中，作者是站在东林派的立场上进行论说的，表现了明显的善恶判断。从撰著的角度说，也许不得不如此。然而，在现实的历史中,比如沈一贯、马士英等反东林的人士和东林派的善恶的区分,是否是这样的明显? 恐怕不无再探讨的余地。

任何的历史学家,总是用自己的理性的眼光追寻着历史的真实,而这理性的眼光——如果打一个不确切的比方,把这比作照射着逝去的黑暗的光源的话——其本身,也正是一定历史的产物。也就是说,这眼光的本身,也是需要进一步分析认识的对象,只有把握了其局限,才能更好地判断用它追寻得到的结果。

在此书的字里行间,我们可以感到作者身上自觉或不自觉地蒙上的时代氛围(思维模式、思想观点、价值判断等)的影子,有着作者追求民主的热忱和对理想政治的憧憬。我曾把这一感觉当面和小野先生谈过。也就是说,如果我们把此书放到作者写作时期的日本社会环境中去,放到作者思想成长的过程中,对有关的问题也许可以看得更清楚一些。

(四)

还应该谈一下的是作者小野和子先生本身。有关她在晚明史领域的研究情况,在岛田虔次先生写的前言和作者后记中已经有所介绍。笔者也曾写过一篇书评(载复旦大学日本研究中心《日本研究集刊》,1996 年第 4 期),读者可以参阅。

笔者想补充的是,小野先生除了晚明史领域以外,还在日本的中国女性史研究领域,有开拓性的业绩,所著《中国女性史》是这一领域的基本文献。在中国近代思想的研究中,也多有独到之见。她的研究,不仅在日本学界,而且在欧美也有相当的影响。2000 年,她被美国亚洲研究协会(Association for Asian Studies)授予亚洲研究杰出贡献奖(Award for Distinguished Contributions to Asian Studies)。

小野和子先生是一个非常热忱的人,在近年引起日本社会关注的"京都大学性骚扰事件"中,她仗义执言(见所著《京大矢野事件》,东京,印帕可特出版会,1998 年),或者可以说,这正反映了她善恶分明的性格和思想中理想主义的因素。

这次翻译,需要对书中所引用的近 600 条的中文资料进行原文复原和核对,这是翻译过程中最大的难关。为了商讨翻译的具体问题、查找资料,我曾两次到京都小野先生的住所打扰。承蒙她和她的丈夫、著名的中国近代史家小野信尔先生的热情款待。特别是 2002 年夏天的京都,少有的闷热,在摄氏 35 度的高温下,小野先生在自己的藏书楼中,找出多年前使用的书籍、笔记,和我一起查找。当发现一条资料时,她显现出的那种愉悦的情绪,深深地触动了我,使我久久难以忘怀。此后,她又冒着炎热,数次把有关的资料邮寄给我。没有她的鼎力支持,我不可能这样顺利地交出译稿。

和小野先生相识,已经有近十年了。2002 年,正值她七十大寿。在她的身上,我感到一种对学术的热忱投入,对后学、对朋友,对人的真诚。在商品交易观念横行的当今世界,这是非常难得的。我衷心地祝愿她健康,期待着她为日本的中国历史和文化研究,作出更出色的贡献。

(五)

最后,谈谈此书翻译的一些具体问题。

此书原是上海古籍出版社的卢守助先生和小野先生联系促成的。他们和我联系,希望由我负责翻译成中文,交上海古籍出版社出版。

当今中国,明代史研究在学界处于不太显眼的地位。而学界的风气,是重著述轻翻译(翻译是不被视为学术成果的)。在翻译中,是重西文轻日文。日文的翻译,又以文学作品为重。所以这本书会在中国遭到怎样的待遇,我很担心。尽管国内有些所谓的著作,只不过是生搬国外的研究框架;更有甚者,不仅重弹国际上研究者视为常识性的老调,甚至连用的资料都无新内容,还自以为是开天辟地的新发明。然而,这就是现实。虽说如此,我还是乐意地接受了上海古籍出版社朋友之邀,翻译这部著作。因为这样的工作总要有人来做。

本书所据的版本是日本同朋舍 1996 年的初刊本。全书的翻译工作量很大，经小野先生同意，我的妻子张荣湄也参加了。全书中第二、三、六、七章的正文翻译由张荣湄承担，余下的由我承担。最后，由我负责复核原引文，并对全部译文进行校对。

对于原书中的引文等，我们的具体处理方法如下：

日文原文中的正式引用文，全部查核原书，加以复原。

有些日文原文作引文，但显然是作者根据原文意译或说明的文字，则在中文中不再作引文。

在引文中，译者认为有误者，则根据中文原著改正，并用按语的形式注明。

一些夹在行文中的引文，一般也检核原文，加以校对，个别地方未能查出原文的，则按日文翻译，不作引文。

原书后有《东林党人名》，虽说是按日语的五十音图的顺序排列的，但鉴于对研究东林党甚有用，故仍其原样收录。而《人名索引》也是按日语的五十音图的顺序排列的，一般中国读者无法使用，经作者同意，删去。

本书的出版，得到上海古籍出版社的支持，谨表感谢。

译文错误在所难免，如蒙识者赐正，不胜感谢。

李　庆

2002 年秋 9 月，于日本金泽大学

序

明朝被说成是由于党争而亡的。当然,满族的入侵、农民的起义是最大的原因,这很清楚。而作为政权本身的问题来说,因不断的权力斗争,失去了应付时代变化的能力这一点也是不可否定的。这党争的一方,不言而喻是天子、内阁、宦官握有权力的一派,另一方则是竭尽死力斗争的东林党以及作为其后继者的复社成员们。东林、复社一般被称为东林派。小野和子这本书无疑对明朝末年政局中心的东林派思想、政治的党争——不仅仅局限在所谓官界、政界——进行了极其仔细、生动的追寻。

在本书之前,我本人特别关心的是东林派的党争和黄宗羲《明夷待访录》的产生有什么关系的问题。《明夷待访录》在中国政治史上,或在儒教政治史上,不用说是屈指可数的最高杰作之一。所谓的儒教政治理论,在这本书里得到了最大限度的展开。如果引用小野过去说过的话,那就是,这是“对父亲参加的东林党和黄宗羲自己参加的(复社、抵抗运动这些)政治运动的总结算”(小野和子《黄宗羲》)。他父亲黄尊素早就是东林派的领袖,因此而遭受到拷问凌辱,是死于狱中的“烈士”。《待访录》以后,整个清代,在政治理论方面,几乎就没有可看之作了。明末好不容易形成的“言论界”,也完全沉滞,就是说它消亡了也言不为过。

到了清末,受到欧洲民主主义、立宪主义的刺激,在试图发展儒教思想的同时,出现了改革的声音。此后呼唤起孙文革命论的康有为、梁启超的变法论,考虑其产生的形态,如果除去欧洲起源的诸要素,主要就是根据《明夷待访录》所明确表示或暗示的政治哲学和公羊派的历史哲学,也就是说,把继承了中国传统的儒教思想的发展,看作是它的骨架,那并不是什么困难的事。那就像除去所有佛教、道教的要素,就有可能把宋明哲学看作是儒教哲学的展开那样。

清末的改革运动,以"学会"和报界的网络包围了宫廷、官界、政界,控制了天子,将其卷入,光绪帝在其身边,不断地起用改革派。改革政治在中央落下帷幕的戊戌年光绪二十四年,即1898年7月御史文悌提出了严厉弹劾改革派巨头康有为政治蠢动的上奏文,其中有如下的一段,那首先是披沥自己对天子的忠诚之心,说:

> 忆昔乙酉之年在户部郎中任时,京察一等,蒙皇上召见于养心殿,亲闻圣训,命奴才谨慎当差,破除情面。奴才退,即以此八字镌刻图章,终身膺佩。是以奴才蒙恩外简河南知府,三年不受一人私书,京中故旧亦皆未尝以一字通问。服官京外三十余年,从不敢沾染陋习,与人结盟换帖,除幼年受业同学六人外,亦绝无拜上官举主为师,颇以此取怨招尤,不以为悔。盖深懔皇上破除情面训辞,亦由奴才四世祖鄂伯诺费扬武,在康熙年间见族人鳌拜乱政伏罪,因著有清文家训,令后世子孙首重寡交,永诚植党,赤心报国,勒石祠堂,奴才等世世守之弗敢违也。(《翼教丛编》二)

[ii]

在这文悌的上奏文中,无疑可以看到作为少数民族君临中国的满族所关注的东西,而其中尤其应当注意的是,在独裁统治权力下臣民的横向动态、平面结合是如何必须忌讳的这一点。

著者在论述东林派的党争时,时时指出,平等式的思考、志向,这是被所谓的党人自觉地、热情地追求的东西,而这种情况,是由明代独特的学问阳明学所带来的,或者说由其进一步激发起来的新风。在年轻时曾论说过阳明学左派历史展开的著者,确实是想到这些事实的吧。

[iii]

正如著者所指出的那样,对于张居正独裁的高压政治,言官这一中国独特的制度(设置有这样的官职：其所职掌的,如果要说的话也可以说就是点燃言论之火的职务)开始了抵抗,这是明末党争的开端,这党争被广泛看作是正义的,对我来说,这是特别应该重视之处。

也正如作者时时所指出的那样,言论自由(相对于权力的自由)在儒教里,至少在中国的儒教里,带有本质的意义。这一点是必须首先认识的。正如现在在中国史上已成为常识那样,张居正决不是无能或者邪恶的当政者。也可以说,作为当政者来,他是最有能力、爱国的、进步的政治家。只是他对于政策的实行,特别讨厌松懈散漫,效率低下,在这一点上,不受当时倾向于空疏的观念论,消极主义的官僚欢迎吧。这个问题不如说是所谓的政治手法问题。但是把这政治手法作为问题、攻击其刚愎自用时,涉及儒教政治哲学根本的问题自然就不得不浮现出来。这就是：政治为了什么,政权是为了谁,极端地说君主是为谁而存在的,是为人民才有君主呢,还是为君主才有人民,是不是像东林党的李三才所说"民为君之主"呢? 自然而然地就发展成为这样的问题,也就是说,离开了有效率实行政策这一最初的问题,成为原则性的议论。而如果站在这样立场来考虑的话,君主这一地位的继承,就不是根据儒教二大原理中"亲亲"原理来继承,即传子,子再传给其子;而是应根据"贤贤"的原理来继承,即是传贤,必须传给贤者也就是很明确的了吧。血统主义是应该否定的。黄宗羲在《明夷待访录》里当然并没有公开把皇位的血统主义作为问题。也没有触及此,只是在政治的根本部分,强调了传贤,不可失去由贤者到贤者这一精神。即使不得不把立足于"亲亲"主义的皇位继承作为现实问题时,在那样的场合,也仍设法不丧失传贤的实质,试图想以某种方式来弥补血统主义的不合理,这正是宰相被设置的意义和使命。为了强固安泰皇帝的独裁,明太祖废除经常对皇帝可能产生危险的宰相(也可说丞相)制度一事,对于儒教的政治制度来说,是无法挽救的失败。对于这一点,比什么都确实的证据,不正是那些宫奴(宦官)如何完全地夺取了实权,不得不甘心地受其颐使今日的(明末的)中央政府的现状吗? 这样,追究到根本之处,只能是不可忘记

[iv]

政治必须为人民这个大原则。大体上，臣和君两者之名不同，但实质是同一之物，臣是政治的分担者，在这一点上必须说那是与君主同格的存在。为了养士而设置的，是学校。但是古代圣王设置学校制度的宗旨，决不是仅仅为了养士。总的来说"治天下之具（根本性、具体性的各种方策）皆自学校出"。然而三代以降，天子一个人的是和非被强说成为公的是和非，而公天下的是和非都出自于朝廷，士则迎合朝廷所下达的是和非。于是学校成了为科举的预备校，士真正到了"有学术才能者到了与学校无关系而从草野间崛起的地步"。"要之，学校连养士这一功能也丧失了。这其间，学校变化了，成为书院。"书院认为非者，朝廷必以为是而赞扬，而书院认为是者，必定被作为非来加以侮辱。到了最后宣告其为伪学加以排斥，或采取废除书院的措施。所谓学校，是首都、各府各县所必须设置的（官立大学、公立大学），书院则是地方绅士们的凑资金而建的私立学校，或说是讲学机构。学校也罢，书院也罢，都不是设置教育大纲并据此进行教学的地方。学生或者书院的全体成员是作为高等古典学、儒教哲学学识的所有者而被确认，几乎所有的人，是有妻子，有时连孙子也有的有家庭之人。学校是学籍保管、教官训示和讲演等等的场所，书院则经常提出哲学、政治、社会上的问题，以与其他书院联合的形式，定期、非定期地举行演讲会（但是清代书院则不同）。值得注意的是，像这样书院的，或与书院同样的讲演会、学会林立，在东林派兴起前一个时代，伴随着阳明学的盛行已经风靡江南各地。于是每月一天，天子带着宰相、六部尚书（各省府的大臣）、御史等去太学（首都的大学），随弟子的行列听讲，接受指摘等等，地方也模仿起来，这种《待访录·学校》篇的构想就产生了。当然，书院，讲会的议论，是否像《待访录·原君》篇所说的那样露骨：

[v]

> 使天下之人，不敢自私，不敢自利，以我之大私为天下之大
> 公。……古者以天下为主，君为客，今也以君为主，天下为客，凡
> 天下之无地而得安宁者，为君也。……然则为天下之大害者，君

而已矣！向使无君，人各得自私也，人各得自利也。……而小儒规规焉以君臣之义无所逃于天地之间，……妄传伯夷、叔齐无稽之事。

也许不无疑问。但是，对这一点，正如本书深刻追寻，明瞭分析的那样，书院里的自由讲学风气，确确实实是以东林、复社为了言论自由的斗争为背景而酿成的。清朝末期，不管是地方规模，还是国家规模，在提起要求议会时，首先让人想起的，正是《待访录》的这一条。 [ⅵ]

在论说明朝末年之事时跳到了清末，话或许说得有点没有边际了，但请允许我再扯开一点，谈谈关于幕府末期日本的话题。那就是，断然否定黄宗羲最终未敢明目张胆否定的血统主义的，是日本的横井小楠这一事实。他被暗杀据说就是因为这一点。小楠本人以朱子学者自任，崇拜朝鲜李朝的朱子学大学者李退溪。但是他并不鼓吹"空疏的观念论"；热心于发展生产、贸易的政策制定，并让学校这一形态带有政治上独特的意义；称赞"废君臣之义，完全以公共和平为己"的乔治·华盛顿的政治，符合三代圣人之治的也是他。有人指出，他的主张与他恐怕连看都不曾看到过的《明夷待访录》的主张不谋而合。（《季刊日本思想史》37 号，1991 年，源了圆《关于横井小楠的学问·教育·政治—讲学和公议·公议思想的形成问题》。源氏明确地表示他自己对横井这一侧面的注意，是受到小野氏的东林—黄宗羲研究的启发。）

就《待访录》来说不能遗漏的还有一点，就是《原法》（法究竟是什么）这一章。那是作为《原臣》、《原君》后面的第三章而设立的。当然每个时代都有法律这样东西，而要之，那是"三代以下之法"，并不是为天下所设之法。正如"一代有一代之法"所说那样，那是为王朝利己主义而设的法。后世的法把天下看成是君主一家的私有财产，无非是要把天下藏在自家的筐箧里而已。古来所谓的"有人治而 [ⅶ] 无法治"（原是《荀子》的话），也许被视为在单纯形式的、表面的法律之上，好像还基于什么深远的道理，但自己不如想反过来说是"有治法有治人"。现在是"非法之法"桎梏着天下人民手足的时代,这种状态也许还没有被注意到。但决不是那么放置就是好的。他所说的"三代之法"的详细形象我尚未很清楚,总之是主张即使天子、宰相也不能逃脱的法律应该存在,这大概是肯定的。小野氏没有触及到这一方面,与其这样说,不如说过去几乎没有人谈到这个方面,而我则相信,这一点也是从明末党争中黄宗羲由体验取得的观点。

战后五十年在中国史的学术界里,明代是特别活跃的部分,但是研究几乎集中在社会经济史方面,而政治史领域,在日本几乎可说完全被闲置。在这样的情况下,只有一个人,一贯地在政治史,或者更应当说是在与政治史密切相关的言论史、知识人史等领域不断进行开拓,那就是小野和子氏。这里汇集了其成果的一部分,不能不说是填补研究史空白的一大快举。从这些汇集成的东西来看,不是可使人认识到中国是个怎样的言论之国吗——试与交战的日本相对比来看一下吧——东林派的主张,归纳起来,不就是可归结到没有言论自由就没有真正的政治这一点吗? 我们对于那些言论,又照例投以那只是空疏的空头议论这种千篇一律的嘲笑便了事,是否就好了呢? 对于坚韧不拔地解明了在我国完全被闲置了的中国史的很大一个方面的著者的这些努力,我表示由衷的谢意。

岛田虔次
1996 年 2 月

目　　录

序章 东林党研究史

一般认为,明王朝亡于党争。那是和汉代的党锢、唐代的牛李党争、宋代的新法旧法的党争相并列的激烈党争。从万历年间到南明政权党争,连绵不断,持续了将近半个世纪。为何会发展成这样激烈程度的党争呢? 这反映了和汉、唐、宋不同的怎样的历史发展阶段呢? 是否确如所说的那样,党争导致了明王朝的灭亡呢?

关于明末的研究,1950 年以降,无论在日本还是在中国,都有了显著的进展。在中国,以资本主义萌芽和农民起义问题为中心;在日本,则在对有关社会经济的各种实证性研究的同时,对乡绅支配的确立这一看法进行了理论化,这个时代,不仅被认为是王朝交替的时代,而且被作为是和时代区分相关联的社会整体大变动的时期。也是虽还未成熟,却是中国迈向"近代"的意识开始明确的时期。

确实,这个时代,商品经济发展很快,以长江流域为中心,所谓资本主义萌芽的商品经济有显著发展。这样的商品经济,把农村也卷入了,在这过程中,在土地集中,豪绅、特权地主势力膨胀的同时,失去土地的农民投靠到地主门下,或流民化,形成农民起义的后备军,里甲制下的农村社会秩序解体。在都市,反抗王朝不法掠夺,手工业者、商人和市民掀起了激烈的暴动。在"天崩地陷"、不稳定的气氛中,人们陷入了不安之中。这样,在社会整体面貌大变化的情况下,虽说必须探索适合于新的社会状况的新的社会政治体制,但是,在旧态依然的明王朝的统治体制下,看不到走出混沌的出口。

明末的党争,不言而喻,就是这种社会的整体性变动在政治领域的反映。党争的激烈性,无非说明作为其背景的社会变动的深刻性。

关于东林党的党争,在解放前的中国,就已经有谢国桢的先驱性研究《明清之际党社运动考》①和朱倓的实证性研究《明季党社研究》②。解放后,在展望中国近代的同时,注意到这一运动意义的,有思想史家侯外庐③。

侯外庐认为,和欧洲的情况相同,十六世纪,中国也产生了资本主义的萌芽,中国封建社会虽说是缓慢的,也进入了解体过程。其中,都市对农村的矛盾,货币经济对自然经济的矛盾,手工业从农业分离出来的矛盾激化,引起了各种各样的社会改革运动。侯外庐根据恩格斯在《德国农民战争》中所用的方法,分析这些运动,设定其担当者的社会阶层。也就是说,都市的社会层,被分为豪贵集团、中等阶级的改良主义集团(中等阶级反对派)和平民集团这样三个层次。他认为东林党的运动,是其中代表中等阶级反对派要求的,他们的自由讲学和结社,具有近代自由主义先驱的意义。与此相对,抗议宦官掠夺和逮捕东林党的都市民变,则带有平民反对派集团斗争的性质。

[004]　这样提出问题,虽未必能说带有实证性的论证,但在和德国农民战争相比较,把明末清初视为封建社会解体过程,把当时兴起的新的社会思想的展开置于中国早期启蒙思想的位置,这样新鲜的手法,和当时的资本主义萌芽的讨论一起,不仅对思想史,而且对整个明末清初的研究,指出了大的方向。

---

① 谢国桢《明清之际党社运动考》(商务印书馆,1934 年;中华书局,1982 年。本书页数据1982 年版)。
② 朱倓《明季社党研究》(商务印书馆,1945 年)。因本书入手困难,兹将目次列之:
　　一、东林党人榜考证
　　二、东林点将录考异
　　三、东林著述考
　　四、明季南应社考
　　五、明季杭州读书社考
　　六、明季杭州登楼社考
　　七、明季桐城中江社考
　　八、几社始末
③ 侯外庐《论明清之际的社会阶级关系和启蒙思潮的特点》(《新建设》一九五五年五月号)。

在侯外庐提出问题的基础上,李洵、左云鹏、刘重日等①,把东林党的运动,视作为非身份性地主和商人阶级、或江南地主和都市中等阶级联盟的党争。认为:在货币经济发展的情况下,皇族地主对货币的无止境的要求,派遣宦官进行非常的榨取,对此,没有特权身份的地主阶级和都市商人们就组成了联合战线进行对抗,这就是东林党的运动。他们要求的经济发展自由合法化、政权的开放、地主阶级的民主制等等,无非都是当时社会经济机构变化的反映。

这些观点,在中国,除了"文化大革命"的一段时期外,被以各种各样的形式继承着。1982年许大龄的论文②,也认为东林党是代表中小地主利益的,但他们中的一部分兼营工商业,所以站在和都市市民层以及下层农民比较接近的立场,他们的"工商皆本"、"惠商便民"等主张,客观上来看,也反映了当时新兴市民阶级的要求。但是,即使在这样的场合,许大龄也还没有忘记指出,东林党在敌视农民反乱这一点上,结果还是没有脱出封建地主阶级的范围这样的局限性。

确实,在"正人君子"汇集的东林党中,有着许大龄所指出的那样的保守的一面。强调东林党所具有的这一保守面,甚至认为有反动性的,是刘志琴③。刘志琴注意到在万历初年东林党人和张居正的对立,认为张居正的政治是追求"富国强兵"的革新,与此相对,东林党的"尊经重道",是想通过道德的复兴以强化封建专制主义的思想统治,在这样的意义上,不如说是保守的。 [005]

这其间,在日本,重田德提出的乡绅支配论给明清史研究以很大影响,在注意东林党人在地域社会中作用的同时,论及东林党思想的

---

① 李洵《东林党的政治主张——十六世纪末到十七世纪初的政治斗争》(《历史教学》一九五七年一月号)。

左云鹏、刘重日《明代东林党的社会背景及其与市民运动的关系》(《新建设》一九五七年十月号)。

② 许大龄《试论明后期的东林党人》(《明清史国际学术讨论会论文集》,天津人民出版社,1982年)。

③ 刘志琴《论东林党的兴亡》(《中国史研究》一九七九年三期)。

是沟口雄三①。沟口在拒绝"假说性的构图"的同时,也和刘志琴一样,把东林党的思想置于和张居正对立的位置上,但其所取的方法,和刘志琴正相反。也就是认为,在作为明朝统治基础的里甲制崩溃的情况下,张居正是在强化皇帝一元化的统治的方向上,抱着对国家的忠诚以对付危机,与此相对,东林党则在乡村中积蓄了力量的乡村地主方面,带着对乡村的忠诚,追求分权公治的君主主义。那是围绕着皇帝专制体制形式的广义的政治斗争,那些东林党人追求乡村秩序新的再编和强化。这一很长的论文,对陈龙正等东林党人士在地域社会的活动及其思想,进行了详细的分析,其周到的论点的展开和一直把清末都纳入视野的敏锐的研究,可认为对于东林党的思想,几乎已无再论说的余地了。

[006]　确实如沟口所说,在东林党人中,有着阻止权力向皇帝集中、追求分权公治的想法,关于地域社会的秩序,也有数量很多的言论,而且进行了各种各样的社会活动。但是,与此同时,这党争的主要方面,并不是地域社会层次的问题,而是在中央政局中和反对派的几乎是拼上性命的权力斗争,也是事实。为何统治阶级会有那样程度的分裂呢? 他们通过党争,批判谁,又主张什么呢? 那党争是以怎么样的形式展开的呢? 称之为东林党的实体,究竟是怎样的呢?

关于这样围绕着中央政治舞台的党争的过程,谢国桢的《明清之际党社运动考》以降,几乎没有汇总的研究,最近总算有了从政治史方面进行的研究。汤纲和南炳文共著的《明史》②,虽不是有关东林党的专著,但有关党争占有相当的篇幅,是关于东林党史的出色的概说。

还有,朱文杰的《东林党史话》③,是以东林书院为中心,追溯从万历初年到南明的党争史,也可以说是有关东林党史的最初的专著

---

① 沟口雄三《所谓东林派人士的思想——前近代时期中国思想的展开》上(《东洋文化研究所纪要》七五册,1978 年)。
② 汤纲、南炳文《明史》下(上海人民出版社,1991 年)。
③ 朱文杰《东林党史话》(华东师范大学出版社,1989 年)。

吧。朱文杰是在无锡东林书院长期管理文物而同时又进行研究的学者，他出色地整理了非常复杂的东林党和反东林党的历史，以平易的文笔，恰如其分地对东林党史加以描述。还有，王天有的《晚明东林党议》①，是在许大龄提出的问题意识基础上，对有关东林党的若干问题，东林党和张居正的改革、市民斗争、吏治、辽东战局、三案等问题的他自己的研究，汇成的一本书。虽说未必是抓住具体的题目，但在描绘出东林党史的整体上，是成功的。利用了北京大学所藏的丰富的文献资料，也是该书的一大特色。

本书从以上那些研究的积累中，受到大量的启示，试图把东林党和反东林党的党争史，在万历以后具体的政治过程中加以定位。有关东林党的史料极为庞大，和反东林党的关系，就如混成一团的乱丝，复杂到极点。本书在汇总过程中，再次深刻地感觉到研究的困难性。而东林党的研究，与其把运动作为整体来进行，今后更多的还是必须通过对党争具体过程的分析，来究明这个政治运动所具有的历史意义。本书汇总了笔者至今所写的若干有关东林党的文章和有关被称为小东林的复社的一些论稿，进而由作者再加写若干章，想要把在中央政局中的东林党的历史，和在东林书院、复社中集聚的在野政治运动联系起来进行论说。[007]

＊此外，听说台湾大学的林丽月写有《明末东林运动新探》，要作为有关东林党的专著准备刊行。期待尽早刊出。而其中一部分如下，已经发表：

1.《李三才与东林党》(《台湾师范大学历史学报》九期，1981 年)。

2.《阁部冲突与明万历朝的党争》(同上，十期，1982 年)。

3.《明末东林党的几个政治观念》(同上，十一期，1983 年)。

4.《"击内"抑"调和"——试论东林领袖的制宦策略》(同上，十四期，1986 年)。

---

① 王天有《晚明东林党议》(上海古籍出版社，1991 年)。

5.《东林运动与晚明经济》(《弘化学术丛刊》(一)《晚明思潮与社会变动》,1987 年)。

＊＊反东林派,有关反东林派的人物,有如下的一些研究:

1. 城井隆志《试论明末地方生员层的活动和党争——围绕提学御史熊廷弼的杖杀诸生》(《东洋史论集》第 10 号,九州大学文学部,1982 年)。

2. 同上,《万历三十年代沈一贯的政治和党争》(《史渊》122,九州大学文学部,1985 年)。

3. 同上,《明末的一个反东林派势力——关于顾天竣》(《山根幸夫教授退休纪念明代史论丛》上,汲古书院,1990 年)。

[009]

4. 金文京《汤宾尹和明末的商业出版》(荒井健编《中华文人的生活》,平凡社,1994 年)。

[010]

第一章　东林党和张居正

——以考成法为中心

　　东林党是在万历十年代到二十年代围绕国本论展开激烈政争中形成的,这将在第三章《东林党的形成过程》里作详细考察。在这政争中被排斥的人们,建立了东林书院,他们开始讲学是进入了万历三十二年(1604)的事。他们以东林书院为据点,结集在野人士,展开"遥执时政"般的活跃的政治活动,是在这以后的万历末年到天启初年的事。这些都是张居正死后的事。作为党来说的东林党,不完全与张居正的执政期重合。尽管如此,本章还是以东林党和张居正为主题,是因为无论从考虑东林党史,还是稍稍扩大到考虑明末政治过程,张居正的政治作为一个坐标轴都占据极其重要的位置之故。对张居正所实行各种各样的改革或者说财政改革,东林党到底占据着怎样的位置呢?

　　过去,王学左派思想家李卓吾,从张居正强烈个性和力量里,找到自己的力量的集中性表现,而称他为"宰相之杰"①。关于和李卓吾一起被认为是代表这个时代的张居正的极其有特色的政治思想和政治改革,至今尚未进行充分的研究②。近年来,在社会经济史领域,特别是围绕那个"丈量策"的研究,总算刚开了头。应该成为坐标的

---

① 李贽《焚书》一《答邓明府》。

② 关于张居正,作为综合传记有陈翊林《张居正评传》(中华书局,1934年),杨铎《张江陵年谱》(商务印书馆,1938年),朱东润《张居正大传》(湖北人民出版社,1957年),唐新《张江陵新传》(台湾中华书局,1968年)等。关于土地丈量有西村远照的《张居正的土地丈量》上,下(《东洋史研究》三十卷二、三号,1971年),川胜守《中国封建国家的支配构造》(东京大学出版社,1980年)

张居正的位置,还未确定,而作为探讨这个问题的一个方法,我将这样着手:通过考察被收录在吴亮《万历疏钞》弹劾张居正的文章,从东林党的角度来看张居正,从而明确两者的对立点。

《万历疏钞》,正如第三章第一节《万历邸钞》和《万历疏钞》将要说到的那样,东林党人参与了该书的刊行出版,那是从东林党方面追踪万历政治史的极好资料。当然,说到张居正执政时期被采录的奏疏,很多不是东林党自身的文章,而是编者吴亮们所选的。还有,从时期来说,那是从万历三十年代中期这一特定时间被选出的文章,张居正名誉恢复以后的评价的变化没有被包括在内①。

作了这样的限定后,张居正和反张居正政治斗争的焦点,通过东林党这一过滤装置,两者的对立,也许就可能鲜明地而且是同时代性地被呈现出来。因为与张居正敌对的一方的人,是冒着生命危险,来明确地说明为什么对张居正采取敌对态度的。这正是我特意用党派方面的见解来看张居正的理由。

[012]

第一节　张居正的考成法

（一）

在张居正进行的行政改革中,《万历疏钞》所收录的张居正反对派的疏奏激烈攻击的就是考成法。因为这与《万历疏钞》所一贯主张的"开通言路"相对立,是触及到两者所设想的政治体制形态根本之处的问题。

---

① 例如,到了天启、崇祯年间,为恢复张居正名誉而努力的正是东林系统的人。《明史》二一三,《张居正传》有如下所记述:"终万历世,无敢白居正。熹宗时,廷臣稍稍追述之,而邹元标为都御史,亦称居正,诏复故官,予葬祭。崇祯三年,礼部侍郎罗喻意等讼居正冤,帝令部议。复二荫及诰命。十三年,敬修孙同敞请复武荫。并复敬修官。……尚书李日宣等言,故辅居正,受遗辅政,事皇祖者十年,肩劳任怨,举废饬弛,弼成万历初年之治。其时中外乂安,海内殷阜,纪纲法度莫不修明,功在社稷。日久论定,人益追思。帝可其奏,复敬修官。"

关于"开通言路"，因为要在第三章论述，这里就不详述了，仅在必要时涉及。

言路，如字面所述，就是言论的渠道，"开通言路"，则是扩张这渠道，从下到上听取舆论，反映到政治上的意思。这种场合所谓的言论，与一般意义上的言论相比，首先是指言官的言论。所谓言官，就是以言论为职责的官僚，也就是这个时期的六科给事中和御史，也被称为科道官、台谏。这些言官主要是通过对官僚的弹劾，对政治进行监督。因此，"开通言路"，狭意上是指保障言官的言论＝政治批判的自由，并使其积极地反映到政治上。然而，所谓言路并不是到此为止。正如太祖的《卧碑文》《大明会典》所表明的那样，明朝的制度，[013]不仅言官允许发表言论，只要与天下国家利益有关，即使是草莽匹夫也允许上言。因此，在广义上，就是广开言官以外的言路，活跃言论＝政治批判，这就是他们所说的"开通言路"的内容。那或许也可以说，就是通过最大限度扩大从下到上，或者说是从地方到中央的言论渠道，试图改革政治。以下所述的张居正的考成法，与东林派这样的政治构想是完全对立的。

张居正考成法的构想在《陈六事疏》中已经提出，其实际施行是在坐上首辅之位的一年后，万历元年十一月①。这里首先根据他的《请稽查章奏随事考成以修实政疏》，来看看考成法的概要。

张居正在指出近年以奏章表述的意见颇多，但是即使批准了，只不过通知到地方，并没有什么政治上的实效之后，作了以下的提案。

> 请自今伊始，申明旧章。凡六部都察院，遇各章奏，或题奉明旨，或覆奉钦依，转行各该衙门。具先酌量道里远近，事情缓 [014]急，立定程期，置立文簿存照，每月终注销。除通行章奏不必查考者，照常开具手本外，其有转行覆勘、提问议处、催督查核等

---

① 《神宗实录》十九，万历元年十一月庚辰。还有第7页注②陈翊林前揭书以及朱东润的前揭书将此置于六月，大概有误。

项,另造文册二本。各注紧关略节及原立程限,一本送科注销,一本送内阁查考。该科照册内前件,逐一附簿候查,下月陆续完销。通行注簿,每于上下半年缴本,类查簿内事件,有无违限未销。如有停阁稽迟,即开列具题,候旨下各衙门诘问、责令对状。次年春夏季终缴本,仍通查上年未完。如有规避重情、指实参奏。秋冬二季亦照此行。又,明年仍复挨查,必俟完销乃已。若各该抚按官奏行事理,有稽迟延阁者,该部举之。各部院注销文册,有容隐欺蔽者,科臣举之。六科缴本具奏,有容隐欺蔽者,臣等举之。如此月有考、岁有稽、不惟使声必中实,事可责成。而参验综核之法严,即建言立法者,亦将虑其终之罔效,而不敢不慎其始矣。致理之要,无逾于此。(《张太岳集》三八,上海古籍出版社,1984 年,以下同)

[015]

如根据张居正的提案,六部、都察院的上奏,得到皇帝批准后的事项,在通达到各关系官厅的同时,视问题的紧急程度、地方的状况,要预先设定期限,每月末进行点检。在这种场合,必要之处,要另外作账簿两册,记入问题的概要和期限,这两册账簿一册送六科,一册送内阁。六科对这些的执行情况进行调查,下个月记入账簿,每半年对是否严守时限进行再确认。对拖延之项,则追究其责任,季末时参奏。如果巡抚、巡按等官拖延执行,由六部进行揭发,六部、都察院有问题时,由六科进行揭发,六科有问题时,由内阁进行揭发。官僚的考成即工作的评定,以此为基础来进行。这样做的话,每月、每年都要确确实实进行点检,地方官厅将会意识到执行政策的责任,无责任的议论也就可能会消失。

对此,神宗批准如下:

卿等说的是。事不考成,何由底绩。这所奏都依议行。其节年未完事件,系紧要的,着该部院,另立期限,责令完报。若不系钱粮紧要,及年远难完的,明白奏请开除,毋费文移烦扰。(《张太岳集》三八)

当时神宗只是十岁的少年。不用说那是首辅张居正票拟的。

由张居正积极推进而公布的考成法，乍看，似乎只是事务手续的 [016] 变更，实际上并非如此。最大的问题点在于"抚按官有稽延者，该部举之；各部院有容隐者，科臣举之，六科有容隐欺蔽者，臣等（内阁）举之"这部分。这就使得从来单单作为君主的顾问官，法制上什么权限也没有的内阁，成为了站在官僚体制的顶点部分的官员，给予法制上的位置，并明确成为在行政上最终责任的所在。但是其责任，仅是对皇帝一个人，与对议会负责任即所谓的责任内阁是完全不同的。还有内阁也不是统括六部的。

在这样的内阁之下，六科、六部、都察院各个都被系统化，最终受到了内阁的监督。六科给事中、御史，作为言官，丧失了甚至对君主权都具有的拒否权或者监察权，都被放到了内阁的监督之下。这样的话，他们也就不会有弹劾的自由了。就会如"科道欲论一人，荐一士，则先送辅臣揭帖，名曰请教。吏部衙门推一官，行一事，亦先送辅臣揭帖，名曰说阁"①所说的那样，一切的人事、行政，将在内阁的独裁下进行。考成法无非就是要通过使内阁对于六科给事中、巡按官的监督权法制化，明确地把权力集中到内阁。

《万历疏钞》收录的很多上疏，是强烈非难在这考成法之下的内阁独裁和对言论＝政治批判的压制。以下想以考成法为中心，看看对张居正批判的展开。 [017]

（二）

围绕言路问题，最初与张居正对立的是言官、户科给事中赵参鲁。时间是万历二年十一月②。

赵参鲁③，字宗傅，浙江鄞县人。这年神宗的亲生母慈圣太后，为了祭祀碧霞元君想支出内帑五万两，他对此进行抗议而与政府对立，

① 马应图《群臣阿附成风稽祖制以安社稷疏》（《万历疏钞》六）。
② 《神宗实录》三一，万历二年十一月丙申。
③ 《明史》二二一，本传。

说这内帑只该用于救济贫民之事。太后是张居正任首辅的后盾,大概张居正有所活动,不允许进行这样批判。

同一年,发生了南京的宦官张进酒醉后殴打给事中王颐的事件。正如第三章所要论述的,给事中虽是七品小官,但作为言论责任的担当者,其地位是极高的,有时甚至站在与尚书对等的地位。政治批判的言论被重视理由就在此。虽说是酒醉,宦官殴打给事中这事,还是被认为是对言路的重大侮辱。给事中郑岳、杨节等相继站出来谴责,不能容忍。由于张进是和宦官冯保勾结的另一宦官申信的同党,因而他们被阻止。而冯保是张居正就任首辅的后盾。因此赵参鲁在指出这一点同时,陈述了侮辱当为“朝廷耳目”的言官,这一事态的重大性而要请给予严罚①。但是,由于这件事赵参鲁被降了五级,贬至高安典史,郑岳等也各自受到夺俸的处分②。张居正这时给南京都察院的都察御史写了信《与南台长言中贵不干外政》,说:

> 张进本一火者耳,酒泼放肆,送内守备笞挞之,革其管事,法如是足矣。即下之于理,亦不过问拟不应止耳。而纷纷论列何为者哉?且凡台谏交章,必相与争,国家大事,关系理乱安危者,今以一酒醉内官而南北台谏哄然并论,又何为者?……然此非台谏诸君之过也。闻有一二大臣,觊铨台而不得者,播其说于南中。(《张太岳集》二六)

他认为:作为对言路的侮辱而谴责酒醉的宦官的暴力行为是对吏部人事不满者的阴谋,故采取了无视的态度。但是,反对派把对言路的侮辱和镇压言论即政治批判相关联,采取了这是与“国家”的“理乱安危”有关的“大事”的态度。

接着批判张居正的,是同样为言官的南京给事中余懋学③。他在

[018]

---

① 同上以及同前页注②。
② 《神宗实录》三二,万历二年十二月辛丑。
③ 《明史》二三五,本传。

张居正把白燕白莲作为祥瑞献给神宗,并在奉上《白燕白莲颂》时,指出,现在旱灾时献上这样的东西,是作为大臣不应有的行为,对此进行了批判。这时连宦官冯保也认为"主上冲年,不当以异物启好玩",加以反对。随后余懋学说了前述宦官申信的不法行为,要迫使他辞职。

余懋学对张居正的全面批判,是在《陈五议以襄化理疏》(《万历疏钞》一)中。被说成是"当江陵(张居正)盛时,无人能指议,公首白发之"①。那是万历三年二月的事②。在这个上疏里,作为当时的政治问题,他指出了五点:一,考成法实行的结果,政治一味地流于冷酷,而国家的元气丧失。当"存敦大之风"。二,应该开言路,欢迎政治批判。即当"亲謇谔"。三,当赏罚分明,慎重对处宦官的要求。即当"慎名器"。四,轻易变更祖宗之法会助长混乱。即当"戒纷更"。五,内阁(即张居正)不应胡乱称赞司礼监(冯保)。即当"防谀佞"。虽没有提出张居正的名字,但这五条都与张居正有关,任何人的眼睛都看得清清楚楚。第二条特别说到了最近屡屡降斥"戆直之臣",把"敢言之士"外迁(转任外省)的状况,提出对言官的言论还是应该宽容处置。即使有逆耳之言,也不可因言论而加以处分。这是对曾为言官的赵参鲁受处分一事的抗议。由于这个上疏,余懋学受到了削职的处分。 [019]

余懋学,字行之,婺源人。由于这一处分而回老家,归途中,遇到围绕徽州绢丝负担的纷争。关于这个纷争,夫马进在《明末反地方官士变》(《东方学报》第 52 册,1980 年)有所介绍。本来由歙县负担的徽州府的绢丝,要让其他五县来分担。对此,五县的人奋起反对,这就是所谓的"士变"。余懋学作为婺源出生的人当然感到"事切痌",还由于"父老逼迫"③,给徽州府知府写了信,进行交涉。在接着发生的大众抗议行动中,婺源方面被返回了绢丝分摊部分,纷争取得胜

---

① 撰者不明的《皇明文海》四,焦竑《余懋学传》(关于《皇明文海》,参照拙著《永青文库藏皇明文海》,《东方学报》三六册)。
② 《神宗实录》三五,万历三年二月庚辰。
③ 康熙《婺源县志》十二,艺文,余懋学《豁释绢丝大辟疏》:"万历三年因疏陈操切等五事,忤故大学士张居正奉旨为民。臣过原籍郡城,适歙县与婺源等五县争议绢丝,臣婺人也。事切痌瘰。又以父老逼迫。致书知府萧敏道。劝其仍旧贯,相安无事。"

利。但是在这期间,张居正插了手,想把余懋学打成"士变"的首谋者①。这个策谋虽未得逞,但代之以逮捕了绢丝的指导者程任卿,并因张居正憎恶余懋学之故,受到了斩罪那样重的判决。十多年后,余懋学在《豁释绢丝大辟疏》(康熙《婺源县志》十二,艺文)中,说明了这期间的情况,详细诉说了程任卿们的无辜。提出把绢丝转嫁给婺源是不恰当的,发展到激变的事,是可得到谅解的。而且他们"止喧攘,并未打夺",当局以正当的"持议为倡乱",是由于对于他的憎恶而采取的一种个人报复,难以承服。程任卿因此而被减为戍刑。像余懋学这样,在乡里接受父老请愿,为地域社会的利益的辩护,对"士变"也寄予同情的人物,在中央切开了批判张居正的火口,这一事实应当加以注意。因为从这儿可看到地域社会的领袖和张居正的对立②。

[020]

几乎在同时,这一年的十二月,河南道御史傅应祯批判张居正了。

傅应祯③,字公善,江西安福人。隆庆五年进士。和下面将要讲到的刘台一样,是这一年任试官的张居正的门生。他的《陈肤议以光圣治疏》(《万历疏钞》一),由一重君德,二苏民困,三开言路,这三项构成。

"重君德"是说君主应该好好反省。其中他陈述了三不足之说。他说,现在尽管天变地异发出警告,神宗好像无事一样连反省的诏书

---

① 同前页注③。"居正方未释憾于臣,又入歙人之诉。见有干碍豪右宦族之旨,遂欲因是以入臣罪。致书故巡抚御史胡执礼谓,前尚宝司卿汪文辉与臣首事。其党都御史王篆则移书巡按御史郑国仕谓,得居正书,指臣与乡人知府洪垣首事,俱令置臣重典。(殷)正茂亦自致书本府,有二少年为之之语,亦指臣与文辉也。盖文辉曾与正茂往复辩论,而洪垣则休人攘闹之时,偶在彼县。居正与篆二书。虽以二臣并论。然重处之意。实独在臣。"

② 这样考虑时,就产生了如何认识代表歙县利益的帅嘉谟这一问题,帅嘉谟运动的殷正茂是张居正一边的人,本来的话,是歙县这边,想把王朝与县之间的矛盾,转嫁给其他五县,从大的方面来考虑,或可以说是王朝和徽州府之间的对立,以府所属县之间相互对立的形态表现出来。

③ 《明史》二二九,《傅应祯传》。《皇明文海》七六,邹元标《傅应祯状》。

也不出，或是天变地异不足畏吧。派宦官到真定府课税，违反祖宗之制，或是把祖宗之制作为法，不足畏吧。言官朱东光批判神宗的奏疏被留中，或是言论不足恤吧。正是这三不足之说，王安石误了神宗。很明显这是对张居正的挑衅。

其次，在"苏民困"中，他说，神宗即位就早早发出钱粮蠲免令，但作为蠲免令没有发挥其作用。神宗在即位的同时，发出了全额免除到隆庆元年为止的未纳税粮，免除从隆庆二年到四年未纳钱粮三成的诏书，但是完全没有达到效果。因为在五谷丰盛之年才总算刚够到纳钱粮的程度，想要追溯征收是不可能的。近来，实行考成法（稽查章奏），滞纳作为官僚的责任来被追及，成绩不好的抚按官要被参奏，知府要被降调，他们必然就拼命征收滞纳的钱粮。 [021]

> 中材之士，身家之念重而为民之念疏，钱粮一日未完，则俸一日不开，俸一日不开则罪谴一日未释。彼之处心积虑，设法杖并者将无不至，而民之椎膏折髓，彼暇顾哉！盖朝廷以此责成抚按，抚按以此责成郡县，其取盈于民者，亦势也。（《万历疏钞》一）

这样对官僚管理体制强化的结果，反而是强化了对民众的收夺。三成的钱粮蠲免令，意味着对三成以外的七成毫不宽恕地征收，与其说是蠲免令，实质上起着对三成以外七成的征收令的作用。这样民众陷入越来越苦的地步，只能落到像无家可归之鸟那样流离失所。傅应祯的意见是，除了必不可少的金花银以外，应该全免。这样考成法的结果是对民众苛刻的收夺这一点，实际上张居正自己也是承认的。万历四年七月的《请择有司要蠲逋赋以安民生疏》里，对滞纳钱粮的追征和考成法的关系，作了如下叙述： [022]

> 近来因行考成之法，有司官惧于降罚，遂不分缓急，一概严刑追并。其甚者，又以资贪吏之囊橐。以致百姓嗷嗷愁叹盈间，咸谓朝廷催科太急，不得安生。夫出赋税以供上者，下之义也。

怜其穷困,量行蠲免者,上之恩也。于必不可免之中,又为之委
曲调处,是又恩之恩也。今乃不知感戴而反归过于上,则有司官
不能奉行之过也。(《张太岳集》四十)

这样,张居正虽然也承认考成法的结果是强化了收夺体制,但认为这
不是考成法的责任,而是执行官员方面的责任。钱粮的纳入是"下之
义",即人民的义务,蠲免是"上之恩",即朝廷的恩情,民众应当以认
识到其义务,感谢恩惠的做法,来对待这事。借用张居正自己的话来
说,应该以"安静宜民"的方法,而不是以征收钱粮多寡,只有用那样
的行政方法,才能成为官僚的考成,即公务评定的基准。就在下一年
春天,正遇到评定外官公务的时期。对于这一公务评定,他进一步
说到:

[023]　　　　抚按以此(安静宜民)核属官之贤否,吏部以此别抚按之品
流,朝廷以此观吏部之藻鉴。若抚按官不能悉心甄别而以旧套
了事,则抚按官为不称职矣,吏部宜秉公汰黜之。吏部不能悉心
精核而以旧套了事,则吏部为不称职矣,朝廷宜秉公更置之。

如这里所说的朝廷,事实上是指内阁的话,这样就是以内阁监察吏
部,吏部监察抚按,抚按监察属员的形式,最终监察权就由内阁掌握
了。如将在第三章所说那样的,这和东林党人士所说的,言官在代辩
"天下为公"即舆论的同时,向中央行使监察权,而且追求其独立性,
是完全相反的方向。这样的话,地方官当然迎合内阁的意向,就必然
拼命征收作为人民义务的钱粮了。谷应泰所说的"以征解为殿最"
(《明史纪事本末》六一,《江陵柄政》),指的就是这样的事态。经常
被提到的张居正时代的国库充实,正是在这样的考成法体制下方始
成为可能的。

让我们再回到傅应祯。他主张的第三项当"开言路",把君主、臣
僚和言官的关系以人的身体作比喻。

君象元首，臣象股肱，而台谏者则又朝廷之耳目咽喉攸系
也。耳目稍有所壅蔽，则聪明弗广，咽喉稍有所扼塞，则气脉不
宣，台谏一不得其职，其为元首之害匪渺鲜矣。是故圣王赏谏
臣，非利之也，盖人君威如雷霆，而中材之士率多畏死惕威，使不
有以作其敢言之气，孰肯批逆鳞犯忌讳以蹈不测之惨哉？况不
惟无以赏之，又从而搏击之，褫其爵而降其等，彼执守未定者藉
口于上之不乐闻过，遂相率以隐默为高脱，有奸恶起而播弄其
间，人主何由得闻？不惟自聋瞆其耳目，而断塞其喉舌也哉！
（《陈肤议以光圣治疏》，《万历疏钞》一）

[024]

　　他在叙述了作为天子耳目官、言路的任务重大性后，指责了最近
对言路的弹压。先是宦官张进侮辱言官，那是对朝廷耳目的侮辱，然
而弹劾这件事的赵参鲁被左迁。胡执礼批判征发马匹，赵焕、侯子赵
等进谏课税的上疏被束之高阁。上陈五事的余懋学受到禁锢的处
分。赵参鲁、余懋学等由于批判政治之故而被清洗，很明显是对言路
的弹压，缙绅无不切齿扼腕。他们这样主张，是希望被处分的言官们
能复归①。
　　这三项无疑都是对张居正的批判，特别是引用三不足之说，认
为是王安石让神宗失误的，对张居正来说是有刺激性的。傅应祯
立即被下了诏狱，受到了严厉的拷问②。通常的拷问是"打着问"，
对他的拷问是罪加一等的"好生打着问"。"好生"，是"足足地"的
意思。据说这拷问以后，被流放定海的傅应祯，被说着"正由于先
生您要求全免未纳的钱粮，才使得我等小民得以活命"的欢迎民众
拦阻于道。

---

① 《神宗实录》四五，万历三年十二月乙酉之条，可看到这个上疏，但这记事的内容被极其
　简略化，失去了批判张居正的意思了。以下刘台的上奏，稍稍详细一些，但也失去了批
　判张居正的意思。这样的情况也许与后面所述的张居正对历史编纂施加的压力有关。
　而与之相对照的是，《万历疏钞》中，那些奏疏被很详尽地收录着。
② 厂卫的拷问有三个阶段，"打着问""好生打着问""好生著实打着问"。见《万历野获
　编》二一"镇抚司刑具"。

第二年,万历四年一月,这次是傅应祯的同乡朋友巡按御史刘台指名批判张居正①。他的上疏《悬乞圣明节收辅臣权势疏》(《万历疏钞》一八)达五千字,调子极为激烈。他针对张居正受到非难就说"我守祖宗之法",总是以依据祖宗之法为自己辩护的论法,反过来,

[025]　激烈驳斥其向内阁集中权力。

在疏中,他全面批判考成法。据刘台所说,祖宗之法,内阁不过是君主的顾问官。关于言官上陈的问题,部院题复,抚按官颁布施行是惯例。然而考成法实行的结果,一切上奏抄写两份,不仅送六科还要送内阁,内阁对六科压力被强化,言官变得不敢批判政治了。

[026]　　　　抚按延迟,该部举之。该部隐蔽,该科举之。该科隐蔽,阁臣举之。夫部院分理邦事,举而劾之,其职也。科臣封驳奏疏,举而劾之,其职也。阁臣例无印信,衔列翰林。翰林之职,止备顾问,不侵政事,祖宗制也。居正创为是说,不过欲制胁科臣,总听己令耳。夫巡按回道考察,非大败类者,常不举行,盖以选之既精,任之既专,诸臣自知顾惜名义,不至狼狈大甚。且都察院于各御史有统无属,不欲重为摧挫之钤制之也。近日御史俞一贯,不听指授,调用南京。凡在外巡按御史,垂首丧气,莫敢展布,所畏者科臣耳。居正于科臣,既啖之以升迁之速,又恐之以考成之迟,谁肯冒锋刃舍爵禄,而尽死言事哉。(《万历疏钞》一八)

巡按御史本来被授予以相当的权力,巡按各地,进行监督。各都察院未必有统属关系,无非是要保障言论,即政治批判的自由和监察权的独立性。六科通过诏书的封驳,得以对君主的决定行使拒否权。然而张居正实施考成法,变成为对于抚按有六部,对于六部有六科,对于六科有内阁,加以监督,结果是权力集中于内阁,丧失了监察权的独立性。不管御史还是给事中,都已经放弃了言论的责任。在这

---

① 《明史》二二九,本传。

种情况下，言官余懋学、傅应祯代言"天下所共知"即天下之公，批判张居正而受处分，其他因逆张居正之意而被左迁者也不少。"古用其言论"而使出世，"后世不用其言，反当罪"。即使当罪，也要冒着危险进行批判，只是还留其"名"，如今"虽以言论获罪但以他事"论罪。这样的话连"名"都不给留，谁也不敢发表言论了。于是政治由一两个阁臣恣意操作，天下国家的利益就被置之度外了。

刘台的上疏，激怒了张居正，尤其刘台是他的门生。惧怕非难弹压言论的张居正，向神宗提出了辞职之愿，进一步还请给以刘台宽大处分。刘台的结局是受到了削籍处分，但后来因迎合张居正者的诬告，被流放到广西。其父、其兄弟也连坐获重罪。没多久，刘台因为事故突然死亡。或是偶然，张居正也死于同一日，也有是因张居正的阴谋而被杀害这样的说法①。据说在傅应祯、刘台的故乡安福，为此二人建了祠堂，以表彰用言论抵抗张居正的行为②。 ［027］

这样，批判张居正的言官们，由于言论受到严厉的处分，到此时谁也不想批判张居正了，在这种情况下发生的是万历五年有名的夺情。

（三）

张居正的父亲张文明原来不过是湖北江陵学府的一个普通学生，张居正成了首辅后，就在乡里建豪宅，无情征用江陵百姓，"江陵膏血尽"，这是前面谈到的刘台的弹劾。晚年，家人、仆辈"凭势凌轹乡里，混扰有司"这一点，连张居正自身也是承认的③。

张文明死于万历五年九月十三日。当时的封建社会，为父亲服丧，即便一国丞相也是不可免的，这是作为儿子的最大的义务。根据规定，张居正为了服丧，必须卸任二十七个月。这时户部侍郎李幼孜

---

① 江东之《邪臣残忍太甚杀人媚人乞究治以快公愤疏》(《万历疏钞》一九)。
② 同治《安福县志》三，营建，祠。
③ 《张太岳集》二五，《与楚抚赵汝泉言严家范禁请托》："老父高年，素怀坦率。家人仆辈，颇闻有凭势凌轹乡里，涸扰有司者。皆不能制。"

[028]　建议中止服丧而留任，也就是说夺情，宦官冯保也支持这样。结果，根据神宗"为社稷苍生，夺情"的上谕而决定夺情。这时，言官御史曾士楚和给事中陈三谟也赞同这样做的上奏，给人们很大的冲击。这其间的事，赵翼是如此描述的。

> 万历中，张居正揽权久，操下如束湿，异己者辄斥去之，科道皆望风而靡。夺情一事，疏劾者转出于翰林部曹。而科道曾士楚、陈三谟等且交章请留。及居正归葬，又请趣其还朝。迨居正病，科道并为之建醮祈祷，此言路之一变也。（《廿二史劄记》三五）

接二连三弹压言路的结果，连言官也已经丧失用言论来批判政治的机能了。他们不但反过来赞助张居正的夺情，甚至第二年张居正回乡办葬仪时，还要求其尽早复归政务。还有，晚年张居正病倒时，甚至出现了提倡祈祷快快痊愈以讨好张居正的情况。在这样的情况下，保持言路的独立性是不可能的。

在此其间，坚持批判夺情的，反倒是言路以外的五个人。

十月十八日上《因变陈言明大义以植纲常疏》（《万历疏钞》五）最先批判张居正的是《万历疏钞》的编纂者吴亮的父亲翰林院编修吴中行。他虽不是有"言责"的言官，作为史官，叙述了应该有把是非留
[029]　给后世的责任，批判了夺情。次日十九日，翰林院的赵用贤上了《星变陈言以维人纪以定国是疏》（同上）；再次日二十日，刑部侍郎艾穆和刑部主事沈思孝上了《容辅臣守制以植纲常疏》（同上）；二十二日，刑部办事进士邹元标上了《亟斥辅臣回籍守制以正纲常疏》（同上）。这些上疏，都说到当为百官、万民模范的阁臣，采取违背封建道德行动的严重性，然而他们是不是单单只因为道德上的问题而冒着危险上言的呢？在这场合，五个人中的三个人和刑部有关系，这是有说明性的。事实上在邹元标的上奏里，就不单单是道德上的问题，还指出了有关张居正政治的几个问题，其中，他对于和刑部有关的裁判问题，作了如下的指责：

决囚太滥。《书》曰："与其杀不辜,宁失不经。"故好生之德,洽于民心。今则不然。先时决囚,初无定额。居正任事,限各省决囚有定数,以致首鼠私审者,欲盈其数以免罚,有滥及无辜者矣。夫决之先岁者,足以示惩,来岁其数无异,则虽有自新者,其道无繇也。(《万历疏钞》五)

这是批判因为犯人设有定额,刑罚变得苛酷,连无罪民众都被变成了罪人。这样胡乱逮捕犯人,苛酷审判的背景,也是由于考成法的存在。因为逮捕,处刑了多少犯人成了评定官僚业绩的对象之故。关于这一点,后来事实上废止考成法的申时行,讲到与考成法的关连时,所述如下:

如捕获贼犯一节,亡命之徒四散奔逸,潜踪隐迹,无人识认,即使朝廷之力不能得之于四方。而况抚按专驻一方,岂能搜之于别省? 若以此重责,抚按亦不过严督司道,比较州县。州县无策,唯凭应捕人后,将平民拷逼承认抵数报完,无辜被冤。(《神宗实录》一七〇,万历十四年正月癸亥)

[030]

这样,把罪犯的逮捕作为考成法的结果,就常常有无辜的一般民众被抓来充数。为此就有了讲不清道理的审判和刑罚的执行,在刑部里常常成为问题,似乎也积起了对张居正的不满。这五人中的艾穆,也在其《恩谴记》里作了如下叙述:

余升刑部广西主事,居刑部二年,见当事者务深文次骨,冀悻一中当轴者刑名之鹄,狱多冤滥,居常每扼腕不平。(《艾熙亭先生文集》四)

他认为不当以"罪人多寡"而应当问"情之真否",表示了非常不满。刑部批判夺情者多出,这不是没有其理由的。

确实,作为夺情本身,只是个守不守纲常即封建道德,服不服父丧的极其古老的道德上的问题。但这也是逼迫掌握独裁权力的张居正退阵的绝好机会。如在余学懋、傅应祯、刘台接连批判张居正的过程中来看夺情的话,即使作为大义名分所论的是道德问题,也可以看到,有着决非单单道德问题的政治性的背景。正因为是这样,张居正也就不会轻易让出权力宝座,而且必定对夺情的批判者加以毫不宽恕的弹压了。

[031] 对批判夺情的五人的处分是极其苛酷的。吴中行、赵用贤各廷杖六十,在完刑后气息奄奄的状态下,被赶出北京。艾穆、沈思孝各廷杖八十下后,上了手枷脚枷,囚狱三天,分别被流放边境。艾穆特意为子孙写下了当时的光景。

> 顷之,见校尉数十人,如飚发熛至……先二翰林(吴中行、赵用贤),次吾二刑部。是日都人士集长安道上以万计……举目,但见羽林军环列廷中,凡若干匝。手戈戟杖木者林林立。六科十三道侍而司礼大珰数十辈捧驾帖来。首喝曰:带上犯人来。一喝则千百人一大喊以应,声震甸服。初喝跪下,宣驾帖。先杖二翰林,着实打六十棍。解发原籍为民。次杖吾二人,着实打八十棍。发极边卫分充军,遇赦不宥。(《艾熙亭先生文集》四,《恩谴记》)

邹元标见了这血腥的弹压,立即奉上了前述的上奏,也被廷杖八十,送到了贵州都匀卫。据说由于这廷杖,邹元标成了终生残疾。

前面傅应祯和刘台的场合也是如此,他们因政治批判之故而被施以的廷杖,也可以说是皇帝给臣下施加的一种私刑,没有任何法律上的规定。皇帝如有不称心的事,任何时候都能加以廷杖。还有在诏狱(锦衣狱或者是镇抚司狱)里也施以拷问。这也是不用什么法律手续,由皇帝个人的任意便可以逮捕入狱。廷杖和诏狱,可以说是皇权私用的象征。只要这种私人的暴力制裁存在,当然就不会有言论即政治批判的自由。收录在《万历疏钞》的众多上疏,都强调了这一点。例如顾宪成的朋友、也是思想上的论敌管志道在《乞稽祖制以恢复圣治疏》中,有如下论述。 ［032］

　　　　不除言官之廷杖,言路终不得而开也。人臣进言,孰非为国?言虽过当,心亦可原。历观祖宗盛朝,未尝有杖言官者。……愿陛下永勿以廷杖加诸言官,而镇抚司亦非拷掠言官之地。即有以言得罪者,下诸法司鞫问情实,如其罪不可宥,律例自有明条。……如此不惟言路大开,而和气自薰蒸宇宙间矣。(《万历疏钞》一)

以言论为职责的言官,因言论而遭廷杖、下诏狱这样的事是不应当有的。言官之外也是如此。

　　这一年举行了临时的京察。京察本来应该在己亥年举行。但是张居正以星变的理由,临时举行,排斥了反对派①。处分习孔教,是因为他支持了邹元标的夺情批判。处分张程,是因为他援护了刘台。刑部出现很多以"浮躁"理由的被处分者,是因为艾穆、沈思孝是刑部出身。京察之际,不是由本来有监察权的言路主持,而是由张居正执了牛耳。再有,次年张居正因父亲葬仪归乡时,没参列的御史赵应元,以及支持他的王用汲等人也受到处分②。在围绕夺情的批判高涨的情况下,反对派被彻底地排除了。

　　还应当附带说一下支持张居正夺情的言官陈三谟。当时,前首辅徐阶因拥有众多家奴,用暴力集积土地,而受到海瑞和蔡国熙的揭 ［033］露,这件事很有名。徐阶以三万黄金的贿赂而逼迫海瑞免职,这时,支持张居正夺情的陈三谟也批判蔡国熙,致使其被免职。陈三谟是拥护大乡绅、大土地所有者徐阶的利益,"把一度由海瑞和蔡国熙而

---

① 王用汲《乞察总宪欺罔以彰国是疏》(《万历疏钞》六)。
② 《万历邸钞》,万历五年六月壬寅。

脱离水深火热的民众再次推入水深火热之中"①的人物。还有,陈三谟在万历十年杭州民变之际,还是阻止杭州民众废止力役的要求,背叛指导民众变革的丁仕卿的人物②。为此,他的杭州住宅,和其他城居的绅士的住宅一起,被激昂民众烧毁,处于和城里民众完全敌对的立场上。和前面批判张居正的余懋学,对民变寄予同情,不断为地域社会的利益代言而活动的情况形成鲜明的对照,也可以说,这显示了和张居正为伍的人物,在地方社会上是与什么样的势力相联系的。

[034]

第二节　学生、书院、历史编纂

(一)

在如上所述张居正体制下,以考成法为大棒,彻底封杀批判张居正的言论,作为其中一环而施行的,是对学生的弹压。众所周知,明太祖的《卧碑文》规定,若是有关天下国家利害之事,即使是"百工技艺之人"也允许上言,但只有生员不被允许。《万历疏钞》常常引用的是前者,是即使对一般庶民也要广开言路的部分,而对生员的禁止条项,一般是不引用的。然而张居正则不断引用这一条项,以取缔学生的言论。所谓的学生则常常对政治发表激进的言论,对言路弹压越是严厉,学生的言论自然也就越发激进。有时,也有采取带武力行动的情况。在当时,民变经常是由学生层指导,呈现出当称之为"士变"的状态,这正如夫马论文(注同本页注②)中可看到的那样。张居正极度憎恨这种学生对政治的参与,万历三年就已经在《请申旧章饬学政以振兴人才疏》里,明确地打出了学政改革方针,禁止学生的政治活动。以下两条就是这样的内容。

[035]

---

① 伍袁萃《林居漫录》一。
② 夫马进《明末的都市改革和杭州民变》(《东方学报》四九册,1977 年)。

一、圣贤以经术垂训,国家以经术作人。若能体认经书,便是讲明学问,何必又别标门户,聚党空谭。今后各提学官督率教官生儒,务将平日所习经书义理着实讲求,躬行实践,以需他日之用,不许别创书院,群聚徒党及号招他方游食无行之徒空谭废业,因而启奔竞之门,开请托之路。违者提学、御史听吏部都察院考察奏黜,提学按察司官听巡按御史劾奏。游士人等,许各抚按衙门访拿解发。

一、我圣祖设立卧碑,天下利病,诸人皆许直言,惟生员不许。今后生员务遵明禁,除本身切己事情,许家人抱告有司,从公审问。倘有冤抑,即为昭雪。其事不干己,辄便出入衙门,陈说民情,议论官员贤否者,许该管有司申呈提学官,以行止有亏革退。若纠众托帮,聚至十人以上,骂詈官长,肆行无礼,为首者照例问遣,其余不分人数多少,尽行黜退为民。(《张太岳集》三九)

众所周知,明代的阳明学认为,作为有良知之物,愚夫愚妇也是平等的,为了普及致良知的学问,书院大为流行。像何心隐的《原学原讲》①所明确的那样,学问本来就是要求讲学的。讲述那些学问的场所就是书院,在那儿燃烧着求道热情的人们,有时庶民也加入其行列,进行自由活跃的讨论。他们强调封建道德的五伦之中朋友这唯一的横向关系,创造有良知性之人相互关系的新的人际关系。 [036]

在这样的书院集结起来的,主要是包括生员层的知识分子,也就是在地域社会里可以发挥一定指导作用的领导者。例如,阳明学左派的罗汝芳,据说在任太湖知县时,召集生员论学,"公事多决于讲座"(《明史》二八三,罗汝芳传)。前述的婺源绢丝纷争中,也有在书

---

① 关于何心隐的学问,见森纪子《何心隐论——名教逸脱的构图》(《史林》六十卷五号,1977年)。还有关于张居正和书院讲学的关系,中纯夫发表了《张居正和讲学》(《富山大学教养纪要》二五卷一号,1992年)。

院设议事局,拟定对策的形迹①。还有,后来东林书院结集在野人士,发挥出"遥控时政"般的实力,那就更不必说了。张居正比什么都憎恨的是知识分子参与政治和同志式的结合,因而发出这样的禁令。

[037]

进而,万历七年一月,命令书院闭锁,如下所述。

万历七年春正月,毁天下书院。

吏部题复。参究文武不职官员,大肆、枭贪等事。奉旨,施观民原劾赃私狼藉,不止科敛民财。私创书院一节。明系勘官私庇容隐,独以一事坐罪。姑依拟,著革了职,冠带闲住。其所创书院,并各省直有私建的,著遵照皇祖明旨,都改为公廨衙门。田粮查归里甲,再不许聚徒游食,扰害地方。各巡按御史,仍将查过缘由,立限从实具奏。其各提学官,候科场事毕,你部会同礼部,照前旨,从公考察。目今预行体访,如有违背敕论、徇私作弊的,著不候考察,即便奏来处治。(《万历邸钞》同月)

同年七月以及十月,再度确认这一方针,到八年二月,又一次发出如下的上谕:

户部奉旨。近来抚按官有行,都只以虚文塞责。这变卖书院土地等项,都依限造册报部,选入考成查参。(《万历邸钞》七月正月条付)

如上所见,对书院的弹压也是通过考成法用强制力来实行的。连为了经营书院卖掉学田也作为官僚考成即公务评定的对象。这

① 余懋学的《豁释绢丝大辟疏》,作为故意报复的一个理由,举出"书院会议不过时刻,今乃指为占局。"还有北京图书馆程任卿编《绢丝全书》六《本府原拟供招》里有"亦不合故违就占本县紫阳书院,立作议事局。"夫马进的《明末反地方官士变补论——介绍北京图书馆所藏若干明清史料,兼论士变和地方供议》(《富山大学文学部纪要》四号,1981年)所引。

样,据说全国有六十四所书院被被迫关闭。

　　这里要说的施观民,福建福清人,当时是常州府的知府。他上任后很快在那儿建立了龙城书院,汇集诸生,进行科举考试的教育,有相当的成就①。但此书院被毫无理由地关闭,并引发了全国性的禁止书院行动。很早就憎恨讲学的张居正,利用这个机会,采取了全国性的措施。 [038]

　　顾宪成曾在龙城书院学习过②,施观民死后,顾宪成写了《祭龙冈施老师》,在感叹"天夺吾师(施观民)",事实太"亟"的同时,说过去也同样有"夺我师"之事,但那时不是天,而是"人"(张居正)夺我师。他这样谈该事件,以引起常州人民的愤怒:

　　　　且方其难作,始不过获戾于一人而已,莫不能知其诬也。士讼于庠,农讼于野,商讼于市,旅讼于途,莫不能言其诬也。而当路者业有成心,逆捍不听。或曰,夫有所受之矣,可奈何相与掇拾浮伪,剥乱本实,而难成矣。故曰,其夺之也,不惟在于天,而又在于人。(《泾皋藏稿》十)

　　这里所说的"人",很明显是指张居正。在当局承其意向,采取行动的局势下,施观民之难,在劫难逃。

　　他的同乡叶向高,稍微具体地说过之所以禁止书院的情况,是因施观民对经过常州的"主爵贵人"接待不周,故有人对他怨恨,此乃契机。按叶向高说法,施观民左迁南海兵备道③。龙城书院被迫关闭,那就是必然的。至于后来龙城书院由常州府知府欧阳东凤再建,不

---

①　康熙《常州府志》二一。"施观民,字于我,福清人。……建龙城书院,选诸生之秀者课之。一经品题,悉成名士。高弟孙继皋等最所赏识。"

②　顾与沐《顾端文公年谱》隆庆五年(《顾端文公遗书》所收):"郡守施龙冈先生建龙冈书院,拔士之秀者亲课之。公与柏潭孙公继皋迭居第一。"

③　《皇明文海》一一四,叶向高《施观民墓志铭》:"先生既政成,适主爵贵人过郡,以逢迎疏节嗛先生,转备兵海南。阿者复中以郡事,夺其官。晋陵士民既深惜先生去,而冤其被罪,莫不陨涕。"

[039]　久与东林书院相呼应,展开活跃的讲学活动,留待后述。然而,就是到那个时候,欧阳东凤还顾虑到这个书院乃是张居正书院禁止令发端之处,而不敢恢复龙城书院的名称。"避书院之名而行书院之实"①,看来就是张居正死后,其弹压书院的余威仍旧存在。

在活跃展开书院讲学活动的江西省,书院纷纷被关闭也在所难免。

首先是南康有名的白鹿洞书院。这个来历正当的书院,连张居正的威力似乎都未能波及。因为有敕额,不能毁坏。但是对于学田,留下了祭祀用的三百亩,其余则全部被没收。东林党人于孔兼,后来游白鹿洞书院时,满怀愤慨地作了如下论述:

> 万历初年,权臣构孽。仇视斯文,沙汰黉儒,祸延白鹿。奉行者又倚私结党,附而和之,恐恐然洞田之不速去、慢则以事获戾。……乌呼,权门之议,始于一念之无亲,遂至篾先师而不顾。奉行者知权门之可附,而不念圣学之榛芜。盖人心死而天理灭矣。(《江州余草·白鹿洞有感》)

这些学田在张居正死后,立即被买回,数年后回复其半。于孔兼似乎对此也大力协助。于孔兼,万历八年进士。曾任与南康府邻接的九江府推官,这是在此期间的事。后来,他因反对三王并封而回到故里
[040]　金坛,经营志居堂书院,也与东林书院有交流。

同白鹿书院一样天下驰名的吉安白鹭洲书院②,讲学被中止了。这个书院在嘉靖年间,是邹守益等讲学之处。禁止令颁布后,知府在这书院的门上挂上"湖西公署"的招牌而免遭毁坏。到张居正死后的

---

① 参见康熙《常州府志》一五。本书第四章。
② 乾隆《吉安府志》十八。"《鹭洲志》云,书院迁郡城北隅,后江陵张居正柄国,下令悉毁天下书院。有司莫知所出,姑题其门曰湖西公署。……《王时槐记》万历丙戌(十四年),邑侯毗陵启新钱公潜心正学,重念诸生徒剽掠枝蔓,缀饰浮词,以徼进取,不知反躬以自尽人道而一遵孔孟之遗矩,以是士习日污,民俗愈敝。……以移风易俗自士始,乃政暇则临学宫,横经讲授,命题课艺,第其等差。复两庑博士诸生,月再聚于院中,示以正心修身之学。俾实体力行以追迹濂洛,而上溯邹鲁。"

万历十四年,东林党人钱一本赴任庐陵知县,才复兴了这书院。据说他作为知县,在政务空闲时,常常去学校给学生讲科举之学,督促勉励,准备考试。但他认为仅仅如此,教育尚不充分,就一月两回,在书院召集学生,讲授"正心修身之学"以供实践运用。钱一本在这书院中置有祭祀王阳明的王阳明祠。

吉安的文江书院也被关闭①。因为"万历庚辰(八年),江陵尽毁天下书院,卖地归民间",也许这书院的基地也都不得不出卖给民间了。文江书院后来经邹元标之手被复兴,改名为仁文书院,与东林书院活动相呼应。

关于安福的复古书院,前面谈到傅应祯有《重修复古书院记》(同治《安福县志》十七)。据其所说,弹压书院的上谕发出时,复古书院改为城南社学,知县也默认,以抵抗张居正。但到下任知县赴任,说书院未卖改为社学是违法的,卖掉了学院学田中的十分之三,并改名为三贤祠。他为维持书院付出了所有努力,结果还是难免被关闭。至于作为书院生命的讲学不得实行,那就更是不用说的了。

这里,再加一个北方的例子。在赵南星的故乡高邑,恒阳书院被封闭。

赵南星,万历二年进士。当时任户部主事,后来写了《重修恒阳书院记》,谈到这其间的事。据载,恒阳书院是嘉靖三十年由杨选等设立。隆庆年间,他也在这书院,跟以古文学家著名的艾穆学习过。[041]隆庆三年,赵南星乡试合格。那年很多合格的人,也都是艾穆门人。如上所述,艾穆和邹元标等五人一起,因批判了夺情而蒙受血腥弹压,殆也与此有关。万历六年封闭书院令发出以前,恒阳书院就被封闭,赵南星对此严加指责,口气极其激烈,说:

> 楚相不忠不孝,实有狂秦坑焚之志,而势不得行,乃发怒于书院。又令督学,少进多绌,将使天下胶口而不敢议,束手而不

---

① 同第18页注①,仁文书院。参见本书第四章157页。

敢动，以为其所欲为。天下既已慑服矣。(《味檗斋文集》八，
《重修恒阳书院记》)

赵南星在这样叙说了书院封闭就是弹压言论的结果后，说到：

> 万历初载，楚人柄朝，猴冠而虎媚于昏柄，妖进直屏，毒流天
> 下……冯怒毁其讲堂，无令聚议，比于盗薮。(同上)

这样，恒阳书院一时也成了游击的役所。到了万历四年，由巡按
御史傅某的尽力才得以复活。

关于张居正弹压书院，实际上进行到怎样的程度，虽说不是没有
疑问①，尽管因各地的地方官多少有所不同，然而因迫于考成法，事实
上被封闭的还是不少。

在实行弹压书院的同一年，泰州学派的思想家何心隐被杀害。
[042]　据说，张居正曾见过何心隐，从那时就一直对其抱有恶感②。何心隐
四方奔走、狂热地宣传阳明学，对独裁者张居正来说，他毫无疑问是
在本质上不相容的敌对思想家。据说，他被杀是讨好张居正的人所
为，但可以说，间接下手的，毕竟还是张居正自己③。

这样，生员对政治的关心被严格禁止，书院被封闭，在野知识分
子们被"钳口"，广义上的言路就这样被封杀了。

(二)

如上所述，言官以外一般官僚的言论，在野知识分子的言论受到

---

① 唐新《张江陵新传》，141 页。
② 黄宗羲《明儒学案》三二，《泰州学案序》。
③ 赵崇善后揭上奏(第 28 页)中，有如下论述："至于何心隐之死，非其罪冤尤可悯者。盖心隐布衣之士，从事学问，素为缙绅所重。……臣未仕时，已知有此人久矣。及臣任婺源知县，忽然湖广巡抚王之垣，差官带领兵快，直抵邻县祁门，缉拿心隐，急于星火。心隐即获，不逾时而毙之杖下。臣不胜骇愕，以为心隐何罪而受祸之惨至此。询诸士夫，咸谓心隐素与居正讲学，直言规过以触其怒。后又斥居正不奔父丧，居正忿恚益深，密托王之垣，致之死地。之垣不胜其诹媚之心，唯唯听命。此心隐之所以见杀也。"

严格规制,那么,言论由何处而出呢?

张居正死后,批判张居正独裁内阁的马应图这样说:

> 夫天下公论必有所出,不出于台谏,则出于臣等;不出于臣
> 等,亦必出于匹夫匹妇之心,游谈处士之口。威势有所不能抑,
> 青史有所不能掩。(《群臣阿附成风稽祖制以安社稷疏》,《万历
> 疏钞》六)

"天下公论",首先应由负"言责"的言官代辩。当这通道被阻塞
时,则由一般官僚代而为之。如连这也被阻塞时,就不得不从最一般
的民众、在野知识分子中涌出了。最终,在历史上真实会被记录下
来。然而张居正也想积极地介入历史的编纂。

张居正恢复了明朝初年以来长期未实行的起居注制度,包括《万
历起居注》的明季三代起居注,收藏在我国(日本)国会图书馆是人
所周知的事①。与此同时,他对历史编纂的方法也进行了一定的改
革。《议处史职疏》就对此进行了叙述,其中有如下提案:

> 一议纂辑章奏。照得时政所寄,全在各衙门章奏。……外
> 其各衙门章奏,该科奉有旨意发抄到部,即全抄一通,送阁转发
> 史馆。
> 一议收藏处所……每月史官编完草稿,装为七册。一册为
> 起居,六册为六曹事迹,仍于册面,各记年月史官姓名,送内阁验
> 讫,即投入小柜,用文渊阁印封锁。岁终,内阁同各史官开取各
> 月草稿,收入大柜,用印封锁如前,永不开视。

奏章送史馆前必须送内阁的话,很明显或许就意味要经内阁之
手检查、审阅。在这样的场合,虽说原则上是照抄原本,但对"所有琐

[043]

---

① 见今西春秋《明季三代起居注考》(《明代满蒙史研究》京都大学文学部,1963 年)。

碎无用,文义难通者,稍加删削润色"是被认可的。不光内阁要检查、审阅,六科中也有陈三谟那样的迎合者,这样,就会产生迎合张居正之意而篡改内容或加以省略的事态。甚至连奏章本身被湮没也都是有可能的。

[044]　顾宪成在《万历疏钞》序文里,指责批判张居正夺情的上奏,政府不愿把此送到史馆公开化,详见以下第三章所述。管志道①也在《乞稽祖制以恢圣治疏》中,对此事这么说:

> 至于疏下该科,不问其覆与不覆,行与不行,刻期俱送史馆编辑。敢有匿一疏者,亦听检举坐罪,俾公论大明,朋比永杜,岂不荡荡平平,称皇极之世哉!(《万历疏钞》一)

[045]　他主张被送到六科的上疏不论成否,都送史馆,只有这样公开情报,天下"公论"才能弘扬。他预测,这个上疏虽不是明确攻击张座主的"匿疏",而其指弹,与对前面廷杖的批判一起"实大伤江陵"。他对降职当然是有思想准备的。而正如他预料的那样,他被降级,第二年则被迫辞职②。

还有赵崇善在张居正死后提出这个问题的《明公论正大典伸积冤以彰国是疏》里,更明确地主张在历史编纂中排斥内阁的权利:

> 至于史官纪录时事,必送阁臣裁定,而后藏之秘府,似犹不能无遗议焉。盖古者史官世享其职,大臣不与,天子不观,故得

① 顾宪成和管志道关系,见荒木见悟《明末宗教思想研究》四,《东溟和顾宪成》。
② 管志道《敕封安人先妣钱氏圹记》(《惕若斋集》四):"戊寅(万历六年)春二月为皇上大婚之期,不肖念太阿久落权门,不于此时归政,将安待矣。台省中并无倡其议者,其若国是何。冒昧将020万几之说进,而又虑慈母怀,乃密草九事疏,走南城外,倩人庄录。录完持归,对稿默诵。吾母忽缓步至案头曰,汝何所为,勿冥行以召祸。吾念汝躯体素弱,安能效吴、赵两同年受廷杖也。不肖姑慰曰,吾特劝天子亲政耳,未尝明攻张座主,无伤也。母乃怡然步去。然疏中指及匿疏、廷杖、上言德政诸条,实大伤江陵。而怂恿皇上杖诸君子者,凭玼也。以此不无戒心。疏上之夕,通宵展转不寝,恐以不测累吾母,即死有余憾矣。"

直笔以取信于后世。今职无世掌矣,而唐宋之制,犹为近古。天子御正殿,宰相入殿议事,起居郎舍人皆得随仗记之。退而百司庶府之政,亦得直书,备类送史馆撰述焉。未有以宰相与其事者,防侵挠也。本朝阁臣,即古之宰相也。史官掌记时政,即古起居注之任也。前者张居正专权自恣,恐人书其罪状,故以阁臣而总史臣之职。凡史臣之所纪录者,一一躬自裁定之。此权奸便己私以欺后世者之所为,而可守之为定制乎?(《万历疏钞》六)

明朝的制度,历史的编纂本来全部是翰林院的事,内阁大学士也在籍翰林院。因为是从那儿出发的,内阁参预历史编纂或许不见得违法,但是,由于事实上内阁握有宰相的权力,因而参预历史编纂,故令人不满。这是赵崇善的看法。

正如前面马应图的上奏所述,言官、官僚或者在野的知识分子们,如果在当时那个时代担负着言论、即政治批判的责任的话,史官则是面向未来,公开资料,为未来的政治批判作准备的。从更广的意义上也可以说,是从未来的角度所作的言论。而在这样意义上的言论,也被张居正用自己的手预先封住了。 [046]

第三节　中央和地方

最后谈谈关于张居正财政改革的最大事业——丈量和考成法的关系,以明确中央和地方的关系。关于丈量,《明史·食货志一》曰,通过丈量,丈量出田亩七百零一万三千九百七十六顷,与弘治时相比多了三百万顷新的征税对象。在此之后说:

然居正尚综核,颇以溢额为功。有司争改小弓以求田多,或搭克见田以充虚额。北直隶、湖广、大同、宣府,遂先后按溢额田增赋云。

这是非常有名的。由于丈量也成为考成的对象,毫无疑问给地方官员造成了很大的压力。用短弓(短的量器)使田的亩数增加,横征暴敛其他田亩来充当虚粮就是因为这个原因。

《万历疏钞》对这种形式的丈量采取什么立场呢?作为其代表性的意见,可看张栋的《因事陈言补偏救弊以节费财疏》。张栋,字伯任,江苏昆山人。是东林书院想招聘的人物,这在下面第三章里再谈。这个上奏,虽是张居正死后写的,但他以曾任知县的江西新建为例,对丈量本身,基本上采取支持的立场。理由如下:

一、新建的田地原额是五十六万有零,但鱼鳞图册里什么也未记载,根据何时的丈量也不清楚。因为如此,不明确该由何处土地负担的虚粮竟有四千多石。

二、田地买卖的场合,因为契约文书里不写科则,科则混乱,会造成不正当的买卖。

三、其结果是,富有的人家有"无粮之田"、享其利益,与其相对,贫民则苦于"无田之粮"而逃亡,亏欠钱粮的事正在增多。

因此,丈量当然应当进行。尽管如此,对于丈量,还是有的说"不便",有的说"使民众受害",甚至还有说因丈量而导致"弊政"的人,这是因为方法有问题。他列举理由,指责了考成法的作用。

> 自奉明旨之后,即定以限期,急如星火。在覆丈之时,则不许长吏入城,在造册之日,则不许长吏就榻。抚按逼司府,司府逼州县。若曰宁略毋迟,苟且完事,毋稽延违限,其于民情之称便与不称便,地方之相安与不相安,都付之不问矣。是以谓行之不善也,于法何与也。尔时各州县官,固有承望风旨,而罔恤民隐者矣,亦岂无卓然有见而不畏抚按者乎?顾明旨在上,谁敢不钦,劾疏在前,谁敢不避。(《万历疏钞》二六)

张栋认为丈量"行之不善,于法何与",在支持丈量本身的同时,也指出此与考成法结合起来进行,则造成了对民众的征收极其苛酷的结果。

对此,他在新建进行丈量时,亲自到田地去视察,根据实情整理科则,采取的是颇合民情的做法。

如据上面所述,不能认为对于土地丈量本身,张居正和东林党之间意见特别对立。东林党的批判,是针对在考成法的压力下,迎合张居正的地方官用短弓增加田亩数,以横征暴敛其他田亩来充当虚粮的方法,是针对用这种方法来收夺下层之富集中于中央。

以丈量为首这类涉及地域社会的问题,本来是应该根据地域社会的实情,由地方官负责处理。同时,这也应在中央的政治中有所反映,为此,才要从地方到中央的管道,就是言路,而担负这言论之责的就是言官,特别是巡按地方的御史。巡按御史应该作为天子的"耳目之官"访"闾阎之疾苦",了解"风情之盛衰",收集情报,基于"天下公论",批判中央的政治。监察御史虽属都察院,但仍具有一定的独立性,那就是为了保障言论即政治批判的自由。这已如前面所述。

而考成法的结果,巡按御史在内阁的控制下完全成了中央的监察(耳目),地方官也成了办事机关,地方官对巡按御史屈从的姿态不堪入眼。管志道在前面所引的上奏里对巡按御史的实态作了如下的描述。

现在御史即使进行巡按,也不亲自视察地方实况,只根据投书接触民情,"民情太隔"。巡按御史把本来应属下级官厅的权限也掌握在手的结果,只见文书堆积如山,连视察的空闲也没有,"案牍太烦"。进行巡按,府州县就来接待贿赂,使事务停顿,"趋承太过"。巡按所得的情报当然应当信任,但是他们的情报仅仅是从迎合官僚处收集来的,"耳目太偏"。御史巡按为了得到好的公务评定,除了和考成法有关的钱粮征收、裁判审理之外,什么也不关心,只根据对上司的迎合程度,来进行公务评定和人事调动的话,"名实太淆"。

在这样指摘后,关于御史巡按与知府的关系,他又作了如下述说:

[049]

国初，畀巡按以纠察之权，又虑其秩卑而为方面官所压，故令与都布按三司分庭抗礼。知府则相向长揖而让左，体亦隆矣。今致两司素服而谒，知府屈膝而参，岂宪纲之旧哉？……至于（成周）王官出使，虽序于诸侯之上，未闻诸侯以素服见也。太守等古诸侯，……（然知府）自屈膝按臣之后，京官始薄郡守矣，……虽礼教末节，不必深较，然缘此长谄曲之风，隳正直之气，且令人不乐久居其官。而吏治浸不如古，害岂小哉！……令其仆仆于（巡按御史）车尘马足间，岂所以示众庶见也。故曰，宪纲太峻。（《乞稽祖制以恢圣治疏》，《万历疏钞》一）

[050] 这当然是主张巡按御史和知府的对等之礼，但从上面所述的内容来看的话，就不单单是礼节上的问题了。管志道意识到，通过施行考成法有中央集权的趋向，主张知府和“古诸侯”一样应该受尊敬，应该负有地方行政的责任；巡按御史必须虚心听取地方的实情，确实起到补充地方行政机能的作用；作为中央和地方关系的象征，巡按御史和知府应行对等之礼。很明显是想逆转中央和地方的关系。管志道本身不是东林党，这种想法与第三章所述东林党人的想法是相通的。

考成法在张居正死后被废止。最早提出废止的是御史张文熙。对此，首辅申时行作了如下的反驳。

谓部院各衙门不当制考成簿送阁查考。查得祖宗旧制，各衙门每月关领内府精微文簿，开写事件，月终送内阁收掌，年终类送六科廊。此二百年成规也。今考成文簿与精微文簿相同，但详略稍异耳。然则各衙门事体未尝不使阁臣与闻也。若于诸司之事全不与闻，即皇上有问臣等，凭何奏对？即有票拟，臣等凭何参酌？（《神宗实录》一四七，万历十二年三月己亥）

也就是认为，把考成簿和精微文簿送到内阁，同样是事务上的手
[051] 续，那是备天子顾问、票拟必不可少的工作。这是当时申时行对张文

煦的反论。但是,认为考成簿和精微文簿是同一的,似乎就意味着考成法倒退成为事务上的手续了。内阁只是作为票拟的资料来收取,而不是内阁对六科行使监察权,内阁主导考察了。考成法自身即使存续下去,也已经丧失张居正本来的意图了。进而在十四年一月,关于六科的考成,神宗认为内阁票拟处分过轻,对此,申行时提出,如加重处分的话,(一)钱粮的催征会变得苛酷,(二)如要求彻底逮捕罪犯的话,无辜的人会被充当罪人,以这些理由,进言废止考成法①。这样,他最终在事实上废止了考成法。正如《明史·申时行传》中所说:"(申)时行欲收人心,罢居正所行考成法。"虽说以他的政治力,无法维持这考成法体制,但是这样做也未必就意味着放弃对言路的压抑。这些将在下章述说。

结　语

如上所述,张居正的考成法压抑了六科的监察权,强化了巡抚、巡按,进而通过他们对下级官厅的管理体制,想造成权力集中于内阁 [052] 的强有力的中央集权国家。考成法就是为了保障内阁行使权力的产物。

以考成法为骨干的张居正政治,与张个人极其刻薄性格相合,更增加了力度,变成一种恐怖政治,胁迫着官僚。在这中间,张居正几乎是孤立的,必须依靠独裁的权力来实行其政治。

张居正和其反对势力的对立,在夺情问题上达到了顶点。因为

---

① 《神宗实录》一七〇,万历十四年正月癸亥乙酉条里,有这样的记载:关于六科的考成,对神宗认为内阁的罚俸票拟过轻,臣下举出以下三点来反对:

(一)关于催征钱粮,如果即使碰到水灾,旱灾,该部的蠲免也不被认可的话,有司出于财政上的必要,必然进行苛刻地征收、勒索。这是可怕之事。

(二)关于逮捕贼犯,如果真的要求彻底逮捕的话,抚按对司道,司道对州县转嫁责任的结果,必然是不得不逮捕无罪之人。这是当忧之事。

(三)关于提问官僚,也过于费时间,就会产生因为恐怕受罚而把不必要的人也陷于罪,或反过来,随便了事的情况。

这三个项目中,特别是(一)和(二),由于成为官僚考成的项目,产生的种种弊病,已如所述。事实上,申时行是承认这些情况的。这样,考成法的废除也就是必然的了。

这是迫使张居正退阵的绝好机会。对考成法不满的人们,攻击集中到这一点上。在道德问题的背后,是围绕政治体制形态的两者的尖锐对立。

正如第三章将要叙述的那样,后来的东林党人士,在后张居正时期,在主张监察权独立的同时,主张通过从言官的范围开始放开言论(即政治批判),扩大言路,使"天下之公"、"天下之理"反映到中央政治上去。这个"天下",是把与各个地域性利益和具体问题相关连的"地方"包摄在其中的"天下",是不仅仅包括士大夫,而且在理论上连草莽匹夫也包括在内的"天下"。君主权说到底应该由这"天下之公"、"天下之理"来规定,为此而设的言论管道,就是言官或者言路。如果说张居正所希望的政治体制,是从上到下的话,那么可以说东林党派所追求的则是从下到上。或者说,张居正是想从中央来控制地方,东林派则是想由地方控制中央。所谓言路,无非就是为此而设的言论管道。这样的对立,当然是相互关连的,下面的力量,地方的力量越强,中央的力量也必须强有力地起作用。张居正不得不厉行考成法使权力集中于中央这本身,也显示了相反力量的强度。

言路或者言官,以什么样的状态存在,确实是个问题。言官,正如他们自身也说的那样,应当是"朝廷的耳目",是代替君主视察地方、收集情报,或者监察政治、发起弹劾的。言官具有对于君主权的相对独立性,只不过是为了期望君主权的安泰,在君主权伞下所允许的一些独立性。东林党派则把这独立性反转过来,倒转言路管道的流向,使连君主权也要受其规制。对他们来说,言路本来是否是那样的东西是另外的问题。

不能把张居正与东林派的对立——当然是在明确时期上有前后的基础上——像刘志琴那样,作为是对于张居正"富国强兵"革新的保守,这样来确定其位置。要说"富国强兵",东林派人士决没有反对"富国强兵"。问题是中央和地方的平衡,张居正是以中央的财政为优先,而东林派则是想让地方的利益处于优先地位。地方或民众,被饥饿所苦,就不可能"富国"。他们与张居正的差异,恐怕是关于"国家"内涵的问题,对他们来说,"国家"很明显不是王朝的意思。不如说,他们所说的"天下之公"、"天下之理"的"天下",才是应当"富"的"国家"吧。这与顾炎武为区别"亡国"即王朝灭亡,主张"匹夫有责"的"亡天下"的"天下",不是几乎相重合的吗? 再看"强兵"(详见第二章),他们主张,对外民族的侵略应当抵抗,充实军事力量,强化国防体制,严厉追究内阁的媚外政策。他们也有他们的"富国强兵"构想,当然决不会反对"富国强兵"。

这样的话,或可以说,沟口雄三所认为的,相对于国家支配权的乡村支配权这一解说图式,在说明张居正和东林党的位置时,较为合适。也就是可以认为,在商品经济的发展使里甲制度崩溃、王朝矛盾 [054]
激化的过程中,摸索与新状况相符的政治体制这样的意义上,两者虽都属"新"的潮流(这一点看法与沟口稍有些不同),但围绕着新统治体制形态的构想,有着根本性的不同。或者是产生这样不同的两者所处的社会基础不同吧,因而就产生了如此尖锐的政治对立。这些都是应当在对张居正本身研究的进展中加以研讨的。本章是论述了从反对派的角度、同时代看到的张居正政治的情况,并对此谈了看法。

补　记　1

关于考成法,这以后发表的研究有,茅海建、宋坚之的《张居正综核名实和他的考成法》(《中国古代史论丛》第二辑,福建人民出版 [059]
社,1981 年),张海瀛《张居正改革与山西万历清丈研究》(山西人民出版社,1993 年),岩井茂树的《明末的集权主义和治法主义——围绕考成法》(《和田博德教授古稀纪念·明清时代的法和社会》,汲古书院,1993 年)等。岩井的论文对申时行废除考成法之后的事进行了详细的探讨,详细地论述了与其说十四年废除考成法,还不如说考成法事实上已不能发挥其作用。伴随着王朝财政,特别是军事财政的恶化,复活考成法的活动时时出现,崇祯初年其被复活。考成法,应该说是和人格主义相对的"法治"主义的制度,这正是明末"法治"

主义潮流的产物。但是我在这一章想论述的是,比起作为"法"的考成法来,更应该议论的是作为政治改革一环的考成法体制。

补　记　2

可能是画蛇添足,这是为专家以外的人而加的。明的政治体制,所谓内阁,不是像近代国家那样,由各省厅的长官构成的机构。内阁本来是君主的私人顾问。而相当于各省厅的六部,和内阁之间一般没有关系,由君主权直接领导,不受内阁统管。

第二章　万历前期的对外问题

第一节　张居正和山西商人
——以隆庆和议为中心

在第一章里，我论述了作为批判张居正一个焦点的考成法问题。那是在明王朝统治体制动摇之际，想通过把权力集中于中央、特别是内阁，来确立以中央为主导的新政治体制的产物。与此相对，后来的东林党人士，则站在地域社会的一边。他们以各自地域社会的利益为背景，要扩大言路，想把认为是"天下之公"、"天下之理"东西反映到中央的政治上，并且试图连君主权也加以限制。这些和为了集中权力、弹压言路的考成法的精神，是尖锐对立的。随着使王朝体制矛盾不断激化的当时社会经济的发展，在摸索与此相适应的新政治体制的这一过程中，虽然两者是同一轨道，但从方向性上来看，两者提出了完全不同的方法。［061］

在写了这文章后，为了再进一步探讨张居正政权所依据的社会基盘，我对张居正掌握权力的政治过程作了若干分析。了解到，其中隆庆五年（1571）与俺答的讲和，对张居正政权来说有极其重要的意义。由于这讲和而形成的与蒙古的和平关系，在整个张居正政权时期都被坚持，由于军事费用的削减而致使国家财政得到了一时性的安定。不仅如此，在这讲和中起主导作用的是山西商人出身的官僚们（以下简称山西官僚），从而使他们在张居正政权中占有一定的地位，在政策决定上也起了重要的作用。

因此，为了阐明张居正政权的特性，去解明张居正和山西商人们是以怎样的关系相结合的就是非常有必要的了。关于山西商人,已经有寺田隆信的《山西商人的研究》(东洋史研究会,1972),本章对这一研究多有参考,主要是从对政治史的关心出发,注意这一时期山西官僚的动向,这在有助于张居正研究的同时,也想为解明在包括东林党党争的万历政治史中的阶级构图,提供视角。

(一) 隆庆和议的经过

嘉靖年间,俺答的活动极为活跃①。他们逼迫明朝开放通商贸易,每年侵犯明的北部边疆,特别是嘉靖二十九年(1550)的庚戌之变中,长驱直逼北京,震撼了明王朝。面对这种状况的明朝,在每次受到侵犯时,与蒙古的讲和都旧话重提,而不去考虑根本的解决对策。

[062]　一举改变这种状况的是隆庆五年和议。

本来和议的开端是俺答的孙子把汉那吉,因为女人与俺答产生了不和,投降了明朝,这是隆庆四年九月十九日的事。

当时对蒙防卫最前线的指挥是宣大总督王崇古和大同巡抚方逢时,他们把把汉那吉护送到大同镇。同月二十三日傍晚,到达大同镇。方逢时将此事报给王崇古的书简如下:

> 降夷把汉那吉,二十三日之暮到镇。……此乃奇货,可居。……俺答走了此孙,刻期聚兵来抢左右卫地方,索要孙儿,其言甚真。而刘廷玉所报要甚么即与甚么之说不虚,则弟昨所言与之为市之计,似有可行。惟在公主张,选择得人行之。(《与王军门论降夷书》,《大隐楼集》十一)

这里所说的"与之为市之计"是意味与俺答谈交易的事。也许在把汉那吉投降之前,他们已探测俺答方面的动静并以某种形式与俺

---

①　参照青木富太郎《万里长城》三"顺义王四代"(近藤出版社,1976年),荻原淳平《明代蒙古史研究》第四章《俺答汗的牧农王国》(同朋舍出版,1980年)。

答就贸易达成了协定吧。正在这时,意想不到地发生了这件事。

王崇古立即上言①,说,这种情况下,应对的方策有三。首先是优待把汉那吉,并满足其待遇。如果俺答有引渡要求,就要生缚板升的叛逆者赵全等人,并把被掠夺妇女儿童一起归还明王朝,在这前提下,才引渡把汉那吉等。这可以说是上策。如果俺答拒绝,而想以军事力量夺回,就以杀害把汉那吉来逼迫,以阻止其军事行动。这可说是中策。如果俺答对把汉那吉置之不理,明朝则优待把汉那吉,等以后俺答死亡时,让其回国,造成和俺答的孩子辛爱的内部纠纷,明朝方面当然是支援把汉那吉的。这是下策。

[063]

如已知的那样②,在蒙古,板升发展了,据说有数量达五万的汉人逃到那儿过农耕生活。而其头目赵全渐渐地积蓄力量,指导俺答进攻中国的战术,造成对明王朝极大的威胁。方逢时等想利用俺答对孙子把汉那吉的感情,以归返把汉那吉为代价,引渡那些逃亡的汉人,一举解决发生的事件。这种和蒙古交涉的提议,从嘉靖以来的强硬对策来讲,是重大的政策变更,无法预料事态将如何展开,这肯定是有相当危险的提议。

巡按御史饶仁侃、武尚贤、叶梦熊等坚决反对③。他们对利用把汉那吉这一点,提出了警告:过去宋朝,曾想利用降宋的郭药师,郭药师在宋金和约破裂时,马上站到金的一边当了先导,充当了两面派。

当时内阁首辅是李春芳,次辅高拱,此外有张居正、赵贞吉。以李春芳为首,高拱、张居正都支持王崇古的提案④。特别是张居正听了把汉那吉投降的消息立即给王崇古送书简要求报告的同时⑤,进行

---

① 《穆宗实录》五十,隆庆四年十月癸卯。

② 参照第42页注①,获原淳平书。

③ 同本页注①以及同月丙辰。

④ 《明史》二一三《高拱传》:"俺答孙把汉那吉来降。总督王崇古受之。请于朝,乞授以官。朝议多以为不可。拱与居正力主之。"

⑤ 张居正《张太岳集》二二《与抚院王鉴川访俺答为后来入贡之始》。

[064]　了详细的商讨,并督促勉励他:"公宜坚持初意,审定计谋,毋为众言所淆。"①所谓"张居正倡导于前,王崇古呼应于后",在讲和中,张居正的主导性被强调②,就是因为此。批判王崇古的叶梦熊等反而受到了谴责。

另一方面,庚戌之变以来一直主张对外强硬政策的赵贞吉则抗议这一方略③,加深了与高拱、张居正等的对立,十一月辞去大学士之任。

这期间,方逢时与王崇古商量,十月十日把百户鲍崇德和田世威送到云石堡,与俺答的部下五奴柱接触。作为保护把汉那吉的证据,让他们看把汉那吉所持的其父的箭,交涉送还赵全等人④。交涉在森严的警备下秘密进行。俺答终于同意明朝方面的提案。十二月三日送返了赵全等人,赵全被处了磔刑。把汉那吉回了国。王崇古、方逢时受到了重赏。

在这交涉中,俺答方面提出了各种各样的要求。接受这些要求,具体地提出问题的,是次年隆庆五年二月庚子王崇古上奏的《确议封贡事宜疏》⑤。在这上疏中,他说到,现在对方和我方的力量关系,与嘉靖帝禁马市时完全不同,这不是纳款即讲和的马市。而是像辽东、开原、广宁已经做的那样,是夷商互通有无而进行的商业活动,并没有使用国家资金。马匹只不过是朝贡贸易的一部分,与开马市是不同的。他提示出八个条项,被称为"封贡八议",内容如下:

一、授予俺答以及其一族王号以及相应的职衔,建立起双方的和平关系。

二、确定朝贡马匹的数量,以相应的马价赏赐绸缎、布匹,使其

---

① 同43页注⑤《答鉴川策俺答之始》。
② 本章第73页赵循论文。
③ 《穆宗实录》五十,隆庆四年十月己未。
④ 关于这期间的事,详见方逢时《大隐楼集》一二《与内阁高张二老论边情书》一至六。
⑤ 《皇明经世文编》三一七《确议封贡事宜疏》;《穆宗实录》五十,隆庆五年二月庚子。

蒙受恩典。

三、确定朝贡时期和规则,防患于未然。

四、互相开市,使蒙古、明朝双方有益可图。　[065]

五、对维持市场治安所需进行抚赏。

六、对投降者给以恰当的处置。

七、树立和平关系,另一方面强化边防以备万一。

八、弹压不通过分界、反对讲和的行为,强化边防的规矩。

其中对本章特别重要的是第四条的互相开市。他详细地叙说了为何对与蒙古的通商贸易是必要的:

> 议立互市,以利华夷。照得北虏散处漠北,人不耕织、地无他产。虏中锅釜针线之日用,须藉中国铸造,绸段、绢布之色衣。惟恃抢掠。今既誓绝侵犯,故虏使于乞封之初,即求听伊买卖充用,庶可永免盗窃,非谓求开马市也。(《皇明经世文编》三一七)

日用必需商品的通商贸易,对中国、蒙古双方都有益,并且不是没有先例的。如据弘治元年之例,首先是朝贡,这结束后,每月一次,蒙古方面带着金、银、牛、马、皮革、马尾等,明朝的商人则带着缎、绸、布匹、锅、釜等来开设市场。对于这市场,蒙古、明朝的双方在其周围驻屯军队,以维持治安。蒙古方面提供的牲畜,"夷酋"必须保证其品　[066]
质。明朝方面则如下面所说的那样做:

> 其各镇客商货物,一时或不足交易者,听行各道于各城查发,务使客商有利,夷价无亏。严钢铁、硝黄违禁之物入市贪利发遣之禁,戒边人出边盗窃交通之防。……其客商易获马匹,如各营缺马,听从官印收,照原估值给价,于商勿容亏减。……庶虏中得衣食之急用,斯可永绝盗心。而客商岁得虏货之利,将源源自至。防范既严,斯可革通夷凤弊,交易既广,庶可免不均骚扰。(同上)

［067］

也就是说,委托各镇客商和蒙古交易,官方为使这贸易顺利进行,组成协助体制。由交易获得的马匹的相当部分,则由官方收购。

"八议"上奏后,朝廷议论纷纷①。定国公徐文璧、吏部侍郎张四维等23人支持"八议",英国公张溶、户部尚书张守直等17人坚决反对,也有人赞成封俺答为王,认可朝贡,而反对互相开设市场的,那是工部尚书朱衡等5人。兵部尚书郭乾,不能统一这赞否两论。《实录》中如下记载。

> 兵部尚书郭乾,淆于群议,不知所裁,姑条为数事,以塞崇古之请,大抵皆持两端。(《穆宗实录》五五,隆庆五年三月甲子)

总之,事实上是以要阻止王崇古"八议"的形式,汇集了两派的意见,向隆庆帝提出的。帝对此表示不满,再一次要求部臣审议。于是三月己丑得出结果,基本是按王崇古"八议"所主张的,封俺答为顺义王②,同意与蒙古开始通商贸易。其内容大致如下:

一、封俺答为顺义王,封俺答之弟昆都力哈、长子黄台吉为都督同知,以下根据与俺答的关系亲疏,封以相应的官职。

二、俺答对明朝每年要进行一次马匹的朝贡。其马匹的总数不超过五百头,贡使的人数不能超过一百五十人。贡使中允许六十人赴北京,其他的人在长城附近待命。明朝以马匹头数相应的马价,支给缎、绸,布匹等物。

三、关于通商贸易(互市),每年一次在长城外的大同、宣府、山西三地开设市场。(后来在陕西、宁夏两地也开设了。还根据俺答方面的要求,每月一次在长城各关口开设了小市场。前者称大市,后者

---

① 《穆宗实录》五五,隆庆五年三月甲子。
② 《穆宗实录》五五,隆庆五年三月己丑。

则称为小市。)

这样讲和的结果,不仅确保了明朝长城沿线的和平,而且扩大了明与蒙古的通商贸易。《明史》二二二,《王崇古传》对此有如下记述:

> 崇古乃广召商贩,听令贸易。布帛、菽粟、皮革远自江淮、湖广辐辏塞下,因收其税以充犒赏。其大小部长则官给金缯,岁市马各有数。崇古仍岁诣弘赐堡宣谕威德。诸部罗拜,无敢哗者。自是边境休息。东起延、永,西抵嘉峪七镇,数千里军民乐业,不用兵革,岁省费什七。 [068]

那么,这些互市的贸易总额达到了多少呢?

据隆庆五年九月癸未,互市结束后王崇古的报告来看①,这一年互市的贸易量如表 1 所示,仅官市,即政府收购部分,马匹 7 030 头,折合成金额是 57 475 两(舍去小数)。其他私市,即民间部分的贸易量,马骡驴牛羊一共 24 217 头,约达政府收购的三倍。因为马骡驴牛羊的清单以及马匹以外的价格不清楚,算出总额很困难,但两者加起来的话,想来大约超过 10 万两。再有,据当了宣大总督的方逢时万历二年的报告来看,各镇马匹的贸易数如表 2 所示。在这个实绩基础上,万历三年七月决定了政府一年收购的马匹数,则如表 3②,总额23 万两。这只是政府收购的数字,那么肯定还有比这更多的私市,即民间部分的贸易。官市和私市两者加起来的金额,与当时国家财政中的银两部分,即与太仓银库的 430 万两比的话,大概相当于百分之五到百分之十。

---

① 王崇古《少保鉴川王公督府奏议》六《为遵奉明旨恭报北虏三镇互市事完昭恩信以慰华夷事》。《穆宗实录》六一,隆庆五年九月癸未。数字据前者。关于日期有若干问题。
② 表 2 见《皇明经世文编》三二〇。方逢时《为恳乞议处疏通市马疏》;瞿九思《万历武功录》八《俺答列传》。但是数字有若干不同。表 3 见《神宗实录》四十,万历三年七月丁酉。

表1　王崇古关于互市的报告（隆庆五年九月）

互市场所·日时	官市私市之别	品　目	数目	价银（两）
大同镇（得胜堡） 五月二十八日~六月十四日	官市 私市	马 马骡驴牛羊	1 370 6 784	10 545
同上（新平堡） 七月三日~十四日	官市 私市	马 马骡驴牛羊	726 3 233	4 253
宣府镇（张家口堡） 六月十三日~二十六日	官市 私市	马 马骡驴牛羊	1 993 9 749	15 277
山西（水泉营） 八月四日~十九日	官市 私市	马 马骡驴牛羊	2 941 4 451	26 400
计	官市 私市	马 马骡驴牛羊	7 030 24 217	56 475

表2　方逢时报告的市马数

	隆庆五年	隆庆六年	万历元年	万历二年
宣府（张家口堡）	1 993	902	7 810	14 500 余
大同（得胜堡 新平堡）	2 096	4 565	7 505	7 670 余
山西（水泉营）	2 941	2 378	3 988	5 000 余
计	7 030	7 845	19 303	27 171 余

表3　万历三年决定的市马数

场　　所	数　　量	价银（两）
宣　府	18 000	120 000
大　同	10 000	70 000
山　西	6 000	40 000
计	34 000	230 000

[069]

其交易的品种,据《王崇古传》所说,除了有布帛、菽粟、皮革(水獭皮、羊皮),还有旧衣服、针、线等日用杂货。关于广东产的锅,尽管俺答方面要求非常强烈,由于有被改造成武器的危险而被禁止交易,而王崇古认为没有危险①,最终认可可交易 500 口。

这样,大多数卖马得的钱,又被用来购买木棉、丝绸织物、谷物、杂货等,在民间肯定也有相当数量的贸易,这对当时明朝方面的商品生产,是确保了一定的销路,给予了刺激。还有,对进行这些商品交易的客商来说,在政府出资和保护下的通商交易,也更能确保其利益。即使国家财政有相当的支出,但这比起庞大的军事费用来,那是微不足道的。

山西商人家出身的王崇古,正是基于这样的考虑,在当时被作为"通夷狄者"的严厉批判下,仍然坚持推进讲和。前面所述《明史》二二二,《方逢时传》说:

　　　　始,逢时与崇古共决大计。而贡市之议,崇古独成之。

这证明了王崇古对议和这个事件,不单单是把它作为双方交换俘虏这样政治上交易,而是进一步向着开始商品贸易采取了有力的行动。他派遣间谍,把握了俺答方面的情况,是有了充分把握才来推进这一行动的。

关于封贡问题,还有一个积极行动的人物,那就是王崇古之甥,当时的吏部侍郎张四维。他与王崇古同是蒲州人,这一家族几乎都是山西商人,下面将对此进行论述。张四维充当了内阁、特别是次辅高拱和王崇古之间的联络人。高拱的《伏戎纪事》②谈到了高拱致王崇古书简(这书简内容是劝其优待把汉那吉,当使俺答自己亲自绑、献赵全)之事,这样说:

---

① 《皇明经世文编》三一八王崇古《酌许虏王请乞四事疏》。
② 高拱《高文襄公集》二五所收。

[071]　是时,张凤磐(四维)为吏部侍郎。凤磐者鉴川甥也。予乃语凤磐曰:"……此书中意有未尽者,幸转语尊舅氏。"凤磐曰:"诺。"盖嗣是每计事不及书者,必托诸凤磐,多不能悉记。(《高文襄公集》二五)

张四维的《条麓堂集》九所收录的《封贡六议》,和前面王崇古《封贡八议》,几乎完全相同。还有致王崇古的书简二十三封,说明了他不断与舅父王崇古密切进行联系,推进讲和之事。

还有《明史》二一九《张四维传》,关于这事是这么说的:

俺答封贡议起,朝右持不决。四维为交关于拱,款事遂成。拱益才四维,四维亦干进不已,朝士颇有疾之者。御史郜永春视盐河东,言盐法之坏由势要横行,大商专利,指四维、崇古为势要,四维父、崇古弟为大商。

据此,可以说是张四维积极劝说了高拱。不管怎么说,很明显,张四维和高拱是连携行动的。还有这记事的后半部分所说的郜永春的弹劾,时在隆庆五年四月乙未,也就是和俺答实现讲和的第二个月①。这弹劾,虽不是直接针对讲和问题,而从弹劾时间来看,很清楚,是对讲和不满的人想弹劾推进者王崇古和张四维②。同时,指出张四维之父和王崇古的兄弟都是山西大商人,有预先通过某种形式给予了利益和权力的可能性。

当时,次于高拱的三辅(第三席大学士)张居正也主张与蒙古的[072]　通商贸易。他在致王崇古的信中③,这样说:我们所说的贡市,与以前的马市完全不同。马市是蒙古用武力胁迫,以高价出售劣马,交易

①　《穆宗实录》五十,隆庆五年四月乙未。
②　同上。弹劾文中,说到王崇古之弟,但王崇古最小,没有弟弟,可能是其兄王崇义之误传。
③　《张太岳集》二二《答王鉴川计贡市利害》。

还没完就进行掠夺。与此相对,现在是乘朝贡之便,官方开设市场,互通物资有无,不让输出禁品是有的,与马市不可同日而语。作为有利之处,举出以下五点:

一、保边境和平,保证农业发展。

二、屯田的修复成为可能,可节约军事费用。

三、蒙古不轻举妄动,可压制东面的土蛮,西面的吉能。

四、赵全的死刑,激起逃亡汉人对俺答的不信,可能促使其回国。

五、激化蒙古内部矛盾,使其早日自灭。

张居正致王崇古的书简很多,显示了王崇古推进讲和,是在中央高拱、张居正强力支持下成功的。

与讲和成功同时,兵部尚书郭乾辞任[1],代替郭乾的,是与王崇古、张四维等同为蒲州人、并与他们有姻戚关系的杨博[2],历任兵部尚书、吏部尚书。

还有,在此后两个月的五月,首辅李春芳也在与高拱、张居正的对立加深中,从内阁离职[3]。于是,推进讲和的高拱为首辅,张居正就座次辅,接着,张居正以策略赶下了高拱,最终胜利地作为首辅,掌握了权力,这是众所周知的。

当时,高拱任首辅同时兼任吏部尚书,高拱被赶走后,吏部尚书就由杨博担任[4]。再有,反对朝贡问题的户部尚书张守直也辞职了,王国光就任户部尚书[5]。如后所述,王国光亦是山西官僚。至此,人事和财政的最高位置都被山西人掌握了。 [073]

---

① 《穆宗实录》五五,隆庆五年三月丁丑。"工科给事中刘伯燮劾奏。……特用镇远候褒,北虏封贡事宜早决。复徇筑舍之议,阴持两端。及纶音再下,犹漫为题复,竟无可否。……于是乾上疏引咎,以衰疾求退。"

② 张四维《条麓堂集》三十《杨博行状》。关于杨博,有项德桢的《太师杨襄毅公年谱》(内阁文库藏)。

③ 《穆宗实录》五七,隆庆五年五月戊寅。

④ 《神宗实录》二,隆庆六年六月甲戌。

⑤ 同上,三,隆庆六年七月辛丑。

但是翌年万历元年,杨博患病回乡,两年间病故。应张四维之请写了杨博的墓志铭的张居正,对他作了如下述说:

> 自余登朝,则见故少师太宰杨公,心窃向慕之。公亦与余为忘年之契。公在本兵久,又遍历诸镇,躬履戎行,练习边事,余每从公问今中国所以制御夷狄之策及九塞险易、将士能否,公悉为余道,所以如指诸掌。故自余在政府所措画边事,盖得之公为多。(《杨博墓志铭》,《张太岳集》十三)

由此可见,杨博的主张对张居正外交政策的决定有相当的影响。

(二) 王崇古、张四维的周围

[074] 以上叙述了隆庆和议过程中山西官僚所起的作用。现在再来看看王家屏写的张四维行状:

> 北虏贡款,众谓夷情且不测,公独陈便宜于新郑、江陵两公所甚悉。两公题之,议乃定。鉴川公尝曰:"微伯甥在内,吾事将不谐矣。"(《张四维行状》,《复宿山房集》三十)

王崇古对于这次讲和的实现,自信是成于他和张四维之携手,这在王崇古、张四维传里常能看到。

如前所述,王崇古和张四维都是山西商人家庭出身,张四维的文集《条麓堂集》全三十四卷中,收录了很多山西商人的墓志、传,是关于山西商人的重要文献。实际上寺田隆信已经对此加以利用,对他们这一族作了简略的记述。鉴于论说上的考虑,现在比较详细地把王崇古、张四维等周围的情况提取出来,以探讨他们所具有的、可以说是商人独特的合理主义精神。

首先,王崇古、张四维、杨博等的故乡蒲州有怎样的风土呢? 张四维在祝贺姻戚王海峰回乡的序里,有曰:

吾蒲介在河曲,土陿而民夥。田不能以丁授,缘而取给于商。计坊郭之民,分土而耕畜者,百室不能一焉。其挟轻赀牵车牛走四方者,则十室而九。商之利倍农,用是反富视诸郡。……凡蒲人贾于外者,西则秦陇甘凉瓜鄯诸郡,东南则淮海扬越,西南则蜀。其相沿若此耳。(《海峰王公七十荣归序》,《条麓堂集》二一)

[075]

也就是说,蒲州位于黄河弯曲部,解盐池附近。土地贫瘠,不合适农业,但因近解盐池,交通很便利,从古时起,从事商业活动的人很多。当时有九成是经商的,其活动范围西从陕西、甘肃到四川,南从江苏、浙江到广东几乎遍及中国全域。王海峰自身也到过这些地方,注意到当时已经萧条的山东青州以及河北沧州的盐业,策划加以复兴,使沧盐的收入增长到原来的三倍,获得了极大的利益。他当初着手复兴沧盐时,那儿仅仅只有一家店铺,但是不几年就出现了如下的状况:

遍镇易、瀛、博、相、卫、邢、赵,凡赋醎之邑,往往有列廛焉。沿海之滨,待而举灶者若干户。

在边镇以及华北各处不断地设立店铺的盐生产者,也随之增加。

还有,同为蒲州人的展玉泉①,从父辈起为盐商,幼时起就跟着父亲,赴沧州学此业务。展玉泉的父亲在沧盐没落、很多商人离开沧州时也没离开沧州。不久沧盐复兴,商人以“视昔日何止十倍之众”的程度涌来。据说蒲州的人们对展玉泉,大大称赞其父没有放弃沧盐的见识。关于展玉泉的商业活动,张四维说:

玉泉性敏毅疏爽,虽居廛井中,不切切计刀锥。凡废居迁易,内定于心,咄嗟间即投之,所向无或中止者。舟同运而至则

---

① 《条麓堂集》二一《送展玉泉序》。玉泉是他的字,讳则不明。

> 先焉,货同积而贸必首焉,其应务捷给,唯以事速有终为算。视
> 他人较尺寸、守月日、以觊利于必得者不侔也。故其经度常先众
> 人,用是故亦不获厚殖其产。然其人实乐易,常沛然不以赢缩介
> 心,视缗货无如何也。(《送展玉泉序》,《条麓堂集》二三)

可见,展玉泉不惜小利不守旧套,宁可冒巨大危险也要投机追求大利
益,具有为众人先的决断力、行动力。

他在商业活动之外,捐纳数百两金,成了河南商丘的驿丞。张四
维赠其如下之语:

[077]
> 夫士贾无异道,顾人之择术如何耳。贾求利者也,苟弗以利
> 毁行,则如展氏世其业,人益多之。仕利人者也,而于此兴贩心
> 焉,市道又岂远哉。(同上)

追求利益,或者给利益予他人,为仕即当官僚和为贾即成商人,没有
大的差别。

虽说把仕和贾视为同列,但商人是把财产传给子孙,不仅是自己
这一代,而是立于传给子子孙孙的长期展望来经营商业;而官僚仕君
主,"朝不知夕之命运",连一年的展望也没有。因此他期待展玉泉,
当推商人"世代守沧盐之心"来当官僚,以仕于君主。在此可见张四
维这样的姿态:没有以商为末的对商业的蔑视,反倒是想要使立足
长期展望、追求利益的商业方法,对经纶国家起作用。

下面具体看看王崇古和张四维这一家族。

图1是王崇古的家族,图2是张四维的家族。关于王崇古的家
族,后面要谈到的杨博之孙杨元祥,曾有他的行状,似乎详细叙述了
姻戚关系①,但现在已不可见,多有不明之处。现以张四维的《条麓
[078] 堂集》为中心,补以其他若干资料,使其复元。

---

① 《皇明文海》四九申时行《王崇古神道碑铭》。

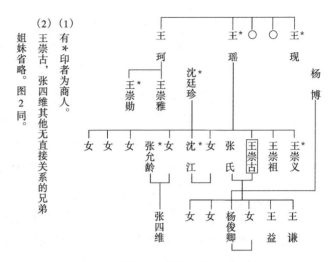

（1）有*印者为商人。

（2）王崇古、张四维其他无直接关系的兄弟姐妹省略。图2同。

图1　王崇古一族

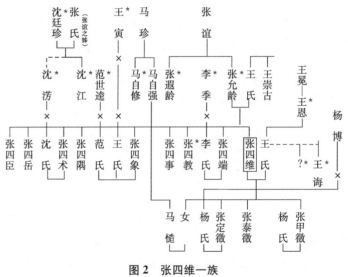

图2　张四维一族

[079]

　　王崇古一家，是明初从山西汾阴移到蒲州的。在已知其名的王仲文、王彦纯、王秉信、王景严、王荣等这些祖先中，没有成为官僚的。祖父王馨是邓州的学正。从父亲王瑶（字文充，号素庵）[1]这一代起，

---

① 韩邦奇《苑洛集》五《王瑶墓志铭》。

成为商人。据说祖父王馨在任地"邓州、湖北襄阳、陕西之间进行贸易，资财渐丰"，但不知道经营何种商品。据说祖父转任河南鲁山后，因这个地方出产"竹木麻漆"，所以父亲王瑶"取良产治器用中度，至今土人式之"，或是以这些为材料，来作家具吧。到了正德年间，在"张掖、酒泉之间"从事商业。积累资本后，开始正式搞起军粮的输送。"还在淮、浙、苏、湖之间卖盐，往返数年，资复丰"，可知确实是盐商。父母死后分财产时，其把现金分给"家众"，自己和弟弟则确保长芦盐的交易。

王瑶之兄王现，即王崇古的伯父，也是商人。关于他，前七子之一的李梦阳写了墓志铭。李梦阳也是明初从蒲州移到陕西的商人一族，这已经由吉川幸次郎①证明了。李写的墓志铭如下：

> 王文显者，蒲商也。……初，文显为士不成，乃出为商，尝西至洮陇，逾张掖、敦煌，穷玉塞，历金城。已，转而入巴蜀，沿长江下吴、越。已，又涉汾、晋，践晋原，迈九河，翱翔长芦之域。竟客死郑家口。(《空同集》四六)

[080]　他也和王崇古之父一样，是活跃的输送军粮的盐商。他常常这样教导孩子：

> 夫商与士，异术而同心。故善商者，处财货之场而修高明之行，是故虽利而不污。善士者引先王之经而绝货利之径，是故必名而有成。故利以义制，名以清修，各守其业，天之鉴也。如此，则子孙必昌，身安而家肥矣。(同上)

即认为，商人和士大夫，仅仅是同心异术，职业的不同。商人用道德的方法去追求利润，和士大夫学先王之道，两者应受到同样评价。所

---

①　吉川幸次郎《李梦阳的一个侧面》(《吉川幸次郎全集》十五，筑摩书房，1969)。

谓"肥家",积累财富,如果也视为上天照鉴结果的话,就没有什么内疚。虽然在这里也说不能把财富的蓄积作为自己的目的,只有以道德作为媒介才可能获得,但即使是这样,其所主张的作为职业的商业行为的正当性,还是应当注意的。

王瑶、王现的末弟王珂①(字仲鸣,号止一斋)在兄弟们的支持下走上了读书人之路。进士合格,官至中书舍人,早逝。遗儿两人,据其母的指示,一人参加科举乡试合格,还有一人王崇勋走了商人之道。那就是王崇古的堂弟。

王崇古的兄弟姊妹三男五女。大哥王崇义,依父命成为盐商②。二哥王崇祖,早逝。老三是王崇古。姊妹中,大姊嫁给了侨居蒲州的猗氏县人沈氏,沈氏也同是商人之家,其公公沈廷珍(字邦良),据说:

> 以家务服贾,所欲不存也。故南帆扬越,西历关陇,乘时废居,用能拓产殖家,而所至必携小学、《通鉴》,时诵习之。遇事辄有援证。(《沈廷珍墓志铭》,《条麓堂集》二八) [081]

他一面从事商业,但没放弃读书人之事。其妻张氏,是张四维祖父张谊之姊。

王崇古的大姊,嫁给了沈廷珍的长子沈江(字东潮)③,沈江也与其父一样,是"携巨款游关、陇、扬、越间"的盐商。在或可获巨利,忽然间又会失去的状态下,对金钱似乎很淡泊。据说他也相当喜欢读书,旅行中也必携带小说书。为此,他精通"方技小说家之言",特别是"其算数有声于廛井间"。其关心的是和儒教经典等不同种类的书,特别对数学很关心,这一点应当注意。

第二个姊姊④嫁给商人张允龄,是张四维之母,关于张允龄将在

---

① 《条麓堂集》二七《王珂墓志铭》。
② 同第 55 页注①。
③ 《条麓堂集》二八《沈江墓志铭》。
④ 同上,三十《先母王孺人行略》。

以后再述。

第三个姊姊嫁给阎一鹗,第四个姊姊嫁给监生宁夏,排行五的姊姊嫁给生员刘一直①。她们的情况不详。

这样看来,王崇古的父、伯父的兄弟姊妹中,就有三人是商人,或者是嫁给了商人,由此可知王崇古与山西商人的关系。

下面再看张四维一族。

张氏②本来住在解盐池的南面,明初时移到蒲州通化坊。张友直、张仲亨、张克亮、张秀、张宁、张谊,到祖父代未出过官僚,这与王崇古家的情况相同。

父亲张允龄(字伯延,号嵋川),根据张四维写的行状,因为遇到无赖,一时丧失了财产,后发愤有志于商业。

[082]

> 遂发愤远游。西度皋兰,历浩亹,居货张掖、酒泉间。数年,乃南循淮泗,渡江入吴。又数年,业益困,则溯江汉,西上夔峡。岁往来楚蜀间。已乃北游沧博,拮据二十年,足迹且半天下。虽治市廛业,其视财利甚轻,笃信重义。南北所至,必为众所敬服。诸贸易伙分,或比于争构,辄诣府君请平。(《张允龄行状》,《条麓堂集》三十)

张四维的父亲就这样从事全国性商业活动,几年回蒲州一次。他喜欢长子张四维有学问上的才能,每次回家都购书给他,据说嘉靖三十二年,张四维进士及第时,认为是祖先阴德之报,非常高兴,勉励道:

> 必无负国恩,有益百姓,乃可延世泽。吾勤劳半世,虽殖产未丰,然不令尔忧俯仰也。(同上)

---

① 同第 55 页注①。
② 《条麓堂集》三十《张允龄行状》。

高兴张四维进士合格,并说你以后不用担心生活,可以看到其相当有商人的自尊心。其妻即张四维之母是王崇古的姊姊。

张允龄之弟张遐龄①(字伯鹤,号竹川)也是商人。他"游吴、越间",与张允龄的情况一样。据说他"年少气锐",为进一步追求利益,甚至向"南方,历五岭"、番禺,并往来于"豫章、建业的大都会",进出于江南、江西、广东。其妻是处士李凤朝之女。

张四维自己是九个兄弟中的长子。弟有四端、四教、四事、四隅(幼殁)、四术(幼殁)、四岳、四臣。此外姊妹两人。其中,继承父亲商业的是三弟张四教。

张四教②(字子淑)十六岁开始从事商业,其远"经汴、泗,涉江、淮,及南方姑苏、吴兴之境,诸诸经纪废居之处,出人意表"。作为商人,见识很广。其预见、判断极其正确。张四维写的墓志铭曰:

> 从先君居业沧瀛间,识量益宏达,综计精确,不屑屑较锱铢。每年羡于人所不取。尤精《九章算术》,凡方田、粟布、勾股、商分等法,廛中有白首不得肯繁者,弟按籍妙解,不由师授。旅党或财贿分合纠纷难叙者,率请弟为决,莫不犁然两解,彼此称平焉。(《张四教墓志铭》,《条麓堂集》二八)

《九章算术》被称为中国最古老的算术书,方田是土地面积的测定法;粟布是处理谷物、布匹所用的比例算法;勾股是三角,商分是除法。张四教与前述的沈廷珍(据上文当为沈江。——编者注)一样,长于数学,有关商业上的金钱问题,处理适当、正确。数学上的知识,对于个人商业经营和利润追求,当然是必要的吧。多数投资者共同经营的场合更是如此。有名的程大位《算法统宗》,叙述了合伙经营的利益分配,贷借资本的利息计算方法,有很强的商业算术书的性

[083]

[084]

---

① 《条麓堂集》二八《张遐龄墓志铭》。

② 同上,二八《张四教墓志铭》。

质,这已经被指出过了①。明代民间数学的普及和发展,是与这样商业活动的扩大并行的。顺便提一下,关于解说算盘的徐心鲁的《盘珠算法》被刊印,恰好也是这个时期、万历元年的事。

张四教也运用这样的数学知识,极大地增加了利润。

> 弟治业滋久,谙于东方鹾利源委,分布调度,具有操纵。末年,业用大裕,不啻十赔(倍)。(同上)

他知道,不单单把数学作为知识,而是在盐专卖的复杂构造中,加以运用,乃是可增加利润之术。晚年由捐纳得了龙虎卫指挥佥事的官职。

五弟张四象(字子易,号松磐),张四维兄弟们外出时,在蒲州专管家务事。

> 及先少师(父张允龄)建孟盟庄,弟调度耕蓄,斟量甽亩,即老农圃有不逮者。至于禾稼之丰瘠,果蔬之登耗,类能逆睹而预计之,比获不失升勺。(《张四象墓志铭》,《条麓堂集》二八)

父亲张允龄经营孟盟庄,不单单是为了风流,实际上也是经营农业的。弟四象负责经营。与商业同样,由于合理经营而有相当的成果。他得了生员资格,后来与兄一样,由捐纳得了监生的资格。

[085]　此外,张四维兄弟还多从各个商人家迎来配偶。

张四维之妻王氏,出身于同在蒲州的商人之家。其祖父王冕②早年死殁,两个儿子,一人成了生员,另一个王恩成了商人。王氏是王恩的女儿。关于王恩,张四维所述如下:

---

① 寺田隆信《从商业书所见的商人和商业》(《山西商人的研究》,东洋史研究会 1972)。
② 《条麓堂集》二八《王冕墓志铭》。

公幼失怙,拮据立门户。游货南北,足迹半天下。初岁业尝中耗,厉志经营,用能复殖其产。尤慎出纳,终其身,未尝有锱铢滥费,盖天性然也。(《王恩墓志铭》,《条麓堂集》二八)

在寺田隆信研究商业的书里,说到会计账簿,注意到必须严格记载收支[1]。王恩也许就是在用这样的会计账簿。这样慎重对待资本运用,警惕浪费的禁欲主义态度,与其说是“天性”,不如说是他们从商业经营中培养出来的一种合理主义精神的表现吧。

王氏一族中,有很多商人。张四维妻子王氏“兄弟辈”的王从诂之兄(?)王海[2],以及其兄弟也是商人(但与王恩是怎样的关系不清楚,所以在表中,用虚线表示其关系)。

张四维二弟张四端之妻李氏也是蒲州大通里人,祖父李季[3]是 [086] “商于兖豫间”的商人。据说当时蒲州有“视人家丰约为姻娅”的风习。说明那里比门第更重资产,存在着金钱第一的价值观。李季的继母张孺人,在这种风气中,主张“嫁女,当谨择婚,何关多资”,认为比资产更重要的是选择人。只要有作为商人的真正才能,获得金钱是容易的。张四维非常称赞这样选择的张孺人的见识:“顾其识见,不甚伟哉。”

五弟张四象之妻王氏也是蒲州人。其家原来以制造香油为业,曾祖父王寅[4]也是山西商人。为人话很少、很谦虚,力强。以“金革之艺”即武术优秀,使同行商人安心。在怀有巨额资金的商业活动中,为了自卫,这样的防御术是必要的,实际他也有过献身危险战场的经历。

张四象很早就失去了发妻王氏,后来娶了范氏。范氏之祖范世逵也是商人。张四维关于范世逵,有如下记述: [087]

---

[1]　寺田隆信《山西商人的研究》,307 页。
[2]　《条麓堂集》二八《王海墓志铭》。
[3]　《条麓堂集》二八《李季墓志铭》。
[4]　同上,二八《王寅墓表》。

公家世以农商为业。公幼服贾四方，绰有心计，倜傥负大
志，视行辈逐逐然竞锥刀之末者不屑也。令甲榷淮浙醝利以佐
国计，凡商人占淮浙盐者，悉令输粟甘肃宁夏等边，给通关领引，
而守支于淮浙，谓之飞挽。然自开中以及支给，旷日延久，且出
入戎马间，有绛帻之警。而盐利又时有朓朒，是以商人不乐与官
为市。公独曰，此可居也。遂历关陇，度皋兰，往来张掖、酒泉、
姑臧之境，察道里险易，计储偫。蓄散盈缩以时，废居而低昂。
其趋舍每发必奇中，往往牟大利。(《条麓堂集》二八)

所谓开中法，就是在边境纳入军饷，作为其代价，领取盐引（交易
许可证），在指定的行盐地贩卖与之相当的盐。但是，由于从"开中"
到取得盐引需要较多的时日，往往因此使盐商穷困。但是范世逵参
与推进这开中法，基于绵密调查、计算，流动商品，进行投机活动，获
得了相当的利益。他以作盐商获得的利益买了"良田数百顷"。但是
"积缗钱以万计，性雅不饰衣服舆马"，始终一贯过着禁欲生活这一
点，也与前述张四维的丈人王恩相同。

张四维六弟张四隅早逝。七弟张四术也早逝，但张四术冥婚之
女，与王崇古之姊所嫁的沈氏为同族①。

到王崇古、张四维下一代，与前面所述兵部尚书杨博、大学士马
自强有了姻戚关系。

关于杨博，有张四维所写的行状②。杨氏原是陕西省华阴人。明
[088] 初，祖先杨善甫移到蒲州。曾祖父杨谌、祖父杨选，因杨博之故而被
赠官，其实不是实际的官。到了父杨瞻这一代，乡试合格成了四川按
察司佥事。杨博成了兵部尚书和户部尚书的高官，这已如前述。其
育有四子，长子杨俊民是万历年间追及矿税问题的活跃人物。王崇
古的一女和杨俊民之弟结了婚。还有杨博的两个孙女，嫁给了张四

① 同第 58 页注②。
② 《条麓堂集》三十《杨博行状》。

维之子张甲徵和张定徵。

张四维的一女，嫁给了陕西同州人马自强之子马愭。马自强是张居正内阁的大学士，这将在后面述说。与蒲州出山西商人一样，同州是陕西商人的出身地。马自强之弟马自修①是"弃儒业……寻粟贩于延、商、洛间"的典型商人，其家是"三世同居，会食数百指"的大家族。陕西商人也与山西商人一样，作为盐商，从事军粮输送，寺田隆信是把陕西商人与山西商人并在一起考察的。

此外，张四维还写了很多没有直接姻戚关系的蒲州出身商人们的墓志铭，如韩玻②、徐昂③、徐呆④等。还为其弟张四教的友人新安商人吴珽、吴珰兄弟的父亲写了《寿双松吴翁七十序》⑤。说是其弟通过生意和他们亲热起来，所以"余亦得交欢"。其交游的范围不仅是山西商人，通过其弟还涉及新安商人。

如上所述，主导隆庆和议的王崇古和张四维，不仅都是山西商人出身，其周围还存在很多山西商人，并以数层重叠的姻戚关系连接着。

根据寺田隆信的研究⑥，正统年间以来，边饷从现物中心移到银钱中心。与此同时，在北方现地从事收购谷物的边境商人，和在内地从事贩卖盐的内地商人，是分开进行的。而王氏、张氏在边境进行商业活动同时也在内地做盐的贩卖。这样的过程，以怎样的形式反映出来，现在一点也不清楚。还有，在《条麓堂集》中，关于他们所经营的商品，除盐以外几乎没有涉及。一般来说，作为军饷的谷物，作为商品的盐以外，还经营丝织物、棉布、木材、羊绒、铁、茶、染料、家畜等是很普通的。单个商人是不是涉及这么多的商品流通暂且不论，对山西商人来说，把达国家财政5%～10%的市场和由国家确保资金回 [089]

① 《马氏世行录》五。
② 《条麓堂集》二八《韩玻墓志铭》。
③ 同上，二八《徐昂墓志铭》。
④ 同上，二八《徐呆墓志铭》。
⑤ 同上，二一《寿双松吴翁七十序》。
⑥ 寺田前揭书。

收的通商贸易,视为极有魅力之事是理所当然的。王崇古、张四维在讲和的同时,积极推进互市,无视他们自身这样的社会背景,是不能想像的。

但是,讲和后山西商人以怎样的形式参与这市场的呢? 具体的情况不清楚。前面所举的《明史·王崇古传》说:"广召商贩……听令贸易。布帛、菽粟、皮革远自江淮、湖广幅辏塞下。"王崇古参与这些是明确的,但不能只是作为个别与利益、权利有关的问题,那是应该在这样朝贡贸易的全体构造中——加以明确的经济史的问题。而现在只是指出,山西商人出身的他们,是讲和,特别是伴随此而来的通商贸易的积极推进者这一事实。

(三) 山西官僚和张居正政权

[090]　　由于王崇古、张四维等主导了隆庆和议,他们这些山西官僚与张居正关系加深,因而在张居正政权下占据了重要的位置。

首先是内阁。张居正执政时期,作为大学士入阁的有吕调阳(隆庆六年~万历六年)、张四维(万历三年~十一年)、马自强(万历六年)、申时行(万历六年~十九年)四人,其中张四维和马自强是山西官僚这已如前述(马自强虽是陕西出身,由前所述,可认为其属于山西官僚)。

关于张四维,因为他在和议过程中和高拱关系很深的缘故,在高拱失败时一时离任。但不久就复归了,万历三年作为东阁大学士入阁,是由张居正推荐的。《明史》二一九本传说:

> 当是时,政事一决居正。居正无所推让,视同列蔑如也。四维由居正进,谨事之,不敢相可否,随其后,拜赐进官而已。

在张居正的独裁下没有发挥本领的机会。但是,万历六年张居正因为父亲葬仪,一时离任时说"小事四维代拟旨,大事则驰报江陵,听居正裁决",只有"大事"是张居正自己决裁,"小事"则搁置次辅吕调阳,让三辅张四维裁决。为此,吕调阳愤然离任。以后张四维一直到万历十年都是次辅①,张居正去世,坐了首辅之位。

马自强(字体乾,同州人),和议时他是翰林院侍讲,没有直接参与这一事件。但在张居正政权下,经礼部侍郎、吏部侍郎,当了礼部尚书,接着又兼任文渊阁大学士。但是就任大学士之任后,不久就死去,作为大学士的期间极短。 [091]

他作为礼部尚书,参与朝贡之事是当然的,此外,他还努力解决了宗藩问题。

明代宗藩问题极其深刻。太祖以来,宗室之数不断增加,在万历二年约三万人,禄米除了折钞部分,推定为 330 万石,达到全国实际钱粮的 15%②。还有,利用王府特权的大土地所有扩展,成了当时很大的社会问题。对此,嘉靖四十四年公布了《宗藩条例》③,采取了把禄米的一部分从本色银切换为折钞等对策。万历六年,张居正进一步改定《宗藩条例》,煞住了用不正当手段增加宗室的趋势。做成这原案的就是马自强。张四维写的《马自强墓志铭》所述如下:

> 时宗藩繁衍,诸请名封婚禄,岁以千计。中多诡冒乖越,而先后条例亦自相抵牾,以故王府科宿猾,习其穴窦,交结诸藩狡役,出入为奸,莫可究诘。公一一清其源本,择条例协于情,通行无碍者为准,其一时有为而设,彼此刺谬者,悉屏去之。今礼部新题更定宗藩条例,多公所具藁也。法守既定,乃斥汰诸积胥之 [092]

----

① 他对张居正晚年,张居正的法家式政治持批判性态度。《明史》二一九本传。所述如下:"初,四维曲事居正,积不能堪,拟旨不尽如居正意,居正亦渐恶之。既得政,知中外积苦居正,欲大收人心。会皇子生,颁诏天下,疏言(中略),帝嘉纳之。自是,朝政稍变,言路亦发舒。诋居正时事,于是居正党大惧。王篆、曾省吾辈,厚结申时行以为助。而冯保欲因两宫徽号封己为伯,恶四维持之。篆、省吾知之,厚贿保,数短四维,而使所善御史曹一夔劾吏部尚书王国光媚四维,拔其中表弟王谦为吏部主事。时行遂拟旨罢国光、并谪谦。"
② 布目潮风《明朝的诸王政策及其影响》(《史学杂志》55 卷三、四、五,后来收入《隋唐史研究》,同朋舍出版,1968 年)。
③ 《明史》八二《食货志六》俸饷。

尤无良者。凡王府章疏至,必亲为裁决,随榜之部门,明示行止。由是诸掾隶无所索贿,公宇肃然。(《条麓堂集》二六)

他在强化了对王府的中央监督权、抑制宗室增加的同时,也想要阻止王府的横暴。

下面谈六部尚书的情况。作为山西官僚,首先应举出的是王国光。如前所述,王国光是取代反对隆庆和议的户部尚书张守直,在张居正掌握权力后立刻就任该职的人物。

王国光(字汝观,号疏庵),山西阳城人。阳城作为铁的生产地而有名,和蒲州一样,也是山西商人的出身地。他与张四维有交往,张四维为他写了《送公承恩归省序》(《条麓堂集》二三),直到晚年两者关系似乎都很好①。

张四维为这位王国光之母张氏写的墓志铭中,关于张氏这么说:

(夫)赠公旅游南北,或终岁不归,一切家政,咸太夫人综画,闺以内井井也。(《封一品太夫人王母张氏墓志铭》,《条麓堂集》二九)

这旅游不单单是旅行,可以说是为了商业活动吧。因为从《条麓堂集》里张四维的表述,以及阳城这地方的风情来看,完全可以想像到这一点。他在张居正政权下,到万历四年为止,任户部尚书。

他就任户部尚书后,立即着手财政改革。《明史》二二五本传说:

神宗即位,还理部事。时簿牒繁冗,自州县达部,有缮书、输解、交纳诸费,公私苦之。国光疏请裁并,去繁文十三四,时称简便。户部十三司,自弘治来,以公署隘,惟郎中一人治事,员外郎、主事止除官日一赴而已。郎中力不给,则委之吏胥,弊益滋。

[093]

————————

① 《明史》二一九《张四维传》。

国光尽令入署，职务得修举。

不言而喻，户部相当于国家财政中枢的大藏省（译者注：日本的财政部）。其中有尚书一人，左右侍郎各一人，作为属官，有司务厅司务两人，十三清吏司的郎中各一人，员外郎一人，主事两人等以外，还有太仓银库等的大使、副使等。这中间的十三清吏司，在分管各省财政的同时，还负责直隶的贡赋，诸司、卫所的俸给，边镇的粮饷，仓场，盐课，钞关的重任。按照省份，主管着全国的财政。内部则分成四科，民科主要主管户口物产等，度支科主管夏税秋粮、存留起运、赏赉禄秩的经费，金科主管市舶司、鱼、盐、茶的课税，仓科主管漕运和军粮的出纳①。负有这样重大责任的十三司，官场狭窄，只有郎中一人常驻运营。恐怕从轻视财务的读书人看来，这是不足为奇的吧。但这样就难以避免国家的财政紊乱，发生胥吏活跃、纳贿污职的事是当然的吧。王国光改革这种状况，让十三清吏司的职员每天常驻，努力整顿财务行政。

《明史》本传继续说②：

[094]

　　边饷告匮，而诸边岁出及屯田、盐课无可稽。国光请敕边臣核实，且画经久策以闻。甘肃巡抚廖逢节等各条上其数，耗蠹为损。

当时的国家财政，慢性赤字延续。岁出大大超过岁收、其额竟达到三成③。他想通过整顿地方财政，摆脱这种危机。原来地方存留部分委托给地方，因此，地方官轻视存留，一旦有事时，就由中央来支出。他要求把这存留部分也包括在内的地方岁出、岁入、存留、逋负

---

① 《明史》四八《职官志一》。
② 相关的记事，关于一，见《神宗实录》二十，万历元年十二月己酉。关于二，年代不明。关于三，见《神宗实录》四三，万历三年十月庚寅。
③ 《条麓堂集》二五《徐阶神道碑》。

[095] 的数目上报中央户部,户部在把握全国财政状况基础上,就可以比较容易地考虑如何调达军事费用等。

关于京营军粮的支给,实行必要的人员配备,以求不发生迟发等情况。迟发军粮往往成为引起兵变的契机。

还有,关于国税的收入,十三清吏部司不仅管理各地方的财政,而且使其所管的钱粮、盐课、关税等每一个项目都一元化。以明确责任所在。

这样,他在计划充实户部事务部门的同时,也推进了国家财政的合理化,这些改革,在以财政中央集权化为目标这一点上,与张居正政治改革的方向是一致的。

又,张四维在致王国光书简里说:

> 于亲友处睹邸报,见度支诸疏议,凿凿皆成画实事,词不费而事理明尽,不觉慨然心服。(《寄王疏庵》,《条麓堂集》十八)

对他的经济论表示赞意。从前后情况可知,这封信是隆庆末年到万历元年休职中所写,或可认为,所说和前述王国光的上奏是相关连的吧。

王国光在进行这样改革的基础上,着手编纂《万历会计录》。在进上这本书之时,对该书的编纂意图,他这样说:

> 夫什壹之税,中正之制也。上不为苛,下不为厉。后世事不[096] 师古,巧立名,假别术,涂百姓之耳目而鱼肉之,不知根本已伤,反眩奇以自矜诩,如桑孔诸人是已。……故生财之道,取诸什壹而已,什壹不亏,则帑庾充,常用足,宁非万世不易之法哉。
>
> 臣愚滥柄大计,始视事,阅诸司掌故、省府岁征。谓濬其源,则可以永流,习其数,则可以考实。乃簿牒错落,多寡混淆。间遭回禄,奸吏乘而舞文,去籍者有之。窃叹国家命脉在是,因循不整,弊将何极。因考前代唐有《平赋书》、《国计录》,宋有《会

计录》,逮祥符、皇祐、治平之间复辑之。我朝《会典》、《一统志》,虽载有户事,然采摭大概而已,惜未有专书。(《万历会计录》一)

他站在只有钱粮,才当成为国家财政基础的立场。然而,现在有关这些钱粮的账簿被丢失,连当作基础的数字都不能正确把握。这样,毕竟无法取得财政安定。因此,他不仅对户部的台账,还对各地进行调查,并进而动员诸官僚家藏资料①,相互考订,努力把握成为基础的数字。结果,把所得到的详细数字,按岁入、岁出各项目进行分类。

《万历会计录》是在万历四年,他从户部尚书之任离职时上呈的②,进而由后任的户部尚书张学颜继续编纂,万历九年上呈。在张学颜的上奏中,所述如下③:

> 自国初至今,未有积贮如是充裕者。顾岁日玩久,时势渐殊,条格虽存,沿革稍易,司属异职,……田有增减,赋有盈缩。[097]
> 中外有需,多约于前而浮于后。计其大者,内库如金花、蜡、绢、颜料之类;俸禄如宗藩、勋戚、武职之类;边饷如修边、客兵,招募之类;视之《会典》,几逾一倍。自兹以往,年愈久而费愈增,费愈多而赋愈重。加之吏胥舞文,豪强去籍。(《万历会计录》一)

在当时,伴随着社会经济变动,国家岁入、岁出变化很大的状况下,不仅是把握基础数字,追踪其是怎么变化的也很重要。因此,这

---

① 《万历会计录》一,王国光上奏:"奉命以来,矢心雠校。先考本部册籍,未的者移查边腹。及求耆旧诸臣家藏,参互考订,旧额新增,备述端委。类分款列,悉明数目。虽未尽得,亦庶几七八云。"《万历会计录》北京图书馆所藏,1988 年作为《北京图书馆古籍珍本丛书》五二、五三刊印。

② 同上,以及《神宗实录》四七,万历四年二月庚寅。

③ 《万历会计录》一,还有根据这《会计录》上呈之际的张学颜上奏,户部主事顾宪成、李三才,赵南星等也作为编集者列名。

《会计录》不仅记载国家以及地方财政,直到县级的详细数字,还记载其沿革,使其数字的转移也清楚了。更附有对各布政司、各地方财政问题所写的按语,明确地表现了财政改革的意图。

这本书,梁方仲曾介绍其概要,或许当由哪个经济史学家,根据此书再进行充分的分析吧[①]。

《会计录》的编纂,与张居正实行的全国性丈量是同时进行的。如要以钱粮为基础确立长期国家财政的话,对作为钱粮基础的土地进行丈量就是当然的事。张居正着手丈量时,带有王国光等对财政的这样的认识的。

我注意到,着手编纂该书的不是他人,正是山西官僚王国光这一点。因为在这里,恐怕可以感觉到爱好数学,正确记载账簿,志在长期展望,合理经营商业的山西商人的影响。北到长城,南从江苏、浙江到广东,西从敦煌到四川,其足迹几乎遍及整个中国的山西商人的视野,并不像其出身之地,局限在一地域社会内,而是站在中国这一国家的视野上的,财政改革也是从这样的观点开始进行的。更进一步说,作为盐商,按开中法规定涉及军粮输送、进行商业活动的山西商人,就确保他们自身利益而言,国家财政制度的健全化,肯定是最低限度的要求。

这本书上呈后不久离任的王国光,继张瀚之后,又作为吏部尚书复职。到万历十年张居正死去,一直任此职。山西官僚再次掌握了人事的最高位置。作为吏部尚书,他希望允许"采实政,分繁简,责守令,恤卑官,罢加纳"(《明史》本传),神宗对此评价很高。但在根据张居正的指示所实行的人事行政这一点上,后来的评价却未必很好。

下面简单叙述一下军事行政方面的情况。

隆庆六年,杨博从兵部尚书转到吏部尚书时,张居正似乎考虑起

---

① 《中国近代经济史研究集刊》三卷三期"书籍评论"(社会调查所,1935 年)。还有关于此,岩见宏的《晚明财政一考察》(岩见宏《明末清初期的研究》,京大人文研究所,1989 年)里,初次加上了从财政史的观点的分析。又,岩井茂树的《张居正财政的课题和方法》(同上书)是涉及财政政策全体的考察。

用王崇古当兵部尚书①。但是刚当了吏部尚书杨博对立即起用姻戚，感到犹豫。再加上王崇古有监督北边贡市的重任。于是，采用活跃于对抗倭寇、镇压广西农民反乱的谭伦为兵部尚书，这是由杨博推荐的。王崇古在稍晚的万历元年，转位戎政尚书，三年后成了刑部尚书。王崇古之后接任宣大总督的是方逢时。

这期间，围绕着俺答贡市的议论不绝。

方逢时在后来的《辕门记谭》之五中，有如下记述：

[099]

　　万历二年秋，诸夷贡市马。多往岁倍差。支离子（《辕门记谈》中的提问者）见老人（方逢时）言曰：马多矣，胡不拒之？老人曰：恶是何言也。夫马，北土之利也。布帛，中国之利也。以利易利，封疆之利也。如之何其拒之，且虏岂真畏我哉？往岁事可鉴已。……舍其利而承其害，智者不为也。（《大隐楼集》十五）

如支离子批判的那样，谭伦在任中也贯彻隆庆和议的路线，万历三年改称俺答城为归化城。

谭伦万历五年死于任上，王崇古终于当了兵部尚书。他被认为"弛防恂敌"，受到的批判非常严厉。受到彭应时、刘铉的弹劾，他上了《款贡本末》②进行辩解，但仍没能躲开弹劾，在任仅半年就不得不离开兵部尚书之职。

但是，在其后被起用为兵部尚书的是方逢时。他在这之前曾上疏，谈到贡市利害，所论如下：

　　而异议者或曰"敌使充斥为害"，或曰"日益费耗，彼欲终不可足"，或曰"与寇益狎，隐忧巨测"。……夫使者之入，多者八

[100]

---

① 《张太岳集》二四《答王鉴川》："昨本兵虚席。公论贤归公与西石（王之诰）。乃太宰（杨博）谓渠复铨之始。嫌于首用其亲。且贡市方殷。犹借重望以镇之。计非久当别有简命也。"
② 《神宗实录》六七，万历五年九月庚午。

九人，少者二三人，朝至夕去，守贡之使，赏至即归，何有充斥。
财货之费，有市本，有抚赏，计三镇岁费二十七万，较之乡时户部
客饷七十余万，太仆马价十数万，十才二三耳。而民间耕获之入，
市贾之利不与焉。所省甚多，何有耗费。（《明史》二二二本传）

与此上疏的同时，还上了款贡图。

他的立场如此明确，被升任为兵部尚书。他是湖广嘉鱼人，不是
山西官僚，但是与王崇古一起推进讲和的人物，在此意义上，与山西
官僚非常接近。他直到万历九年死去前不久，一直是兵部尚书，因而
可以认为，在整个张居正在任期间，几乎都贯彻着山西官僚的讲和路
线。这期间，万历九年末，俺答也死去了。而中国和蒙古的这种关
系，以后还持续着。

万历十年六月，张居正病殁。继其后为首辅的，当然是次辅张四
维。从张居正晚年开始批判其严厉主义而与其对立加深的张四维，
让御史李植弹劾了与张居正关系很深的宦官冯保，导致其失势。对
张居正的批判是以此为契机开始的，李植也是山西大同盐商出身①

但是，张四维为首辅不到一年，万历十一年四月，其父张允龄去
世，他必须卸去此任。山西官僚政权遇到了丁忧这偶然事件，非常短
[101]　命地结束了。代其就任首辅的是江南出身的申时行。

（四）再论隆庆和议

如上所述，山西官僚以隆庆和议为契机，加深了与张居正的结
合，担起了张居正政权的一翼，在坚持和议路线同时，以他们的合理
且坚实的思考方法，为整备国家的财政尽了力。为了进一步深入探
讨，想再次回到隆庆和议问题上。

关于隆庆和议，近年来中国出版了两种著作。赵循的《论明代张

---

① 关于这期间之事，参见《明史》二一九《张四维传》。李植出身盐商，见寺田前揭书
262 页。

居正在改善蒙汉关系中的贡献》①和戴鸿义的《明代庚戌之变和隆庆和议》（"历史小丛书"，中华书局，1982 年）。这些著作里强调了张居正在讲和中的主导性，得出了"封贡通市"虽然是以汉族统治者和蒙古贵族联合的形式，但客观上促进了两个民族的经济发展，在强化两者友好关系上，是极其有意义的结论。

正如前三节所述，隆庆和议并非仅是因军事上的必要才实行的。开始通商贸易，这是很重要的一点，而且，其贸易总额相当巨大。在开拓了一定的国外市场这样的意义上，确实可看作是对中国商品生产的发展的一个刺激。

然而，是否如前面两本著作所说，隆庆和议的路线，给中国和蒙古双方带来的只是利益呢？

这里，有着对此路线持疑问态度的一种看法。那就是张翰的《北虏记》《商贾记》。在张居正政权下，张翰是继杨博后，从万历元年到五年任吏部尚书之职的人物。这之后的吏部尚书是王国光。关于 [102] 张翰，现在想补充一点。他是杭州仁和人，其祖父从仅有的一台织机起家，后来织机不断增加，经营丝绸物业。这一事实作为所谓的资本主义萌芽的例证，常常被引用的，见其所著《松窗梦语》。其实《北虏记》《商贾记》是这本书中的两卷。在《北虏记》里，他这么说：

> 国家二十余年无锋镝之扰，亦云幸矣。但司农岁输边储，尽入一去不返之虏，而中国仅获其疲敝驽骀，边兵日渐消耗，而稽阅则驱市人以充行伍。夫以轶孙之故，坚守臣塞之盟，中国宜因此息肩以专意于虏，何可遂忘情于虏哉。此所谓不终日之计。大司马之所当持筹而熟计者也。（《北虏记》，《松窗梦语》三）

这里指出的有两点。一是虽说从国库支出巨额资金，但以此获得的马匹全是没有用的驽马；还有，尽管在讲和期间，也应该确立北

① 《明清人物论集》上（四川人民出版社，1982 年）。

方防备体制。然而却因讲和松弛了对蒙古的警戒心,防备体制弱化了。

《商贾记》也在对中国各地的商品生产、商业活动进行叙述后,认为用"中国所衣之帛""易无用驽骀"为非,明显是不等价交换。他并不认为,如方逢时所说的那样,"北土之利"(即马)和"中国之利"(即布帛)的交换,是"封疆之利"。他把此与东南亚诸国的贸易作了

[103] 比较。

> 若夫东南诸夷,利我中国之货,犹中国利彼夷之货。以所有易所无,即中国交易之意也。……且互市所输,皆国家帑藏,即闾阎脂膏。海市所易,皆民间财货,无妨国计。互市有损而无得,海市有利而无害,主计者何不思也。(《商贾记》,《松窗梦语》四)

他认为所谓"交易",是交换对双方国家有用的商品。而互市却不是如此,是浪费"闾阎脂膏"的结晶"国家帑藏"。这样不适当的交易,对个体的生产者、商人来说,只有在自己不肉痛的政府行为基础上进行,才会发生。相对这样的互市,不如说海市,即民间基础的东南亚贸易才是应该推进的。虽说同样是张居正政权下的高官,但小生产出身的他,有着与山西官僚完全对立的见解,这一点意味深长。

可见,对隆庆和议,从当时开始,就存在着两种不同的看法:认为和议为中国带来了和平、繁荣的肯定性评价和张翰那样否定性的看法。《明史》是取前者的立场,这一点在本书前面已经谈过了。夏燮的《明通鉴》虽然引用《明史》的记载,但特意作了考异,没有忘记

[104] 附上张翰那样否定的看法。说:

> 证以明人所撰《通纪》、《昭代典则》诸书,则云:谙达既入贡,边防大弛。军饷皆入帅囊。啖寇之外,间以遗京。近边之卒,馁瘠无复有生理。而板升生齿日繁,强梗无赖。议者是忧

之。据此，则通贡互市，不过苟且目前，实亦利害相半。本传所记，恐非实录。今据《鞑靼传》节书数语，并识之。(《明通鉴》隆庆五年九月)

即在谈到张翰所说的第二点同时，又进一步指出，军饷成了纳入高级军官怀里的贿赂，以及讲和促进了板升的发展，对中国方面来说，不如说是不利的动向。

由此看来，可知对隆庆和议的评价，决不是一边倒。确实，山西商人们以他们商人的合理计算，想要进行"中国之利"即布帛和"北土之利"即马匹的交换，但这结局是朝贡贸易，而不是商品交换。就中国整体来说，是使财富流向国外。而与此交织在一起的利益和权利，给北方防卫带来了构造性的腐败，使防卫力低下。从这个意义来看，隆庆和议路线正是"利害相半"。我们在看到山西商人才能和新的意识的同时，也应该看到他们作为盐商、经营寄生于国家利益的特权性的产业的局限。 [105]

以上明确了在张居正政权的背景里，存在着山西官僚，并对其决定政策具有一定的影响力情况。我当然并不打算因此就立刻作出张居正政权的社会基盘是山西商人的结论。这是因为张居正作为政治家的个性太强烈了，而且张居正政权成立的背景也更为复杂之故。

张居正原本是在江南特权大地主出身的徐阶庇护下登上高位的政治家。徐阶自己在隆庆和议时已经卸任，而作为能代表这一势力的人物，长洲的申时行、华亭的陆树声等，都加入到张居正政权中。还有奉承张居正名气颇坏的、被称为楚党的湖广政治团体①。或许，张居正和从张翰那里所能看到的所谓资本主义萌芽的关系，以及和比山西商人稍稍晚在全国范围活跃的新安商人的关系，也都有必要纳入视野来加以考虑。山西官僚在张居正政权中只不过是作为这些各种各样势力的一个方面，构筑起了确实、坚固的地位。

① 关于楚党和当时湖广经济发展的关系也有考虑的必要。

在明朝中叶以来,生产力的发展和商品经济的浸透这样新的事态中,诸势力都在其中各自消长。可以想像,正是这些势力,有时对抗,有时妥协,在力的微妙平衡上,张居正的政权存在着。为了解明张居正政权的性质,还要作更多的研究。

本章作为梳理这时期激烈变动社会里可看到的复杂交织经济过程和政治过程关系的一环,是以山西官僚为焦点对张居正政权研究的尝试,同时也是为解明万历政治史所布的一着棋子。

[106]

第二节　围绕着明、日和平交涉的政争

引　言

关于丰臣秀吉侵略朝鲜,日本以对朝鲜殖民地统治为背景,从战前起就进行了很多研究①。这些研究中,成为主要争论焦点之一的,是丰臣秀吉侵略意图的问题。秀吉侵略朝鲜的意图究竟何在? 如果根据日明和平交涉时日本方面拿出的和平七条的话,那就是第二条勘合贸易的复活和第四条领土要求,而这两者哪个是重点呢?

我在此想提出的,实际是围绕着和平交涉的中国方面的动态。是战争还是讲和,如是讲和的话,围绕着承认不承认日本的"封贡",明朝的政界大幅度地摇摆着。政府强行辞退了反对和平的人士,同时提拔沈惟敬,一心想要进行和平交涉。而结果是被称为"市中无赖"的沈惟敬愚弄,造成整个政府的大出洋相。"文禄之役"的和平交涉就这样以失败告终,开始了"庆长之役"。数年间的战争使中国

---

① 因为文献的数量太多,仅举出撰写本稿时参考的主要部分如下: 石原道博《文禄、庆长之役》(土高书房,1963 年),中村荣孝《日朝关系史研究》中(吉川弘文馆,1969 年),北岛万次《关于日明讲和交涉和议条款》(永原庆二等编《日本中世史研究的轨迹》,东京大学出版社,1988 年)。此外,中国方面的研究,有李光涛《万历二十三年封日本国王丰臣秀吉考》(《历史语言研究所集刊》专刊五三,1967 年),同上《朝鲜壬辰倭祸研究》(《历史语言研究所集刊》专刊六一,1972 年),郑梁生《明史日本传正补》(文史哲出版社,1981 年)。

的财政蒙受了极大的打击。

现在提出这个问题,我所关心的,与其说是朝鲜之役的战斗历史、和平交涉本身,不如说是由此而引起的明政权的政争。反对政府进行和平交涉的是怎样的人呢?他们反对的依据究竟何在?这与东林党的形成有何关系?等等,一言蔽之,就是通过把围绕着战争的政争也纳入明朝的政治过程,以有助于东林党史研究,这就是我的想法。以下以《万历疏钞》等为主要资料,来描述这论争的概略性构图。[107]

(一)洮河之变

在论述这问题前,必须先谈谈在战争的两年前发生的洮河之变。洮河之变,显现出隆庆和议体制所具有的矛盾一面。这时,后来的东林党人也卷入了,就明朝防卫体的方式,以各种各样形式对内阁进行批判,围绕朝鲜战争中的"封贡"政争,实际是处于洮河之变议论的延长线上。

隆庆和议的"封贡"从贸易收支上来说,当然是付出的,国家财政必须要有相当的补贴,但是由此保障了北方的和平,意义很大。此后数十年,明未被蒙古侵略,其军事费用支出得以限制到最低程度。

但是万历十八年,发生了威胁明与蒙古和平共存的事件。第三代顺义王谀力克时代,蒙古的一部分渐渐窥伺明朝的西方,结果发生了洮河之变。担任边防的明朝总兵官,不抵抗就遁逃,游击、把总悲惨地战死。由于"封贡"而惯于和平的军队,丧失了防卫国土的气概,政府内部的构造性腐败也日益严重,失去了民族抵抗的姿态。科道官们把当时的首辅申时行比作卖国的现代秦桧,纠弹其媚外姿态,重新探讨"封贡"的和平意义。朝鲜之战爆发,正是这个时期。[108]

当时俺答已经死去①,顺义王是经过乞庆哈进入第三代撦力克的时代,他握有绝对的实力。而原是俺答的第三夫人,按蒙古的习惯,也是乞庆哈、撦力克的妻子,曰三娘子。据说,兵部尚书郑洛巧妙地

---

① 关于蒙古的动向,参见青木富太郎《万里长城》(近藤出版社,1972年)。

操纵三娘子而控制蒙古。但是乞庆哈死后，失去统制者的蒙古各部，从青海开始渐渐窥伺中国，在陕西、甘肃常常发生挑衅行动。明朝方面，万历十五年通过嗣封撦力克顺义王和新封三娘子为忠顺夫人，再次确认了继续和蒙古的和平关系。但侵犯国境的事不断。其中，守卫青海仰华寺、游牧的把尔户部，首先袭击西宁。副总兵李奎酒醉而睡，无抵抗就死了。还有同是在青海的火落赤、真相包围了洮州，那里的副总兵李联芳也战败而死，接着攻击临洮、河州、渭源，造成了总兵官刘承嗣逃走，游击李芳、把总魏勋等全部战死的失常状态。这就是洮河之变。

火落赤、真相和来仰华寺的土格勾结，在青海渐渐集结势力。边境危机也传到了明王朝。

[109]

这时，从刘承嗣等逃往处得到报告的陕西巡察御史崔景荣的塘报，断言产生这样失常状态的根本原因是对蒙古和议，主张如下：

> 虏以老瘦之马牛，易我有用之金银。是中国财货，与投之江河无异也。总计各边市赏之费，每年止以四十万计。和款二十年来，已将八百万与虏矣。使有此八百万之财在今日，何至匮乏如是。……及今悔悟，易辙改弦，以市赏之财，养成战士，则兵食俱足，国势尚可图。惟不然，中国日困，夷虏日骄，后患将不可救药矣。（《万历邸钞》十八年七月）

但是内阁和兵部还是采取了与土格妥协的政策，没有想去解决民族性的危机。《万历疏钞》里收录很多上疏，是追究出现这样军事失常和一直采取妥协性政策内阁政治责任的。万国钦的《大臣互党误国欺君致遗俘虏患疏》，对这点追究得最厉害。万国钦说：

> 昔有宋当金人横恣之时，张（俊）、韩（世忠）、刘（光世）、岳（飞）戮力勤王，收复中原，犹之反掌，而秦桧力主和议，竟贻宋室亡徵，召罪千古。至今忠愤之士，犹欲寝其皮而食其肉。不意明

明天朝,复有如桧者得侧其间,以重罹宋祸耶?!（《万历疏钞》十八）

[110]

申时行被比作以和议卖宋的秦桧。上个月发生洮河之变时,皇上以此责问申时行,尽管那时皇上的意思是反对和议,断然要防卫明朝的领土,但申时行反对。他并不是不知道由和议所造成的损失,也不是不知道必定要进行防卫战争,然而为什么他还要主张和议呢?

> 自款贡以来,巧宦之缙绅与庸弩之介胄,皆以边方为捷径,既无战争之险,又有异数之恩,陞转赏赉,陪(倍)于内地,日浚其甲士之衣粮以媚时行,岁以十数万计。无事之时,则为之援引,失事之时,则代其蔽护。(同上)

送三千两银子而获得大同总兵职位的是王国勋,送五千两银子而同样获得大同总兵职位的是董一元。这样的例子举不胜举。他们与申时行的亲戚吴之相、家人宋九相来往。其他防备边境的边臣、边将,也大多是通过贿赂而出入他家大门的。

> 数十年来,与边方皆恩交,视边方皆外府,使和议不成,则怯者退,勇者进,败者罚,胜者赏,功罪较然,何从而获厚赂乎,又何从而酬其厚赂乎? 语曰:文臣不爱钱,武臣不怕死,何忧天下不太平。臣以为武臣之怕死,由文武之爱钱致之也。夫以时行欺误,国家受害已不浅矣。而又呼朋引类,盘据中外。(同上)

就这样,不仅边臣、边将的职位被私有化,成了贿赂的源泉。就连兵部尚书、总督也都是申时行的“私人”或“故知”。兵部尚书王一鹗,虽说“虏酋”侵略已有数月,但是既不请军队出动,也不要求军饷补给。“虏酋”侵入,竭尽残虐之行,但总督梅友松既不防御也不驱逐,却报告说“虏王叩头谢恩西去”。临洮被包围,巩昌被包围,还能

[111]

说“叩头谢恩西去”吗？巡抚李廷仪，连“虏酋”入关也没报一报。“虏酋”数万人大举侵略，杀了数名大将、万余军民，掠夺牲畜财物已到了数不清的地步，却报告说“大至牛马，小至布帛，估银二十八两”，这应该不应该呢？这些责任都在申时行，这正是卖国的现代秦桧。万国钦就是这么认为的。据说，万国钦上疏时，对座主许国所提：这样弹劾，是“为名节，还是为国家呢?”的诘问，他回答道：“何敢为名节，唯为国事。”显示了昂然正气，所以许国也未能制止他[1]。但万国钦以“诬蔑大臣”之罪被降职。

围绕着洮河之变像万国钦那样的认识，可以说是和后来结集成东林党人的认识几乎相同的，当然那是稍稍晚一些的事。丁元荐后来在《乞图更化以光中兴疏》里，联系这以后发生的日本侵略朝鲜事件，叙述了对边境防卫的基本立场，所述如下：

> 边事自互市以来，武备陵夷，人心玩愒。方其初议，不过借此羁縻，修我内政。然虏饱我饥，每一大入，辄重赂而去。至郑洛而边境若扫矣。不意宋应昌袭其故智于倭也。……封贡者，
> [112] 和市之别名也。割己朘之膏血，啖无餍之馁虎，中国益虚。假纳款之虚声，灰积衰之士气，沿海益无备。……嗟乎，堂堂天朝，赫赫明德，陛下拥全盛之舆图，席累世之洪业，二三大臣，不能延揽英贤，训兵讲武，一则曰互市，再则曰和亲。太仓岁入几何，堪此二丑。消边臣之志，辱中国之体，长奸雄之心，重萧墙之祸。岂举朝皆妇人耶。(《万历疏钞》一)

还有，对于中央与边境军阀的关系，这样说：

> 盖中原财赋，辇而之九边，九边之士曾不得一饱，复辇而之长安中贵人。(同上)

---

① 《明史》二三〇《万国钦传》。

与周边民族的和议,本来当由此争取时间,在这期间来充实国防力量的。然而内阁及与其勾结的边臣们,把个人的利益和国防问题挂钩,用朝贡贸易牟利,或是榨取军粮而获取大量财富。榨取民众膏血的军粮从中原送来,一点儿也没用于充实国防力量。这样政策的结果,使边境的兵士失去了防卫中国的堂堂气概。本当防卫国家的总兵官遁逃,游击毫不抵抗就送命,正是其结果。丁元荐是冲着内阁的媚外姿态和对外的无对策而言的。丁元荐(字长孺,长兴人),东林党人,后来反东林的浙党攻击东林党时,是次于李三才之后成为攻击目标的人物①。 ［113］

现在,再举一个张栋的《边事久敝敬陈责实之议疏》。张栋当时任兵部都给事中,发生洮河之变后,为监察军事情况被派遣到现地,对现地的情况进行了详细的视察②。他也与丁元荐一样,并不反对一时性的和议。

始议款者,本谓假此以缓虏患,而既乃遂似无虏可患。本谓乘此以修我备,而既乃遂似无备可修。……近日经略尚书郑洛,题称总兵刘承嗣所报该镇兵马一十九营,共计三万七千九百有奇,而堪战之数止于六千。举一镇而他镇可知也。嗟乎,何陵夷至此极耶!……其最可异者,每岁市成,边臣悉以次叙功、升赏有差。夫虏非厌其欲则市不成,我非厌虏欲则市不成,市成而升赏随之,夫焉得不相劝以要虏必市,是教边臣以媚虏也。(《万历疏钞》三十八)

他以临洮镇为例,正规军的定员大幅度不足,仅有六分之一,战斗力非常低下。这种情况下,欺侮中国的"虏",通过朝贡贸易,对中 ［114］

---

① 《明史》二三六《丁元荐传》。
② 《明史》二三三《张栋传》。《昆新两县续修合志》二三,列传二"张栋"。还有,根据《明史》,围绕吴中白粮输送问题,他与申时行,王锡爵是对立的。"吴中白粮为累,民承役辄破家,栋请令出赀助漕舟附载。申时行、王锡爵绌其议,栋遂移疾归。"

国提出过高要求,如果不接受的话,朝贡贸易就不成立。因此边臣、边将得不到恩赏,必然就采取媚外姿态。

张栋指出,内阁的媚外的政策,是与想要受恩赏的边臣、边将的个人相关连的。张栋,字伯任,昆山人,是后来东林书院强烈要求其参加讲学的人物,但结果没参加①。

关于洮河之变,《明史稿》二〇五《郑洛传》这样评论:

> 洮河之役,两副总兵先后被杀,辱国挫威。(郑)洛仍主款,虽顺义东归,而寇轻边将欲甚,其后卒酿哱拜之乱。

确实,这个事件,使人预感到这之后接连发生的秀吉侵略朝鲜、哱拜反乱、杨应龙之乱等边境危机深化的事件。而最终,正如弹劾申时行的李琯所评论的"今日辽东必为后日临洮"②那样,甚至连以后导致明王朝灭亡的满族侵入也预感到了。他们批判内阁的媚外政策,强调充实国防力量的主张中,不是可以看到和围绕秀吉侵略朝鲜的对内阁的批判以及后来对满洲的抵抗意识同样的民族意识的萌芽吗?

与此同时,应当注意的是,由这些上疏指出的内阁和边臣、边将的私人关系。关于边臣、边将的经济的背景,现在一点也不清楚。但是,关于伴随着屯田制的崩溃,当地有势力者和高级武官占有大片土地不断发展的情况,寺田隆信已经指出过了③。投靠到这些大土地所有者的,是家丁等私兵④,他们按内地的说法,相当于奴仆。和武官之

---

① 这期间的情况,《昆新两县续修合志》二三,列传二"张栋"条所说如下:"时无锡有讲学之会,以强请再三往赴。比泊舟,望见邑宰供具,即反棹不再往。所遇台吏长吏,无不敬礼。利弊兴革。必往咨焉。"

② 李王官《权奸植党雍敝欺君疏》(《万历疏钞》十八)。

③ 《山西商人的研究》,第一章《在北边军事消费地带的经济构造》(东洋史研究会,1972 年)。

④ 赵翼《廿二史劄记》三四"将帅家丁"。参见铃木正《明代家丁考》(《史观》三七,早稻田大学文学部史学会,1952 年)。陈子陛《披陈时政之要乞采纳以光治理疏》(《万历疏钞》一):"初止各镇主客兵。今则洮河班军、添募标兵、家丁之类。各色纷沓矣。"

间由私人的恩情关系相连接,有时也有取拟家族制的形态。平时充
当武官的护卫,起着家内奴隶的作用。伴随着大土地占有的发展,当
然也会被投入从事农业劳动。而一旦有缓急时,就作为士兵参加战
斗。正规军大幅度缺员的情况下,这样私兵的比重越来越增加,如哱
拜之乱、朝鲜战争时活跃的李松如和其父李成梁,就是拥有这样私兵
的军阀代表。可以认为,与李家父子的情况相同,军阀化倾向深化的
边境势力与内阁相勾结①,这一情况在思考支撑申时行内阁的社会基
盘上,是很有启示性的。

(二) 明、日和平交涉的经过

秀吉侵略朝鲜的开始是洮河之变的两年后,万历二十年四月
(1592)的事。

加藤正清、小西行长等所带 16 万日本军从釜山登陆,很快就
攻陷了首都京城。那时朝鲜的国王宣祖李昖,逃到了和明朝国境
线的鸭绿江附近的义州,两个王子和陪臣逃到了半岛西北的会
宁,在那儿成了加藤正清的俘虏。初战是在日本军压倒优势中开
始的。

在这战役时,明朝最高统治者是神宗,这位溺于酒色昏庸的皇
帝,没有决定战略的判断力。首辅赵志皋已经高龄,优柔寡断,兵部
尚书石星②也仅有"为国之心",而在军事上完全无能。

[116]

---

① 指出这一点的,例如有胡克俭《边臣御虏不实朝臣谋国不虚疏》(《万历疏钞》四十)所述
如下:"臣谓,近日边事固坏于边臣之欺蔽,亦坏于辅臣之调停……若大学士王锡爵,
本皭然不滓,但常以至诚之心而听欺方之说,每堕小人之术。尚不知曰,从来杀虏,在
所不免。此亦自是偏护处。成梁扬言曰,太仓王恩府说,渠在位一日,我父子安心做
一日总兵。此言无,是成梁假虎威以吓众,固为可恶。如有之,是锡爵为其所欺而
不知也。"

② 关于石星,见赵南星《石星墓志铭》(《味檗斋文集》十一)。正如从赵南星所写《墓志
铭》可知那样,石星自身不反东林党,是在《东林盗柄朡》也有其名的人物,《万历疏钞》
也采录其万历二十年以前的上奏。赵南星在这墓志铭中,批评他"上信任公极专。有言
倭不可封者,绝不听。公亦不悟。岂非命哉。论倭率以公误国者。夫古之误国者,率欲
自利。公则误身矣,夫何利焉。故曰,为忠甚易,得宜实难"。在认为封倭是误国的同
时,在他不是为了自身利益这点上,对他个人寄以同情。

就是在这样政府下推进和平工作的。而这里被选用的是沈惟敬。关于沈惟敬,沈德符有如下记述:

> 沈惟敬,浙之平湖人。本名家支属,少年曾从军,及见甲寅倭事。后贫落,入京师。好烧炼,与方士及无赖辈游。石司马妾父袁姓者,亦嗜炉火,因与沈善。会有温州人沈嘉旺,从倭逃归,自鬻于沈。或云漳州人,实降日本,入寇被擒,脱狱,沈得之为更姓名,然莫能明也。嘉旺既习倭事,且云关白无他意,始求贡中国,为朝鲜所遏,以故举兵,不过折柬可致。袁信其说,以闻之司马。……司马大喜,立题授神机三营游击将军。沈嘉旺亦拜指挥。与其类十余人充麾下,入日本。(《万历野获编》十七,沈惟敬)

[117]　关于沈惟敬,不明之点很多,笔者沈德符,是与他同乡的浙江嘉兴人,而且据说其奴仆曾跟沈惟敬到过日本,所以这记载基本上是可以信赖的。据此,石星是通过私人关系,录用了精通日本事情的沈惟敬,把和平交涉的工作全都委托给他。这里说的姓袁者,是在石星墓志铭中也出现的实权人物。

石星先是为收集情报,将沈惟敬派遣到朝鲜。六月他很快来到了宣祖所在的义州。《宣祖实录》评他曰:"其人貌寝,口如悬河,盖辩士也。"①朝鲜讨厌他的夸夸其谈,最初就怀疑他是否一定是来做讲和工作。

结果,沈惟敬向兵部复命说,日本侵略朝鲜,只是为了要求朝贡。兵部作了和战两种构想,一方面准备向朝鲜派遣援军,另一方面则让沈惟敬进行和平工作。对还没有准备好援军的中国来说,为此争取若干时间是必要的。

---

① 吴晗辑《朝鲜李朝实录中的中国资料》(中华书局,1981年)四,1556页。以下《宣祖实录》,也据此书,略称《史料》,列出该书的册数和页数。

这期间,八月,首辅赵志皋起用了同乡宋应昌为指挥朝鲜军事的经略①;十二月,为镇压哱拜的反乱派遣到宁夏的李如松军的七万人被送到了朝鲜。李如松②乃李成梁之子,是指挥着包括家丁私兵的军阀。在卫所制度几乎全崩溃的当时的明朝,是最可信赖的军队。

翌年二十一年正月,李如松乘着沈惟敬推进和平工作之隙,奇袭了在平壤的日本军,很快就打败了小西行长之军。所谓平壤之战就是指此。但是,以此自傲的李如松进而南下,轻骑直向京城,在碧蹄馆惨遭失败。据说这次败仗,使李如松"魂散胆破",丧失了战意。

沈惟敬的和平工作以碧蹄馆惨败为契机,一举得到了进展。在异国苦于饥寒的日本也回应了。这时讲和是日本和中国双方的希望。

三月八日,宋应昌根据沈惟敬的进言,给小西行长送了宣谕③。说: [118]

> 汝等果能涤志湔非,尽还朝鲜故土,并还两王嗣以及陪臣等,归报关白,上章谢罪,本部即当奏题,封尔关白为日本国王。(《经略复国要编》七,宣谕平行长)

即如果能满足返还俘虏的朝鲜二王子和陪臣、返还占领朝鲜的地域、提出关于朝鲜侵略谢罪文(降表),这三个条件的话,可封丰臣秀吉为日本国王。

这里所说的"封",也就是把日本纳入以中国为中心的国际秩序,即册封体制中,作为藩属国,当然不可能是对等的国家与国家的关系。蒙古的情况也是如此。军事上未必占有优势的中国,仅仅以

---

① 关于宋应昌(1546—1606,浙江仁和人),参照王锡爵《宋应昌神道碑铭》(《王文肃公文集》六)、黄汝亨《行状》(《寓林集》一七)。关于他的起用,郭实提出《七不可》因反对他的起用而受到了被送至边境的严厉处分(《神宗实录》二五二,万历二十年九月辛未)。还有,根据后面所述周孔教的上奏,也可知道对于他的起用,有相当激烈的反对。

② 李如松(? ~1598年),辽东铁岭卫人。《明史》二三八本传。

③ 宋应昌《经国复国要编》七《与李提督并赞画书》,《宣谕平行长》。

"封"这一名义上的词语,是不能使对方国家满足的。因此通过认可包括私营贸易,即朝贡贸易的"贡"的特权,而谋得和平共存。这就是在和平运作中成为问题的"封贡"。

上述宣谕对"封"作了约定,"贡"却未出现在文字中。但这"封"的中间,也考虑过包括"贡",这有确实证据。因为根据《宣祖实录》①,四月会见朝鲜洪承旨的宋应昌,清清楚楚地这样说过:

[119]
> 近倭奴悔罪求贡,其辞极哀,至于再三。我姑许之,且以义责之,约于四月初八日尽还王子陪臣等,渠即回巢,我当差官,勒领倭众,卷还关白处,受关白降书以回。方题本请旨封关白为日本王,使之由宁波入贡。(《宣祖实录》四,二十六年四月)

对此,洪曰,对朝鲜来说,日本有"万世必报之仇",是"不共戴天之敌",表明了反对讲和的态度。宋应昌回答道:倭奴虽对贵国有"百世之仇",但对中国来说,仅为蠢蠢之一。如其反省参降,我不能不容之。

四月,宋应昌和小西行长之间,达成了停战协定。宋应昌为进行和平工作,派遣了参将谢用梓和游击徐一贯②,与小西行长一起,赴名护屋(译者案:名古屋)的本阵,日本方面提出了所谓"大明日本和平条件"七条③。其内容如下,都是与宋应昌的想法不同的东西:

一、作为和议成立之证,送中国皇女作为日本的后妃。

一、复活勘合贸易。

[120]
一、两国大臣交换关于今后日中友好的关系誓词。

一、把朝鲜的四道分割给日本。

一、交出朝鲜的王子、大臣给日本作为人质。

一、日本抓获的朝鲜的两王子返还朝鲜。

---

① 《史料》五,1751 页。
② 《史料》五,1754 页。
③ 据第 76 页注①的中村前揭书意译。

一、朝鲜大臣对日本保证今后朝鲜不背叛日本。

如前所述,"贡"一般是包括在"市",即私营贸易里,所以这第二条所说的勘合贸易可认为是符合这一点的,而关于其他六项,都是怎么也列不进中国方面"封贡"范畴的内容。要是明确日本方面这些要求的话,和平工作本身就很可能会崩溃。为此,这七条件被隐藏起来。而是基于沈惟敬的情报,把丰臣秀吉的要求理解为"封贡"。政争就是专门围绕着认可还是不认可"封贡"展开的。

到了这年秋天的十月,日本方面如中国方面要求那样,让朝鲜的王子、大臣返还朝鲜,同时使军队先撤退到釜山周围。因为据说釜山开战以前就住着相当数量的日本人,所以说这基本是回复到开战以前的状况了。中国方面所要求三个条件里的两个由此得到满足。但剩下一个条件,丰臣秀吉的降表,这对沈惟敬来说,确是难题。这年年末,好不容易才完成降表①,据说是沈惟敬和小西行长捏造的。就这样三个条件总算凑齐了。

到了这一阶段,兵部已经把战的准备完全扔掉了,只集中于和平工作,要把送到朝鲜的援军也全部撤回。反对全部撤回,主张应该留一部分军队的宋应昌②被撤职,代之以顾养谦③前往经略。和平工作的一切障碍都被排除了。 [121]

在政府明确这样的和平政策过程中,以科道官为中心的反对意见,渐渐高涨。

万历二十一年四月,停战协定一成立,张辅之、许弘纲、侯廷佩、宋兴祖等,相继对和平工作提出疑问④。进而,九月,曾伟芳上了《款贡非策留兵宜慎疏》⑤,论说了反对和平工作的意见。曾的上书,明确地显示了这些反对派的论据,同时,还包括对中朝关系的根本性考

① 《宣祖实录》二十七年二月(《史料》五,1976页)。
② 宋应昌《经国复国要编》十三《慎留撤酌经权疏》。
③ 关于顾养谦(1537~1604,通州人),参照申时行《顾养谦墓志铭》(《赐闲堂集》二七)。
④ 《神宗实录》二五九,万历二十一年四月戊戌。
⑤ 《万历疏钞》四三。

察,意味深长。

在他看来,日本是"款亦来,不款亦来",还有"款亦去,不款亦去"。因为,即使明朝"重款",即大幅度让步,使和平成立,也无法保障他们不再次侵略朝鲜。或许此后将面临严冬,日本没有发起新的军事行动余力,除了"离去"朝鲜之外没有其他方策。因此有什么必要进行和平交涉呢?

在这样论说后,关于朝鲜的防卫,他认为基本是应当委于朝鲜自己的问题。朝鲜是富强的、足以守卫自身的国家。一旦受日本侵略,任何抵抗也没有,那是国王李昖的责任。对中国来说,首先应追究他"失社稷"的责任,如果连这个也不反省的话,那就劝告其让位给"堪托国命"的光海君为好。

> 新王既立,革故俗,抚遗民,吊死问孤,练兵积粟。号召诸路忠义及父屠子戮愿啖倭肉之民,与共为计。(《万历疏钞》四三)

骨肉亲人被杀害的朝鲜人,被要吃日本人的肉那样的激愤之情所驱使,现在想要站立起来。对这些人们寄于无限同情的同时,他期待光海君把这些人们组织起来,建立起朝鲜自身防卫体制。

但是日本侵略告急的当前,用现有的力量坚守全土恐怕是有困难的。这样的话,就把一部分领土委让给封建王族,以图防卫为好。因为委让于同一民族之手,总比让朝鲜国土被"倭啖"要好得多。

这样主张,确实不能不说是对朝鲜内政的干涉。但是,他期待以此说服光海君,完全由光海君自身之手来实行。他说:

> 凡此皆可与新王陈说利害,晓譬祸福,俾自处分。一地之剖,一官之置,我中国无所与焉,诚为彼定乱而已。如此,则虽朝鲜未必不乐从于我,天下事何遽不可为。(同上)

当时明朝财政极其困难。在这种情况下,还继续留驻朝鲜的话,补给困难,甚至可能发生明朝军队的内部兵变。存在着"以中国守中国易,以中国守朝鲜难"的状况是事实。虽说在这种状况下发言,但他在这里期待朝鲜自身抵抗,是想认可朝鲜一定的自主性的。其时日本越过朝鲜,向宗主国的明朝要求朝鲜割让南四道,明朝方面还是把民族和民族关系看作是宗主国和藩属国关系。不仅朝鲜,还想把日本也作为藩属国。从曾伟芳的思考方法中,我们可以看到和日中两国政府不同的关于民族的看法。

万历二十二年春,从顾养谦成了经略开始,对政府的批判更加高涨。从三月到五月,王德完、逯中立、赵崇善等相继上书批判政府的"封贡"政策。其中王德完①的《目击东倭衅隙专修备御疏》(《万历疏钞》四三)所述如下:政府与日本对"封贡"反复秘密地进行交涉。但因为交涉经过被暴露,这次进行的和平交涉,才使日本变得答应返还朝鲜领土和两王子及陪臣。即使这样,对政府的批判依然不断。虽想用暧昧的做法,绕过"封贡"中的"贡",但最终毕竟还是不得不说日本的要求是在"封贡"。据政府说朝贡三年一次,而小西行长认为是每年通贡。他指出,赞画主事刘黄裳更具体地请求在对马受取朝贡品,让福建、浙江、辽东大商人能够从事这种贸易。甚至指明,石星承认,是以这样"封贡"为前提进行和平工作的。宋应昌因受到批判未言及"贡",石星也就不得不承认"贡",而止于"封"了。 [124]

在这样认定事实经过基础上,王德完主张如下:如仅仅是"封",日本接受,可以节约军事费用,这是可以的。但是,封号的下一步,日本必定会要求"贡""市"吧。因为"封"和"贡"宛如形影相随,互相不可分。如果首先仰尊皇帝裁可,封住廷臣议论,提出"贡""市"要求的话,那是只顾眼前,给将来留下祸根,乃是"欺君"。而假如秀吉受封而实际不臣服的话,这就会给将来留下悔恨,乃是"误国"。

王德完认为,日本的要求是包括私营贸易在内的"贡"。对"封"

---

① 关于王德完,见《明史》二三五本传。

"贡"两者他都反对。他主张,正是现在,应当卧薪尝胆,强化防卫来自日本侵略的军备,确立防卫体制。王德完后为户部尚书。这一时期,在反对三王并封这一点上,他的立场可说与东林党很相近。

还有逯中立①的《东事可虞庙谟当定疏》,所述如下:

日本是蹂躏我属国,杀害我士卒,恶化我财政的"中国之仇"。尽管如此,还要"封"日本国王,且还想承认其"贡",这本来就是错误的。根据朝鲜的报告,倭在釜山筑城建家,表面上说和议但实际上强化军备。目前连朝鲜也危险了,想要和平工作成功,毕竟很难想像。

[125] 而且:

> 倭以款要我,而操术常行于款之外。我以款自愚,而智虑常陷于款之中。排盈廷之公论,捐战守之长策,阻忠臣义士之气,为逃责议功之资。此人臣之利,非国家之福也。旦夕之谋,非久远之计也。……且皇上独不见西事乎?当互市之始,岂不借口羁縻得以息肩饬备,而今边务废弛,将士玩愒不可收拾,识者恨之。今日又欲袭其故智,以为退倭良策,尚可谓国有人乎!(同上)

他说:"盈廷公论"不是"封贡",而是"战守"。现在必要的是选拔将军,训练兵队,强化沿海防备。和平工作归根到底是"权宜之策",是为了暂时减轻军事费,以此用来强化边防。隆庆和议的情况也是一样,不能因和平工作反而招致边防体质的弱化。

这位逯中立,是在东林党的高攀龙、安希范、顾宪成被贬谪时,为抗议而受到停俸、降职处分的人物。高攀龙等的被贬,在前一年十二月,顾宪成被贬是这一年的五月,所以和围绕着封贡问题的政争几乎是同时期的事。

这样反对日本的"封贡",同时和立太子问题相关连、站在支持东

---

① 逯中立(聊城人),见《明史》二三〇本传。《两垣奏议》。

林党立场的人士,此外还可数出卢明谊、林材、叶继美、何乔远等①。 [126]
为人所知的是,两者间有相当部分的重合。

以科道官为中心,对"封贡"政策批判高涨之中,政府一时使"封
贡"政策后退也是不得已的。

五月一日,九卿科道官会议上,陈有年、赵参鲁、甘士价等分别提
出要求中止和平工作,并主张在不得不推进的情况下,也必须与强化
边防同时进行。好像还把"封贡皆罢"作为上谕发出②。与"封贡"相
比,更主张"战守"的孙钅广③代替顾养谦成了经略,也反映了这样的情
况。顾养谦回任兵部侍郎。

(三) 封贡还是战守

然而,和平工作的后退只不过是很短一段时期的事。实际在这
以前,顾养谦把参将胡泽送到朝鲜,策划由朝鲜国王方面提出,希望
承认日本的"封贡"。这建言好不容易才被接受。秋天九月,以朝鲜
国王之名提出的,为了守护朝鲜社稷,无论如何,日本的"封贡"也是
必要的请求送到了④。不用说,受到侵略的朝鲜当然不会简单地就接
受这样的要求。那么,朝鲜为什么要为"不共戴天之敌"的日本提出

---

① 卢明谊,见《明史》二三五本传,以及《国榷》万历二十二年三月壬寅。关于林材见《明
史》二四二本传,以及《省发章奏以弘听纳疏》(《万历疏钞》二)。叶继美,参见冯梦祯
《叶继美墓志铭》(《快雪堂集》十一),以及《乞恩游宥小臣安辅臣以收人心疏》(《万历
疏钞》十五)。关于何乔远,见林欲《行略》(何乔远《镜山全集》)。

② 谈迁《国榷》,万历二十二年五月甲申说"石星并请罢封贡"。与此对应的是《神宗实录》
二七三"万历二十二年五月甲申",但是这里,石星说:"韩取善及(顾)养谦亦欲皆请罢
绝封贡。似应亟行。"对此,上谕说:"许可封不许贡。正为倭情未定,便曲在彼,方可随
机操纵。既有此报,就合行查。若请封,仍又抄掠,便大义绝之。总督作速报来,勿含糊
姑息。主议之臣务要缓不忘备,急不张皇。"还有,《宣祖实录》二十七年五月(《史料》
五,2072 页)里,明确记有对顾养谦题奏的"这封贡都着罢了。钦此"之旨。

③ 《神宗实录》二七五,万历二十二年七月庚辰。

④ 这要请是什么时候送到明朝方面的,不清。据《神宗实录》二二七,万历二十二年九月己
丑说"上以朝鲜国王为倭夷请封以保社稷,……",据《宣祖实录》二十七年十月(《史料》
五,2070 页)说,九月十二日的通过张诚的圣旨里也说"朕览文书。朝鲜国王奏本,欲定
许倭夷款贡、以保彼国社稷。情甚危迫。"当在这以前到达是确实的。

[127] “封贡”的请求呢。朝鲜方面对此作了拚命抵抗①。而顾养谦采取了威胁的手段：要是拒否的话，就把配备在朝鲜的刘綎之军撤到鸭绿江，也就是放弃朝鲜。在这样的压力下，朝鲜没有办法，才提出了上述请求。

根据朝鲜的请求，局面一下子改变了。在高涨的科道官批判中一时被迫后退的政府变得强硬起来了。十月二十三日，石星以日本已返还京城和王子、陪臣，这样的情况下，不“封”，有违中国的信义，请求“封”日本，明朝终于决定封倭②。十二月十三日神宗接见了小西行长为和平工作派往中国的小西飞弹守内藤如安（小西飞），约定：日本要获“封”，必须从釜山把全部军队撤走③。听到封倭决定的朝鲜陷于“我，不仅为贼所欺，天朝亦欺”④那样的绝望中。

作为这次封倭的特使，任命临淮侯李宗城为正使，副将军杨万亨为副使⑤。不用说，沈惟敬同行。

恐怕沈惟敬与小西行长之间是有着包括各自意图的默契的，由于两国接受的和平条件完全不同，这讲和是不可能简单了结的。十二月三十一日从北京出发的使节团，到次年即二十三年，经过了一年的时间还原封不动地钉在朝鲜，不能出发去日本。而在此期间，传说为事先工作前往的沈惟敬在日本被围攻，受此威胁，发生了李宗城从釜山逃亡的事态⑥。外交使节逃亡，对明政府来说是关系到国家体面

[128] 的不名誉之事。

到了这期间，政府封倭的方针还未改变。这次是以杨方亨为正使⑦，升沈惟敬为副使，按既定方针前往日本。

在这种状况下，对政府和平工作的疑问越来越深。尽管反对和

---

① 《宣祖实录》二十七年十月（《史料》五，2009、2078 页）。

② 《神宗实录》二七八，万历二十二年十月丁卯。

③ 《神宗实录》二八〇，万历二十二年十二月丙寅。

④ 《宣祖实录》二十八年一月（《史料》六，2095 页）。

⑤ 《神宗实录》二八〇，万历二十二年十二月癸酉。

⑥ 同上，二九六，万历二十四年四月壬戌。

⑦ 同上，二九三，万历二十四年五月乙巳。

平工作的人们受到弹压,对政府批判再次强烈起来。

二十四年正月,徐成楚上书,说沈惟敬难以信任;接着二月①,传来了小西行长要求的中国无论如何无法接受的五条件的情报,要求强化防卫体制。这五条件是小西行长与丰臣秀吉间的约定,是前面大明、日本和平条件中,除了复活勘合贸易和归回朝鲜王子这两条以外所没有的内容。应当注意,明朝方面在此以前,一直只以"封贡"的形态来认识的日本方面的要求,这时,五条开始被具体论及了。

接着岳元声、戴士衡、周孔教、叶继美等②,都举出这五条件,批判政府的和平工作是"误国"。其中岳元声③和沈惟敬一样是嘉兴人,这以前,曾和顾允成、张纳陛联名上书,反对三王并封。他列举石星和平工作遗留给中国的"三耻"、"五恨",追及石星责任,同时,对于五条件,所述如下: [129]

　　近日李宗城所揭报要求七事,臣闻其五,未闻其二者也。彼倭奴且以金币要我,我不能饱犬羊无厌之欲,一难。彼倭奴且以割地朝鲜要我,必不能救援而矢以与狄,则唇亡齿寒之忧,我必不能免,二难。彼倭奴且以贡要我,我必不许,彼借不许贡为兵端,三难。彼倭奴且以市要我,我必不许,彼将借不许市为兵端,四难。彼倭奴且以和亲要我,我必不许,彼将借不许和为兵端,五难。此五难者,又石星遗中国之大羞也。(《亟削奸臣以图太平疏》,《万历疏钞》一八)

这里说到赔偿金、割地、朝贡、贸易、和亲这五条件,完全无法接受。正如所说,日本的要求不在于"封",而在于领土和"贡""市"以

---

① 《神宗实录》二九三,万历二十四年正月甲申;同上,二九四,万历二十四年二月己酉。

② 岳元声、周孔教,见本页注③及第94页注①。关于戴士衡,参照《神宗实录》二九六,万历二十四年甲子。叶继美参照同上二九七,五月丁卯。

③ 岳元声也有写成乐元声的。参照张居《岳少司马传》(《潜初子集》一所收)。还有他和东林党的关系,今后有必要进行探讨。参照《神宗实录》二九七,万历二十四年五月甲戌。

及为了保障这些的和亲,这很明显含有对中国挑衅性的内容。他把这作为石星给"中国遗留下的大羞",对其进行弹劾的同时,认为有必要赶快召集九卿科道官商议对策。日本的和平七条件中,两个条件不清楚,剩下五个条件也稍有不同,但日本讲和条件的一部分,终于开始被具体地议论了。

岳元声这个上书激怒了首辅赵志皋,被下东厂之狱,受到了严厉的拷问,好不容易从中脱出,最后受到削籍处分。后来顾宪成们开东林书院时,他被推为盟主,讲授《不动心》一章。《东林党人榜》也有其名。

[130]

还有,周孔教①上书《东封误国亟赐议处疏》,以激越之言弹劾李宗城的逃亡。曰:

> 我堂堂天使,衔命而往,屈辱缧系,淹历岁月。楚囚南冠,萧然无聊。生者鼠窜狼奔,死者膏锷横草。么么小丑敢于无状如此,臣每念及,不觉怒发上指冠,恨不灭此丑而朝食。(《皇明经世文编》四五一)

据其所说,"封"成为问题的当初,中国已经认可"市"了。如果"市"是日本要求的关键的话,只想以"封"的空名当然不会有成算,漫然议论"封"乃"拙"。但是,这样就立即倾向主战论也很危险,人民苦于军粮的补给,兵士的兵变就在眼前。当今,作为上策,是我国撤"守"作为藩篱的朝鲜,和朝鲜兵卒一起,用朝鲜的兵粮,"胡越同舟,手头相救,同心共济,并力死守",守卫朝鲜。除此以外无路可走。如果还不行的话,只能撤退到鸭绿江边,这是所说的中策。

周孔教和顾宪成也很亲近,他的奏议《周中丞疏稿》里,有顾宪成序文(《泾皋藏稿》七)。其中,顾宪成也讲到了这上书,评曰:"事如

---

① 关于周孔教,见《东林列传》二一,《东林书院志》九,《神宗实录》二九七,万历二十四年五月丁卯,顾宪成《周中丞疏稿序》,(《泾皋藏稿》七)。

有关国体则竦(辛辣),如纠东封疏是也。"周孔教此后成了江南巡抚,政务余暇曾去东林书院讲过学。还说"(顾宪成、高攀龙)事每咨询",《东林党人榜》也有其名。

[131]

再有,在曹学程①的《倭情已变封事宜停疏》里,谈到根据李宗城的揭报,"封"的失败已经显然的现在,应该马上停止"封"。所述如下:

> 今据李宗城揭称,关白执沈惟敬,要求七事。……倭夷狡诈异常,贪饕无厌。得封不已,必求入贡。入贡不已,必求互市。互市不已,必求和婚。和婚不已,必求朝鲜纳赋。纳赋不已,必求分割尚义。割地不已,必卷席朝鲜,渡鸭绿而蓟辽危矣。……不难乎一封而难于七事,不辩可知也。(《万历疏钞》四三)

曹学程认为,日本的要求是"封"→"贡"→"市"→"和婚"、"纳赋"、"割地"→占领朝鲜,这样逐步升级,最终会到连中国也要侵略的地步。应当中止开其端绪的和平交涉。这七个条件中,特别刺激神宗的是"和婚"。与贡市会带来弊害及割让朝鲜相比,有关宗室的条项更使神宗激怒。这愤怒不是朝着日本而是朝着曹学程。因难以允许的诽谤"封"的行为,曹不仅下锦衣狱,竟要以"逆臣失节之罪"处以斩罪。对此,就连赵志皋也反对,后来被允许回乡。曹学程是广西全州人,和东林党没有特别的关系。

[132]

面对着李宗城逃亡事件,再次兴起的这些对"封"的批判,政府一边以削籍、下狱等严厉的弹压来对付,同时通过杨方亨、沈惟敬,继续进行和平工作。

关于这以后赴大阪的杨方亨、沈惟敬在丰臣秀吉面前演出了怎么样的滑稽丑剧,这里就不涉及了。二十五年三月,根据杨方亨的归国报告,才知道了事态真相的神宗,把石星革职,处以死罪,沈惟敬也

---

① 曹学程,见《明史》二四三本传。《万历野获编》十七《日本和亲》。

下狱处以死罪。

结　　语

　　据朝尾直弘①说,丰臣秀吉在朝鲜出兵时,曾大言不惭说过,"弓箭锐利之国"的日本要攻讨"大明的长袖之国"。他使中世国家(日本)解体,开辟了国内统一之路,并想把他的武家领主支配原理也贯彻到海外,企图以武力建立新的国际秩序。这里有从"某种自主独立意识"产生的"日本型华夷意识":明朝不仅仅是对等国家,还是以日本为中核的东亚世界中当予以整治的存在,以中国为中心东亚册封体制已经完全破裂了。

　　明政府未能正确认识这种状态。于是在沈惟敬的暗中活动和朝鲜经略的主导下,旧态如故想采取"封贡"政策。当这样的做法被批判,就想仅靠"封"来敷衍。但是,这和平工作因有日本方面小西行长的参与,很难想像单单以名义上的"封",他就能接受这交涉。恐怕在小西行长——沈惟敬的层次,是以某种形式,照应到伴随有实质性的"贡"加上"市"的看法较为自然。那么,为什么沈惟敬、朝鲜经略如此固执于"封贡"呢? 在其背后,是否有因"封贡"而得到特殊利益的势力存在呢? 在考虑这些问题时,可以认为,当时日本通过澳门的葡萄牙,输入大量生丝,秀吉想自己独占这一贸易,这一事实对中国方面是有启示性的。前面王德完的上书中,可看到辽东、浙江、福建的商人之名,是否确实有这些商人在作为后盾,这些也是今后有必要探讨的。

　　与此相对,反对"封贡"政策的人们,根据蒙古"封贡"政策的结果招致边防体制弱化的事实,反复指出仅依靠"封"的危险性,同时,以"战守"和"封贡"相对。这种情况下所说的"战守",与"战"相比,重点在于"守"。主张把朝鲜的民族危机作为中国的危机来接受,为了防卫朝鲜领土,中国和朝鲜一起,或者是中国归中国,朝鲜归朝鲜,

[133]

---

①　朝尾直弘《锁国制的成立》(《讲座日本史》4《幕藩制社会》东大出版社,1970)。

必须巩固抵抗日本侵略的防卫体制。也就是在侵略朝鲜的事态中，接受以中国为中心的册封体制将要崩溃这一现实，认为以"封贡"那样的姑息手段，毕竟难以解决事态。当然在他们这一方，也很难说就完全除去了中华意识。但是，他们虽说是被迫的，却不得不承认中华世界无法包括的其他民族的存在。

就这样，面对丰臣秀吉对朝鲜的侵略，是仍在册封体制的范围内调整和日本的关系呢，还是站在册封体制崩溃这一新现实之上，考虑民族和民族的关系，去确立国家的防卫体制呢？这就成为政争的 [134] 焦点。

这个对立中，东林党有数人参与的事实，恐怕对于他们如何采取面对以后发生的满洲族入侵这一关系到国家兴亡的战略也有影响。进而，和明灭亡后，爆发那样激烈民族抵抗的遗民们的民族意识的形成，也有关系吧。事实上，近年我曾有论述黄宗羲的《留书》及其民族意识的机会①，试图追溯其思想形成的时期，也是本章执笔的动机之一。这争论所表现出来的关于国家、民族的认识，以后如何发展，是留给今后的课题。

---

① 拙稿《〈留书〉的思想》(岩见弘等编《明末清初期的研究》，东大人文科学研究所，1989)。

第三章　东林党的形成过程

第一节　《万历邸钞》和《万历疏钞》

（一）《万历邸钞》

明代的万历时代史,尤其东林党问题的研究上,《万历邸钞》和《万历疏钞》是极为重要的文献。然而,历来对这两种文献几乎未加利用。这殆是由于前者连编者都不明,作为资料,其性质有着暧昧性,后者则由于如下所述,刻本的流传极为稀少之故。因此,本文在论述二书的编纂者和编纂背景的同时,也对若干问题稍加论说,以明确两书作为资料的性质。

关于《万历邸钞》,谢国桢的《晚明史籍考》之四,有如下的介绍:

[145]《万历邸钞》三十二册　吴兴嘉业堂刘氏藏明钞本国立北平图书馆藏传抄本十八册

不知撰者姓名,万历元年至十一年。又二十年至二十一年。又三十三年至三十五年。又四十四年至四十五年。每年酌钞数条,朱笔俱明人点勘,并非全录。

谢国桢所见,或是不完全的北平图书馆本,而较完全的刘氏嘉业堂本,1968年12月,由台湾正中书局影印出版①。原本现藏台湾"中

---

① 《万历邸钞》除此以外,还有1968年台北学生出版社同样用"中央图书馆"的抄本影印的本子。虽说内容相同,从印刷和技术方面来看,正中书局本远为高明。昌彼得的《叙录》说那是用"中央图书馆"的缩微胶卷,擅自影印的,作了严厉的指责。还有,正中书局本的影印本,1991年由江苏广陵古籍刻印社刊行。但是,这个本子中,删去了昌彼得的序文。

央图书馆"。全三册,是共有2 411页的大部头著作。该书从万历元年正月到四十五年六月(一部分年度阙如),抄录和重要事件有关的邸报(官报的一种)并加以若干整理,作为基本覆盖了万历时代的编年体历史,是和《明实录》相补的极为重要的资料。原本全无目录,序文,第一页有吴兴刘氏嘉业堂藏书印和毕沅审定印。毕沅乃是清代的学者,该书随处可见的眉批,或是出于毕沅之手①。

　　该书的影印本有出于昌彼得手的《叙录》。据其所云,《万历邸钞》在民国初,归刘氏嘉业堂,在抗日战争时期流出,"中央图书馆"购入。

　　昌彼得在《叙录》中,对该书的编纂者作了若干检讨,结果还是没能确定。他是这样推测的:《明史》卷二三一《顾宪成传》有如下记载:

　　　　淮抚李三才被论,宪成贻书叶向高、孙丕扬为延誉。御史吴亮刻之邸钞中。

　　这吴亮编有《万历疏钞》,有若干刻本流布,但是在该书中没有收 [146] 前述的顾宪成致叶向高、孙丕扬之信。因而,吴亮在《万历疏钞》以外,当另有《万历邸钞》一书存在的可能性。因而,昌彼得认为,在《明史》卷二二九《吴亮传》中说,他和东林党人有极为密切的关系,所以作为《万历邸钞》的编纂者的可能性极大。该书记载的最终年代是万历四十五年,吴亮还活着,从这一点看,吴亮说也有可能,留待以后检讨。这是昌彼得关于编纂者的推测。

　　但是,如后所述,他所引用的《顾宪成传》的"邸钞"是普通名词,并非指《万历邸钞》。如果先说我的结论的话,该书并非成于吴亮之手,而是成于钱一本之手。

　　我认为此书是钱一本所作,是由于在许献等《东林书院志》二十

---

① 参照昌彼得《叙录》。

"著述"的"钱启新先生著"之中,有"邸抄"这样的书名之故。但是,当时立刻检索"中央图书馆"编的《明人传记资料索引》的"钱一本"条,所载生卒年为"1539—1610"。1610年为万历三十八年。这样的话,万历三十八年去世的人不可能留下到万历四十五年的记录。当然,如果认为是由什么人续修过,另作别论。

此后,我在黄宗羲《明儒学案》卷五九"东林学案"(《黄宗羲全集》第8册)"钱一本传"中见到有关于他著作的记述:

> 先生深易学。所著有《像象管见》、《象钞》、《续钞》⋯录时政,名《邸抄》。语录名《黾记》。

[147]　再一次确认钱一本有《邸抄》这样的著作,而与此同时,又新得知,关于他死殁前后的情况,黄宗羲是这样说的:

> 先生之将殁也,豫营窀穸,掘地得钱,兆在庚戌。赋诗曰,庚戌年遥月易逢,今年九月便相冲。又曰,月朔初逢庚戌令,决行应不再次且。如期而逝。盖丁巳年九月,月建为庚戌也。

也就是说,钱一本在生前准备墓地时,从土中得钱。钱是他的姓,这意味着他自己要被埋葬到土中。他由那些钱预知了庚戌这样的干支,而庚戌之年太远。因为,在七年前的万历三十八年为庚戌年。而要等下一个庚戌年,那是53年以后的事。活到那一年是不可能的。然而,如果"建月"①的话,该年九月就是庚戌,自己九月将死吧。又,朔日逢到庚戌之令,那就不犹豫地决行吧。因而就如预言的那样,在那一年的九月逝去。黄宗羲明确地记载:这九月,是丁巳九月。

而这丁巳,相当于万历四十五年。钱一本如果是万历四十五年

---

① 因为根据夏历,以寅月为正月,戌相当于九月。庚戌月的干支,参照董作宾的《中国年历简谱》(艺文印书馆,1974年)。

九月殁的话,认为终于同年六月的《万历邸钞》成于他手,就是非常合理的了。前引《明人传记资料索引》将其卒年作 1610 年(万历三十八年庚戌),是由于把庚戌之月误作庚戌之年,并进而由该年推算其生年,所以生年也误。

　　黄宗羲所据,当是吴亮的《侍御钱启新先生(行)状》。也就是说,前面,昌彼得推定或成于吴亮之手,吴亮非常罕见撰有钱一本的行状。行状收于吴亮的文集《止园集》①卷十九。行状所述如下: [148]

　　　　先生身隐田间而不忘报国,如(北宋)杜衍家居,闻朝廷行某事则忧,用某人则喜,每接邸报,手录其有关时政者以为常。于是有《邸抄》。

关于钱一本的卒年,比《明儒学案》更为详细: [149]

　　　　岁丙辰,先生遽欲自营宅兆,卜地而得西湾山。伯子以先生素强,不宜预凶事,则笑而不答。丁巳二月,遂敕断家事,入山筑圹,曰归陇。傍构屋数槛,曰寄窝,取生寄死归之义。甫启土而得一巨钱,曰"绍熙元宝",背又有元字。先生恍然曰:"绍熙,为宋光宗年号,元年,为庚戌,此吾之行兆也。年不可待,其月乎?"而是年九月,适建庚戌。先生乃赋诗,有"庚戌年遥月易逢,今年九月便相冲"之句。而又趣治营兆者曰:"吾与若约,必于八月杪讫工。"即溽暑中,躬自程督不休。至九月朔,复赋诗:有"月朔初逢庚戌令,共行应不再次且"之句。……辄信两指,示臧获曰:"吾须月圆,乃成行。尚须有两日,烦汝扶侍耳。"果于十六日早,趣具汤沐洮颒水,肃衣冠如平时,复安寝。至午忽起坐。伯子以身承之,目遂瞑。言不及私,亦无诸怖苦状。……先生生于嘉靖丙午八月十三日,卒于万历丁巳九月十六日。享年七十有二。

---

①　内阁文库藏本。

下面要谈到,吴亮和钱都是江苏武进人,且为姻亲,和东林党人有深交。成于他之手的记录当充分可信。因而《明人传记资料索引》的钱一本的生卒年当改为 1546 至 1617 年。

为了证明《万历邸钞》成于钱一本之手,前面只谈了他的生卒,但是,为了明确该书资料的性质,还有必要涉及他的政治立场。现以该行状为主要资料,简单地谈谈他的传记①。

[150]　钱一本,字国瑞,号启新、寄窝遹客,武进人。万历十一年进士,时张居正已亡。最初为知县,到江西庐陵。那是过去从龙场归来的王阳明为知县之地。他在那里建王文成祠,合祀邹守益以下 12 人,又召集生员,招聘学者讲学。后为御史,其出名是由于上《敬陈论相大义以正朝纲疏》和《国本已定复摇剖愚衷以悟圣心疏》二疏。都是在万历十九年九月。以下所述《万历疏钞》四"政本类"以及三"国本类"中全文收录。这上奏的后一篇,言辞激烈地非难了因爱郑贵妃,想要延期立皇长子为太子,并要封住批判之口的神宗,前一篇是指责迎合神宗之意,不能解决事态的首辅申时行优柔寡断。翌年(万历二十年),李献可因请对皇长子进行太子的预备教育而受到削籍处分,为此当局饱受非难。钱一本也上奏支持李献可。跟随钱一本也上奏的孟养浩以诬君受廷杖,钱一本自己同时被削籍。也就是说,在围绕着国本论与朝廷、内阁对立中,他被赶出政界。这样的情况,和顾宪成等其他的东林党人的情况如出一辙。此后,钱一本就在武进乡里,再也未出仕。

在武进,有过去常州知府施观民②建的龙城书院。这个书院因不喜欢讲学的张居正弹压书院而被关闭。如第一章所述,张居正弹压

---

① 钱一本的传记,除了吴亮的行状以外,还有如下一些:《明史》二三一本传,陈鼎《东林列传》二一钱一本传,姚希梦《钱一本墓表》(《棘门集》二)。下面的论述中,对这些都加以参考。

② 关于施观民和禁止书院,参见本书第一章。《武进阳湖合志》十二《学校志》对其间的情况有如下记载:"张江陵居正当国,恶天下议己,拆毁各省书院,地遂沦于民。三十一年,郡守欧阳东凤赎地建祠,避其名曰先贤祠。"其他,薛应旂写有《龙城书院记》(《武进阳湖合志》十二所收)。薛应旂是顾宪成之师。

书院原本就是以这个施观民设立书院是"科敛民财"为口实开始的。

万历三十一年，到常州赴任的知府欧阳东凤也是和东林书院关系密切的人物，他想起了这里过去的龙城书院，建了先贤祠。特避开龙城书院之名。在那里，当地的士绅们筹金建了经正堂①，钱一本为该堂讲学的主宰，并和次年（万历三十二年）在无锡复兴的东林书院、宜兴史孟麟主宰的明道书院相呼应，相互交流。顾宪成、高攀龙常到经正堂讲学②，同时，钱一本也到东林书院讲学。此间的情况，吴亮这样叙说：

[151]

> 郡守欧阳公宜诸建毗陵先贤祠，有传是堂，兴起后学。……郡中士大夫广其意，傍构经正堂为讲习剴切之所，推先生主之。而梁溪亦修复东林书院，顾公泾阳主之。荆溪修建明道书院，史公玉池主之。梁溪诸公或来会经正，先生亦或往会东林，又或往会荆溪。于是四方闻风者日加广，来学者日益众。广且众，不无生得失，有得失，不无生是非。

这样以无锡东林书院为中心的在野人士的集结，被认为是"遥执时政"，虽说发挥了东林党的政治力量，但也招来了反对派的反击。如第四章所述，到万历三十年代的后半期，形成了激烈的党争。在对东林党的严厉指责、弹劾中，钱一本丝毫也未动摇，吴亮这样记叙钱一本：

> 不见是而无闷，不见知而不悔，正吾辈得力处，亦吾辈受益处。岂以是生退心？往来讲习不辍如故。

黄宗羲把他列入东林学案，是由于他和东林书院有着这样牢固

---

① 顾宪成有记录经正堂讲义的《经正堂商语》，高攀龙也时常前往经正堂讲学，从《高子年谱》万历三十六、三十七、三十九、四十四年的记载可知。
② 见本书第四章。

的联系之故,和作为反对派黑名单的《东林党人榜》、《东林点将录》
进行政治性的区分,把有东林派政治倾向者网罗式地列上的意向是

[152] 完全不同的。

钱春①是其子,字若木。万历三十二年进士,经知县为御史。徐
兆魁攻击淮抚李三才时,三次起而上奏,加以反论。如第五章所论,
李三才问题,是(万历)三十年代后半,东林派和反东林派对立的最重
大的政治性焦点。其次是请求释放因楚王之狱被关押的人。又叙说
采榷之害加以批判,还反对在湖广置福王田庄,逆神宗之意,正如人
们所说,钱春继东林的父志。他被降职到地方时,钱一本这样说:

> 先生(钱一本)谓伯子曰,为东林党也者,覆巢宁有完卵。为
> 北地敌也者,履尾岂免咥人。彼所为出尔者,故不欲尔入也,其
> 出谁怼。且既已出矣,而不出又将以不出为尔辜,所称纯臣而择
> 官乎。出可也,不然,而永从我于衡门之下,亦有足乐者。(《钱
> 一本行状》,《止园集》一九)

所谓"北地之敌",当是指围绕着钱春攻击过的首辅方从哲的反东林
派。报复是意料之中的。

此后不久,他的父亲钱一本就死了,父子都以站在东林一边、政

[153] 治批判之故,或被放之于野,或被降职。他们父子都从容受之。

可见钱一本从万历初年到万历四十五年,几乎经历了万历一代,
长期和前东林以及东林有着关系。特别是三十年代,父子都是如此。
因而,钱一本的《万历邸钞》可以说是从东林立场上看万历一代的历
史。昌彼得指出"通观全书大旨,实在为东林张目",值得首肯。

但是,如把《万历邸钞》视为钱一本所作,有一个很大的难点。那
就是顾宪成的卒年被置于万历三十一年。如前所述,钱一本和东林
书院有着非常深的关系,因而他不可能把顾宪成的卒年弄错十年。

---

① 钱春传,参见《明史》二三一,本传。

想着这个问题，来看该记载的前后，发现那里有着明显的错页。因为前后的记载，有着万历四十年发生的事。结论是：从万历二十八年到三十二年的约 100 页当改为如下（正中书局版）：

万历二十八年	1193～1212 页	→四十年闰十一月
万历二十九年	1213～1232 页	→四十年十二月
万历三十年	1233～1238 页	→同年二月
（三月）	1238～1242 页	→同年三月
	1243～1260 页	→同年四月
万历三十一年	1261～1277 页	→同年五月
万历三十二年（三月）	1279～1283 页	→同年六月
（七月）	1285～1292 页	→同年七月
（八月）	1293～1299 页	→同年八月

[154]

恐怕由于原书万历二十八年到三十二年的记载已经散佚，全部处于相当混乱的状态，误将万历四十年的部分插入到这里的吧。产生该错误的时代不明，而利用该书的时候，对这样的错页有必要充分注意。

通过如上考证，基本可以断定《万历邸钞》①的著作者是钱一本。

钱一本还有前面所列的《象钞》、《续钞》、《像象管见》、《龟记》、《遁世编》等著作。其中，后三书，见藏内阁文库。

关于钱一本，在此还有一点必须谈一下。钱春的曾孙钱人麟（1689—1772）②在清朝编有《东林别集》。《东林别集》以《东林朋党录》、《东林同志录》、《东林籍贯》、《东林点将录》、《盗柄东林伙》、《东林党人榜》、《伙坏封疆录》等为主干，汇集了反对派作成的黑名

---

① 《万历邸钞》似常常和《万历疏钞》混同。如董汉儒的《钱启新先生龟记序》中曰：“公幼娴于字义，兼长诗赋。其习文若诗者，见以为才士。脍炙庐陵之政者，见以为循吏。诵万历疏钞者，见以为直臣。及与称乡后进者，见以为善人君子。”这《万历疏钞》明显就是《万历邸钞》。

② 钱人麟（1689—1772），字服民、铸庵、借翁。详于明代掌故，曾把东林党人分为十等，记其事迹，但是未完。其中，曾把籍贯、资望、爵位、党锢等汇成五个表，现都不存。钱维城《茶山文钞》十二有行状，但未能见。

单以及所附的跋文。东林党的范围应当如何划定,有很多要检讨的问题,而在政治史研究之际,根据反对派的指摘,当是一个有效的方法。但是,这些名单的诸本之间,多有异同。因为后世由于意识到蒙受反对派的指摘反而可得名誉,在流传的过程中,不断被改写。他以家藏本为底,广求异本,对诸本加以检讨。此后,该《东林别集》的稿本归澄海高氏玉笥山房所藏,1958 年 6 月广东中山图书馆据此稿本油印,只印了很少的部数,没有流入日本。我有机会得见中国社会科学院历史研究所的藏本,这对于东林研究当是基础性的资料。

[155]

根据该《东林别集》对《东林党人榜》、《东林点将录》进行实证研究的是朱倓。这些论考和成于她之手的其他有关东林党、文社的论考一起,收入《明季党社研究》①(商务印书馆,1945 年 8 月)。恰是日本战败之年、之月发行的该书,在日本也没有得见的机会。她是国学者北京大学教授朱希祖之女,运用丰富的家藏资料,据说汇集了 500 多名东林党人碑传文的大部头著作《东林碑传集》的原稿大致完成②。该原稿的消息不详,如果尚存的话,祈愿能再刊行。

(二)《万历疏钞》

下面谈吴亮的《万历疏钞》。该书五十卷,34 册,把万历时代的奏疏按问题分类,全文收录。各卷的主题如下(数字表示卷数):

(1)圣治　(2)圣德　(3)国本　(4)政本　(5)纲常

(6)国是　(7)臣道　(8)民瘼　(9)史职　(10)言路

(11)省规　(12)台宪　(13)时务　(14)褒忠　(15)援直

(16)起废　(17)惩贪　(18)发奸　(19)纠邪　(20)阉宦

(21)铨政　(22)察典　(23)用人　(24)饬吏　(25)财计

(26)粮储　(27)钱盐　(28)屯马　(29)矿税　(30)朝讲

[156]

(31)陵庙　(32)宗藩　(33)修省　(34)制科　(35)崇儒

----

① 《明季党社研究》的目次,参照本书《序章》。
② 本页注①前揭书 18 页、53 页。

（36）谥典　（37）戎务　（38）边防　（39）边饷　（40）边功

（41）辽建　（42）滇黔　（43）东倭　（44）哮播　（45）明刑

（46）弭盗　（47）河漕　（48）水利　（49）工商　（50）上书

《皇明奏疏类钞》、《皇明疏钞》是万历初年编纂的，未收以后的奏疏。《万历疏钞》是了解这时期奏疏的根本性的重要资料，但是流布极少，谢国桢《晚明史籍考》中，根据顾宪成的序文，也仅见本书的别名《万历奏疏》。

清代被指定为禁书，《清代禁毁书目》、《清代禁书知见录》（商务印书馆，1957 年）的禁毁书目中著录，该书的补遗中有如下注记：

> 查《万历疏钞》不注编书人名氏。此本亦残缺不完，仅存九卷。内四十一卷中，多狂悖之词。应请销毁。

这里所说的第四十一卷，汇集了有关满洲问题奏疏的《辽建》，包含明显的民族蔑视的这些奏疏，成为禁书，是当然的。不仅如此，该书中还包括以下第四章要谈到的李三才的痛切批判君主和批判政治的内容，对于清朝来说，总体上不会喜欢此书。只进上四本，或许就是因为抱有畏惧之故吧。在前边提到的《清代禁书知见录》中，有作为明金坛于孔兼编的该书之名。我国尊经阁文库中，有幸保存有该书的完本①。

[157]

该书的最初，有钱一本、顾宪成、吴亮的序文。分别有万历己酉（三十七年）冬十月、同年冬十一月、冬十二月的时日。明显是万历三十七年前后大致编纂完，而实际上，以后似还进行了补订，虽说很少。因收有到万历四十二年为止的奏疏。

作为选刻者，有下表所载的八个人。姓名下的○，是黄宗羲《明儒学案》、陈鼎《东林列传》立传者，以及《东林党人榜》中记名者。

---

① 蒙该文库厚谊，京都大学人文科学研究所也得以复制。又据《中国古籍善本书目》史部记载，中国大陆现存完本的，只有上海图书馆。

姓　　名	籍　贯	明儒学案	东林列传	东林党人榜
于孔兼	金坛		○	○
钱一本	武进	○	○	○
顾宪成	无锡	○	○	○
薛敷教	武进	○	○	○
史孟麟	宜兴	○	○	○
高攀龙	无锡	○	○	○
陈于廷	宜兴		○	○
吴　亮	武进			

其中,高攀龙之下有论次,吴亮之下有参校这样的文字。这八个人都是东林的核心成员,在那个时期以东林书院为中心,交流密切。黄宗羲的《东林学案》,列有东林学派,那是以东林书院为中心的书院派,仅收列16人(目录17人),其中的5人,与此书的编纂有关。又,《东林列传》《东林党人榜》也都列名。与此同时,可认为是《万历邸钞》编者的钱一本写了序文并参与了编纂,也是应当注意的。或许,他自己也提供了用于《万历邸钞》的原邸钞等资料,同时也可能得到过资料。但是,这些奏疏的实际汇总者,却是这些传和名单上没有列名的吴亮。顾宪成的《序文》中有曰:

[158]

> 予友采于吴子,……巡方之暇,搜集三十年奏议若干牍,分若干卷,凡先后留中与当路所不欲行于世者,悉付剞劂,予读而有感焉①。

所谓巡方之暇,是因为他曾为御史巡按宣府大同。选刻姓氏的最后尾数段,有"万全都司儒学教授李廷光、训导刘好谦对同"这样的文字,也是和

---

① 关于这事,冯从吾《朝政当修乞励精以图万世治安疏》(《万历疏钞》一)中有如下记载:"臣见前岁皇上禁止章奏,非奉圣旨不许传布。臣意皇上不过以为臣下章奏多有不识忌讳者,恐一传布则天下传诵其章奏,必议及于皇上之举动,故姑留中以泯其迹耳。不知今日诸臣来朝而皇上犹然静摄,其纷纷议论,视其章奏所传。更孰多寡乎。一人之举动,四海之观望随之,岂在章奏之传不传也。欲以泯其迹而反以彰其过,岂皇上未思及于此耶。"

他巡按宣大有关。又,作为该书的序文而没有附载的,有东林党丁元荐的《刻奏议序》,《尊拙堂文集》卷三收录。虽说吴亮以外的人物对于该书的编纂实际上有怎样程度的参与尚且不明,但是,得到东林的核心成员的热切支持,此《万历疏钞》才得以刊行,乃是不可否认的事实。

该序文中,谈到了顾宪成和吴亮要开通言路,第二节中再详述,在此不赘。

当时,他们所感到的危机,是顾宪成序文中说的禁止邸钞。即使言官制度层次不允许政治批判,只要邸钞流布,他们的言论还是可以向人们诉说,还有可能引发起大众的舆论。如果连这也被禁止,那么言论的鼓吹如何才能行呢?

当时禁止邸钞,只是一时的事,关于此事,在《万历疏钞》卷十"言路"中所收录的翁宪祥《乞亟通章疏以存清议疏》(万历三十五年十月)、吕邦耀《章疏亟宜批发以开言路疏》(万历三十五年十一月)、[159] 金士衡《乞亟宽时禁以通言路疏》(万历三十五年十一月)都曾言及,并表示抗议。金士衡这样说:

> 窃惟言者国家之血脉,章疏之传。固血脉之所藉以流行也。善理政者,务疏通不务壅蔽,(壅蔽)日甚而其害有不可胜言者矣。顷该科臣王元翰疏陈军国秘密,不宜抄传示弱等事,已奉旨严禁,永为遵守矣。但查科臣所言,止于军机一事而恭绎天语谆切,亦惟军国重务为兢兢。至诸臣一切章奏,原系国家经常之事、天下一家、臣民一体,何嫌何疑,而亦秘之,涂耳目而重猜疑,臣切以为过矣。(《万历邸钞》一)

据此,则禁止邸钞的发端,起于王元翰"抄传军国秘密,公然议论,从国防的角度看不好"的上奏①。王元翰当时任工科给事中,严厉纠弹

---

① 王元翰的奏疏、文章编集成《凝翠集》,收入《云南丛书》,但是其中未包括有关禁止邸钞的内容。

矿税之害,甚至追究得使继沈一贯之后的大学士李廷机几乎辞职,他
是东林派人物。为此,受到反东林派的攻击而去职,后和顾宪成等论
学。王元翰如果说主张禁止传抄奏疏,那也如金士衡所说,仅限于有
关军国秘密。而当局则表现出想由此扩大到一般奏疏,封锁言路的
意图。

　　对此,东林书院的人们抱着针对内阁以及抗议弹压言路的意味,
编集了这些奏疏,为了造成舆论,促成了《万历疏钞》的刊刻。还有,
关于禁止邸钞之事,在《万历实录》中,没有任何记载。

　　最后,谈谈该书的实际编纂者吴亮。

　　吴亮,字采于,武进人。前面已经说过,和钱一本同乡。但是,和
钱的关系不仅如此。钱一本之子钱春是他好友,他的著作《毗陵人品
记》是和钱春一起,论说670多个武进人物之作①。还有,钱春之子应
霱,以吴亮弟弟锡于之女为继室;另一子应都娶吴亮的四女;又,钱春
的一个女儿嫁吴亮的三子。由这样数重的婚姻关系,把钱一本和吴
亮连接起来。

　　吴亮之父吴中行在万历初年因抗议张居正夺情而受廷杖,这在
第一章中已经谈过。父亲吴中行因批判夺情而受到的惨不忍睹的遭
遇培育了他对张居正的憎恶和对纠弹张居正的后来东林派人士的亲
近感②。这种个人的感情,对于编纂者吴亮的作用,是应当充分考
虑的。

　　吴亮自己是万历二十九年进士,由中书移为湖广道御史。他在
围绕李三才问题的东林派和反东林派的对立中,明确地采取支持李
三才和东林派的立场③。而顾宪成支持李三才送给叶向高和孙丕扬
的青简刻入邸钞之事,虽在前面引用的《明史》二三一《顾宪成传》中

---

① 吴亮《吴培墓志铭》(《止园集》十八):"余林居多暇,每与钱侍御若木(钱春)扬榷毗陵
　人物。自泰伯开吴以迄今兹,上下三千四百余载,表章六百七十余人,作《毗陵人品记》,
　志仰止焉。"
② 但是,未必只在那样的场合。这从他的弟弟吴玄(《明史》玄作元)站在反对东林的立场
　写了《吾徵录》一事可知(《明史》二二九,《吴元传》)。
③ 例如:《邪正纷纭安危关系疏》(《止园集》八)。

可见,但是该邸钞在《万历邸钞》和《万历疏钞》中都没有。《顾端文公年谱》万历三十八年条,这样说:

> 吴侍御亮按宣大见之发抄,封印邮递遍送在京各衙门。东林遂遥受执朝权之目。

也就是说,附着邸钞,大量复印的文书邮送到了各个衙门①。对此当然引起了反对派的嚣然非难,东林派的一部分人也产生了疑问。为此,吴亮上了《抱病闻言平心剖理疏》加以辩明。有曰: [161]

> 臣以淮抚李三才攻辩不一,议论愈纷,据其平日之直声,质以东林之清议,为之昭晰,不识忌讳,臣之罪也。然而为三才辩者,不止于臣一人,不足异也。顾宪成三书发抄,实由于臣为之,传布更触忌讳,臣之罪也。然而以私书发抄者,亦不止于顾三书,不足恨也。或谓发抄非宪成之意,或谓失在将书发抄之人,罪在臣,臣何敢自文。……臣之误宪成,惟是将书发抄耳。其上书撼宰,臣不知也。岂宪成自误耶,抑亦臣误之耶?宪成清修有道,或未必误。岂上书不误,而发抄始误耶,……宪成之书,实由信三才之深。臣之疏,实由信宪成之深。……臣诚东林人也。井蛙之见,知有东林而已矣。(《止园集》八)

[162]

由此可见,在围绕李三才问题东林派和反东林派的对立开始激化的这个时期,吴亮支持东林和顾宪成的立场是很明白的。而这又刚好是该书的编纂时期。吴亮以这样的立场来编纂该书,而东林书院的核心成员们又支持该书的编纂,那么,该奏疏的编纂反映了这一时期

---

① 邸钞开始活版是崇祯十一年以后的情况,从顾炎武《与公肃甥书》(《顾亭林诗文集》)"忆昔时邸报,至崇祯十一年,方有活板。自此以前,并是写本……"可知。吴亮发的印制品是怎样的,不详。

东林的政治立场也就是当然的了。在本节中,虽还未探讨内容,而从全体来看,如前所述,是追究朝廷和历代内阁的政治责任。开头的圣治、圣德、国本、政本、纲常,是对君主以及内阁总括性的批判,数量占全部的六分之一。以下的各论中,对具体的问题,特别是通过弹压言论对君主以及内阁进行批判的内容占绝对的多数,而戎务、边防、边饷、边功、辽建、东倭、哱播等国防问题占有相当的数量,也值得注意。因此,全编贯穿着他们对国政的强烈意欲,反之,有关地域社会的具体政治、经济的议论反倒是非常少。这是由于受奏疏这一性质的制约,并不意味着他们对地域社会不关心。上述情况反映了在这一时期他们政治关注的状态,也是意味深长的。近年,和乡绅论相关联,强调他们和地域社会的利害密切相关这一点。然而,他们如何把国家的政治和地域社会的利害相连接呢? 如顾宪成、吴亮的序文所示,该书就整体而言,是以开通言路作为最大的课题来编纂的。这所谓的言路,是不是贯通地域和国家之间的言论的通道呢? 这些问题,在以后的东林党研究中有检讨的必要。

[163] 　　吴亮在编纂了这书以后不久,就因母亲生病提出辞职,但未被允许。母亲病愈,在如前所述反对派的嚣然攻击中,不屑留任。在辞职还未被许可时,就挂冠而去。那是万历三十九年之事①。后受到降级的处分。以后天启二年,东林派复活,起为南京礼部主事,又移为大理寺少卿。天启四年(1624)病殁。因魏忠贤的势力尚未猖獗,故得以逃其难。《东林党人榜》、《东林点将录》等未载其名,或许就是为此。而补《点将录》之缺的《东林同志录》中可见其名②。编著的书,除了《万历疏钞》以外,还有《毗陵人品记》、《名世编》,文章收为《止园集》。《毗陵人品记》是承外祖父毛宪和顾宪成之志,对乡里人物

---

① 据吴亮《先太宜人状》(《止园集》二十),他母亲生于嘉靖庚子(1540),去世时享年七十二岁。这样计算的话,是在万历三十九年(1611)去世。他恐怕是在这一年离任的。

② 据说,《东林同志录》可补《点将录》的欠缺,是由崔呈秀作成。《东林别乘》,《酌中志余》中收录。但是,从支持东林党的立场出发编纂的《东林书院志》,《东林列传》等书中未见吴亮之名。这是为什么呢? 似有探讨的必要。

加以品论之作①。

以上，论说了《万历邸钞》和《万历疏钞》的编者以及编纂前后的情况。由此可见，很明显，用编年体编纂邸钞而成的《万历邸钞》和根据主题对奏疏分类的《万历疏钞》，就像是织布的横丝和竖丝那样密切相关。如果利用这些书籍的诸位能对此加以参考，则感幸甚。

补记：

　　钱人麟《东林别集》油印本（中山图书馆，1958 年）的原本，未入日本，此后我得其复印件，其他若干人也藏有复印件。现在，在日本也可见。

[164]

第二节　形成过程

　　我在前面一节《万历邸钞》和《万历疏钞》中，论说了二书的编纂者以及编纂的经过。也就是说历来被认为是撰者不明的《万历邸钞》的编纂者实际是钱一本。他是在黄宗羲的《明儒学案》的东林学案中列名的人物，不仅和东林书院有密切的关系，而且对以东林党为中心的当时的政局的动态深为关心。因此，摘取万历元年以来各年的重要纪事，抄录关联的邸钞（官报），编纂了可称为编年体万历时代史的著作。

　　而《万历疏钞》（尊经阁文库藏）是由以东林党自任的吴亮主编而成。东林党的领袖顾宪成和钱一本有序，数名东林党的核心成员参与了该书的刊行。在万历三十年代中期，也就是围绕着李三才的论争将要开始之际，连邸钞也一时被禁止时，他们编纂了重要的万历年间的奏疏，主张"开通言路"。在这些奏疏中，也有政府当局不希望

---

① 吴亮《增修毗陵人品记序》（《止园集》一六）："追不肖读古庵公（毛宪）《人品记》而后知公之垂训弘、贻谋远也。……十五年前，欧阳都侯拟修府志，属光禄泾阳顾公品隲人物。志未就，于是有桑梓录存笥中。大都仿古庵公之意，补其未备，续其未来。……又且合同志诸贤，讨论商确，草数易而后定，未尝师心自用，沾沾局一隅之见也。"

公开的内容。他们通过编纂这些书,明确自己的政治立场,用于宣传鼓吹,同时也是为了在历史上留下这些事实。

所以可以说,这两部书为了解他们为何要结集东林党,何种程度地挑起激烈的党争,提供了绝好的材料。

因此在本章中,想以《万历邸钞》和《万历疏钞》为主要资料,探讨后张居正时代。万历十年到二十年初期,如果列出首辅之名,有申时行、王锡爵、赵志皋,也就是以他们的时期为研究对象。在此,想采取以《万历疏钞》提出的大课题"开通言路"为中心,以广义的言路和内阁的对立为主轴,按照时代再造东林党方面政治史的方法。因为,这样可见东林党形成过程的政治轨迹。还有,引用的上疏,如果是《万历邸钞》和《万历疏钞》都收录的奏疏,取《万历疏钞》。因为《万历邸钞》多为节录,而其节录的方法多有其问题意识的投影。又,由于《万历疏钞》一般难以见到,所以并记原文。

(一) 何为"言路"?

首先,就从《万历疏钞》主张"开言路"之际,所说的言路是什么开始吧。

所谓言路,如字面所示就是言论的通路之意。但是,这里的言论,并非一般的言论,原来是言官的言论之意。所谓言官,在明代是指给事中以及御史。

原来在唐宋的制度中,担当对政治监督任务的,有给事中和御史两个系统。即给事中对君主的政治申述意见并监督政府,与此相对,御史则专任肃正纪纲、纠察官僚之责。给事中属门下省,御史属御史台。给事中作为主"言"者,被称为言官或谏官。御史作为主"察"即纠察者,被称为察官,两者之间有截然的区别。但是,到了宋代君主权强化,御史、给事中多成兼职,对政治的批判机能减弱了①。

---

① 高一涵《中国御史制度的沿革》(上海商务印书馆 1933 年)。徐式圭《中国监察史略》(上海中华书局,1927 年)。

那么,明代制度如何呢? 以下根据《明史职官志》,简单地叙述一下明代的监察制度①。

首先是关于给事中。在唐宋的制度中,给事中属于门下省。明代废除了门下省,作为六科而独立。因而,其权限变得非常大。《明史》七四《职官志三》关于其执掌的范围,有曰:

> 六科,掌侍从、规谏、补缺、拾遗、稽查六部百司之事。凡制敕宣行,大事复奏,小事署而颁之;有失,封还执奏。凡内外所上章疏下,分类抄出,参署付部,驳正其违误。

也就是说,六科作为天子的侍从之臣,在对政治的全部进行监察的同时,还有着封驳诏书这一极为具体的任务。皇帝的诏书和臣下奉上的奏疏中被皇帝批准的,通过六科公布,或者分类抄写,送作为行政机关的六部。在这样的场合,如果内容有问题,有反驳和要求订正的权限。这叫科参或抄参。他们的反驳有相当的约束力,就连六部也难以轻易抵抗。顾炎武这样说: [167]

> 明代虽罢门下省长官而独存六科给事中以掌封驳之任,旨必下科,其有不便,给事中驳正到部,谓之科参(若曰抄出驳之,抄出寝之是也)。六部之官,无敢抗科参而自行者。故给事中之品卑而权特重。(《日知录》九《封驳》)

六科在君主的决定有问题? 可以指出并退回给君主,或退回给送上奏疏的六部,要求变更。如果有关政策内容的话,很明显这可以说是

---

① 关于明代监察制度参照赵翼《廿二史劄记》三五《明言路习气先后不同》、于登《明代监察制度概述》(《金陵学报》六二)、张治安《明代六科之研究》(《国立政治大学学报》三一),后,《明代政治制度研究·六科》(联经出版,1992 年)、李德福《明代言官》(《社会科学》1982 年三期)、间野潜龙《关于明代都察院的成立》(《史林》四三)、同上《明代监察制度序说》(《史窗》二十)、张薇《明代监控体制—监察与谏议制度》(武汉大学出版社,1993 年)。

一种拒否权。虽说有这样大的权限,给事中的品秩却非常低。各科的负责人都给事中(也称掌科)为正七品,左右给事中为从七品。这是由于品秩卑下,使给事中不至于为了爱惜个人的一身一家而回避批判政治。身份低下,反而发言自由。这样,给事中由于具体地参与君主的意志决定过程而得以行使对于政治的发言权。

各科对分别与各自对应的六部行政负有责任,进行监察。

吏科(都给事中一人,左右给事中各一人,给事中四人),凡吏部引选,则掌科(即都给事中)同至御前请旨。外官领文凭,皆先赴科画字。内外官考察自陈后,则与各科具奏。(大计)拾遗纠其不职者。

[168] 户科(都给事中一人,左右给事中各一人,给事中八人),监光禄寺岁入金谷,甲字等十库钱钞杂物,与各科兼莅之,皆三月而代。内外有陈乞田土、隐占侵夺者,纠之。

礼科(都给事中一人,左右给事中各一人,给事中六人)监订礼部仪制,凡大臣曾经纠劾削夺,有玷士论者纪录之,以核赠谥之典。

兵科(都给事中一人,左右给事中各一人,给事中十人)凡武臣贴黄诰敕,本科一人监视。其引选画凭之制如吏科。

刑科(都给事中一人,左右给事中各一人,给事中八人),每岁二月下旬,上前一年南北罪囚之数,岁终类上一岁蔽御之数,阅十日一上实在罪囚之数。皆凭法司移报而奏御焉。

工科(都给事中一人,左右给事中各一人,给事中四人)阅视军器局,同御史巡视节慎库,与各科稽查宝源局。

如上所述,吏科人事,户科财政,礼科朝廷礼制,兵科军事,刑科裁判,工科武器、造币等进行监察。尤其重要的是人事监察权,吏科对文职,兵科对武职有监察的责任。由于六科的地位极重,即使是六部尚书那样的高官,到了六科时,也要对垂帘内坐的给事中行礼、署名,所以有"统均之地,折腰七品小臣,似亵威重"①之论。还有,吏

① 沈德符《万历野获编》——《太宰揖吏科》:"闻部堂之至各科,科臣垂帘居内,部臣向内揖,科臣帘内答之。画本毕,再揖而行,两人不相面也。统均之地,折腰于七品小臣,似亵威重,窃以为不赴亦可。"

部、兵部的人事异动时,吏科、兵科的都给事中一起入内,行使监察,而选后宴会时,和尚书并列是原来的形式①。正七品的都给事中和正二品的尚书并列,所以是非常异例的厚遇。下面将要谈到,这显示了"六科之体"的重要。这样,给事中除了有着与各科对应的特殊的监察任务外,还可以对朝政的全体申具意见。所谓"主德阙违,朝政得失,百官贤佞,各科或单疏专达,或公疏联署奏闻"。 [169]

下面来谈御史。明朝的制度,当初,沿袭元制,设御史台,因胡惟庸之狱废止,接着设都察院。关于其间的情况,详见第 116 页注①间野潜龙的论文。

都察院的长官为左右都御史,以下有左右副都御史,左右佥都御史。另置十三道监察御史。还有,南京也有南京都察院。关于都御史,《明史》七三《职官志二》有如下规定:

> 都御史职专纠劾百司,辩明冤枉,提督各道,为天子耳目风纪之司。凡大臣奸邪、小人构党、作威福乱政者,劾。凡百官猥茸贪冒坏官纪者,劾。凡学术不正、上书陈言变乱成宪、希进用者,劾。遇朝觐、考察,同吏部司贤否陟黜。大狱重囚会鞫于外朝,偕刑部、大理谳平之。其奉敕内地,拊循外地,各专其敕行事。

这样,御史作为"天子耳目"之官,代天子对行政、司法等全盘进行监察,特别是对重要人事的监察。其监察的范围,上从大学士开始,下到地方官,甚至还有宦官和宗室,他们有与其职不相符的言动时,御史有随时弹劾的权限。在这样的场合,不仅官僚个别具体的职务,同时,官纪即为官的道德性,也在监察之列。也就是说,不仅政事,同时,人品也被追究。这无疑是中国传统的政治理念的产物。

还有,御史在定期的考察时,行使监察权。明朝的制度,京官六

---

① 沈德符《万历野获编》,《吏兵二部大选》。锺羽正之说,参照本章。

[170] 年一次(巳、亥年,叫京察),外官三年一次(辰、戌、丑、未年,这叫外计),评定勤务,根据其结果进行人事异动。其中京官四品以上的,自己报告勤务状况(这叫京察自陈),以求批准;以下的官,都察院和吏部共同用文书报告评定的结果。外官由巡抚(兼任御史)、巡按御史把府州县以下的勤务评定结果送到吏部,而且每三年必须有一次朝觐,就是由都察院和吏部共同评定勤务(这叫朝觐考察)。都察院和吏部考察有遗漏时,将其提出加以议论,叫拾遗。这也是御史和给事中的任务。

像这样行使有关人事的监察权和弹劾权,是都察院的主要任务。特别有意思的是十三道监察御史制度。这是在十三个省中分别配置七到十一人,另外还要担当清军、提督学校、巡盐、茶马等行政、财政特殊部门的监察。关于十三道监察御史的任务,《明史》七三《职官志二》这样说:

> 十三道监察御史,主察纠内外百司之官邪,或露章面劾,或封章奏劾。在内两京刷卷,巡视京营,监临乡、会试及武举,巡视光禄,巡视仓场,巡视内库、皇城、五城,轮值登闻鼓。后改科员。在外巡按。……巡按则代天子巡狩,所按藩服大臣、府州县官诸考察,举劾尤专,大事奏裁,小事立断。按临所至,必先审录罪囚,吊刷案卷,有故出入者理辩之。诸祭祀坛场,省其墙宇祭器。存恤孤老,巡视仓库,查算钱粮,勉励学校,表扬善类,剪除豪蠹,以正风俗,振纲纪。凡朝会纠仪,祭祀监礼。凡政事得失,军民利病,皆得直言无避。有大政,集阙廷预议焉。……都察院总宪纲,惟所见闻得纠察。诸御史纠劾,务明著实迹,开写年月,毋虚文泛诋,讦拾细琐。出按复命,都御史覆劾其称职不称职以闻。凡御史犯罪,加三等,有赃从重论。

[171]

因而,监察御史也对官僚有弹劾权,并监察行政、考试、财政等,特别重要的是地方巡按。各道的监察御史中,每年有一到二人巡按各省,他们代天子监察地方行政,同时收集情报,可以对政治发表意见,提出异议。也就是作为"天子耳目之官",在反映地方舆论、申述意见的意义上,一并起着由地方到中央,由下至上的言论通道的机能。

本来,都察院自己作为独立的监察机构可行使监察权,就监察御史而言,形式上虽说属于都察院,其中,也还有一层独立性得到保障,即一般在写官职名时,在上面要写上所属机关名。但监察御史则可不写都察院之名,只写"某道监察御史"①。这表示监察御史并非隶属于都察院,由此可保障一定的发言自由。"统而不属",显示了监察权的独立性。还有,大臣的子弟为科道官时,设有回避制度而改为翰林官②,这也同样是为了保障监察权的行使。

以上所述的六科略称省,都察院略称台,并称省台。给事中又称谏官,御史又称台官,并称台谏。还有取六科给事中的科和十三道监察御史的道,称为科道官。在以言论为职责的意义上,这些是言官,[172]通过这些言官的言论的通道称言路。如最初所述,言官本来是指给事中系统,而在这一时期,由于职责相当程度重叠,所以和御史不加区别,一般把二者统称为言官。还有,到了清朝,六科被编入都察院,也在此附记。

《万历疏钞》作为大课题提出"开言路"时所说的言路,当初是保障这些言官的言论,尊重监察权独立性的意思。由此,使天下的舆论在政治上得到反映。

但是,言路又并非仅限于此。如下所述,在他们的想法中,主张可以发表言论的不仅是言官。原则上,不仅在朝的官僚,乃至在野的庶民,所有的人民都有批判政治的自由。这是明太祖认可的,在《大明会典》八十"建言"中明文记载:

---

① 参照本书本章第129、130页。
② 朱国桢《涌幢小品》一○《改翰林》:"大臣子弟为科道者,例应回避得改翰林。嘉靖中,御史胡效臣以父琏任都御史,当改授翰林。"

按祖训，大小官员并百工技艺之人，应有可言之事，许直至御前奏闻，其言当理，即付所司施行，诸衙门毋得阻滞。违者即同奸论。所以广耳目、防壅蔽。而通下情也。

在《卧碑文》和《大明律》中也同样。也就是以祖训为根据，不问在朝、在野，更广泛地开辟人民的建言之道，扩张自下而上，由地方到中央的言论通道，反映舆论，改革政治，这就是东林党人说的"开言路"。以下，让我们一边追寻政治过程，一边来看看《万历疏钞》的主张。

[173]

（二）官守和言责

如第一章中所述，张居正施行了以强化内阁对六科管理体制为内容的考成法，想封住批判政治的言论。但是，在张居正死后，考成法被接掌内阁的申时行事实上废止了。因为以他的政治力量，怎么也难以维持这样的体制。那么，言路开放，批判政治的言论是否自由了呢？

对此，《万历疏钞》的编纂者吴亮这样说：

上益明习国事，不欲倒授人太阿柄，而执政无一介不取三公不易之节以厌众望，而又惩骖乘前车，多都俞鲜吁咈。（《万历疏钞·序》）

和张居正的时代不同，神宗已达成年，不愿让内阁执政权之牛耳。申时行像柳下惠那样，虽说代替了张居正的地位，然而，不是保住自己的节操——而是作为宰相的策略，唯神宗所说是从。这样，言路闭塞的状况就依然持续着。对这样的状况，吴亮评曰：

[174]

言路之塞，塞在泄沓而霏靡。

泄、沓都是《孟子·离娄》中出现的词语。说的是"仕君无义，进退无礼,言则非先王之道者"。霡靡是指草木随风摇摆之状。认为言路不是毅然地批判神宗,而是如草木随风摇摆,顺从其意。

那么,在申时行内阁时,言论如何进行政治批判,这些言论又是以怎样的形式被压抑了呢?

这一时期最大的政治问题,无疑就是贯穿整个万历时代,成为最大争论点的立国本——立太子的问题。

神宗已有恭妃王氏生的皇长子常洛。十四年正月,他宠爱的郑贵妃生了皇三子常洵,便搁置了恭妃而封她为皇贵妃,由于皇二子已死,这就招来了是否有想要立皇三子为太子的阴谋这样的疑惑,对此,批判不断。首先是给事中姜应麟主张当迅速册立东宫以解疑惑①,激怒的神宗将其贬职,接着同样上奏的吏部员外郎沈璟②、刑部主事孙如法③、同员外郎李懋桧④等,也都或贬谪,或拟贬谪。但是,批判还是不停。在这样的情况下,神宗应申时行之请,下了这样的诏书⑤:

> 诸曹建言,止及所司职掌,仍听其长择而进之,不得专达。
> (《明通鉴》六八,万历十四年三月癸卯)

这被称为"百官出位越职之禁"。就是要使言论的范围限定在其执掌之内,而且必须经过选择方可达上闻。也就是说,即使被迫容忍以言论为职务的言官进行政治批判,也不允许职务范围以外的一般官僚的政治批判。就以这次姜应麟等的批判来说,作为言官的姜应麟姑且不论,并非言官的李懋桧等的批判,明显是越其职权。这样的越权行为,不被允许。这是要封杀国本论——围绕着立太子问题的言论,

[175]

---

① 《明史》二三三,本传。《神宗实录》一七一,万历十四年二月癸酉。

② 《神宗实录》一七一,万历十四年二月甲戌。

③ 《明史》二二四,本传。《神宗实录》一七一,万历十四年二月甲申。

④ 《明史》二三四,本传。《神宗实录》一七二,万历十四年三月癸卯。

⑤ 《神宗实录》一七二,万历十四年三月癸卯。《神宗实录》未载该诏内容,此后只记"诸疏留中不下"。

在众人眼下，一目了然。考成法夭折了，这次却以这样的形式来封杀言论。

但是，有关国本的批判，不仅出自言官和言官以外的官僚，甚至还未具官僚身份的考生也在议论。如顾宪成的弟弟顾允成正好这年受殿试，在其对策中①，就提出了这个问题。他在对策中认为，皇太子为国本，请立太子的李懋桧等的发言是国辅，都是天下之公。郑贵妃即使得到神宗的宠爱，那也只能说是一己之私。现在以私掩公，以一己掩天下。作为天子，当以天下及其好为公好，以天下及其恶为公恶。不可以一己之私掩天下之公。他提出，君主权的继承问题，并非天子的私事，而是天下之公的机制性问题。允许神宗恣意而行，必然否定君主权的公的性质。阅其对策的王锡爵担心这会引起神宗的不快，不给神宗过目，将此对策落于第三甲的二一三位②。前面的申时行也好，这次的王锡爵也好，很明显，都是汲汲地想要迎合神宗之意。

顾允成这次虽说殿试合格，成了办事进士（即研修生），然而在第二年发生了当时以清官闻名的海瑞受部下御史弹劾的事件，和同年的办事进士一起，采取了拥护海瑞的行动。也就是和诸寿贤、彭遵古等一起上了《邪险宪臣扫灭公论疏》（《万历疏钞》十九），他在其中说到，拥护海瑞，自己的言论乃是"天下公论"，模仿古代，"击鼓上书"的太学生，我们这些办事进士才敢于采取上书这样的行动。

[176]

对此，神宗斥责道：

> 朝廷是非，原自明白，彭遵古等尚未授官，如何便出位言事？本内援引太学生击鼓上书是何事体，好生轻肆。（《万历邸钞》，万历十四年七月乙卯）

---

① 《小辨斋偶存》一《廷试制科》。
② 同上，《顾允成识语》："读卷官大理寺卿何源，见臣所对，念于众曰：此生之言何为，便堪锁榜矣。大学士王锡爵取阅之，稍易置三甲二百十三名。虽然，臣之心独自伤其不达于皇上也。假令达于皇上，虽复摈斥，臣所不憾，矧锁榜乎。"

剥夺了三人冠带,同时又要求各个衙门,勿使办事进士那样尚未仕官者以妄言批判时政,堂上官要严厉强化管理体制①。

朝廷和内阁想这样通过限制言官以外的言论,弱化政治批判,尤其是对于立太子问题的批判,但是,《万历疏钞》在卷十设《言路》项,强烈批判政府的这一政策。

比如,沈思孝的《遵祖制开言路以养士气疏》中这样说:顾允成等人之言,是千万人之公言。因"出位"进行政治批判而被剥夺冠带,其结果使人们恐惧权力、避开政治批判,就会使上下言论的通路"壅塞"。这对于国家来说,是极其重大的事态。根据《大明会典》:"凡利国利民之事,不拘百工技艺之人,皆许据实敷奏。"《大明律》中也规定:"百工技艺之人,有当言则至御前奏闻,其言可用,付当该衙门施行,如有阻止,鞫问明白,处斩罪。"(《礼律》,上书陈言)还有,太祖的《卧碑文》也明记:"一切有关军民利害者,无论当该有司,在野贤人,有志壮士,质朴农夫,以及商贾技艺,俱可发言,不得阻止。"也 [177] 就是说,虽有言官以言论为职责,但是,绝不禁止其他言论。因此,"民政利弊"、"时政得失",言官可言,一般官僚也可言。大臣可言,小臣也可言。天下无不可言之人,无不可言之事。此乃明朝本来的制度。在这样论说之后,对近一、二年政府的弹压言论,作了如下的批判:

> 夫何一二年间,今日以建言防人之口,明日以出位加人之罪,且移文各衙门,讥察禁阻。而进士观政者,复令堂官约束教训。夫约束奔竞等风可也,而反约束其谠言直谏。教训忠良等语可也,而反教训其箝口缄唇。此风一倡,其弊何极。谏官避祸希宠不言矣,而庶官又不当言。大臣持禄养交不言矣,而小臣又不许言。异日者,万一有权奸大孽机密重情,皇上将何自而闻之? 然则今所约束所教训,甚非社稷之利也。(《万历疏钞》十) [178]

① 《神宗实录》一七六,万历十四年七月乙卯。

他因批判政府,受到警告处分。沈思孝是嘉兴人,是以前批判张居正夺情而受惨酷之刑的五人之一①。

接着,在万历十五年,李懋桧又上《谏官失责阻塞言路疏》(《万历疏钞》十)。他在其中这样说:天下治乱,由言论通路的通塞而定。我明朝的制度,许"诸司百执事"直言,以广开言路,但考虑到仅此还不够,故设以言论为职责的言官,置六科给事中,之上再特设十三道御史。确实,许"诸司百执事"批判政治,但由于不是职务,所以不批判也不追究责任。另一方面,言官以言论为职务,如果不进言就是放弃职务。然而,尽管允许对任何问题都有批判的自由,还是有放弃职务不进行政治批判者。因此,给事中当特称言官、谏官,明确其言论的责任,且施行当班制(轮直),发行建白证明书(牌),以其对职务的忠实性行赏罚,以奖励政治批判。

他想这样来明确言官的特殊性任务,以履行其职责。然而,即使言官履行了职责,就全体官僚的数目来说,言官所占的数目并不多。而且言官也未必都能说是智者,看看过去为了张居正,赞同夺情的给事中陈三谟、御史曾士楚的情况便可明白②。在这样的情况下,还当开言官以外的言论,这也是本朝开国以来的方针。他也和沈思孝一样,引用了《大明律》、《大明会典》、《卧碑文》,说当遵守那样的方针。这个上疏,直接针对的是给事中邵庶主张禁止言官以外言论的上疏,也可以说是对前年他自己因立太子问题发言以来,言路遭到弹压的强烈抗议。李懋桧因这一上疏受到降级处分。虽说言官抗议这一处分,但未被容纳。

[179]

万历十五年又是京察之年。在京察中,由于和宦官张诚的关系问题,工部尚书何起鸣成了京察拾遗的对象。为了反对想要庇护他的内阁,御史高维崧等再次弹劾何起鸣,受到转配的处分。东林党的领导人顾宪成这时为吏部员外郎,在强烈反对这一处分的同时,主张

① 参照本书第一章。
② 参照本书第一章。

言官要纠正姿态，上了《恭陈当今第一切务以回人心疏》，在该疏中， [180]
他这样说：

> 臣窃见，今之时凡非科道官而建言者，世必诟之曰是出位、
> 曰是好名、又曰是为进取之捷径耳。不然则又曰……聊借以盖
> 丑而免考察也。……明兴二百余年矣，西汉之经术，东汉之节
> 义，唐之诗词，宋之理学，并彬彬称隆，而独言官之气稍不
> 振。……故相张居正用事，数年之内，言官有相率赞颂已耳，有
> 相率保留已耳，有相率祈祷已耳。……假令言官不为利诱，不为
> 威惕，无事不琐屑以取厌，有事不依违以取容，牵裾折槛，时不乏
> 人，他亦无由而奋其说矣。然则使人之得以出位而言者，台省之
> 为也。……假令其言是，怡然而受之。其言非，廓然而容
> 之。……如是人人能言也，何名可贾，何利可徼，而亦何丑可
> 盖。……然则使人之得以贾名，得以徼利，又得以免考察者，皆
> 庙堂之为也。(《万历疏钞》六)

正因为具有政治批判责任的言官不毅然进行政治批判，所以言官以
外的官僚才不得不"出位"发言；正因为朝廷没有谦虚地倾听政治批
判，没有即使有误也允许的宽容性，才造成了为名誉和自己的利益来
进行政治批判的情况。追究了朝廷和言官方面的责任。

此时，王德新的《乞广言路节权佞以定国是疏》也说： [181]

> 今则为起鸣而并罪十三道御史，事诚异矣。……迩年风霾
> 下诏求言，岂无有披悃献忠。陛下以出位责之，则小臣不敢言
> 矣。顷当计典，御史以言责当言，陛下以抗旨责之，则御史行且
> 不敢言矣。然则国家何事可言，何人可言！(《万历疏钞》六)

反对处分有言论责任的御史。顾宪成因此被贬职，王德新则在下诏
狱拷问后，被革职。

在这样的情况下,围绕着言官和一般官僚关系的议论纷然。其发端是贯穿整个万历时代、不时成为纷争火种的科举问题。万历十六年顺天乡试,合格的王锡爵之子王衡和申时行之婿李鸿等的成绩产生疑问,考官黄洪宪被弹劾。但是,左都御史吴时来等阻止这一弹劾,弹压言路。对内阁的批判高涨了。这时站在批判一侧的是吏科给事中史孟麟、吏部员外郎赵南星、吏部主事姜士昌等。赵南星、姜士昌是以前张居正生病、官僚们祈愿其病愈时,和顾宪成一起,对此加以拒绝的同志者①。

赵南星、姜士昌这时不是言官。因此内阁就鼓动吏科都给事中陈与郊,命其部下李开春弹劾不是言官的赵南星、姜士昌"出位"妄言。李开春的弹劾引用《孟子·公孙丑》中"官守"和"言责"之说,认为"官守"即执行职务和"言责"即言论责任明确区分,前者是指部寺以下之官,后者是指言官,据此,弹劾赵南星和姜士昌"出位"。而神宗把对政府不利的二人的上疏留中,只把李开春的弹劾文送到六科。

[182]　上疏留中不公开的话,就无法判断是非。因而史孟麟就上了《乞解党锢以杜诡谀疏》,指责这一点:

> 三、四年来,部寺建议,命曰出位。大者杖、小者谪矣,犹惧不足以束缚之也,于是有部堂约束司属之旨。而至今部寺言者如故。台谏忤时,命曰好名,显者杖谪,隐者外转矣,犹惧不足以阻挠之也,于是有未奉明旨不许发抄之令。而至今台谏言者如故。(《万历疏钞》六)

他指出,言官以外的官僚如进行政治批判,就以"出位"而受贬职、廷杖的处分,即使是言官,只要逆政府之意进行批判,也还是要受贬职、廷杖的处分。关于"出位"之例,在前面多已可见。言官因言论受廷

---

① 《明史》二四三,《赵南星传》:"张居正寝疾。朝士群祷。(赵)南星与顾宪成、姜士昌戒弗往。"

杖处分的,十六年末,给事中李沂(字景鲁,嘉鱼人)就是如此①。他指弹宦官张鲸专权②,受廷杖六十的处分。连首辅申时行想要阻止都阻止不了③,次辅王锡爵这时也上疏反对廷杖言官(《因事陈言疏》,《文肃王公奏草》一),认为以言论为职责的言官不应当因言论之故被贬职、被廷杖。《万历疏钞》中所载的上疏,都强烈地这样主张④。[183]还有,史孟麟上疏中所说的不许发抄之令,是指当送六科抄写的上疏被留中。在六科抄写,就有可能以邸报等形式流布,情报可公开。上疏在这样的意义上,可起到政治宣传的作用。但是有关批判政府的上疏,连其公开都被政府阻止。史孟麟指出这样做法不当。史孟麟,字际明,宜兴人。后在宜兴主持明道书院,与东林书院相呼应⑤,是东林学案中人。

赵南星也在给高从云的信中,对李开春等的主张作了如下的批判:

> 官守言责,盖言人臣之职有此二者,非分为二也。是时未有台谏,安得分别。然后代亦原无分别,但恐人不肯言。故设不得不言之者,非言官之外便不得言也。近年执政,内有不足,虑台谏之言,既已慎取而严防之。又恐出于所防之外,故禁诸司之言。乃台谏亦虑人之言及己也,故借官守言责之说以为口实。不知省中之巡视、台中之巡按,无亦侵人之官守乎? 若再加分别,则史科止宜言吏治,浙江道不得更言他省之事矣。(《味檗斋文集》三,《答从云书》)

[184]

---

① 《明史》二三四,本传:"沂拜官甫一月,上疏曰:……帝独手沂疏,震怒谓沂欲为冯保张居正报仇。立下诏狱严鞫。时行等乞宥,不从。谳上,诏廷杖六十,斥为民。御批至阁,时行等留御批,中使不可,持去。……时行等上疏,俱诣会极门候进止。帝言沂置贪吏不言,而独谓朕贪,谤讪君父,罪不可宥。竟杖之。"
② 李沂《恶党就擒元凶未殄吁赐重处疏》(《万历疏钞》二〇)。
③ 同本页注①。
④ 如管志道《乞稽祖制以恢圣治疏》(《万历疏钞》一)。
⑤ 参照本书第四章第170、171 页。

赵南星也明确地否定了想以官守、言责来限制言论的说法。

问题的发端是围绕着神宗对郑贵妃的宠爱和对其子常洵的安排引起的,而这时,神宗溺于酒色,以生病为理由,几乎放弃了政务。对此加以批判的,有雒于仁的《恭进四箴疏》。此上奏批判神宗颇为激烈。

他说,神宗所谓的病,就是饮酒、恋色、贪财、怒气四者。饮酒则胃溃疡,好色则精力衰,贪财则消耗精神,发怒办事则损肝也就是当然的了。然而神宗溺于酒,宠爱郑贵妃,热衷于获得金钱。言官李沂对此加以批判,忽遭廷杖,每日神宗都因怒而行私刑。如此病根不去,病决难愈。因而他上戒酒、戒色、戒财、戒气的四勿箴①。同时,他预计,这一上奏会引起"讪谤"(对神宗的个人攻击)、"干名"(出于名誉心)、"出位"(职务以外之事)等的非难,同时言及了言路问题。言路如果洞开的话,国家大事之际,言官意识到责任,必然要发言。如果沉默,其他人要追究其责任,所以不得不发言。但是,如果言路壅塞,他们也就可以安然沉默,言官以外的人也就无法发言,追究其责任了。谁会冒着自身的危险,去议论天下国家呢? 言官就稍述己见敷衍当前,天下也就都回避言论了。在这里,他明确地表明了自己的立场:具有言论责任的言官有特殊任务,为了该任务得以遂行必须开放一般言论。开放广义的言路,是保障狭义言路的言论,并使之活跃所必需的。可以说,明确地把握了两者的相互关系。

[185]

上此疏的雒于仁当时是大理寺评事而不是言官。加上批判神宗甚为痛切。被激怒了的神宗,在第二年(万历十八年)正月,想要重罪处罚雒于仁,问申时行的看法。申时行一边安慰神宗,说:此题本如内阁票拟,反使题本公开。如或有之,使四方喧传。不如一如从前,将题本留中,决不可送六科。雒于仁以此责,可令辞官②。

本来对雒于仁的批判当采取教导神宗态度的首辅,却公然无视

---

① 顾允成《酒色财气四吟》(《小辨斋偶存》八)明显地表示了对此支持的立场。
② 《神宗实录》二一九,万历十八年正月甲辰。

题本,劝神宗留中。其结果,正如夏燮所述,以后上疏留中,遂成故事①。上奏是进言之路。同时,不论君主肯定也罢,否定也罢,由于要送六科公开,所以有其公共性,如果说可以起到一种政治宣传的作用的话,那么,在这样的意义上的言路,由于申时行的措施,也被堵塞了。

(三) 监察权的独立性

尽管如上所述,对言路严厉弹压,还是有以办事进士的身份批判 [186] 时政的人,那就是顾允成的朋友薛敷教。

薛敷教②,字以身,武进人。祖父薛应旂,是顾宪成兄弟学问上之师。他和顾宪成等是如兄弟的亲友③。万历十七年进士,是赵南星的门生,同年有高攀龙。不用说,是东林学案中人,如黄宗羲所评:"甲辰(万历三十二年)顾泾阳修复书院,聚徒讲学,先生实左右之。"④也是东林书院的中心人物。

他进士合格的那一年,南京都察院的御史王藩臣弹劾巡抚周继,但是未向上司南京都御史耿定向报告,成为问题,被左都御史吴时来弹劾受了处分。薛敷教认为吴时来明显是"为执政钳天下之口",弹压言论,上了《大臣公肆党欺疏》(《万历疏钞》十九),对此进行批判。他说:掌院(都察院)乃为天子所设,决非为内阁所设。言官也是如此,尤其言官,即使没有确实的证据也准许上奏。决不准阻止上奏。因此,王藩臣的弹劾就是有误,作为上司的耿定向也不当阻止。如果弹劾之际都要逐一向上司报告并取得谅解的话,就会因招致各种不满感到危及自身而造成中止弹劾的情况。王藩臣不向上司报告是正确的。他把这个问题视为对言官独立性的侵害,根本反对向上司报

---

① 《明通鉴》六九,万历十八年正月甲辰。
② 《明史》二三一,本传。关于以下的问题参照《万历邸钞》万历十七年七月条。
③ 高攀龙《薛敷教墓志铭》(《高子遗书》一一):"(薛敷教)每从方山(薛应旂)先生阅邸报,有不平,目眦欲裂。……会顾叔时(顾宪成)、季时(顾允成)两先生问业,先生呼以身,谓此东南珍物,若与缔兄交。"
④ 黄宗羲《明儒学案》六〇,《东林学案》三,薛敷教。

告的义务。

对此,左副都御史詹仰庇认为,言官以外者,连薛敷教那样的办事进士都批判政治的话,就会造成"小臣得以制大臣之命,下士得以操权"的情况,官僚的上下等级就会崩溃。对这样的"邪说横议",加以弹压,乃是当然的。受此意见,神宗以"新进小臣""轻率妄言"之罪,命薛敷教归乡两年①。归乡的薛敷教和正因丁忧归乡的高攀龙成了亲密之交②。

对此,耿定向在请病假休职的《乞骸疏》(《耿天台先生文集》一)中,表明了自己的态度。据耿定向说,过去他在北京都察院任职时,弹劾时一般都把弹劾文向长官报告。按旧的规定,三日后必须报告。但是,从他到任以来,报告渐渐延迟,七、八日乃至十多日才报告,到了王藩臣,一个月以上了还不报告,这是无视长官。确实,御史作为言官,有弹劾的自由,都御史是其上司。都御史也是言官,也有弹劾的自由。御史不按规定报告时,都御史没有理由沉默。行使对于御史的监督权是正当的。御史进行弹劾时,北京在当天,南京在三日之内,应当向长官提交副本。主张强化对御史的管理体制。

这样,如果按照太祖以来的规定,完全地强调御史要对都御史报告的义务的话,御史的政治批判当然受到限制,其锋芒不得不收敛。那就要侵犯监察御史的独立性,束缚言论的自由。《万历疏钞》中所收录的上疏,多数是冲着这一点而来。

王麟趾的《乞斥邪臣以清政疏》(《万历疏钞》十九)这样反驳:王藩臣受批判是因为报告(投揭)迟了,尽管这样的报告义务《大明会典》中并没有明载,却被要求。在北京都察院,弹劾文即日便上闻其间不可能进行阻止工作,但在南京,派遣人要半个月才达上闻,其间很容易进行阻止。结果就是没有直言(政治批判)了。为了避免这样的情况,不报告是和迟送是很普通的,并非始于王藩臣。

---

① 《万历邸钞》万历十七年詹仰庇题。

② 参照第 129 页注③高攀龙《薛敷教墓志铭》:"是年余以忧归,以身(薛敷教)以言事归。两家相距不五十里,旬日不见辄相念。"

还有,许弘纲的《纠劾老悖大臣以开言路疏》(《万历疏钞》十)这样反驳:都御史确实有监督御史的责任,当然,御史也有基于政治批判纠正政治的责任。"风闻言事"是御史职责,不可阻止。御史的政治批判即使不当,也由朝廷下结论。人才的去留,由吏部判断。其正确与否,自有舆论(公评)判断,如取缔言论则不当。都御史和御史的关系,乃"有统无属",决非隶属。在这样主张以后,以过去监察御史薛瑄,虽被大学士怂恿去会见,但加拒绝,此后,内阁大学士在朝廷上远远地望见他的样子才开始认识他这一故事,赞扬这才是御史当有的姿态。十三道御史对于内阁大学士,不用说,就是对于直接的上司都御史,都必须毅然地保持这种独立性。关于这一点,王孟煦的《明执掌以开言路疏》(《万历疏钞》十)也认为:都御史虽说提督十三道御史,但是,这与部堂和郎署(也就是部尚书和侍郎)、郎中那样的上下级关系根本不同的。 [189]

和薛敷教交情很深的顾允成,把这其间的想法,在《客问》中,用和客人对话的方式写了下来。那是送给耿定向的,顾允成是站在耿定向的立场上,采用听客人意见的形式,客人的话,似可看作就是他自己的话吧。在其中,客人说:

> 昔我太祖高皇帝,虽寄言责于科道,初不以言名官。如古谏议拾遗之类,仍许诸人直言无隐,无得阻当,无非所以防壅蔽之渐也。故六部各官,咸书其部,势若相属,尚不令属官言事呈禀堂官。顷岁创为此禁,已浸失高皇无得阻当初制。矧御史分书其道,原不属于都察院,此又高皇专责言官之指,尤不可以呈禀为例也。正德间,阉瑾作威,矫谕都察院左都御史刘宇,御史凡有章奏,必先呈禀,仍令南京都察院一体遵行。罪恶滔天,不容于死。

在一般官僚的场合,比如吏部的官员,必须署名为吏部某某。这虽说 [190]
可视为表示作为吏部的官员在其堂官的管理之下,但上言,也没有对堂官逐一报告的义务。而在御史的场合,决不署都察院之名,只写某某道监察御史,所以对于上司的独立性很明确,这是要确保政治批判的自由。御史对于上司的报告义务,是刘瑾时期以来实行的恶习惯。他对此表示反对。

这样,以办事进士身份"出位妄奏"的薛敷教的主张,促使了有关都御史和十三道御史之间关系议论的深入。其中,反对内阁的人们,主张十三道御史的独立性,要使其监督机能对内阁有效地起作用。还有,这时,成为他们攻击对象的耿定向,虽说一段时期是李卓吾的保护者,但后来和李卓吾对立,是泰州学派的人物。张居正时,他主张非常人物夺情也可允许,支持张居正①,在这时,还是站在内阁一边,主张强化对御史的管理体制。这也是应注意的。

(四) 对申时行批判的展开

万历十八年,皇长子常洛已经九岁了。首辅申时行等请求快行立太子之礼。但神宗却以皇长子的虚弱为理由总不答应。"他是为了想立皇三子常洵为太子"这样的疑惑越发强烈,请立太子的上疏不断。在这样的情况下,神宗在十月下了谕旨:

[191]　　　　至于册立之事,朕以诚实待天下。岂有溺爱偏执之意。待稍过十岁,朕自有旨。册立出阁一并举行,不必烦言催渎。(《神宗实录》二二八,万历十八年十月甲午)

又在同月丙午,派遣文书官到内阁,口头传达:"册立之事,到明年春夏,科道官等不烦言,明年冬出谕旨,如果再烦言,则到十五岁延期册立。"说到十五岁,那更是数年以后的事。他想通过这样的呵斥再次封住言官之口。虽说约定了册立的时间,也是口头上的,什么证据也没留下。感到不安的大学士王家屏为了在书面上留下该谕旨,作成

---

① 《明儒学案》三五,耿定向。

了御札的原案仰承裁可。但神宗却以"札子没有必要,口头即可",不予批准。而且这次再延期,"二十年春行立太子礼,如再有烦言,就延期到皇长子十五岁"。再次严厉禁止言及立太子问题①。

这口头的谕旨,就神宗而言,只是想传达给作为"股肱大臣"的内阁"先生"的,或许是由于王家屏的意思吧,内阁将此传达给了六部和六科。这样,虽说是口头,却成了就像正式地约定了立太子礼的时期的形态,神宗颇为不满。

次年(十九年)闰三月,发生了星变。有星变等天变地异的情况,在纠正政治的意义上,一般是要发出希望政治批判的求言诏的。但是,担心围绕着立太子展开活跃议论的神宗,却先下手,以星变为理由,命令对言官夺俸一年。闰三月己卯的上谕如下:[192]

> 迩来风尚贿嘱,事尚趋赴。内之效外,外之借内,甚无公直,好生欺蔽。且前者天垂星变,群奸不道,汝等职司言责,何无一喙之忠,以免瘝旷之罪。汝等市恩取誉,辄屡借风闻之语,讪上要直。至于鬻货欺君,嗜利不轨,汝等何独无言?且尔等岂不闻,宫府中事皆一体之语乎?何每以搜扬君恶,沽名速迁为也。尔等食何之爵,受何之禄,至于长奸酿乱,而傍观避祸,无斥奸去逆之忠,职任何在?本部该拿问重治,姑且从轻,各罚俸一年。(《神宗实录》二三四,万历十九年闰三月己卯)

以天有星变为由,发出对政治的警告,就是因为政治有问题,而对于为了自己的名誉想要纠弹君主之辈也不弹劾,这是放弃言论的言官之责。反过来追究言官之罪,一律处以夺俸的处分这是没有前例之事,以星变为借口想要再次钳制在立太子问题上言官批判的意图很明确。著名的剧作家汤显祖,对这样弹压言官提出了抗议。

汤显祖,字义仍,江西临川人,万历十一年进士。他当时任南京

---

① 《神宗实录》二二八,万历十八年十月丙申。

太常寺博士之职,上了《辅臣欺蔽如故科臣贿媚方新疏》(《万历疏钞》四),反对这一措施。他指出,下这样的上谕,是因为担心言官以星变为理由追究神宗的责任。确实,也许有如神宗所说的,放弃言论职责的言官,但并非所有言官都如此。揭发关于科举不正的不是御史丁此吕吗?然而申时行担心儿子的不正行为被非难,命吏部尚书将其贬职。围绕着对外政策纠弹申时行污职的不是御史万国钦①吗?但是,申时行连辩明都不可,示唆大学士许国把他降职。这两个言官被贬职,其他的言官不再公开非难申时行。即使如此,如有告发他和他下属的话,还要随时用发配到地方的方法来规制言论。以前也有这样上言要规制言论的史科给事中杨文举,被派遣去救恤灾害,却收取贿赂,他所到之处,就成"鸡犬一空"之状。现还有一个礼科给事中胡汝宁,除了反过来陷害批判内阁大学士的饶伸以外,别无他能,是个在旱灾禁止杀生时,禁止捕蛙,被加上"蛤蟆给事"浑名的无能之辈。正是这些上谕中所说的"风尚贿嘱者"、"事尚趋赴者",不是为了神宗,专为扩大申时行的势力,排除反对派,行使言官的弹劾权。不是一般的言官,应当排除的是和内阁勾结的这些人。如果不如此,申时行的"欺蔽故习"决无法除去。

> 皇上经营天下,二十年于兹。前十年之政,张居正刚而有欲,以群私人,嚣然坏之。后十年之政,(申)时行柔而有欲,又以群私人,靡然坏之。(《万历疏钞》四)

汤显祖就这样,论说了正是申时行,或和申时行勾结的一部分言官的问题,强烈地抗议对一般言官夺俸。对此,神宗说"如此浮言,不要介意,卿等安心供职",慰留申时行等,而把汤显祖贬到广东徐闻县为典史。据说,著名的《还魂记》(即《牡丹亭》),就是在徐闻写成的。

这一年八月,工部主事张有德上奏作成立太子礼的仪注《大礼届

① 参照本书第二章。

期祈宣示以昭大信疏》(《万历疏钞》三)。根据以前的上谕,立太子将在次年(二十年)举行,作为工部主事的他这样要求,从操办实际事务上看,是当然的事。决非"出位越职"。然而神宗责其为"烦言催渎",处分张有德的同时,如前所约,要把立太子礼延期一年。这样引起了众多的非难,内阁也反对,因而发生了怀疑首辅申时行是否确实想要推进立太子礼早期举行的事件。内阁反对立太子礼延期时,申时行正生病在休假中,尽管在反对的上奏上也署了名,但同时又利用内阁大学士的权利,上了密揭,说那上奏自己没有关连,进言神宗没有必要被张有德的上奏左右。

作为当推进立太子礼的首辅的暗中勾当,颇为不名誉的这一密揭,《神宗实录》、《申文定公集》中都未见。而传其内容的,是当时内阁的中书黄正宾。他在《皇储册立尚虚辅臣奸计可据疏》(《万历疏钞》十八)中揭露,内阁大学士通过正式途径的奏本以外,特被允许密揭,那是因为大学士关系国家机密之故。而申时行的密揭和奏本有着完全矛盾的内容,黄正宾一一加以反驳。

对于申时行的这一密揭,神宗给予这样的谕旨:

> 卿之所奏,朕已悉知。建储之事已有旨。卿安心调理,即出赞襄,以解朕望思至意。[1]　[195]

在立太子这事上,申时行和神宗是完全相通的。

但是,或是由于黄正宾的决定吧,本为不当送六科的这个密揭被送往六科,一下子将要公开了。着了慌的申时行和礼科都给事中胡汝宁,也就是前面汤显祖指为"蛤蟆给事"的那个人商量后,派人取回了该密揭。与之交接的是偶尔一个人在礼科的礼科给事中罗大竑,他在《险臣私揭欺君蓄心叵测疏》中,在对被迫不得不取回密揭的自己进行自我批判的同时,对其间的情况,作了这样的辩白:

---

[1]　罗大竑《险臣私揭欺君蓄心叵测疏》(《万历疏钞》一八)。

> 未几,科吏白(申)时行遣人取回原揭。臣甚惊骇,执留未
> 许。及吏言时行欲睹御札,即时赍还。臣受事不久,未谙故事,
> 狐疑许之,终不自安。……时行身虽在告,而殿阁之籍未除也。
> 凡翰林改除之奏,时行职名俨然首列,彼固未尝以为弗是也。何
> 独建储一牍,深避如此。(《万历疏钞》十八)

突出了申时行在病休中,其他的上奏署名,他都一点反论也没有,只
对立太子礼的上奏,特地申明自己没有参与。密揭的暴露,使申时行
陷于困境。

[196]

这位黄正宾①是歙人,耻于通过捐纳得中书舍人之职被清议。由
于暴露了这密揭,引得神宗不快,以"卑官擅言国事"为理由,受了
"打着究问"的处分。后来在东林党组织化上起重要作用。那个罗大
弘,和邹元标同为吉水人,从徐用检学阳明学,曾与邹元标共同讲学。
看了他的上奏,神宗大为愤怒,将其贬斥到边地杂职②,想要救他的给
事中锺羽正③等,也受到了夺俸等的处分。次年九月申时行也离
任了。

(五) 国是和众论

在申时行离任稍前,次辅许国因和神宗对立而去任,王锡爵也以
母病为理由请假归省。留在内阁的阁臣只有一个人,那就是对册立
皇太子很积极的王家屏(字忠伯,山阴人)。因而申时行推荐赵志皋
(字汝迈,兰溪人)、张位(字明成,新建人)。这推荐是所谓的密荐,
无视了当时大学士选任方法的廷推。连吏部尚书陆光祖也不知道这
一推荐,陆光祖对此提出了严重的抗议:

[197]

> 本月十五日申时,伏蒙皇上召。臣光祖与志皋至会极门,传

---

① 《明史》二三三,本传。
② 《明儒学案》二三,《江右学案》八。《明史》二三三,罗大纮传。
③ 锺羽正《乞宥言官安辅臣疏》(《万历疏钞》一五)。

奉敕谕。初未知为何事,恭捧到于朝房,然后知为升赵志皋礼部尚书、张位吏部左侍郎,俱入阁办事。始,臣等微闻申时行等密荐二臣,今乃果然。……但事关职掌,有不容不言者。夫爵人于朝,与众共之(《礼记·王制》①庆按:此为原作所加的注)。祖宗定制,凡大臣员缺,吏部与九卿会推,请旨简用。至推吏、兵二部尚书,各边总督及内阁大臣,则九卿之外,复益以六科十三道,盖其任愈重则举愈当公询,谋佥同,方敢推用,实所以广忠集众而杜偏听之奸,绝阿私之患也。(孙承泽《春明梦余录》二三,《阁臣宜推》)

在明初,内阁大学士一般由皇帝个人简拔,也就是特简。因为内阁是皇帝私人的顾问机关,此乃理所当然的选任方法。但是,随着内阁作为事实上的总理府而带有公的机能,选任的方法也就变得多用廷推了。如陆光祖所说,廷推是由九卿,或九卿、科道官的合议来推荐。这就是"与众共推"之意,也就是根据合议的原则,以期人事的公正开明。在选内阁之际,特别要科道官参与,是鉴于人事的重大性,要监察人事之故。然而,申时行未采用这样的手续。

孙承泽在引用了陆光祖的上疏以后,这样评论:

按爵人于朝,所以示公也。自传奉行而官品乱矣。当时,阁员缺,公议起王山阴(家屏),阁中恐妨己,遂行揭荐。兰溪(赵志皋)不足言,而矿税之祸实自新建(张位)开之,则平湖(陆光祖)一疏,岂可少乎?

[198]

赵志皋为首辅时,年七十余,已经年高,由张位主政。矿税之祸就始于赵志皋、张位内阁时代,因此孙承泽认为责任的一部分,应由用密荐法使他们入阁的申时行来负,并认为批判这样做的陆光祖是正

---

① 但《礼记·王制》原文为"爵人于朝与士共之"。另有"与众共财",殆混同了二文。

确的。

关于内阁和六部的关系,在此以前便成为问题,陆光祖是一贯努力强化部寺,特别是吏部相当于内阁地位的人物。在张居正时代,他是南京太仆寺卿。当时,内阁没有政事堂,如果有和内阁协议的问题,一般就在朝房站着说话完事,但是这样,内阁和部寺不能充分地疏通意见。他指出,为了"详议""公事",要坐着议论,是那个独裁者张居正开了先例①。此后,他和张居正之间产生龃龉,一时落泊,在张居正殁后复出,十九年升为吏部尚书,不断努力强化吏部对内阁的权力。

比如,吏部尚书作为掌管人事的长官,其地位比其他五部高,在道上遇见内阁大学士一般也不让道。随着内阁的强化,这样的惯例没有了,但陆光祖使此惯例复活②。还有,张居正以来,六部臣僚谒见内阁大学士时,就像对天子和严父那样行拱礼③,但是,他确立了六部与内阁的对等性。

尽管陆光祖抗议,赵志皋、张位入了阁。推进立太子的大学士王家屏辞职,一段时期内,他们主掌了内阁。但在那个内阁之下,内阁和六部尤其和吏部的关系很成问题。围绕着国是的议论便是如此。

[199]

其发端,是因丰臣秀吉的侵朝而被任命为备倭经略的宋应昌,受到御史郭实的弹劾,列举了"七不可"。很遗憾,其内容已不可知④。结果是郭实被说成"阻扰国是",下达了贬斥郭实的上谕。

---

① 《万历野获编》九《宰相朝房体制》:"本朝既不设宰相,亦无政事堂。凡为阁臣者,但以朝房为通谒之所,然署名翰林院,初非曹省公署也。向来庶僚见朝房者,有所请质,大半多立谈。至吾乡陆庄简光祖为卿寺时,江陵公当国,气盖群公,与客立谈,不数言即遣行。陆至揖罢便进曰,今日有公事当详议,须一席侍坐,方可尽其愚,不然且告退,从此不复敢望清光。张慑其气,姑命坐接对。自此循以为例,即庶僚亦得隅坐矣。"

② 同上,《冢宰避内阁》:"自来六卿皆避内阁,惟太宰则否。自分宜(严嵩)势张,冢宰亦引避,遂为故事。陆平湖始改正之。然予嘱舆夫,宛转迂道,不使与内阁相值。以故终其任,阁部无争礼之嫌。"

③ 同上,《阁部重轻》:"相权之重,本朝罕俪。部臣拱手受成,比于威君严父,又有加焉。……陆平湖故与揆地相知,时王太仓继当国,卧籍未至,尤陆倾心膂石交。而暂摄政府者为王山阴(家屏),与陆倾盖相善,铨政几还旧观。"

④ 《万历邸钞》,万历二十年九月。

对此，赵志皋举了最近国是的五个困难，其中之一是"人心不测，议论横生，摇惑其言，倒置国是"，并这样说：

> 今天下之治与乱，不在于他而在于人心之险躁浮薄，敢于议论而无忌惮。又有一等倾危之士，弄雌黄之口，乱是非之真，鼓唇摇舌而莫测其端，捕影捉风而莫知其自。以致一人倡之，众人从而和之。无者捏而为有，假者摸而为真。沿习成风，恬不为怪，而是非淆矣。甚者媢嫉一生，谗谤交至。以僚属而害堂官，以偏裨而戕主帅，阳肆挤排，巧为陷阱，而国是皆倒置矣。（《万历邸钞》万历二十年九月）

很显然，这涉及围绕着国本问题、国防问题引起的数年来对政府批判。只要有下级官僚批判政府、下级武官批判指挥官这样下克上的风潮，就难以"确立国是"、"安定国家"。这是赵志皋的看法。 ［200］

那么，怎样来确立国是呢？次辅张位从与"众论"即舆论的关系上，论说了究竟何为国是。他认为，国是虽说是任何人见了都没有反论余地的，但也未必只是那样。

> 所谓国是者，是而是焉，可无辨也。有是而似非，有非而似是也。有始是而卒非，有始非而终是也。众以为是，而莫知其非。众以为非，而莫知其是也。一事之中而有是有非，一人之中而有非有是也。（《万历邸钞》万历二十年十月，张位陈言国是）

像这里说的是非，有着看上去是"是"而并非"是"，看上去是"非"而并非"非"的情况，难以简单地确定。所以，舆论认为"是"而实际是"非"，认为是"非"而实际为"是"的情况是时而发生的。"众"的舆论等毕竟不足以作为根据。关于确立"国是"的方法，他这样具体提议：

[201]

凡遇军国大事,俱听会议。该部预将事体曲折,略具可否之端,传送九卿科道衙门。各据所见,明注职名于下。或注该部议是,或斟酌数语,俱付该部类奏,请自上裁。至如会推大臣,关系甚重,更宜仿此,以谐众论而杜专擅。若裁决既定后,有妄为异同者,宜一切勿听。如此,则忠益毕集,谋断兼资。庶任事者有专一之趋,无却顾之虑矣。(同上)

也就是说,有关国家的重大政治问题,分别由各个管辖部寺从专门的角度发表意见,但不作最终的决定。如果有不同意见,则并记送达天子。廷推(推荐大臣)时也是如此,只是并记推荐的人物。采用哪种意见,选用哪个人物,是天子的自由。行政上最终的决定权在天子,国是当由天子确定。这是张位的看法。想用天子之名,把六部的决定权收回到内阁的意图很明确。他进一步主张,作为保障这样体制的措施,"纪纲"是必要的:

[202]

臣所谓纪纲者,威而削焉,非所以为威也。以防其微,以杜其渐者也。虽自下而越之,实自上而启之也。试举近事言之。朝堂而卫官聚哄焉,虽姑息以安众,乃交戟之地亵矣。辕门而镇卒鼓噪焉,虽更易以安边,乃受钺之威损矣。抚按不法,乃邑令得而劾之,则弹压之度有弗肃矣。开府败德,乃郡佐得而按之,则镇抚之体有弗严矣。将领失驭,乃军士得而戕之,则统率之体有弗行矣。尤可叹者,内而正卿,当提纲挈领以率其属者也,自避恩怨,动辄委之司官,轻重低昂,任其所为。以致司属毛举,反执堂官之短长,则何取于率属为也。外而司道,当秉宪贞度,以倡其下者也。自损等威而媚结郡县,贪残匿而不报,以致下僚纵恣,反挟持上官之得失,则何取于监临为也。斯二者,实系当时之通弊,下陵上替,渐不可长者也。(同上)

即使确立了国是,像现在那样,在朝廷"司令官"哄起,在军阵兵卒反乱,知府弹劾巡抚,同知弹劾知府,下克上的环境中,立于高位的官僚权威丧失,要实行基于国是的政治是不可能的。通过肃正纪纲,强化由上而下的管理体制,上意容易下达,必定可形成政治的安定。　[203]

对此,稍后顾宪成在《辅臣党诬同事乞戒饬以杜奸萌疏》中,对张位过去批判张居正夺情而遭贬斥的经历加以评价的同时,对于他有关国是和纪纲的议论作了这样的论断:

> 其所谓定国是者,不过欲尽锢天下之公。所谓振纪纲者,不过欲恣行一己之私而已。(《万历疏钞》六)

刑科左给事中史孟麟也上了《专职掌广言路以防阻塞以杜专擅疏》,作了如下的反驳:

> 又辅臣建议,欲各部会议会推,着九卿科道掌印官类奏以杜专擅。信斯言也,必官府皆正人,盈庭皆君子而后可。不然,其　[204]
> 收揽威权之地乎。在辅臣或以一时意见之误,而势之所趋,有不至收揽阻塞不止者。臣请为皇上终言之。我太祖罢中书省而设六部以分庶务,恐其专也。而官各有职,职各有掌,不相侵夺,不相干越,则又惟恐其不专。盖以一事而任一官,则专非为害。即以一官而败一事,亦罪有所归。斯祖宗分职之意也。今一则曰各衙门各书所见,一则曰类奏以听上裁。则始以一部之权分而散之于诸司,究也以诸司之权合而收之于禁密。道旁筑舍,三年不成。即有误者,谁执其咎? 听自上裁,旨由阁票。或有私意奸其间者,内托上意,外诿廷言,又谁执其咎?(《万历疏钞》十)

史孟麟认为,以廷议之名并记不同意见,不作最终决定,一并上奏(类奏),对于六部行政,就会产生内阁在票拟时采用合于自己口味的意见,用天子之名公布的情况。其结果,是六部的行政责任不明确,必然造成六部的决定被无视,权力向内阁集中的状况。过去仁宗时,大学士夏原吉每当票拟，一般只写"某部知道"，人或问，为何不作成旨的原案那样的票拟。答曰："予夺之柄，臣下不敢专之所。故付之六部，定其可否而后上裁，则事有分所，权不下移。"这才是内阁、六部和天子当有之关系。对于具体性问题，决定权在六部，其次内阁取之，天子不过可否之而已。他不仅主张要把决定权大幅度地委交六部，阻止内阁集中权力，甚至还要限制君主权。天子必须以六部的决定

[205]　为优先。

进一步明确这样的立场的同时，明确国是和众论关系的，是赵南星的《复新建张相公定国是正纪纲疏》。他这样说：

> 臣等窃惟，国之有是，众所共以为是者也。众论未必皆是，而是不出于众论之外。夫论至于众，则必有合吾意者，亦必有不合吾意者。合有二，有迎合，有暗合。要之天下自有真是，不在乎合吾意与否也。若非至虚至明，徒就众论之中，取其合吾意者而决行之，以为定国是于是，众哗而不服，朝更夕改，从此生矣。（《味檗斋文集》一）

赵南星的意见很明确。国是只有在众论中才能确立。离开了众论，别无国是。这和前面张位说的"有众以为是，而莫不知其非，众以为非，而莫知其是"完全对立。众论和自己的想法一致与否，完全不在论内。他在这同一上奏中，虽然说"国是者，皇上之国是也，惟皇上能

[206]　定之"，但是认为，在这样场合的皇上，只是对在"天下""众论"中所具有"真是"加上权威。即使是天子，也不可在众论中选择"合吾意"者。

具体而言，他主张当这样决定政策：

> 辅臣欲以后凡遇军国大事，俱听九卿科道会议，各书所见，该部院类奏，取自上裁。则诚定国是之术也。然事应会议者自不常有，至于会推，则时时行之。大臣才品久定，公论素明，当会

推时,九卿科道务要直言可否,即不必众拟类奏,而爵人于朝之
意得矣。(同上)

和史孟麟一样,基本上主张要在六部作决定。九卿科道会议,也
不对六部的决定进行变更。即使军国大事有待天子最终决定,有会
议必要的也很少。还有,重要的人事进行会推,在会推时,要根据公
论,当场决定可否,推荐的人物由吏部集中,而不是就那样地上奏。
这是为了尊重会议的意见,且保证其公开性。

对于张位说的纪纲,在同意要"重纠察之令"的同时,又指出,毕
竟要依则"道德",如果只是靠地位高的名分,无视地位低下者的意 [207]
见,反而会助长混乱:

内而部院科道,外而抚按,互相觉察。堂官严防属官,司道
各严防守令官。若有不公不法,通同故纵,以致属下举首,百姓
告发,俱当连坐。则诚振纪纲之术也。然所谓不公不法,亦须显
迹久著,坚不纠劾者,方许属下举首。(同上)

这样的纪纲,意味着强化官僚间的相互监察,但是在相互监察不能有
效进行时,也不能否定会有属官或百姓告发的情况。而且,当注意的
是,虽说附加了有确实的根据,不加纠劾这样的条件,却是认可属官
告发上司。在接受其告发时,要让不相互监察者也连坐。应当说,是
要发动天子的权力、强行不言可否的政策,还是在众论中求国是的根
据,认可根据众论的告发? 围绕着国是和纪纲,两方的对立点是非常
明确的。

如上所述,东林派方面想要缩小朝廷、内阁的权限,重视六部的
决定权,那么在这样的构造中,言官当占有怎样的位置呢? 让我们看
看张纳陛的《邪官巧迎当路阴中受事铨臣疏》,他这样说: [208]

国之大权有三:曰内阁、曰铨曹、曰台谏。内阁者,无专任

> 有独权,预制是非予夺,而与天下公者也。铨臣者,采天下是非
> 以予夺天下者也。台谏者,持天下公是公非而赞予夺于铨曹者
> 也。(《万历疏钞》六)

虽说这是关于人事的情况,如果把"铨曹(吏部)"改换成六部的话,
也可以说就是政策决定的一般情况了吧。即内阁反映天下之公,预
先作成天子之旨的原案;六部基于天下是非,进行政策决定;台谏根
据天下的公是公非,通过监察六部的政策决定,辅佐六部。作为这样
的机构,内阁、六部、台谏是掌握国家大权的最高部门。在这里,没有
包括朝廷,因为朝廷只不过是认可这些而已。张纳陛的议论中缺少
的朝廷,如果根据吏科给事中逯中立《正人多斥乞顺舆情以公用舍
疏》的补充,则如下:

[209]
> 臣惟朝廷有用舍之权,而天下有是非之公。用舍合于公,则
> 人服而议论自息。用舍不合于公,则人不服而议论日滋。故曰
> 王道本乎人情。自古未有上下异指,大小臣异心,邪正倒置,众
> 论沸腾而可以言治者。(《万历疏钞》六)

这里说的也只是人事权,但是这也可以扩大到一般的政策的决定。

这一种情况下的朝廷,按照前面张纳陛说的内阁、六部、铨曹三
者的关系,可以认为,统辖这些,批准其决定的那就是朝廷。而这样,
朝廷决定权的根据就在于"天下""是非之公"。决定当根据天下的
舆论来作出,朝廷只是代天下来执行之而已。

张纳陛的上疏,是支持这一年京察的赵南星的立场。逯中立的
上疏则是抗议高攀龙、安希范的被贬斥。张纳陛(字以登)①和史孟
麟同为宜兴人。其学宗王学左派王龙溪,也参加东林书院,和史孟

---

① 《明史》二三一,本传:"东林书院之会,纳陛与焉。又与同邑史孟麟、吴正志为丽泽大
　会,东南人士争赴之。"

麟、吴正志一起主持丽泽大会。他死时，顾宪成为他写墓志铭，曰"天何夺吾党之亟也"，悼念他的死去①。是和东林有非常深关系的人物。

像这样，台谏作为"持天下之公是公非"，监察六部决定的部门，立于极为重要的位置。他们要求与之相符合的待遇。监察六部的六科，尤其对其中主管文武人事的吏科和兵科，锺羽正在《条举科中事宜以明职守疏》中这样说：

> 而臣又闻衙门先进曰，吏科失职掌者二。其一，堂上官赴科画本，此累朝旧例也。各科能守之，即各部亦不以为屈。而吏科独废，岂以吏部尊而不宜来乎。然此朝廷之公事，非给事中所得专，亦非给事中所得免也。宜复其旧可也。其一，大选事完，科臣与部堂比肩而受赐，此自来旧礼也。兵科能守之，兵部亦不以为亢。而吏科独下坐，人以为自陈三谟始。然此朝廷之公礼，非给事中所得改，亦非给事中所得让也。宜复其旧可也。（《万历疏钞》十一）

[210]

吏部也应当和其他五部一样，自己前往吏科画本；大选赐宴，吏科和吏部并列而座，当如兵部和兵科的关系那样。这可以说是强化吏科对吏部的监察权在制度中的反映。但是，当时的吏部尚书陆光祖完全不同意。他在《复锺给事条举科中事宜疏》（《陆庄简遗稿》三）中说，这样的制度，绝非始于阿谀张居正的陈三谟，不当改回到原来的形式②。《万历疏钞》未收陆光祖的上疏，而对于锺羽正，除此之外，还收了论言路的三篇上疏，这无非是由于他们不仅主张吏部要比内阁有优先的决定权，还主张更强力地行使科对吏部，以及六科对六部的监察权之故。

————————————

① 顾宪成《张纳陛墓志铭》（《泾皋藏稿》一七）。
② "其大选赐酒饭，宴房坐次，距臣为郎时，几三十年矣。臣彼时即见，本部堂上官正坐，科臣前席金坐，由来已久，不始于陈三谟。"

（六）"朝廷公党"

万历二十年,东方有丰臣秀吉的侵略朝鲜,西北有宁夏的哱拜之乱,围绕着对外政策,展开了激烈的论争。关于围绕侵略朝鲜的政争,已如第二章所论。

在国内,万历约定的皇太子册立又推延到次年,围绕着国本问题,政界依然纠纷不断。稍前的二十年一月,吏科给事中李献可和六科诸臣一起,进言对皇长子进行预备教育①,受到降级、夺俸半年的处分。大学士王家屏反对这一处分,退回御批,越发引起神宗的愤怒。接着,吏科给事中锺羽正、同给事中舒弘绪等支持李献可②,户科左给事中孟养浩也支持他,反对这一处分③,孟养浩为此受到廷杖一百的严刑,锺羽正等也被除名。当时,受到处分的言官多达 11 人。王家屏也批判神宗而辞职。

第二年(二十一年)一月,当时正在归省中的王锡爵受神宗之请,再次复归内阁,神宗立即指示他三王并封。那是要通过把皇长子、皇三子、皇五子一起封王(三王并封),来延期立太子礼。王锡爵恐失神宗之意,作成了这诏书的原案。与此同时,又作成了让皇后养育皇长子以确认皇长子的皇位继承权的诏书以缓和外面的批判。但是,神宗不用说,取了前者④。

在这样的情况下,对王锡爵的批判轰然而起。二月神宗不得不
[212]　撤回了三王并封诏。在这前后,顾宪成⑤、顾允成⑥、张纳陛⑦、于孔兼⑧、史孟麟、薛敷教等相继批判三王并封,尤其顾宪成给王锡爵送了

---

① 李献可《储教宜预乞端国本以慰人心疏》(《万历疏钞》三)。
② 舒弘绪《乞收回成命释群疑疏》(《万历疏钞》一五)。
③ 孟养浩《定大计宥言官以安宗社疏》(《万历疏钞》一五)。
④ 《明通鉴》七〇,万历二十一年一月。
⑤ 顾宪成《建储重典国本攸关不宜有待疏》(《万历疏钞》三)。
⑥ 顾允成《小辨斋偶存》二《恭请册立皇太子疏》。
⑦ 张纳陛《乞遵宝训以重宗社大计疏》(《万历疏钞》三)。
⑧ 于孔兼《建储有旨乞前旨以安人心疏》(《万历疏钞》三)。

信①,史孟麟作《或问》来进行论争,顾允成等也在朝廷直接批判王锡爵。

在围绕三王并封内阁和反内阁派对立非常激化的情况下,实行了癸巳大计,也就是万历二十一年度定期的职务考核。在这次京察中,内阁和批判内阁的人们激烈争执,其结果,反内阁派受到组"党"的非难,被罢免下野。谷应泰的《明史纪事本末》六六《东林党议》从癸巳大计开始记述,就是为此。他们自己以"党"为名之前,就已经作为"党"被弹劾了。

这次京察的主持者是吏部尚书孙鑨和考工郎赵南星,吏部郎中也对这职务考核有很大的力量。孙鑨②,字文中,号立峰,余姚人。继陆光祖之后为吏部尚书,在他那里,吏部的权力益发强化。他比陆光祖更强调和大学士的对等性,不仅不给大学士让道,而且关于人事,也完全不向内阁"请教"。在以前围绕廷推的议论中,也主张廷推乃"爵人于朝,与众共之"之事,主张人事的公开性和合议制,与史孟麟等立场完全相同。

在这年度的京察中,他和赵南星一起,拒绝内阁所有的干涉。把当时所有的"公论不予者",都作为处分的对象。其中也包括孙鑨自己的侄甥和赵南星的姻亲,颇为公平。当时与内阁有关的人物也同时受到处分。比如奉承内阁、甚至和其奴仆在宫中见面也要特意看看时机,被伍袁萃当面斥骂的苏酂;营造定陵时把中间榨取向"同乡政府"也就是申时行进贡,被冠以"相国行厨"绰号的徐泰时;根据内阁的指示弹劾饶伸的胡汝宁;申时行、王锡爵的姻亲,主张严重处分饶伸的王肯堂等③。内阁方面,作为人事上的报复,在拾遗之际,指名 [213]

---

① 《上娄江王相国书》(《泾皋藏稿》二)。

② 《明史》二二四,本传。

③ 文秉《定陵注略》三《癸巳大计》:"苏酂巡按云南,论劾李材杀良冒功。或云,以是被察,而实不然。酂一日蚤朝毕,遇政府奴于朝房,趋而揖之。为兵部伍袁萃所面斥,则其人可知矣。徐泰时即前以金盒赍江陵幸中者,官工部,管理陵工,交结内珰。乾没金钱百万。又专供同乡政府祭酒,都中有相国行厨之号。……胡汝宁逢迎政府意,疏参饶伸。……饶伸之受杖也,都中喧传。太仓怒甚,肯堂在旁怂恿重处,以此大犯公议。"

和内阁对立的三人作为处分对象,但是遭到吏部方面的抵抗,对其中二人,不予同意。

对此,王锡爵票拟了指责吏部"专权""结党"的上谕,结果是孙铤夺俸,赵南星受到降三级的处分①。当时,王汝训、魏允贞、曾乾亨、于孔兼、陈泰来②、顾允成、张纳陛③、贾岩④、薛敷教等都因为主张处分不当而遭贬谪。

这一年秋,高攀龙也因为和王锡爵对立而被贬谪。第二年(二十二年)秋,顾宪成又因在阁臣会推时,推荐王家屏和神宗对立,遭削籍的处分。从批判政府方面的话来说,到了"善类被摈,几至一空"⑤的地步。

吏部尚书孙铤抗议处分,提出辞职时,为他代作上奏《感恩惶悚循职披忠恳祈圣明特赐照察并祈乞休致以安愚分事疏》的是顾宪成。他对"专权"、"结党"这样的非难,作了如下的反驳:

> 夫权者,人主之操柄也。人臣所司,谓之职掌。吏部以用人为职,进退去留,一切属焉。然必拟议上请奉旨而后行,则所谓权者,固自有在非人臣可得而专也。是故职主于分任,而权则无所不统。权主于独断,而职或有所不伸。君臣之分于是乎在,盖其际严矣。(《泾皋藏稿》一)

[214]

顾宪成严格地区分君主之权和吏部的职掌。权当由君主掌握,职掌当由人臣,具体而言,当由六部分担执行。君主权虽然置于优先之位,但并不意味着君主的决定由吏部执行,如果结合前述围绕六部决定权的议论来看,和职掌有关的拟议上请,也都在六部进行,君主对

---

① 《万历邸钞》万历二十一年大计京朝官。《明史》二四三,《赵南星传》;二二四,《孙铤传》。
② 陈泰来《京察大公乞洞豫以正人心疏》(《万历疏钞》六)。
③ 张纳陛《邪官巧迎当路阴中受事铨臣疏》(《万历疏钞》六)。
④ 贾岩《铨臣秉公计吏大臣挟私中伤疏》(《万历疏钞》六)。
⑤ 高攀龙《君相同心惜才远佞疏》(《万历疏钞》六)。

此加以认可。这样,君主权的行使、六部分管的职掌在君主那里得到
统一。同时由于六部和君主权直接联系,内阁对于行政的干涉可排
除。关于"结党",作了如下的反驳:

> 若夫党之一字,汉、唐、宋倾覆之原,皆在于此。臣非特口不
> 忍言,目不忍见,抑且耳不忍闻。……凡科道论劾,下部覆议,自
> 有去留,即外计拾遗亦然。今以议留二部臣为结党(三人中的二
> 人为虞淳熙、杨于廷),则无往而非党矣。……昔之专权结党者,
> 亦往往有之矣,并不在铨曹,诚使自臣而始,臣之大罪也。即以
> 专权结党为嫌,畏缩消沮,自救不暇,则铨曹之轻自臣而始,亦臣
> 之大罪也。臣衰病日侵,任使不效,徒洁身而去,俾专权结党之
> 说,终不明于世,来者且以臣为戒,又臣之大罪也。(同上)

如果拒绝拾遗的指责,因为不处分二人就被称为结党的话,那么,所
有的人都不得不称为党了。他强调吏部的决定是正确的,绝非结党。[215]
很明显,这是"君子不党"意识在起作用。确实,汉代的党锢以来,党
争屡屡导致王朝的覆灭,"党"在历史上只有否定性的价值。但是,拒
绝只有否定性价值的"党"之名,不是反而不能开辟承认反对内阁人
士们聚集正当性的道路了吗?

确实,史孟麟上的《感时憎病不能趋命供职疏》中,如下这样
主张:

> 党之一字,则前代奸邪害君子之名,……非圣世所宜言,非
> 今日阁臣所宜有。必若以同道之朋为党,则触忤相同,意见相
> 合,无如臣与(赵)南星。必欲去朝廷之公党,以成辅臣之私党,
> 则南星既斥,臣亦不得独留。(《万历疏钞》六)

史孟麟认为"党"是为了妨碍君子而使用的词,以道而同的朋友
决非"党"。如果以道而同的朋友被作为党的话,承认那样的党也可

以,这在逻辑上是当然的。因而,和"辅臣私党"相对,他把自己等视为"朝廷公党"。如果"公党"的话,作为党也可以。那么,为何可称 [216] "公党"呢? 如果先说结论的话,是因为那是根据"天下之公"聚集起来的。如果用"道"这一词语来换一种说法的话,那就是"同道之朋",那样的"朋"也可称为"党"。"朋"也好,"党"也好,那只不过是名称的问题。他们只是拒绝被历史的污垢沾染了的"党"这样的名称,而不拒绝作为事实上的"公党"那样的"党"。关于这个问题,留待第四章再谈。应当注意的是,围绕着立太子问题和内阁的对立中,"公"和"党"连接了起来,在反对内阁的人们中不断产生"公党"这样的连带意识。

还有想在此补充提一下,对史孟麟的主张深为感铭的赵南星,把他在本章中介绍的主张"开通言路"的上疏(见第 126 页),有关国是和众论的上疏(见第 141 页),以及这篇自认"朝廷公党"的上疏,共三篇,加上赵南星自己的两篇,作为《史太常三疏》刊行,并为此写了序文①。

结　语

顾宪成在《万历疏钞》的序言中,从言路的观点,这样回顾万历三十多年的历史:

[217]　　　　溯丁丑纲常诸疏,政府不欲宣付史馆,遂迁怒于执简诸君。嗣是愈出愈巧,率假留中以泯其迹,令言者以他事获罪,不以言获罪,至于迩年,且欲并邸报禁之。

万历五年(丁丑),纲常诸疏是抗议张居正夺情,这些奏疏,张居正不想送到史馆,成为后世批判的对象。万历十年,由于张居正死去、状况发生变化,在不久发生的围绕国本论的对立中,对朝廷、内阁

---

① 《史太常三疏序》(《味檗斋文集》五)。

批判的奏疏被留中，糊里糊涂地就被葬送了。有关矿税的奏疏，完全被束之高阁，神宗对于批判连听都不想听。关于这些，拟在下面第五章论说。在三十年代，一段时期，连邸报都被禁，言论没有了发表的场地。张居正要淹灭当送史馆的上疏，申时行把有关国本诸疏留中，还有和此后政治有关的张位、沈一贯，他们压抑言论的责任必须追究。正是因为这样压抑言论，才导致了国家的大乱。

> 国家之患，莫大于壅。壅者上下各判之象也。是故大臣持禄不肯言，小臣畏罪不敢言，则壅在下。幸而不肯言者肯言矣，不敢言者敢言矣，究乃格而不报，则壅在上。壅在下则上孤，壅在上则下孤。此二者，皆大乱之道也。

也就是说，在上（君主）一方也罢，在下（臣下）一方也罢，如果妨碍言论，不得发挥，就会言路壅塞，政治腐败，就会成为天下大乱的原因。其责任现在不在下，而在上、即在君主那里。 [218]

现在是天子必须以诚实和聪明，推"天下之理"，成为如尧舜那样君主之时。辅佐此事的是重臣。恣意地用权的是权臣，重臣必须对"天下之理"抱有责任。还有对此负有特殊责任的则是言官。

> 至于言官，操天下之是非，天下又操言官之是非。盖言之不可不慎如此也。愿以是为台省献，求所以信于天下者。

所谓言官，是"操天下之是非"，对天下的舆论具有指导性的人。而那些言官的言论也被"天下"所"操"，舆论也当规制言官的言论。只有"天下"才有最终的决定权。

正如前已经说过的那样，虽说言官本来就握有一定独立性的监察权，但是，这也是不出君主权范围的。不如说，正是为了使君主权得以安泰，才要求言论，为此反而必须保障言官一定的独立性。统治者知道，如果只是向君主献媚的言论，反而会使君主权得到危害。

[219] 与此相反,东林派的人士要把言官的言论从君主权的范围中开放出来。不仅如此,甚至认为言官的言论当由"天下"来规定。君主是"天下之公"、"天下之理"的实现者,重臣是应当辅佐作为那样存在的君主之人。而言官则具有把天下舆论反映到政治上的责任,应当对照"天下之公"、"天下之理"来监察政治,来批判君主。他们为了保障言论自由,在强烈要求监察权独立的同时,还想通过把言论的范围扩大到言官以外,尽可能更广地扩张言论的通路。这就是他们所主张的"开言路"的内容。

经过了很长的时代,清末变法运动兴起,而"开言路"同样是追求政治变革人们的大课题。

据小野川秀美的《清末变法论的成立》(载《清末政治思想研究》1969 年,みすず书房),在从清末洋务运动向变法论移动的过程中,人们认识到,为了国家的富强,不仅要导入技术,还有必要变革政治体制。而这样的认识,和对西洋议会制度的关心度成比例。最初期的论说,有汤震的《危言》和陈虬的《经世博议》,其中都建议,为了"开言路",当使都察院相当于议会。在汤震那里,主张上级官僚属军机处,下级官僚属都察院,使之发挥上下两院的机能。在陈虬那里,主张在北京设都察院衙门,选六部练达公正之士,付之以得与六部相对的机能,也就是使之具有一院制议院的性质。这样的想法,在想从官僚中选拔议员这一点上,有其局限,郑观应等已经明确地指出了这一问题。但是在既存制度的范围内,想要追求"开通言路"时,最先被

[220] 想起的,就是通过六科和都察院的言论,反映到政治上。在东林党那时,不用说,可与议会相当的机构,完全还没有列上日程,然而,寻求可发挥天下言论通道的种种探索在继续,则是确实的。

再到以后,孙文在《三民主义》的民权主义中,主张在司法权、立法权、行政权三权之上,加上考试权和监察权的五权,其理由如下所述:

[221]

其余两个权是从什么地方来的呢?这两权是中国固有的东

西。中国古时举行考试和监察的独立制度,也有很好的成绩,像满清的御史,唐朝的谏议大夫,都是很好的监察制度。举行这种制度的大权,就是监察权,监察权就是弹劾权。外国现在也有这种权,不过把他放在立法机关之中,不能够独立成一种治权罢了……所以就中国政府权的情形讲,只有司法、立法、行政三个权是由皇帝拿在掌握之中,其余监察权和考试权还是独立的,就是中国的专制政府从前也可以说是三权分立的,和外国从前的专制政府,便大不相同。从前外国在专制政府的时候,无论是什么权,都是由皇帝一个人垄断。中国在专制政府的时候,关于考试权和监察权,皇帝还没有垄断。所以分开政府的大权,便可以说外国是三权分立,中国也是三权分立。中国从前实行君权、考试权和监察权的分立,有了几千年。外国实行立法权、司法权和行政权的分立,有了一百多年……我们现在要集合中外的精华,防止一切的流弊,便要采用外国的行政权、立法权、司法权,加入中国的考试权和监察权,连成一个很好的完璧,造成一个五权分立的政府。像这样的政府,才是世界上最完全最良善的政府。国家有了这样的纯良政府,才可以做到民有、民治、民享的国家。(《民权主义》第六讲)

中国前近代的政府,有没有孙文所说的那样的君主权、考试权、监察权三权分立的政府? 有人认为那是他独特的乐天性看法,可商榷。现在似没有必要去探讨其是非。问题在于,孙文作为新的共和国政治体制来考虑的监督权的独立,被认为是民权主义的制度性保障,孙文所说的五权分立的政府,特别是其中监察权独立的构想,正是东林派人士所具有的。其中,在反映"天下公论"这一点上,虽还在萌芽状态,但其中也包括立法权。毫无疑问,在东林派那里,君主权是当然的前提,在这一点上,和孙文的共和国的这些权限有着根本的不同。然而,在要通过发动监察权来监察政府这一点上,两者有着明显共同的东西。或许也可以说,是在开始摸索基于"天下之公"、"天下之理"的政策得以实现的、新的政治体制。趋向是限制君主权。

　　但是,在明王朝的体制下,要求言路的独立和扩张,未必有结果。正如李懋桧所说,占据言路的,未必只是"智者",时而,连成为当路"鹰犬"者都会出现。为了阻止这样的情况,言论有必要在言路以外广为开放。然而,在言路以外想要发言的人,却往往被贬谪、下野。

　　在这样的情况下,如果要求改变政策,追求"天下之公"、"天下之理"的实现,那就不是靠言论,而必须用力量来改变言论,这就是朋党。这里的朋党,既不是过去的同乡形成的集团,也不是以座主、门生的关系个人的结合。正因为是以"天下之公"、"天下之理"形成的"公党",因而是由君子组成的。而且,这样的"天下之公"、"天下之理",决不是抽象的东西。在《万历邸钞》、《万历疏钞》中所收录上疏,围绕着具体的政治,提出了具体的政见。这些上疏,时而被隐匿,时而被留中,时而被禁止在邸钞上转载。他们把这些言论重新编辑起来,通过向在朝、在野人士的广泛呼吁,想要扩大同志式的结合。在这样的意义上,这些上疏也可以说是一种政治性的宣传。也就是说,《万历疏钞》想通过鼓吹本来当由言路来反映政治的言论,以扩大"朋党"。顾宪成等为其写序,并参与其刊行,就是为此。对于他们来说,所谓的言论,就是这样的东西。

［222］

第四章　东林书院和党

第一节　顾宪成和高攀龙

（一）

首先想简单地谈一下复兴东林书院的顾宪成和高攀龙个人的历史。

顾宪成（1550—1612）[1]，无锡人，字叔时，号泾阳。据顾宪成写的其父顾学的行状，父亲是无锡泾里的商人。曾为"亭长"，得乡里的信任，为了"输税"，曾到过北京。所以本是可担当解役之类的地主阶层之人。此后破产，有一段作为"酒人"、"豆人"、"冶人"、"染人"支撑着生活的时期。是工匠，还是自己经营的手工业，不详，那是些连孩子们的学费也无法准备的穷困日子。后以经营"寄身屠沽"的商业，取得了作为商人的信用。喜欢读《水浒传》、《庄子》，特别喜欢读小说。时而和来访的客人议论"天下之事"，然而，他自己却没有政治性的野心，仅是想要作为一个商人了此一生。常州知府施观民和无锡知县周邦杰因顾宪成兄弟之故，想让他入义籍，以礼相待时，他固辞之，说：

> 我贾人，何短长于世？刑赏之所不得及也。今以孺子故，俾

---

[1]　顾宪成《明史》卷二三一有本传。此外参见顾与沐等《顾端文公年谱》（《顾端文公遗书》所收）、高攀龙《顾宪成行状》（《高子遗书》一一）、邹元标《顾宪成墓志铭》（《邹子愿学集》六）、《明儒学案》五八、《东林列传》二、《东林书院志》七（本章以下的注中略称《书院志》）。

> 我姓名驰入于有司之庭,固已陋矣。将又窃孺子之馀艳,以惊耀里闬,其何颜见吴越之士?(顾宪成《先赠公南野府君行状》,《泾皋藏稿》二一)

关于他,有这样一些传说:卖完了粟以后,粟价下落,却把本当赚的差额还给人家;借钱的债权者死后,尽管对方的妻子不知道,还是履行债务,把本金加上利息归还。是个不单纯以追求利益为事的商人。或是由于通过这样的商业活动,死后留下了300亩土地的遗产。子四人。长子顾性成①和次子顾自成,都放弃举业,专门从事家业,支援顾宪成、顾允成兄弟,恐怕是继续父亲的商业活动。

顾宪成万历四年应天乡试合格,八年会试合格,经在吏部研修后,为户部主事。此时李三才也在户部,和他一起参与了《万历会计录》的编纂②。其间和同年的解元魏允中、刘廷兰一起,成立三元会,批评时政,和张居正对立。又,万历十年,张居正生病,官僚们在东岳庙祈愿病快点痊愈时,他对此一点也不想介入,还特地把同僚们考虑他的处境代为他署上的名删除③,不想和张居正的强权政治同调。

[232]

万历十五年和内阁对立,一时被从中央赶出,二十年又复出为吏部员外郎。次年,强烈抗议王锡爵等进三王并封议,并想要阻止之。还有,该年京察之际,支持吏部尚书孙𬭎的立场,代他起草了上疏的原稿,反驳"专权结党"的非难,这已经在第三章中论说过了。

当邹元标和内阁对立被贬职,他自己提出辞职,被允许时,反对这样"放去",顾宪成和王锡爵间有如下这样的对话:

> 若放去果是,相国宜成皇上之是,该部宜成相国之是。若放去为非,相国不宜成皇上之非,该部不宜成相国之非。(《明儒学

---

① 顾宪成《顾性成行状》(《泾皋藏稿》二一)。次兄顾自成多病,专事家业的是长兄顾性成。
② 《万历会计录》一,张学颜奏。
③ 第155页注①《顾端文公年谱》万历九年及十年。

案》五八,顾宪成)

在他看来,国之是非,决不当由皇帝的专断来决定。如果不经过内阁,进而六部验证其是非,就不当付诸实行。当时,王锡爵抓住顾宪成的批判,反过来反驳,指责道:

> 内阁所是,外论必以为非。内阁所非,外论必以为是。
> (同上)

尽管内阁判断为是,但是外论——这里指吏部——不是什么事都要反对吗?顾宪成对此进一步反论:

[233]

> 外间亦有怪事,……外论所是,内阁必以为非。外论所非,内阁必以为是。(同上)

顾宪成说,不是那样,尽管外论是正确的,内阁不只是为了反对而反对吗?这一议论,很清楚,是涉及在前一章所说的,张位、赵南星有关国是与众论的议论。在内阁和舆论的对立中,顾宪成认为,内阁自不用说,就是皇帝,也不可离开国家的是非而专制地行使决定权。怎样决定国是呢?怎样使言论可反映在政策的决定上呢?这对于他来说,是一个大课题。

三王并封之议由于顾宪成等的反对而中止,王锡爵也不得不辞职,但是,在此后,围绕王锡爵后任的人事,推举立太子积极的王家屏招致神宗的不快而被削籍,顾宪成不得不回到故乡无锡。那是万历二十二年五月的事。

顾宪成之弟顾允成(1554—1607)①,字季时,万历十四年进士。

_____

① 顾允成《明史》二三一有本传。此外参见顾宪成《先弟季时述》(《泾皋藏稿》二二)、高攀龙《顾允成行状》(《高子遗书》一一)、《明儒学案》五八、《东林列传》二、《书院志》七。

在为办事进士时,因批判有关立太子的时政而被削籍,已如第三章所述。此后,作为礼部主事复出,但是,他又反对三王并封之议,和张纳陛、岳元声一起上疏,进而在二十一年的京察中批判张位和王锡爵①被贬职,和顾宪成几乎同时回到故乡。

他和乃兄顾宪成有这样的对话:

> 吾叹夫今之讲学者,恁是天崩地陷,他也不管,只管讲学耳。
> 在缙绅只明哲保身一句,在布衣只传食诸侯一句。(《明儒学案》六十,顾允成)

[234] 批判空疏的讲学,非常有名。以后帮助兄长顾宪成奔走于东林书院的讲学活动,但是比兄长早死,在东林书院复兴后的万历三十五年病殁。

(二)

东林党当时的领袖之一高攀龙(1562—1626)②,字存之,号景逸,与顾宪成同为无锡人。根据高攀龙自己所写的家谱(《高子遗书》十),高氏到祖父高材(黄岩公)时才乡试合格为浙江黄岩的知县,而在此以前,没有为官者。父高德征(太学公),由于祖父高材之弟高校(静逸公)无子,高攀龙继其后。高校似在无锡经营当铺(与里中交质,为十一息),传说,有人不知器中隐有宝石(珠)而当入,他如实地归还给典当的人。生父高德征也经营当铺,由继承得殖负郭之田。

高攀龙比顾宪成、顾允成兄弟稍晚,是万历十七年的进士。和同乡薛敷教、后来成了常州知府的欧阳东凤同年。万历二十年成行人

---

① 顾允成《辅臣党诬同事戒饬以杜奸萌疏》(《万历疏钞》六)。
② 高攀龙见《明史》二四三、华允诚《年谱》(《高子遗书》附录)、叶茂才《高攀龙行状》(《高子遗书》附录)、钱谦益《高攀龙神道碑》(《牧斋初学集》六二)、《明儒学案》五八、《东林列传》二、《书院志》七。

司行人，当时在北京，和逯中立、洪文衡等结为"莫逆之交"。次年，和京察相关联，赵南星、顾允成等多名官僚不得不辞职，但是，高攀龙还是支持他们和内阁对立①，被贬广东，二十三年回到故乡无锡。

此外，在这前后，无锡的安希范②、宜兴的史孟麟③、武进的薛敷教④等，也因为国本问题以及与此连动而起的京察之故，回到故里，东林书院的复兴就是由这些人担当的。 [235]

作为东林党领袖的顾宪成、高攀龙都出身于那样和商业资本有关系的家庭，这在考虑东林党的社会基础时，颇意味深长。他们以外的东林党人的出身，也都是在浸透了商品经济的江南，和工商业有着某种关系的地主或中等以下比较困穷的地主阶层。当地最深刻地感受到王朝政策内在矛盾的阶层也多加入其中，这说明，这个党争不是单纯的派阀党争，而是以这个时期新的社会变动为背景产生的⑤。 [236]

第二节　东林书院的成立

（一）

如第一章所述，成为张居正弹压书院起端的，是顾宪成等也求学过的常州龙城书院。张居正死后，讲学在各地再次兴起。

在无锡，万历十三四年间，无锡知县李复阳和当时回乡的顾宪成一起，在学校开始讲学。

---

① 《君相同心惜才远佞疏》（《万历疏钞》六）。
② 安希范见《明史》二三一，本传。又安希范《天全堂集》。此外有关资料系上海图书馆所藏。
③ 史孟麟见《明史》二三一，本传。另见《明儒学案》六〇、《东林列传》二二、《书院志》八。又史孟麟有《亦为堂集》，未见。
④ 薛敷教，《明史》二三一，本传。另见《明儒学案》六〇、《东林列传》二一、《书院志》八。
⑤ 拙稿《东林派及其政治思想》（《东方学报》二十八，1958年）。又，许大龄《试论明后期的东林党人》（《明清国际学术讨论会论文集》，天津人民出版社，1982年）、王天有《晚明东林党议》（上海古籍出版社，1991年）、金钟博（山根幸夫、稻田英子译）《明代东林党争及其社会背景》（《明代史研究》十一、十二，1983年，1984年）等。

李复阳①，江西李材(见罗)的门人。李材虽说出自阳明学，后来却变为带有批判性的倾向，是主张反省性涵养"止修"的学者。《明儒学案》中被列入止修学案(三一)的人物。

关于李复阳，《东林列传》中这样说：

> 李复阳，字宗诚。江西丰城人，万历癸未进士。授无锡县令，莅任，编役最均，催科有法……至是，与顾宪成讲学簧宫。时高攀龙年方二十五，往听之，跃然喜曰：吾学其有兴耶。后乃相与开讲席、立文会，朔望绅士毕赴。三年，四境大治。

[237] 李复阳在无锡任知县是万历十一年到十六年。顾宪成从万历十一年到十四年休假回到故乡。所以文会之举当在万历十四年时。这里所说的"编役最均"，是说和均田均役相关联的徭役负担的公平化。

李复阳在万历二十年代，和顾宪成都在吏部，赵南星被降调时，和顾宪成一起反对上疏。可见，在中央政界，也和顾宪成有基本相同的立场。

顾宪成回到故乡无锡时，已经四十五岁，卧病日多。到万历二十四年前后，身体才恢复，很多弟子到他所住的泾里造访。弟子们借住在附近的寺院中，这样还容纳不下，所以，由顾宪成兄弟奔走，在沿河造了数十栋教室。据说，在附近，白天可闻朗朗读书声，夜晚灯光闪闪辉耀，昼夜都可看到忙于学问的状况②。在顾宪成的书斋"小心斋"的东面，又建了一个叫"同人堂"的相当大的寄宿塾。顾允成每个月在那里进行两次科举的模拟考试，给学生们以鼓舞激励。当时在同人堂学习的有缪昌期、马世奇等，缪昌期是后来魏忠贤弹压东林之际牺牲的人物。

顾宪成经常叹道：就是工匠也可确保工作的场所，而我们连讲

---

① 李复阳见《东林列传》二一、叶向高《李复阳墓志铭》(《苍霞草》一六)。
② 第155页注①顾与沐等《顾端文公年谱》万历二十五年。

学的地方也没有。在这样的情况下，一下子浮现出的，就是复兴在无锡的杨时的书院一事。

产生出这样复兴书院的机运，无疑受到万历三十年，常州知府欧阳东凤①把常州的龙城书院作为先贤祠加以复兴的很大刺激。欧阳东凤是南直潜山人，如前所述，和高攀龙是同年进士。

禁止书院二十多年，张居正自己也已经死了，但是由于龙城书院是张居正弹压书院最初的场所，欧阳东凤未敢用其名，以"先贤祠"的形式，祀乡土先贤69人。这先贤祠中祀什么人，则是和缪昌期商量的②。[238]

先贤祠的旁边，设有经正堂和传是堂这样两个附属于先贤祠的教室，在那里讲学。经正堂的"经正"，取自《孟子·尽心》的"经正，则庶民兴"；传是堂的"传是"，则取自韩愈的"尧以是传舜，舜以是传禹，禹以是传汤，汤以是传文武周公，文武周公以是传孔子，孔子以是传孟轲"③。传是堂的两侧，左边是尊德性斋，右边是道问学斋④。

关于这个书院，高攀龙在《毗陵欧阳守纪略》中有如下的记述：

> （常州知府欧阳东凤）积公用千金，复龙城书院故址为先贤祠。……每以春秋，集五邑绅衿于祠中讲学问政。凡农桑水利，人才赋役，无不咨究，而于激浊扬清，抑强扶弱，尤惓惓焉。（《高子遗书》十）

他出于慎重，连书院的名都未敢用，但在实际上，不仅讲学问，农业、水利、人材、赋役等，所有和地方行政有关的事，都成了讲学中的大课题。作为知府的欧阳东凤，结集了府下五县的缙绅，进行讲学，并且

① 欧阳东凤见高攀龙《毗陵欧阳守纪略》（《高子遗书》一〇）、《明史》二三一本传、《东林列传》二一、《书院志》九、章学诚《欧魏列传》（《章氏遗书》二六）。
② 缪昌期《与欧阳公祖论本邑先贤祠书》（《从野堂存稿》六）。
③ 方学渐《经正堂会语》（《东游纪》三，《桐城方氏七代遗书》所收）。
④ 《康熙常州府志》一五，《龙城书院》。

咨问政治,这可以说,就是黄宗羲所说的作为地方议会的学校。经正堂的讲学,顾宪成、高攀龙等也常从东林书院来参加,进行相互交流①。

[239]

受到常州书院事实上复兴的刺激,在无锡,以复活宋代杨时书院的形式,也设立了东林书院,那是第二年万历三十二年的事。关于其经过,详见许献等的《东林书院志》②。

杨时③是宋代二程的门人,开拓了通向朱子学之道的思想家。程明道在他回乡时说"吾道南",为其学问得传到东南地区而高兴。东林书院中设的祠堂"道南",就是由此取的名。

东林书院的建设,无锡知县和常州知府密切联络,办理手续。最初给县送上"呈辞"④的,是在顾宪成之下学习的无锡县学的生员马希尹等三人。缙绅那里似已经为设立书院准备了 300 两的捐款。无锡知县林宰在和常州府商量后,向常州知府提出,全部预算中,除了府预定支出的 100 两以外,县再准备有 312 两的补助(县申)。在府里,对其不足的部分,在得到提学御史同意,采取了预算措施的基础上,认可了这一呈辞。最终的再建预算如下(小数点以下省略,下同):

常州府　　一〇〇两
无锡县　　三〇七两(科举关系预算等的余额)
兵备道　　六〇两

---

① 根据顾宪成和高攀龙的年谱来看,顾宪成在万历三十六年、三十八年,高攀龙在三十六年,三十七年,三十九年,四十四年分别都在这里讲学。当然,在这以外,肯定时常有交流。

② 《东林书院志》有三种。明末,参与东林书院设立的刘元珍的《东林书院志》最古,但似未曾刊行,未见。其次为康熙年间严瑴编纂的,刊出,在日本,见藏于内阁文库。还有就是现在一般所见,高廷珍、许献等编,在雍正年间刊出者。是把严瑴编纂的再进一步整理充实,在人物传记等主要取自《明史稿》这点上,稍有不同。本书所用的,是雍正间所刊的《东林书院志》。

③ 杨时见《宋元学案》二五,《龟山学案·杨时》。

④ 参见《书院志》一四,公移。《请复东林书院呈辞》、《县牒》、《学由》、《县申》、《府牌》、《县申》、《府票》。

缙绅寄付 三○○两①

县学学生向县提出呈辞是二月七日,书院的工事,从同年四月十一日开始,完成大约是在五个月后的九月九日。

当时,这个建筑,由县等支出的公款用于作为祀先贤祠堂的建设费用,讲堂的建设完全由缙绅的捐款承当。为什么要有这样的区别呢？高攀龙在给知县林宰的信(《与林平华父母书》)中,这样说：

> 祠堂之设,主以龟山先生,配以罗、胡、喻、尤、李、蒋、邵七先生。崇往厉来,于是乎系是一邑之公也。至于会所之设,广丽泽也,乃龙等之自求助耳。书屋之设,备藏修也,乃龙等之自求益耳。是二三同志之私也。其为一邑之公也,请得奉扬明德,庶几翕然兴其仰止之思,以无负表章至谊。其为二三同志之私也,请得退而守固陋之分,无容藉口谈道之名,腼颜非格之赐,以致处非其据,诮贻伐檀。(《东林书院志》一七)

道南祠,以杨时为主,右面配祀七个先人。罗从彦是杨时的门人,其余胡瑗、喻樗、尤袤、李祥、蒋重珍等五人,都是宋代无锡的先人,只有邵宝是明朝人②。

关于府和县的公款只用于祠堂建设,高攀龙这样说：考虑到祠堂的建设,是为了尊敬过去的先人,激励未来的后人,乃"一邑之公"；确保讲学的场所,是为了扩展朋友关系,建造书屋也是为了备收藏,是为了我们自身的利益。这是"二三同志之私",不能仰承公家援助,所以辞退公款的负担。对他们来说,学问和修养,是"二三同志之私",和"一邑之公"是明确区别的。这意味着,在他们开始时,就明

[240]

[241]

---

① 缙绅捐款者同上,一,《佐工》中记载着其姓名和金额。具体如下：顾宪成120两,高攀龙100两,顾允成100两,安希范50两,刘元珍50两,叶茂才5两(译者案,原文如此,当为50两),张大受50两等,是主要的,合计570两。和这个数字稍稍不同,或许包含着祠田中的捐款吧。

② 这些配祀的人物,参见《书院志》。七人分别立有传。

确地意识到,东林书院具有私人性,有着和"公"学相对的"私"塾性质。

正由于是"私",他们才能获得自由地批判时政的在野性视角。

此外,书院还置有祀田,那也是县令捐赠的①。

对东林书院的建设起到核心作用的是顾宪成、顾允成、高攀龙、安希范、刘元珍、史孟麟、陈幼学、叶茂才、张大受、钱一本、王永图等②,其中,除了史孟麟是宜兴人、钱一本是武进人以外,都是无锡人。

(二)

东林书院学习白鹿洞书院,立有东林会约③这样的学则,是顾宪成起草的。这会约对了解东林书院讲学的理念很重要,在此,参考若干其他的资料,概括其要点,略作叙说。

东林会约的开头,列朱子的白鹿洞规,以说明的形式定为如下诸条:

四要:知本、立志、尊经、审机。

[242]

二惑:这是预先对认为讲学"迂阔不切"、"高远难从"这样批判的回答。

九益:通过参加讲学可以得到的九种"益":学习不限于科举的圣贤之学;得广交同志;可刺激精神;得以相互切磋琢磨;可得师友;可广见闻;平常可保持参会时的紧张;可以自己点检,相互点检;可以从学问的根本上发言、实践。

九损:应当戒的九点:鄙(苟合),僻(党同伐异),贼(假公济私),浮(议论有司长短,邻里曲折),妄(暧昧,些细,语怪诞),怙(弄巧言,不改过),悻(昌言他人过失),满(强调自己主张),莽(道听途说)。

---

① 参照 163 页注②,一,《佐饩》及《佐产》。
② 王永图,参见同上,一二,《王永图》。《宜兴县旧志》八,《理学·王永图》。顾宪成的女婿。史孟麟、吴正志、张纳陛为其弟子。
③ 同上,二。

这些会约中,特别引人注目的是论及讲学的几点。

第一,讲学的内容,包括有庶民性的内容,极为开放。

在书院中所讲的,既不是为了科举合格的学问,也不是迂阔、高远的学问。而是"愚夫愚妇得共知共能"的"日常常行之事"。因此,不仅"邑之缙绅"、"四方尊宿名硕",而且也让"草野齐民"、"总角童子"参加,希望结集人众。在向广大民众开放的场合进行讨论的话,当可产生书斋中得不到的学问。《九益》的一条,是这样说的: [243]

> 一人之见闻有限,众人之见闻无限。于是或参身心密切,或叩诗书要义,或考古今人物,或商经济实事,或究乡井利害,盖有精研累日夕而不得,反覆累岁月而不得,旁搜六合之表而不得,邀求千古之上而不得,一旦举而质诸大众之中,投机遘会,片言立契,相悦以解者矣。(《东林书院志》二《九益》)

他们认为,无论怎样深远的学问,也不应当唯我独善、高蹈难知,而必须是建立在广大民众基础上的东西。这和承认人具有良知及人的平等性,要在其相互交流中创造出学问的阳明学的精神也是相通的。

第二,和第一个问题也相关连,那就是极为重视朋友关系。

上述"九益",即由讲学可得的九种利益中,七条都是和朋友关系有关的。关于这种朋友关系,最明快地说出其意义的,是东林书院中设立的丽泽堂,这"丽泽"的缘由。顾宪成在《东林商语》的《丽泽衍》中,这样说:丽泽是出自《易·兑卦》之词,是说"丽泽,兑也",又"兑,泽也"。兑卦☱是表示两个泽☱相连之状。两个泽相连,水脉相通,"生理津津",水流溢出。此乃大的"说"(高兴)。

> 君子观其象而以朋友讲习,讲是研穷讨论功夫,习是持循佩服功夫。曾子曰:以文会友,言讲也。曰:以友辅仁,言习也。朋友讲习,互相滋益,生理津津。有说道焉。此人心本然之兑,恰与造化同符也。请衍其说。自古未有关闭门户,独自做成的 [244]

> 圣贤。自古圣贤，未有离群绝类，孤立无与的学问。所以然者
> 何？这道理是个极精极细的物事，须用大家商量，方可下手。这
> 学问是个极重极大的勾当，须用大家帮扶，方可得手。(《东林书
> 院志》三)

就这样，为了追求道理，完成学问，人们决不能孤立地关在书斋里干，
而必须聚集众人(多数的人)来相互讨论，相互补益。

朋友关系，当然是封建道德的五伦中的一条，然而，和其他四条
都是上下关系相对，是唯一构成横的关系的。

他们本身是想要通过再编、强化基于五伦的封建性秩序，来克服
社会的危机状态，而在这里，这样强调唯一作为横向关系的朋友关
系，会不会危及其他四条的纵向关系呢？ 实际上，这样的情况，已经
在他们那里产生了。

《丽泽衍》接着这样说：君臣、父子、夫妇、兄弟之中有"专主"，君
臣之义，父子之亲，夫妇之别，兄弟之序中，有"专属"。特定的主从关
系在其中存在着。但是，说到朋友和讲习，则有着超越朋友个别性关
系的普遍性关系存在。那就是，即使有对于君或亲、兄弟、妻子不能
说的事，但是对朋友可以说。即使有对于君或亲、兄弟、妻子不能论
的事，但是对朋友可以论。由此可见，如果没有朋友关系，就不能完
成君臣、父子、夫妇、兄弟的关系。而如果不讲习(讲学)，就不能形成
朋友关系。这样论说以后，他进一步说到：

[245]

> 君臣之相与也，以敬胜。父子、夫妇、兄弟之相与也，以爱
> 胜。胜则偏，偏则弊。亦必以朋友之道，为之调燮乎其间，乃克
> 有济。

也就是说，由于敬和爱而有偏的君臣、父子、夫妇的关系中，要通过加
入朋友关系，来纠正其偏，消除其弊害。都俞吁咈，对君主明确地阐
明赞成还是反对，是把朋友关系纳入君臣之间。义方几谏，恪守规

矩，婉曲进谏，是把朋友关系纳入父子之间。鸡鸣昧旦，早起善作，是把朋友关系纳入夫妇之间。兄埙弟篪，相互和睦的协助关系，就是把朋友关系纳入兄弟之间。这样，他们提倡的君臣、父子、夫妇、兄弟等道德，决不是绝对支配和服从的关系，而是要把本来乃上下纵向的关系，变为像朋友那样的相互协作、可以相互批判的横向关系。这并非单单重视朋友关系。朋友关系被认为是在五伦中，当成为其基础、具有重大意义的一项。这如稍不注意，就难免和否定封建的上下身份关系有关联，在这样的意义上，也可以说是极为危险的思想。

第三，他们认为，通过讲学研究的学问，必须和躬行实践相联系。

会约的《二惑》中，对于对讲学的非难，预先作了如下的回答：近 ［246］来对于讲学的非难，并非讲学自身有问题。问题不在讲学，而在于讲学没有和实践相结合。所谓"病在所讲非所行，所行非所讲。"（《二惑》）顾宪成明确地这样说。士大夫治学完全就是像农民耕作那样。农民厌弃耕作，士大夫忌避讲学，那是不行的。说因为宋人使苗枯了就不耕作，或者因士大夫某人有恶行就骂讲学，这也是同样的事。在这里，讲学成了士大夫职责之一，如果没有了它，也就没有了作为士大夫存在的价值。

特别应当注意的是，他们所说的实践，不只是单纯的个人工夫，还带有很强的社会实践意味。有曰：

> 官辇毂，念头不在君父上，官封疆，念头不在百姓上。至于水间林下，三三两两，相与讲求性命，切磨德义，念头不在世道上，即有他美，君子不齿也。（《小心斋札记》十一）

这是顾宪成非常有名的话。他认为，要把在书院中通过讲学得到的学问，在国家、地方、社会上实现，以此作为自己的使命。如"恁是天崩地陷，他也不管，只管讲学耳"所说，不关心天下国家、空疏的学者，他是彻底排斥的。在他旺盛的政治活动源泉中，存在着这样的政治自觉和对社会性实践的意欲。那确实有着发自对外在社会危机认识 ［247］

的要素,同时,也有着从他们个人内心涌现出的对于社会的自我见解的表现。

第四,他们不仅在东林书院讲学,而且和近邻的书院间形成一种网络,相互自由地进行学问交流。

学问相同的学院自不用说,就是学问相异的学院,也必须进一步更深入地进行相互的交流。他们决不是偏狭地只想强调自己,而是想要积极地和对立的意见交流讨论。在这样的意义上,可以说采取的是非常自由的学问性态度。侯外庐说的"自由的讲学",对于东林书院确实是一言中的的评价。

前面《丽泽衍》中,涉及《孟子·万章》,有如下的论说:

> 于是群一乡之善士讲习,即一乡之善皆收而为吾之善,而精神充满乎一乡矣。群一国之善士讲习,即一国之善皆收而为吾之善,而精神充满乎一国矣。群天下之善士讲习,即天下之善皆收而为吾之善,而精神充满乎天下矣。其悦当何如哉。

书院中的讲学,通过那样的自由交流,和乡里社会的状况、国家的状况,进而和天下的状况都有关联。他们的讲学,不是限于一个地域社会的利害,而是想要通过书院的学问,和天下国家相联系,奔波各地的积极交流,是实现那样远大理想的一个阶梯。

[248] 这样,东林书院,虽说是无锡这一个地域社会的,而且是一个私人的书院,然而以此为据点,把天下国家广入视野,开展着活跃的讲学活动。还影响到了中央的政局。关于此,黄宗羲说:

> (遂与)顾泾阳复东林书院,讲学其中,每月三日,远近集者数百人,以为纪纲世界,全要是非明白。小人闻而恶之,庙堂之上,行一正事,法一正论,俱目之为东林党人。(《明儒学案》五八,高攀龙)

在告诉我们汇聚数百人盛会的样子的同时，也告诉我们它在庙堂上 ［249］ 也掀起了波澜。

第三节　书院的网络——江南

和东林书院关系最深的邻近的书院，可以举出如下四个。

> 甲辰（万历三十二年），东林书院成，大会四方之士，一依白鹿洞规。其他闻风而起者，毗陵（常州）有经正堂，金沙（金坛）有志矩堂，荆溪（宜兴）有明道书院，虞山有文学书院，皆捧珠盘，请先生莅焉。（《明儒学案》五八，顾宪成）

其中，龙城书院作为先贤祠复活，设有经正堂的情况，在前面已经叙述过了，在此，想简单地谈谈这以外的志矩堂、明道书院、文学书院即虞山书院。资料不是很多。

（一）志矩堂（金坛）

志矩堂是由反对三王并封之议，和内阁对立而回归故里的于孔兼创设的。于孔兼①，字元时，号景素，金坛人，万历八年进士。为礼部郎中时，反对三王并封，围绕二十一年的京察和内阁对立被贬，和顾宪成等的情况相同。

志矩堂原是在县城西郊他私人的别庄，那里建八卦亭，招顾宪成、高攀龙等讲学②。顾宪成的讲稿概要，汇集成《志矩堂商语》，收入《顾端文公遗书》。

---

① 于孔兼见邹元标《于孔兼墓志铭》（《存真集》七）、《明史》二三一本传、《东林列传》二一、《书院志》九。于孔兼文集有《山居稿》。

② 光绪《金坛县志》九《于孔兼》："家居二十年，杜门著书。筑室西郊，颜其堂曰志矩，名其亭曰八卦亭，讲肄其中。尝语赵侪鹤（赵南星）曰，比来缙绅好谈般若，大为害道，自误误人。愿丈勿为此也。吾儒以致知为入门，践履为实地，下学上达，只此两端。"

[250]　　　于孔兼自己也说"东林与盟,不时至常"①,其间关系密切,但是,却未必赞成东林书院卷入门户之争。在给顾宪成的书简(《与顾泾阳诸丈论学书》八)中,这样说:现在横行的,是内心倡霸,对外如王者之状;说的像舜一般出色,而实际做的却是连盗跖都不如之辈。他们在纲常伦理上大多是乱七八糟,到讲学集会之席就糊里糊涂,在乡党之间为所欲为,逃过缙绅的弹劾,卖媚权门,收夺人心。虽冠着正人君子之名,实际是些干着恶逆奸盗的家伙。在有着伪君子和恶习小人的今日,要求明确地区分义利,清楚地辨别人间的真假。这样之后,曰:

　　　　诸丈大会龙山(无锡惠泉),义理作何发明,德业作何劝勉,过失作何箴规,君子小人作何分别。此外亦感慨时事而有通商足国之上策乎?矜虑本原而有转移君心之要术乎?(《山居稿》四)

对东林书院主持的龙山大会提出了一些带有疑问性的质问。最后又曰:

　　　　(宋)刘元城曰,愿士夫有此名节,不愿士夫立此门户。真千古名言也。诸丈幸三复之。(同上)

[251]　对于东林书院和中央政界也有联系,参与政治活动的情况,于孔兼似抱有一种畏惧感。他不愿意讲学开门户,激化党争。据说,归乡以后二十年,闭门之日为多。

　　　　顾宪成、高攀龙常到志矩堂讲学,从顾宪成、高攀龙方面可以确认②,或是反映了于孔兼对于东林党的稍有的一些批判性姿态。非常

---

① 同 169 页注①邹元标《于孔兼墓志铭》。
② 顾宪成于万历三十九年,高攀龙于三十七年、三十九年、四十一年,分别都在志矩堂讲学。

遗憾,在他的文集《山居稿》中,完全看不到有关志矩堂的记载。

(二)明道书院(宜兴)

宜兴是和东林书院有着特别密切关系的地方。在那里,用史孟麟的别庄开设了明道书院,关于其创立的经过,史孟麟之子史道隆在《明道书院记》中,这样说:

> 明道书院。先君子继东林书院而手创者。先君子同高忠宪、顾端文修复东林讲会,因朝夕之便,别建书院于宜城——先君子输税筑基焉。(《康熙常州府志》三五)

如第三章所述,史孟麟也是因支持赵南星,和内阁对立,辞职回到故乡宜兴的。他也参与了复兴东林书院的策划,和同乡张纳陛、吴正志等一起,主持过东林书院的丽泽大会①(大会巡回召开,在武进、镇江也召开过),无锡和宜兴有相当的距离,宜兴的人参加不容易。因此,张纳陛提出,在宜兴也建立书院。对此,当时的知县喻致和也赞成,援助设立,巡抚周孔教题写了"明道书院"②。从喻致和就任知县,可以肯定明道书院是万历三十三年开始,或是这以后的事。

已经说过,张纳陛是顾宪成非常喜爱的弟子。据说,王龙溪在宜兴讲学时,他曾学良知之学,确信圣人未必当师,不当取章句末梢。[252] 他也和史孟麟一样,是在当时,因和内阁对立而回故里的。顾宪成在为他写的墓志铭中这样说:

> 居恒不轻谒有司,至事关郡县,公是非,大利害,他人嗫嚅不欲前者,辄毅然先之。任怨任谤,无少避忌。……又条上《荆溪政要》曰:清赋入,均徭役,谨使令,议仓役,议总税,平解役,平

---

① 《宜兴县旧志》四,明道书院。
② 邹元标《明道书院记》(《宜兴县旧志》一〇)。

讼狱，禁窝访，慎交与，重学校，厘奸剔蠹，凿凿见之施行。岁戊申，江南大潦，抚台周公（周孔教）疏请于朝，得颁蠲赈，下诸有司。君请蠲均及于通邑，赈独施之水乡。邑侯喻公大然之，人服以为公。（《张纳陛墓志铭》，《泾皋藏稿》十七）

可见他曾写过《荆溪政要》那样有关宜兴县行政全盘的意见书，向当局提出。该意见书也打动了知县，对县的行政以很大的影响。还有，其中说的"均徭役"，意思是均田均役。此外，还说到粮役（解送白粮之役）之害，当中止。遗憾的是，未能见到《荆溪政要》。

张纳陛在万历三十七年去世，病重时，托付给赶来的史孟麟的只是国事和"两郡之事"，毫不及他个人身后之事。虽说受到王学左派的影响，但并非如当时被批评的那样，只是空疏的思索，而是积极地参与地方的行政。

[253]

明道书院每月一日和十五日开讲两次。多有从远方来参加者，对他们支给费用（资斧）。讲学的学者中可以看到邹元标、刘宗周、顾宪成、唐鹤征、钱一本之名①，可知和东林党有关的人不断地造访该书院、进行讲学。

（三）虞山书院（常熟）

万历三十五年，常熟的虞山书院②得到整顿恢复（译者注：著者原文为整备，包含整理、整顿恢复之意，因中文似无对应之词，姑译作此）。这里，原是叫文学书院的书院。在张居正弹压之际

---

① 史道隆《明道书院记》（《宜兴县旧志》一〇）："明道书院，先君子继东林书院而手创者。先君子同高忠宪、顾端文修复东林讲会，因朝夕之便，别建书院于宜城。……先君子输税筑基焉。……讲期定于朔望，有不远千里而赴者。如邹南皋、刘念台诸先生。近则顾（宪成）、唐（鹤微）、高（攀龙）、姜（习孔）、钱（一本）诸君子。暇则集，及门士谈经课艺，道远者给其资斧俾卒业。"

② 《虞山书院志》，日本只有东洋文库藏有卷一。上海图书馆藏有十五卷的胶卷，虽知其中有着详细的有关虞山书院中讲学的内容，由于上海图书馆缩微胶卷的阅读器不完备，只读了极少的一部分。

被关闭①,此后,似乎一点也没有再建的动向。耿橘②作为常熟知县赴任后,着手进行整顿恢复。关于该书院,有成于张鼐等人之手的《虞山书院志》十五卷。很遗憾,只能看到其中的一部分。顾宪成有《虞山书院记》(《泾皋藏稿》十),可知其间的一些情况。

该书院的整顿恢复,以常熟知县耿橘为中心进行,他自己率先捐献了建筑资金。由于耿橘的请求,其他的知府、巡抚等也都积极地支持。替代欧阳东凤为常州知府的李右谏自不用说,应天巡抚周孔教、淮扬巡抚李三才、提督操江耿定力等也都分别捐款,参与了该书院的设立。这里也是先建先贤祠,进而再建设讲堂和精舍。

作为虞山书院再建中心人物的耿橘,字庭怀,北直河间人,见列于《明儒学案》六十《东林学案》。关于此人,黄宗羲这样说:

> 知常熟时,值东林讲席方盛,复虞山书院,请泾阳主教。太守李右谏、御史左宗郢、先后聚讲于书院。……泾阳既去,先生身自主之。先生之学颇近近溪,与东林微有不同。 [254]

耿橘自己的思想,和作为学派的东林派未必相同,反而和王学左派的罗近溪相近。尽管如此,他还是特地要请东林书院的顾宪成讲学,这一是由于当时书院的讲学是可能互相交流的,比较自由;另一则可能是由于对想要参与地域社会利害的顾宪成等人的经世致用之学有同感之故。还有,通过书院汇集地域缙绅的舆论要求,对于作为知县的耿橘在推进赋役改革和水利事业上,也肯定是必要的。因此,可以认为,书院和书院之间,有着松散的相互交流和连带关系。

据说,过去罗近溪讲学时,让因犯也参加。耿橘也有这样的逸闻。据说,常熟有一个尚湖,以那里为根据地的盗贼时常扰乱地方治

---

① 龚立本《常熟县志》(崇祯抄本)四:“万历十年,张居正当国,毁天下书院。在事者听豪右拆毁,惟子游像仅存。十五年后,虽议恢复,不过饩羊之意。迨午未(万历三十四、三十五年)间,知县耿橘号召讲学。”

② 耿橘见张鼐《耿橘墓志铭》(《宝日堂初集》一六)。

安。耿橘捕抓盗贼恢复治安,未处分完,就让他们跪在书院的庭院中,开始讲学,是特意要让他们听。讲完学,耿橘问"怎么样? 悔改吗?"他们都一起发誓悔改。他杖了盗贼后,判三年刑,给他们海边的荒地,让他们耕种,使他们重新成为良民。这是在书院讲学,结果让盗贼也成为其对象之例,其中,可以说有着和使万人识良知的阳明学精神相通之处①。

[255]　　和耿橘交往颇深,也参加虞山书院讲学的张鼐在《虞山书院会语志》中所述,也可以称之为讲学理念的部分如下:

> 得道之人,神高于圣贤而虑下于舆隶。我自光明,别无倚靠。被四表,格上下,盖天盖地,开辟一人,件件皆自我性中流出。不经耳目,不贷知见。到此即见贤思齐、诵读尚友,都用不著。所谓神高于圣贤。既信得本体光明,舆皂厮养同是光明。愚夫不识不知,信口说来,皆我本体灵印。故曰:舜好问而好察迩言(《中庸》)。直是真见本体无毫厘增减处。所谓虑下于舆隶。讲学之会,的是如此。(《宝日堂初集》十一)

由此可以看到虞山书院的讲学方向:不是单纯读古人之书作学问,而是在舆隶等卑下的话语中也能见到本体的存在,通过"当下工夫",期待着人们的觉醒。

张鼐,字世调,松江华亭人。万历三十二年进士。也和东林书院关系很深,是为要在松江也开书院而奔走的人物②。

---

① 同第 173 页注②"邑有尚湖,故盗数。公布方略,逻船四面伏,而身乘小舟,泊湖中。夜半群盗集而劫之,伏发,盗皆就缚。并根株擒治其魁。魁故豪于鹹,横海上,负重侠名。公诛灭其家,里中党豪者弗喜也。乃公在官,邑中竟无盗。初,公获盗未穷,竟辄与士大夫讲学书院中,械盗跪庭下听讲。论已,引问其悔前事若何。盗皆叩颡,愿更始。公徐引去。越数日,卒痛杖之,编为鬼薪,畀之海滨硗确地,令耕而自食。又籍其名,朔望时稽察之。故盗感其更生,而渐改步为良民。"

② 关于张鼐,崇祯《松江府志》四十有传。他在《东林点将录》以外的名单中虽未被登录(参见本书后的一览表),但是他是和这一时期的东林书院、虞山书院有着非常密切关系的人物。

还应当注意的是,在这个书院中设有射圃这样的讲武厅①,重视武事。关于射圃中所设的圣智堂,顾大韶有《圣智堂记》,他反驳读书人不必习武之说,这样论说:

> 予观今古强弱之变,而深有慨于射之重也。三代而前,取士者必以射。其举于乡也,非射弗登。其选于泽宫也,非射弗与祭。其封建诸侯也,非射而中,则不得为侯。举国之缙绅学士,无敢以文事讪武备者。天下咸则而象之,一旦有事,人尽将也,人尽兵也。故中国之兵常强,而常足以控夷狄。(《顾仲恭文集续刻》)

[256]

他说科举考试,有制策,有词赋,有经义,而士大夫绝不关心射之事。认为这些有关军事之事,由"武夫健卒"之类去干就可以了,与他们无关。"武夫健卒"见此,也认为以武艺见长好像是可耻的,甚至连率军的将帅,也有连军事是何物都不知的情况。中国弱化,受到夷狄的威胁,其故正在于此。文和武,道和艺当合。不管虞山书院实际上是否进行了射的训练,作为私塾的书院,基于这样的理念,设有训练设施,就是应当注意的。况且他们还不仅是说防卫乡里,而是感到为了防止夷狄,保卫中国,读书人也有进行这样教育的必要。

此外,耿橘最为关注的是均田均役的改革和水利事业。关于这方面的情况,请参照滨岛敦俊的研究②。

在耿橘离任以后,赴任为常熟知县的是杨涟③。杨涟,湖广应山人。他在天启年间,弹劾魏忠贤二十四大罪,死于诏狱。然而,在此以前,作为知县在常熟,和东林党人亲密交往之事,历来未太被注意。但是,这作为他在天启年间活动的前提,有加以确认的必要。

---

① 关于射圃和讲武厅,《虞山书院志》的卷头,载有其图。
② 参见滨岛敦俊《明代江南农村社会研究》第二部第六章《明清江南均田均役法》(东京大学出版会,1982 年)
③ 杨涟,见《明史》二四四本传、《东林列传》三、《书院志》三三。

杨涟作为知县是在万历三十六年到四十一年。关于这其间的情况,《东林列传》三,杨涟条,这样说:

> (杨涟)万历丁未(三十五年)进士。授常熟县令。是时东林大兴。每讲会必至无锡,与顾宪成、高攀龙诸君子探性理之要,询治道之原。政暇,即与邑士子相勉励,讲道论德无虚日。每问民疾苦,徒行阡陌间。以是,遍知闾里利弊,称当代神君云。

杨涟为知县在任的时期,正是东林书院活动最活跃的时期。其间和顾宪成、高攀龙等交往,不仅性理之学,连"治道之原"即有关政治性的根本问题,也和他们议论。在这种情况下形成的政治主张,也反映在常熟的行政上,和耿橘一样,尽力于常熟的均田均役和水利的改革①。他和常熟士子议论学问和道德的场所,在这文章中虽没有特别指出,但是,那是在虞山书院的可能性是很大的。

(四)崇实会馆(桐城)

黄宗羲在前述东林学案中所载的呼应东林书院而起的书院,有加上经正堂的以上三书院,在此以外,还有若干书院和东林书院有着交流。在此,想谈谈方以智曾祖父、桐城方学渐主宰的桐城崇实会馆②。

方学渐(1540—1615)③,字达卿,别号本庵。《明儒学案》中列入《泰州学案》(卷三五),黄宗羲对他的学问,这样评说:"受学于张甑山(张绪)、耿楚倥(定理),在泰州一派,别出一机轴矣。"对王学左派的无善无恶说,有明确的批判。据说嘉靖四十五年成为诸生,同时和

---

① 《东林列传》三。
② 关于崇实会馆,据叶灿《方学渐行状》(《桐城方氏七代遗书》卷头)曰:癸巳(万历二十一年)上京应试后,访已成为大名府推官的儿子方大镇,回乡,"构桐川会馆,颜其堂曰崇实。……先生既开馆,日日与同志披剥性善良知之旨"。可知,这会馆的开设当是万历二十年代之事。
③ 方学渐,见《明儒学案》三五,泰州学案。叶灿《方学渐行状》(《桐城方氏七代遗书》)。

乡里的青年们结社"论文",恐怕是为了练习八股文。但是,他自己乡试一直没合格,其间其子方大镇却中了进士。此后,他就一直在桐城乡里主持崇实会馆,讲学。据说,在那里汇集的人有数百人。

崇实会馆有名为崇实会约的会规①。十二条中,现在残存的有如下十一条:

> (一)会有统,(二)会有期,(三)会有仪,(四)会有图,(五)会有辅,(六)会有指,(七)会有录,(八)会有论,(九)会有程,(十)会有章,(十一)会有戒。

这个书院,在统一(统)、定期的会合(期)、仪式(仪)、图(图)、补助(辅)、指针(指)、名录(录)、议论(论)、规定(程)、印章(章)、训诫(戒)之上,统一参加者之间的意志。在这样的意义上,是一种学校式的组织。似乎有相当数量的听讲者。

方学渐晚年在徽州的紫阳书院讲学,对徽州的学问有很大的影响。这一点,待以后再论说。他在七十二岁时,带着弟子三人访问东林书院。是万历三十九年,顾宪成去世前一年的秋天。在东林书院和顾宪成、高攀龙、安希范、刘元珍、张大受等讨论了二十天的学术②。在离开东林书院时,写了《东林别语》,高度评价在无善无恶说风靡的情况下,只有东林书院持性善论,对其进行批判,起到了中流砥柱的

---

① 崇实会约虽不得见,但是在第 180 页注①吴景贤《学风》四卷七期所载论文中,作为在徽州书院中也实行的内容,时而可以见之。

② 《东游记》小引(《桐城方氏七代遗书》所收):"辛亥秋,喟然叹曰:余年七十有二,马齿颓矣,斗极犹未之见。不以此时出游,访吾所神交者而印正之,缩缩然槁于桐川,窥观自丑,人生几何,安能更俟河清。乃放舟而东下,安述之、汪崇正、吴畏之从行。以八月上旬发,廿有六日抵东林,惟时顾泾阳及高公景逸、安公我素、刘公楚祭、张公弦所、顾公白馀诸君子实主会事,下榻馆余。邑中诸名贤,次第相见。幽讨剧谭,务寻学脉之所在。盖东林之学以朱为宗,而朱学之要领有超于传注之外者。考之往圣,参之近儒,未尝不会而通也。再越旬偕至毗陵,会于经正堂。钱启新先生主之。支郡名贤四集,迭为敷宣,各吐心得。"

[259]　作用。顾宪成也写了《千里同声卷》,作为回答①。

此后,方学渐前往武进经正堂,在那里和于孔兼、诸觐阳、孙慎行等再次讨论。在无锡和武进讨论的经过,后来汇成了《东游记》三卷②。

方学渐之子方大镇③,字君静,号鲁岳,是东林党官僚,后来和首善书院也有关。万历十七年进士。三十年代,为浙江巡盐御史,进行白粮的税制改革等,基本上采取和东林党一致的行动,在顾宪成死后的第二年,上《褒崇理学疏》④,在请求起用在野的邹元标等的同时,请把已经亡故的王艮、罗汝芳、顾宪成三人祀于故乡,并赐予谥号。这里说到的三个人,或令人感到其组合有点奇妙,而他的评价:即王艮以布衣卑下之身,任斯道,倡何人俱可成圣、万物一体之说,制乐学歌、大成歌,大励众人,可谓得"圣道之简易"者。罗汝芳益加发明良知,主孝、悌、慈于实用,以敬天命为实功,即使为官,于所到之处讲学,普及其学问,可谓得"圣道之广大"者。顾宪成在《小心斋札记》中说穷理之功、经世之谟,多集士人,影响及于近边之郡。可谓得"圣道之正直"者。

可知,方大镇并非偏狭地强调自己的主张,而是非常通达、从大
[260]　局的立场出发,来评价他们的作用的。

第四节　书院的网络——四大书院

前面一节,我们谈了以无锡为中心的江南地区的书院,及其相互间的交流。在远地的书院之间,相互也有人员的交往。天启五年八月八日,御史张讷攻击东林党时说"海内最盛四也,东林书院、江右书

---

①　177 页注②《东游记》二附录。
②　177 页注②之书。
③　陈济生《方大理传》。
④　方大镇《宁澹居奏议》。

院、关中书院、徽州书院,南北主盟互相顽长",指名的四大书院①中,除了已经谈过的东林书院以外,有:

(一) 江右书院(仁文学院)

江右就是江西,和阳明学的流行有关,原来是多有书院之地。张讷所指责的江右书院,当是和邹元标相关的吉水的仁文书院。因为邹元标和冯从吾一起,与设立首善书院有关,给阉党以很大的刺激。

仁文书院②,就是吉水原来的文江书院。由于张居正弹压书院而被封闭。其后,吉水知县陈舆相从民间买回,似是为因批判夺情被罢官的邹元标提供讲学的场所。张居正死后没多久的万历十一年,邹元标为了将此作为书院尽力奔走,代陈为知县的徐学聚将此作为仁文书院而复兴。据邹元标的《仁文书院记》,仁文这个名称的由来,是因为在吉水有叫仁峰的山和叫文水的河,还因为曾子有"辅仁会友"之说。邹元标这样谈到该书院追求的理念:

[261]

> 粤稽上古学校庠序,上无异教,下无异学,樵钓屠贩,即人而道在,即地而学寓。书院古未有也。……(宋代)书院遂遍域中、亦仿党庠塾序余意,辅学政之所未逮云。盖学政废弛,士师之所督责,父兄之所期盼,子弟之所传颂,惟占毕是习。稍一谈正学,相群讦哗,以为是不利进取。(《邹子愿学集》五)

他说,学校现在只限于科举的准备教育,在那里学生期待的,父兄期待的,只是为了立身出世。仁和文不是两个东西,义礼智信都是仁,正是在此中间,才得以存在并非"泛滥词章之学"的"宇宙至文"。过去张居正行"学禁",但是我们吉水在追求仁这一点上,丝毫也没有变化。我对诸君子期待很大。但是非常遗憾,在朝廷不得行此之学,所

---

① 参照本书第六章第 256 页。
② 仁文书院见邹元标《仁文书院记》(《邹子愿学集》五)。

以,我想在野行之。

(二) 徽州书院(紫阳书院)

徽州曾有很多书院①,但是不存在名叫徽州书院的,所以在此想谈谈作为这些书院中心的紫阳书院。它和东林党人余懋衡、汪应蛟等有关系。

[262]朱子出生在他父亲的任所福建尤溪,而原籍是安徽婺源,其父曾在歙县南面的紫阳山麓经营紫阳书堂,朱子自己也用该书堂之名。因此,紫阳成了朱子的代名词,在阐扬朱子学的意义上冠以紫阳之名的书院,在歙县有两个,在婺源有一个,这些书院和徽州的其他书院都有密切的联系,成为其中心的是歙县的那个。到了明中叶,这里也受到阳明学及其左派的极大的影响,王心斋、钱绪山、王龙溪、邹东廓等来访,盛行讲学。

据说,歙县的紫阳书院原来在县城内,正德年间,在和朱子有关的紫阳山中又新设了一个。由于张居正弹压书院,也都蒙害,在万历二十六年、三十一年、三十七年相继进行了改修。婺源紫阳书院的情况不明,恐怕一段时期也被封闭而作为三贤祠,冯时来在万历四十三年再建紫阳书院。

这些书院相互有联系,定期举行像学术讨论会那样的会议。当时,邑会,即县单位的会四季每季一次;郡会即汇集四郡(或六郡)的人士的大会,一般似在暮春(三月十五日朱子的生日)开一次。万历三十八年,崇实会馆的方学渐到此访问,主持讲会,批判无善无恶说,传布崇实会约。此处也有高攀龙等东林学的影响。

徽州出身,作为东林党活跃的余懋衡,曾就学于这歙县紫阳书院。余懋衡②,字持国,号少原,歙县人。万历二十年进士,最初赴任

① 徽州的书院见吴景贤《安徽书院志》(《学风》二卷四期~八期)、《紫阳书院沿革》(《学风》四卷七期)。
② 余懋衡见"明史"二三二本传。他的文集《余少原先生集》(《丁未冬稿·关中集·乾惕斋集·涧滨瘖言》)尊经阁文库所藏。

的是江西吉安的永新县。他会见当时在故乡吉水的邹元标,请他讲学,以此为机缘,万历二十五年,在那里建设了明新书院①。 [263]

他的《自敬吟》引言这样说到明新书院的讲学:

> 万历丁酉(二十五年)春,余知永新,建明新书院请太常王先生时槐,稽勋邹先生元标、侍御邹先生德泳,主盟振铎,为讲明德新民之学。凡五日。永新绅衿皆在,父老子弟圈听之者近万人,人人自得,如坐春风中。(《涧滨寱言》)

王时槐、邹德泳都是江西阳明学影响下的人物。说是万人,虽稍有夸大,但可见永新县讲学之盛况。

余懋衡极重视讲学,在他的《讲学论》(《丁未冬稿》)中,论说了"讲学乃人生一大事"的主张。他认为:现有嘲笑讲学为迂阔事之风,那是他们只有"自私",没有认识到"吾"和天地万物为一体,要把天地万物"范围曲成"的责任。醉心于富贵利达,始终于不必要的诗赋之学,不追求高远的理想,抱有源于老、庄、佛教的错误思想又不进行批判。其结果也就成了那样迂阔之物。所谓讲究学问,是研究深奥的哲学(辨析机微),磨炼高超德性,扶持天的道理,人的道德之事; [264] 是培育国脉、寄与民生的事业;是穷天人之奥义,写可说服异论的文章之事。连成圣的孔子也忧虑不得讲学,对于我们来说,讲学乃是人生一件大事。

又,他在《邦本论》(《关中集》)中,引用《书》的"民为邦之本"和《易》的"我观生观民也",论说国家的安宁根本上要通过民的安定才能得到,有如下的议论:当国家成立之际,君主知民众的艰辛,经百战而制中国,所以朝夕和贤士大夫论历代兴亡,恐怕乱行而失民心、短天命。正因为如此,税金是"量出制入",支出是"量入制出",一钱一尺,也不从民众那里多榨取。多余的徭役,珍品的贡纳,全部停止;

---

① 邹元标《明新书院记》(《邹子愿学集》五)。

压低税金,不取正常之外的;刑罚虽严厉,但因为与民休息不怠教化,人民喜而服从之。

这样,讲学对于他来说,是和"天地万物"为一体,是具有把"天地万物"、"范围曲成"责任的"吾"所当行的人生重大之事。作为为政者,必须和当地的士大夫一起研究历史,议论政治、经济,以求不失民心。据说他在永新,不仅"课农事,讲约令,劝孝弟,立义仓",而且制"官解之法",将其普及到江西,恐怕就有这样的信念和与"贤士大夫"讲学的背景吧。

[265] 另一个徽州出身的东林党,和紫阳书院有关系的人物是汪应蛟①。汪应蛟,字潜夫,号登原,婺源人。万历二年进士。从王学左派的耿定向学,到福建兴泉赴任后,和耿定理的门人李贽一起讲学。朝鲜之役时,任天津巡抚,为了确保军饷,主张开发水田,振兴农业,充分发挥了作为理财家的作用。他的文章,后来由陈龙正汇集成《理学经济编》,在序文中评曰"语理学以平实救虚无,语经济独以垦荒救聚敛",认为乃是"当今理财百执事之名师",给予高度评价。汪应蛟回故乡后,主持过四邑六郡(恐怕是紫阳书院的)大会,在此大会开会时,曾和邹元标、冯从吾、高攀龙、史孟麟等相互交换意见。天启初年为户部尚书。

(三) 关中书院

西安关中书院的中心人物是冯从吾②。冯从吾(1556—1627),字仲好,号少墟,长安人。他曾从当时为陕西提学御史的许孚远学。许孚远在正学书院恢复后,在那里讲学。在《明儒学案》中,冯从吾、许孚远都列入甘泉学案(卷四一)。

冯从吾,万历十七年进士,为山西道御史,对当时的内阁持批判

---

① 汪应蛟,见《明史》二四一本传,《东林列传》十六。关于四以六郡大会,见康熙《婺源县志》九,汪应蛟条。还有同书五,建置学校条,载有汪应蛟有关该书院之《记》的一部分。还有,他的奏疏,被汇成《津门奏疏》和《抚畿奏疏》)。

② 冯从吾见《明史》二四三本传,《明儒学案》四一。

态度,对罢免申时行一派的胡汝宁甚力。其后,因批判神宗怠慢而引怒神宗,要廷杖他,因有救护者,得以险逃其难,成巡盐御史。但是,在二十三年暮,神宗处分言官时,逆上意,和他们一起被削籍归里。此后,冯从吾时常在宝庆寺开会、讲学,聚集的人数日多,在那里收容　　[266]
困难,得汪可受等当局支持,建设了关中书院。那是万历三十七年之事,比东林书院的复兴迟五年,但无疑是受到东林书院复兴刺激的产物。

关于关中书院,周传诵等有《关中书院志》(万历四十一年序),载有书院的会约。据其所载,关中书院每月一日、十一日、二十一日召开三次讲学之会。但是在会上,禁止论及政治。会约有一条曰:

> 会期讲论毋及朝廷利害,边报差除。毋及官长贤否,政治得失。毋及个人家门私事、众人所作过失以及词讼请托等事,亵狎戏谑等语。(《关中书院志》三)

担心对于"农工商贾有志向者"来说,这些会约的诸条难以理解,就用要之,是尽力"做好人,存好心,行好事"这样通俗的语言来归纳,由此也可以看出对这些阶层参加讲学的期待。

此外,这个书院,也确实是以对要想科举及第之人的教育为目的,冯从吾有《关中书院科第题名记》一文①。

冯从吾也和余懋衡一样,非常热心讲学。万历四十五年徽州大会之际,他受到余懋衡、汪应蛟等人要求一定派人参加的邀请,但结果还是托人回拒了,在给余懋衡的书简(《答余少原廷尉书》)中这样说:

> 道体无穷,学问无尽。学者不广求师友,纵下苦功,终无长进。故先师当年辙环天下,周流四方,岂漫游也哉。正所以寻师　　[267]

---

① 《冯少墟集》一五。

取友,讲明学问也。而或者不知,谓专欲得君行道,以求一遇,则误矣。贵郡大会,尤不肖所愿分一尺光者。远辱台命,此正可以明证学问一大机会也。即跋涉,岂敢有惮焉。第病体支离,蹒跚不前,奈何。惟老公祖时惠鞭影,策我桑榆,则虽隔数千里,与会讲一堂无异。(《冯少墟集》十五)

在这里,可以看到比起遇见君主受到提拔来说,寻求师友,磨砺自己的学问更为重要的想法。道的探究,在于广泛地寻求师友;要实现这一点,不是靠仕奉只是一人的君主,而应当在和师友交流的基础上实现。他还这样说:

讲学并非专教人,实是自家请教于人,若曰专是教人,是讲教非讲学也。教只是学中事。(《冯少墟集》二《都门讲》)

他认为:在教坛上,并非单方面的教,相互学习,才叫学问。那样的场合,就是书院。

冯从吾没能赴徽州的大会,但是从徽州到离开数千里的西安可进行这样邀请的话,可知书院和书院之间,有着跨越空间的密切交流。

[268]

书院本身虽说是作为私塾并带有各种不同的主张而被设立的,但是学问的交流却未必是学派式自由的,在那样交流的基础上,可称为书院的全国性的网络在渐渐形成。以下第六章中要谈到的首善书院,就是在那样的基础上产生的。

[269]

第五节　书 院 和 党

书院是研究学问,也就是探究"道"的场所,是以此为中介的人和人的结集的场所。但是,如果那学问是实践性的,且具有政治内容的话,从书院到朋党之间的距离就绝对不远了,朋友关系成为促成自身的政治性党派的形成,也就是当然的事了。反东林党者,视此为朋党,加以纠弹,那东林党诸人对于朋党究竟是如何考虑的呢?

本来东林党人被从政界罢免,是受到"专权""结党"的指责。对此,史孟麟等正颜回答:我们是相对于"辅臣私党"的"朝廷公党"。这已如前述。关于三十年代党争的具体经过,容待第五章中叙说,在此,想先明确一下他们对于朋党的基本看法。

关于朋党的议论,最为有名的,是宋代庆历党议之际,欧阳修反驳夏竦写的《朋党论》,关于该议论的背景和前后情况,有竺沙雅章的研究①。欧阳修在其中说:

[270]

> 大凡君子与君子以同道为朋,小人与小人以同利为朋,此自然之理也。然臣谓小人无朋,惟君子则有之。其故何哉? 小人所好者禄利也,所贪者财货也。当其同利之时,暂相党引以为朋者,伪也;及其见利而争先,或利尽而交疏,则反相贼害,虽其兄弟亲戚,不能相保。故臣谓小人无朋,其暂为朋者,伪也。君子则不然。所守者道义,所行者忠信,所惜者名节。以之修身,则同道而相益;以之事国,则同心而共济;终始如一,此君子之朋也。故为人君者,但当退小人之伪朋,用君子之真朋,则天下治矣。(《欧阳文忠公集》十七)

他认为,君子以道为媒介结朋,小人以利益为媒介结朋。在君子那里,以道义、忠信、名节相互切磋琢磨,修身仕国,所以,他们的关系始终不变化。与此相反,在小人的场合,所求的是利禄财货,所以,一旦没有了这些,忽然间结合就会变成疏远,没有可称得上真正意义上的朋。那是一些伪朋,也可以说,他们小人间没有真朋存在。这是欧阳修《朋党论》的旨义。

但是,如果按照竺沙的论文,这样的议论,是为了反驳反对派而

---

① 竺沙雅章《宋代的士风和党争》(《中世史讲座》六,学生社,1992 年)。

写的。在《唐六臣传后论》(《五代史记》三五)中论述了小人为了斥君子亡国而利用朋党,朋党为恶之说,前后未必一贯。然而,给予宋代士大夫以影响的不如说是后一种朋党论。

与此相反,东林党人,则是延续欧阳修的朋党论的同时,采取由于小人欲结朋党以排除君子,为了与其对抗,君子也不得不组成朋党。即使他们以这是朋党加以指弹,也不当解散朋党的立场。

[271]　　首先来谈谈赵南星。赵南星卸任以后,一直在故乡高邑(北直)家居,但是在其邸内,设有思党亭,追慕和他一起作为"党"被从政界赶出的人们。《思党亭记》(《味檗斋文集》八)就是叙说之所以建造该亭原因的文章。

万历二十一年京察之际,庇护赵南星的史孟麟说,如果内阁说他是党,那么我也是党,因而从政界离去。赵南星说到,当然不是在这个思党亭(汇集史孟麟等)开党人会。但是,在思党亭的壁上,有着他们的姓名。而且,就是那名称,也不得不说颇具挑战性。

有人见此,感到惊讶,质问他,说:《尚书》的《洪范》中有曰"无偏无党",孔子也说"矜而不争,群而不党"(《论语·卫灵公》),党乃是小人为了亡国而成的东西,你为何还要"思党"呢? 对此,他这样回答:那是因为把党和"偏"一起来论说,与"争"相联系来论党,所以才会如此。后汉以前,三代之末,虽没有"党"这样的名称,然而,不还是避免不了国家的灭亡吗? 还有,孔子不也说"吾党小子"吗? 在人伦中有父党、母党、妻党自不用说,不也有乡党之说吗? 由此观之,党的本身,并不就是恶。小人们和君子不同,欲以私心(私意)求富贵,相互离合(相为相左)。内阁利用这种状况,称我们为党,是为了要把和他们立场不同者全都彻底排除。然而,我们仕奉的是君主一人(虽然[272]　内阁称之为党),如对国家有益,则应当以党为喜,如果对国家无害,也就没有特地排除党的必要。现在我们还要反驳那不是党,而是为国尽力,不是没有意义了吗?

这样,赵南星虽受到作为党的诽谤,但是丝毫也不想否定。不仅如此,甚至还批判那些担心被称为党于己不利的想法,进而批判倒转矛头攻击过去的朋友以献媚当局的人。

　　这个思党亭建于万历三十五年,是在东林书院结集的人和反东林党的争斗终于不断激化的时期。他在故乡高邑,虽和东林书院的讲学没有直接的关系,但应当注意的是,在想起二十年代内阁和吏部的争论时,却未必否定"党"的想法。"思党亭"这个颇具挑战性的名称,不仅对于这个时期的政争,而且在考虑天启时期他们作为东林党人的政治活动时,也是极为重要的。

　　下面,来看看被认为是《万历邸钞》编者的钱一本的看法。在《龟记》三①中,这样说:

　　　　后世小人,动以党字倾君子倾人国,不过小人成群而欲君子孤立耳。或有名为君子,好孤行其意,即无党自命者,其中小人之毒亦深。

这也可认为是和赵南星基本相同的看法。《龟记》这一条写于戊申即万历三十六年,和《万历疏钞》的编纂几乎同时期,当是东林书院活动活跃的时期。

[273]

　　在此稍后,万历四十三年高攀龙写的《朋党说》(《高子未刻稿》)②也同样如此。他的《朋党说》沿袭欧阳修的朋党论,以对此反论的形式展开了议论。

　　如前所述,欧阳修认为小人是以利一时性的会集,这不可称为朋,断言"小人无朋",而高攀龙认为"小人也有朋",所以为了与其对抗,君子也不能解散朋。

　　他认为,欧阳修的朋党论确实是很杰出的议论,但"小人无朋,惟君子有朋",却是颇不完全之说。尧舜时代,九官组朋,四凶(共工、驩兜、三苗、鲧)也组朋,小人之"朋"也是有史以来就存在的。不应注

---

① 《龟记》,内阁文库所藏。
② 高攀龙的这个《朋党论》,同行的《高子遗书》中没有,只见于抄本《高子遗书》。

意到小人们没有了"利",倏忽间解散"朋",就疏忽地认为小人不组"朋"。以君子作为攻击目标的他们团聚的牢固性,正是应当注意的。

> 或曰君子为朋,小人为党。亦不然。《洪范》不曰淫朋乎?党有偏党之党,有党类之党。偏党之党,则君子不党之党也。党类之党,则各于其党之党也。偏党之党不可有,党类之党不容无。君子之相与也,取其大节,掩其小疵,破末俗之雷同,持必察之独见。小人以君子为偏党,岂偏党乎哉! 君子小人之相为朋党也,如阴阳然。不足害世也。(《高子未刻稿·朋党说》御部)

这样,他否定了君子之朋、小人之党的思想方法。认为,小人也有朋,君子也有党。朋和党,在实体上,并没有多大的区别。朋党本身并不是什么有害的东西。偏党之党即附和雷同的朋党应当排除,有"必察之独见",以君子的范畴集聚起来的类党之党,则不应解散。那么,为何古来以朋党之故王朝倾覆呢? 他说:

> 起于人主恶臣下之朋党,小人乘之,遂指君子为朋党,而尽逐之也。为小人者,不畏君子之指为朋党,而盛其党以逐君子。为君子者,惟恐小人之目为朋党,而疏其党以避小人。君子之势益孤,小人之焰日炽。君子所以立尽,朋党以亡国者以此。

这样,如果君子唯恐小人非难,解散朋党,成为亡国原因的话,那么君子为了对抗小人,当然必须积极地组成朋党。"君子为大臣",掌握政权,始得治天下。组织朋党时,当把小人中也有的凡庸之人,通过《易·泰》的"包荒",即具有包容力地积极吸收到党内,以求党的扩大。相反对于奸恶之人,当以同是《易·夬》的"惕号",即充分的警戒心加以排除,以求党的纯洁性:

> 君子之党盛,而小人之党散。天下之治,治于君子之党,而

非论于党之有无也。此道不明，君子反相戒为党，悲夫。

高攀龙这样说，不如说是积极地肯定"朋党"。认为即使被朝廷、内阁指责"专权结党"，也不必害怕。

　　还有，丁元荐的《士风》中，也有这样的见解。他在其中这样说：

　　　　小人欲去君子而难其名，必指为党。欲去众君子而难于一
　　网，必冒之以党。甚至空国而逐之。而公正发愤者，曾不得一张
　　喙，一张喙又指为其党矣。治天下者，与其急于去其党，阴堕小　　　　[276]
　　人之术，不若分别君子小人，勿疑勿贰，急进退之。……天地之
　　间，有阴阳必有善恶，有善恶必有君子小人，有君子小人，必有君
　　子小人之党。"君子不党"而同道者不能不合。(《尊拙堂文
　　集》①二，《士风》)

这样考虑的丁元荐，把以势、情、利组成的党视作"私交"加以否定。
"势"是指由科举的师座、门生等关系组成的；"情"是指以同年同门
或同乡关系组成的；"利"是指以金钱授受关系组成的。而以同道组
成的君子之党，对任何小人的非难都没有恐惧的必要。"天下万世之
公议"会证明该党的正当性。因"专权""结党"，孙铖、赵南星受到处
分，此后相继下野的东林派人士所采取的，不如说是这种对朋党的积
极肯定论。那是超越了以道德和学术为媒介的朋友结合，也可以说
是一种政治结社，是可成为政治改革承担者的组织。在东林党的基
础中，存在着如以上论述那样的他们对于社会性实践的意欲，以及把
他们结合起来的书院的网络。　　　　　　　　　　　　　　　　　　[277]

补　记

　　校完本书后，最近在中国编纂的《中国历代书院志》全十六册

---

① 《尊拙堂文集》，北京图书馆藏。

（江苏教育出版社，1995年）终于得以到手。其中，包括有严毅《东林书院志》（康熙刊）、张鼐等编《虞山书院志》十卷（或是十五卷中的十卷?）、《关中书院志》二卷等许多和本章有关的史料，非常遗憾，未能来得及利用。

[282]

第五章　东林党和李三才

第一节　李三才和矿税之祸

有《东林点将录》这样一本书。那是天启年间,阉党王绍徽选东林派人士,分别比照《水浒传》中的 108 条好汉,献给宦官魏忠贤的[1],对东林派的弹压,就是根据这个黑名单进行的。据说,东林派主要成员由此被一网打尽,一个也没有逃脱。

这《东林点将录》的开卷第一人,就是开山元帅托塔天王南京户部尚书李三才。所谓托塔天王,是作为侠气的"保正",成为梁山泊创始者的晁盖[2],李三才也被置于那样的位置。对于东林派来说,他是与此相似的重要人物。但是,正如当时有种种非难所示,李三才在个人的道德上确是有些问题的人物,因而也存在着和他结合,对东林派未必起到有利作用的情况,顾宪成的《自反录》(《顾端文公遗书》所收)以外,现不存在东林派方面作成的汇总记录和史料。还有,李三才所著的《无自欺堂稿》、《双鹤轩集》、《诚耻录》等,在明末就已经亡佚不存[3],

---

[1]　据《明史》三〇六《王绍徽传》。《东林点将录》的内容文秉的《先拨志始》上收录,据文秉所说:王绍徽还作有《东林同志录》,罗列诸贤姓名。又韩敬也作《东林点将录》计108 人,邮送北京。为此,诸贤罹祸,一个人也没有逃脱。《东林点将录》原来传为王绍徽所作。《同志录》未传。或韩敬是根据王绍徽的原本增改而成。关于作者有诸说。参照本书第六章第 261 页注[3]。

[2]　但是,晁盖并未列入《水浒传》的 108 名好汉中。

[3]　孙承泽《李淮抚三才》(《皇明文海》八八)。

除了《明史》本传以外,传记资料也很少①。

　　但是,汇集他的奏议而成的《抚淮小草》一书,过去读朱倓的《东林著述考》(《广州学报》1卷1期,后收入《明季党社研究》),有"家君有明刊本"这样的注,据此可知原为朱希祖所藏。写出旧稿后,我一直寻求此书,都没有结果。然而,在一个偶然的机会,知道了东京大学综合图书馆藏有此书。那是眼下中国以北京图书馆为首的各地图书馆目录中都未见的极为贵重的资料。

　　《抚淮小草》全十五卷,又称《漕抚小草》。卷首有祝世禄、朱吾弼、陈璧的序(以上都是万历三十年)以及李三才的自序(万历二十八年),卷末有董基(万历二十八年)、沈淮(万历三十年)、扬州知府杨洵(无时日,万历二十六到三十年在任)、推官徐基(无时日)的后跋②。那都是淮扬巡抚李三才万历二十七到三十一年的奏疏,几乎就在同时代编纂而成之书。以下第二节要论说的有关矿税之祸的三篇有名的奏疏以外,有关赵古元反乱的长篇奏疏也包括在内。本章就想利用此《抚淮小草》,以李三才为中心,对万历二十年代末到三十年代的东林党的党争,加以论说。

　　李三才(1552—1623)③,字道甫,号修吾,祖先是陕西临潼人,后移到通州的张家湾。通州,不用说,是明代漕运的重要地点,从南方运来的漕粮,在这里上岸,存放通仓或运往京仓。父(字德润,号次

---

① 李三才,参见191页注③所列之书,及陈鼎《东林列传》一六,顾宪成《赠山东金宪李道甫叙》(《泾皋藏稿》八)、《奉贺修吾李先生晋左副都御史序》(同书九),高攀龙《大司徒修翁李先生七十序》(《高子遗书》九下),曹于汴《修吾李先生巡抚江北序》(《仰节堂集》二),沈鲤《李中丞生祠记》(《亦玉堂稿》七),叶向高《修吾李先生像赞序》(《苍霞草》七),文秉《淮抚始末》(《定陵注略》九)等。
② 《抚淮小草》,此外见顾宪成《中丞修吾李公漕抚小草序》(《泾皋藏稿》六),赵南星《漕抚小草序》(《味檗斋文集》五),叶向高《中丞李公抚淮疏草序》(《苍霞草》六),邹元标《漕抚疏草序》(《存真集》二)等,东林党关系者的序,分别收录在各自的文集中。
③ 关于李三才的生年,在《第三停罢矿税自陈疏》(《抚淮小草》四)中有曰:"去年臣出都,于时臣年四十八耳。"则上此第三疏的万历二十八年的前一年即二十七年"四十八岁"。如是,则其生年当在嘉靖三十二年(1553)。高攀龙的《大司徒修翁李先生七十序》是天启元年,天启三年殁时,李三才当七十三岁。

泉），似在通州经营商业。父殁后数十年，受李三才的委托，东林派的　[284]
阁臣沈鲤写的《次泉公神道碑铭》这样说：

> 生不好弄，初业儒不就，乃弃去业贾。然非其好也，尝入市、
> 市布四得八，归知其人误也，不及饭，走还之。又道拾遗金五，悬
> 诸门以待遗者，毫无所隐。是时公正贫，尤人所难云。（《亦玉堂
> 稿》十）

据此，其父是从事棉布贸易，并不富裕的商人。户部员外郎的头衔，
不过是因其子李三才之故被追封的，他本人似作为一个市井的商人
终其一生。追溯父以前，家系中也没有像官僚的人物。

这个神道碑还说：

> 无何，道甫成进士，授户部主事。部商多里人，不无望公居
> 间，公一切谢绝之。

所谓部商，是出入户部的商人，因为从通州张家湾这一交通上的要道
出身的话，李三才和通州的商人们有密切的关连是可以想像的，然
而，他不愿援助旧知商人们对私人利益的追求。

李三才万历元年（1573）乡试合格，座主是后来成为首辅的王锡
爵。如后面所述，李三才暴露了王锡爵的密揭，阻止他的再出山，但
在当时，王锡爵似对他抱有好意和期待。沈德符说："李为娄江（王锡　[285]
爵）癸酉乡试门生，师弟最相得。"①次年（1574）中了进士。为户部主
事，而稍后八年，顾宪成也中了进士，成了户部主事②。李三才和顾宪
成的关系，就是从那时开始的。年龄上也基本上是同辈。当时，赵南
星也在户部任上③。东林派的人际关系在逐步形成。在此时，他还和

---

① 沈德符《万历野获编》七《内阁密揭》。
② 顾与沐等编《顾端文公年谱》万历八年。
③ 同上，万历九年。

魏允贞、李化龙一起论及经世济民,结为深交。

万历十一年,魏允贞上《条陈救弊四事以弘治道疏》①而被贬职。如第一章所述,张居正要把权力集中到内阁,关于官僚的人事,也要逐一向内阁"请教"。魏允贞反对这样的集中权力,同时上言,阁臣在任其间,当延期其子弟的殿试,以避不正之嫌疑。那是在张居正死后,指责其子弟三人的科举合格有疑问,而且也是为了牵制当时现任阁臣张四维、申时行之子的殿试所采取的行动。魏允贞被责此上奏过当,因而贬职。而李三才因反对这样的处分也被降职为山东省的推官。在当时,支持魏允贞是要有相当勇气的。张居正死后,在向内阁集中权力的批判高涨之际,李三才受到这样的处分,应当注意。

此后,李三才转为南京礼部主事。那时期,魏允贞在南京吏部,李化龙在南京工部,邹元标在南京刑部,据说,他们时常"连镳出游",受到人们的尊敬②。接着,李三才历任山东佥事、河南参议、同副使、山东学政、山西学政、南京通政参议、大理寺少卿。其间,看重他政治手腕的王锡爵曾招聘他到幕中,但被他拒绝了。

当时,使政局动荡的是所谓的立太子问题。通过围绕着这个问[286]题的论争,东林派和反东林派的对抗关系渐渐形成。但是在这个问题上,没有李三才发言的痕迹,对于座主王锡爵的三王并封策,他采取了怎样的立场呢? 不得而知。

由于这一政争,东林党系的官员多被赶下野。此后,在赵志皋内阁时产生的,就是作为万历恶政而著名的矿税之祸③。那时以万历三大征的资金支出以及二十四年、二十五年宫中的两宫三殿失火为理由,派遣宦官到各地,以开发矿山和征收商税为名目进行的彻头彻尾的掠夺。关于矿税,《明史·食货志五》这样说:

———————————

① 《万历疏钞》一。

② 同第 191 页注③。

③ 矿税问题参照谷应泰《明史纪事本末》六五《矿税之弊》,丁易《明代特务政治》第三章《全国经济的大搜刮》,南炳文、汤纲《明史》下十五章三节《明神宗的大肆挥霍和流毒全国》。

于是无地不开。中使四出：昌平则王忠，真、保、蓟、永、房山、蔚州则王虎，昌黎则田进，河南之开封、彰德、卫辉、怀庆、叶县、信阳则鲁坤，山东之济南、青州、济宁、沂州、滕、费、蓬莱、福山、栖霞、招远、文登则陈增，山西之太原、平阳、潞安则张忠，南直之宁国、池州则郝隆、刘朝用，湖广之德安则陈奉，浙江之杭、严、金、衢、孝丰、诸暨则曹金，后代以刘忠，陕西之西安则赵鉴、赵钦，四川则丘乘云，辽东则高淮，广东则李敬，广西则沈永寿，江西则潘相，福建则高寀，云南则杨荣。

另外，说到商税的征收，派遣到李三才故乡通州张家湾的张晔（一作烨）是最早的①。可以想像，李三才特别关注对故乡通州商人的收夺情况。关于商税，同是《明史·食货志五》接着这样说：

其后高寀于京口，暨禄于仪真，刘成于浙，李凤于广州，陈奉于荆州，马堂于临清，陈增于东昌，孙隆于苏、杭，鲁坤于河南，孙朝于山西，丘乘云于四川，梁永于陕西，李道于湖口，王忠于密云，张晔于卢沟桥，沈永寿于广西，或征市舶，或征店税，或专领税务，或兼领开采。 ［287］

开矿和税务兼任的情况也很多。

派遣的宦官大多无视法律而一意苛求。不问有无矿山，不问是否是商人。所有的人都成了收取掠夺的对象。矿税只不过是榨取的名目而已。田大益在《陈矿税六害疏》中这样说：

内臣务劫夺以应上，集矿无穴，税必无商。民间丘陇阡陌，皆矿也，宦吏农工，皆入税人，公私骚然，脂膏殚竭。（《明臣奏议》一三二）

———————————

① 《神宗实录》三〇三，万历二十四年十月乙酉。

其总数,据说仅万历二十五到三十四年的九年间,就达近 569 万两①。这个数字还只是正式送入内库的,实际上,数倍的银子被宦官和手下中间捞取掉了。

《万历疏钞》卷二九,收有反对矿税的十八篇奏疏。可以看到矿税之祸引起的地方上的不测事态以及对官僚们对于矿税的严厉批判。

为了矿税派遣的宦官们,由于作为皇帝的敕使,要求丰厚的招待,成了地方衙门很大的财政负担。据说他们一旦被派遣,就要十倍的旅费,十倍的衙门费,十倍的轿骑(舆台)、接待(禀禄)费。这之外,[288] 一个宦官,要数百人成群地为其做先导,有的手下之人做坏事,所以地方衙门必须拿出数百倍于此的费用。虽说用了这样庞大的费用,取得的矿税实际送到内库的只不过是数百分之一。为了向内库进奉,使国家地方的经费紧迫,他们无底的榨取,使地方贫困到了极点②。

而获派遣的宦官,骗得敕命,只要说是商税,可在钞关以外随时随地收取。如北京附近的地区,在交通要道的西红门和庞家店二处征税,其间仅仅三十五里,往来的小商们为了进北京,就必须在两个地方纳税。傅好礼的《假官抽税乞赐絷究以苏畿甸疏》中,这样描述了当时的状况:

> 不论大车小车,驴驮人肩,或戴或负,不论杂粮、蔬果、薪炭、鸡鹅牛羊,或携一菜负一斗粟以过者,无不阻拦抽分。与者放行,不与者留住,或剥去衣服以为质当。稍有不从,竹板木棍,一齐乱打,强狠之状,无异劫夺。昔称折利剥民,秋毫无遗,算及商贾,下及鸡豚者,亦不过是。(《万历疏钞》二九)

这些场所是和原来派遣前往的通州张家湾、天津卫遥隔 200 里以上

---

① 第 194 页注③南炳文等《明史》七六四页。
② 刘曰宁《群邪误国直陈利害疏》(《万历疏钞》二九)。

的地点,怎么也说不上是那里的派出机构。这样广义地解释钞关、收税,是过去没有过的事。完全是"无名之税"、"非常之虐"。傅好礼认为,"辱国虐民,无甚于此"。

派遣宦官所收的商税,涉及这样的小商人,不仅压迫了本来就很艰辛的他们的生计,连商品的流通也受到明显的阻碍。　　　　　　　［289］

而宦官们还不单单进行经济性的榨取,他们被允许投送供皇帝亲自收看的信件,可对妨碍开矿、收税者,毫不手软课以处罚,甚至连地方官僚的免职都随其所欲。可以说,官僚和人民的生杀予夺,完全被掌握在既是皇帝私人派出的征税人,又是特务的那些宦官之手。这样,皇帝的私人的权力异常地扩大了,而公的官僚机构大半处于机能瘫痪状态。　　　　　　　　　　　　　　　　　　　　　　　　［290］

第二节　君　主　论

众所周知,对于矿税之祸,被称为民变的民众反乱在各地展开了激烈的斗争。外廷也一致反对这一暴举,其中断然反对矿税之祸,采取最果敢行动的是淮抚李三才。

他当时作为都察院右佥都御史巡抚凤阳,凤阳以外,还管辖淮安、扬州,作为盐的集散地,又是商品经济最发达的区域,可以说处于深刻感受到矿税之祸的地位。

万历二十八年六月,李三才反对矿税之祸,上了有名的《第一停罢矿税疏》(略称第一疏,下同)①,对此,神宗没有任何表示。关于矿

---

① 关于矿税的三疏,收录情况如下:

《第一停罢矿税疏》:《抚淮小草》三(万历二十八年五月十七日)、《万历疏钞》二九《政乱民离目击真切疏》、《神宗实录》三四八,万历二十八年六月丁丑。

《第二停罢矿税疏》:《抚淮小草》三(万历二十八年六月二十五日)、《万历疏钞》二九《万民涂炭已极乞赐省览疏》、《神宗实录》三四九,万历二十八年七月癸丑。

《第三停罢矿税自陈疏》:《抚淮小草》四(万历二十八年八月十八日)、《万历疏钞》收录,《神宗实录》亦有收录。

第三疏的内容,是在第一疏、第二疏的基础上展开议论的同时,还提到,当今最可畏的,不在"夷狄侵凌"或"寇盗扰攘",而在民心的离反,民心有关天命。

税的上奏，神宗是“束于高阁，一切省之”①。七月，他又上了《第二停罢矿税疏》，再到八月，上了《第三停罢矿税自陈疏》。在这三疏中，他不是追究被派遣的宦官的责任，而是追究派遣他们的神宗自身的责任。不仅如此，他还从根本上探讨了君主自身的存在方式，展开了也可以说是一种君主论的内容。如据《抚淮小草》的自序，为万历二十八年，那么，这些奏疏也许是在意识到会同时公开的情况下写成的。以下，总此三疏，介绍他独特的君主论。

[291] 他在论说当今天下有着“存亡危机”之后，这样说：

> 夫天下之患，莫大于忌讳而不敢言，尤莫大于固拒而不受言。忌讳不敢言，罪在下，犹可说也。固拒不敢受言，责在上，不可说也。（《第二疏》，《抚淮小草》三）

认为臣下应有言论的责任，君主有接受臣下言论的责任。特别强调了君主责任的重要性。而关于君主和人民之间的关系，他这样说：《书经》有曰：“天视自我民视，天听自我民听”（《天命》。译者按：原文如此。然此语当出自《泰誓中》），这是说民之视听，无异于天之视听。君主对于“民心虑口宣”的事，决不当拒绝。不能说“以民为弱”、“民当下”等等。从“天佑下民，作之君”（同《泰誓》）这一点来说，君主确是“民之主”，然而如果从“得乎丘民而为天子”（《孟子·尽心》）这一点来说，民又肯定是“君之主”，在这里他明确地断言：“民又君之主也”。因此，君主拥护人民的利益，乃是当然的义务。

> 故省刑薄敛，视之如伤，爱之如子，人主能为百姓之主。然后奔走御侮，尊为元后，戴为父母，百姓亦长为人主之主。
> [292] （同上）

---

① 《第二疏》中这样说：“数日以来，远迩传闻。凡有章奏，但系矿税，即束高阁，一切不省。臣且信且疑，且惊且骇。信斯言也，是治乱存亡之机也。”

君主只有这样，方得为"百姓之主"即人民的主人，人民也得长为"人主之主"即君主的主人。百姓人民是"君之主"、"人主之主"，所以主权在人民一边。这是和《明夷待访录·原君》所说的"古以天下为主，君为客"同样的思想。

　　如有国土，必有人民（众）存在。人民当然认识到朝廷的存在。但是那些人民被迫奋起时，他们也会成为朝廷的敌国。在人民中，有着足以可和君主对抗的非常巨大的力量。

> 夫天下非小，草泽之人至广且众也。……今乃驱之使乱，逼之令反。一个背去，百群遂奔。臣惧百姓之不肯为朝廷之主。……试观叔季之世，所以亡人之家国者，岂在勍敌外患哉。民心一去，天命随之。历代相传之业，斩焉绝矣。（《第二疏》）

[293]

接着，还这样说：

> 夫皇上之位，上天所托之位。皇上之天下，祖宗所授之天下也。天以大位托之皇上，岂以崇高富贵独厚一人，盖付以亿万生民之命，使司牧之也。故曰天子，言代天子万民也。则凡寒者衣之，饥者食之，一民不得其所，皆子民者之责也。祖宗以大统传之皇上，亦岂以崇高富贵私其所亲？盖授以亿万生民之命，使安养之也。故曰嗣君，言继祖宗为民主也。则凡寒者衣之，饥者食之，一民不得其所，皆主民者之责也。（《第一疏》，《抚淮小草》三）

根据李三才的说法，天下乃天（也就是民）之所托，也是祖宗所委托者。皇位自太祖高皇帝以来，代代相传，然而，太祖的兴起，说到底为什么可能呢？那是由于元的政治紊乱，苛敛诛求，人民终于不能忍受了。因此对元完全断念而奋起，托命于太祖（万民不忍，共托命于太祖），太祖高皇帝受此人民的委托，得以平定天下。承继这祖宗的大

统,皇上一家独占"崇高富贵"是否好呢？所谓"嗣君"，就是嗣此祖
宗之大统，而成为"民之主"。受冻者给衣，饥饿者给食，让人民每个
人都不失其所，这是作为民之主的责任。

在这里，明确的以元明的鼎革作为革命，他的态度是，在继承那
[294] 个革命的立场上，来认识今日君主权成立的根据。

虽说天子代天子万民，嗣祖宗保宗社，但是以天子一人之力，毕
竟不能治天下。因此，要设官僚，以巡抚安抚一地之民，以巡按按察
一地之民。这样尚且还担心人民的利益有受害的情况，才设知府、知
州、知县等官。官僚当分担天子的责任。然而现在，君主和官僚的现
状又如何呢？

> 夫民心之离反，臣今不暇论。社稷之安危，臣今不敢论。独
> 念皇上天托以司牧之任，乃甘为掊克之举，祖宗传以安养之众，
> 而顾使罹此流亡之祸。清宫静夜，试一思之。圣心忍乎、不忍
[295] > 乎？安乎、不安乎？臣知其决不忍且安。且一人之心，千万人之
> 心也。皇上爱珠玉，人亦爱温饱。皇上忧万世，人亦恋妻孥。奈
> 何皇上欲黄金高于北斗之储，而不使百姓有糠秕升斗之储。皇上
> 欲子孙千年万年之计，而不使百姓有一朝一夕之计。试观往籍，朝
> 廷有如此政令，天下有如此景象而不乱者哉。(《第一疏》)

确是非常痛彻的君主批判。他自然不期待君主是像尧舜那样的圣
人，而是作为有着"爱珠玉"、"忧万世子孙"等极为普通欲望的人，论
说要认可人民百姓的这种普通的人的欲望，也要让他们的欲望得以
实现的必要。说：如果不这样，民心离反，革命必至。必须承认，从
这里到肯定革命几乎只有一步的距离了。

那么，当为天子分担责任的官僚方面又如何呢？他们也为君主
的私利，专事矿税奔走，那就是现实。

> 今采抽踏勘，俱会抚按，少有异同。动被切责，起解征收，任

委各司,驾言阻挠,便被逮系。是上自皇上,下至抚按百司,无非
为矿税计也。故谓臣等为巡扰可也,为巡害可也,知税知矿知盐
可也。岂上天所以托皇上之意哉?岂祖宗所以授皇上之意哉? [296]
亦岂皇上所以设官命名之意哉?(同上)

官僚也只为矿税奔走,完全没有认识到分担君主统治权的责任。这
样的状况,和设置地方官的本来意图正相反。

在这样展开君主批判和官僚批判的同时,他涉及到了矿税之祸
的具体情况。在他所管之内,徐州有陈增,仪真有暨禄。关于盐课,
在扬州有鲁保;关于芦政,有邢隆。在广大的区域内配置的宦官如星
罗棋布,完全就像是要捆绑谋反之人那样。在这样的情况下,亡命无
赖之徒随从他们,含山的潘元等,和州的陈所蕴等,淮安的马如壮等,
扬州的蒋季柔等,瓜州的酆奎等,仪真的吴大川、汪三等,泰州的郭实
等,宿州的顾其礼、戴环等,他们伪造印信,公然胁迫人民。特别恶劣
的是陈增手下的程守训,诈称皇上之旨,不断苛求,十家有九家被逼
得破产。不仅如此,宦官中甚至还有破坏坟墓,挖出随葬品,捞取金
银者。这是连盗贼都不为的、不可容忍的行为。生者泣于无实之罪,
连死者都受虐待,不得安息之地。在此之中,确实不断出现革命的征
兆。这样下去,人民恐怕就要拒绝朝廷为"民之主"了。

面对这样的事态,只是"一言以塞责",不以言论进谏君主,乃
"误国是",可谓"不忠"。当此国家危急之日,"苟且逃难",只想保全
一身,乃是"弃国",也可谓"不忠"。对于他来说,"忠"这个词,已脱
离了君主个人,是作为对国家而言的。君主和臣下的关系,是以对国
家的忠诚、对百姓人民的责任为媒介形成的,对君主个人恣意的盲
从,决不是"忠"。这样就打开了根据百姓的利害,臣下公然地批判君 [297]
主的道路,和东林书院在《丽泽衍》中所说,要把朋友关系纳入君臣关
系中,是同样的意思。

李三才的主张,如果考虑到这是在上疏这样的限制中叙说的话,
可以说,那是几乎展开到了极限的君主批判和革命的论说。如果脱

开上疏这样的限制,让他全面地展开其论说的话,那究竟将会是怎样的呢? 这是令人关心的。遗憾的是,如前所述,他的文集之类没有留存。

像这样围绕着矿税之祸对神宗的严厉批判,当然不只李三才。据说一百多封的上疏中的多数①,都是用过去没有过的、激烈的语言,批判矿税之祸。不过李三才的上疏,不单单议论派遣宦官的横暴,而是通过从根本性地追究君主的存在方式,严厉地追究神宗个人的责任,在这一点上,有着非常显著的特征。

在读李三才的这些上疏时,我们感觉和《明夷待访录》的《原君》、《原臣》相仿佛,应当注意的是,围绕着矿税之祸,已经展开了这样尖锐的君主批判。可以说,《明夷待访录》就是把这样对个别的具体的君主的批判,扩大到一般的君主,在这样的前提之上,构想了为了限制君主权的政治体制。

[298]

第三节　矿税问题之后

（一）

李三才不是只用言论来批判矿税之祸。在他的管辖之下,用各种各样的手段来阻止派遣宦官的收夺。特别有名的是对陈增②及其参随程守训。

陈增是派遣到全国各地的宦官中最臭名昭著的。他被派遣到山东,开发矿山,当地的官僚如有对此加以批判的言辞,立刻就以违逆敕命的理由,逮捕拷问。益都知县吴宗尧纠弹其贪横,反而被加上莫须有之罪,在诏狱中弄成重伤。巡抚尹应元列举二十条大罪,纠弹陈增,这次是科以罚俸处分。进而,陈增还有意识地扩大吴宗尧事件,

① 《明史》三〇五《高淮传》。
② 《万历野获编》六《陈增之死》。

甚至把没有关系的地方官、小商人连坐进事件,抄没家产,那几乎就是盯准财产、公然地进行掠夺。

陈增的参随程守训是徽州歙县的无赖。通过纳银得了个中书的位置,和陈增结成侄婿关系,利用其权势,在李三才所在的淮扬一带,干尽了坏事。为了掠夺金银财宝,叫人密告商人等有钱人的名单,以无实之罪逮捕,加以拷问,没收财产。淮扬的商人们无不战战兢兢,被不知何时会受到密告的不安所笼罩,甚至出现了到其他地方避难的情况。用"钦差总理山东直隶矿税事务兼查工饷"的名称,打着皇帝权威的幌子,贪得无厌地反复榨取。

[299]

但是,程守训也怕李三才,没有靠近他。不仅如此,还中了李三才之计,结果弄得丢了官,丧了命。陈增从李三才那里听说程守训不仅私藏了收夺的一半财产,拥有大量的财富,而且还有着图谋不轨的阴谋,结果把程守训出卖了,因此程守训被处死。然而此后陈增自己也就无法很好地搜刮,令神宗不高兴,结果也自杀了。那是在万历三十三年。据说,惴惴不安的当地商人们,以"歌舞"来庆贺。

当时,流传着李三才匿藏了陈增巨大财产一部分的流言,但沈德符在谈了上述经过后,这样说:

> 说者云,淮抚匿(陈)增金巨万,所进不过十之一二耳。此固未足信,即有之,诛翦长鲸,其功不细,以此酬庸,亦何不可。(《万历野获编》六《陈增之死》)

还有,对于李三才的活动,沈鲤的《李中丞生祠记》中这样说:

> 公既以陵寝地脉国家根本,感动朝庭,已柝羡、芦税,罢矿务而撤邢隆矣,乃以简书惧诸珰,珰稍稍辑,不敢动,而江淮间获喘息于斯须。无何,当轴者忌中丞能,令回籍去,又不令得代,凡数阅月而代者无主名。于是群珰之役狐假者以百数,珰役之役猴冠者以千数,料民而食,规利而趋,害商不已。剥及于民。攘富

[300]　　不已,剥及于贫。噬肤及骨,噬骨及髓,千金之家,旦暮立尽,万
夫之命,沟壑立转,而呼天乞命于牙纛旗鼓之下者,彻霄渊矣。
公乃作而曰:玙第五日我耳,故鱼烂吾民也。吾一日在,即朝廷
一日之臣,民吾一日之民。吾能坐视民水火中而焚溺之耶? 乃
出视事,催代之疏日上,严缉之禁日下。……公以既去之身,当
诸玙方张之焰,抗雷霆之威而出涂炭之赤子,卒之驱除强暴,殄
戮诸玙。黄河以南,大江以北,鲸鲵息波,魑魅匿影,如披云雾而
睹天日,此其鸿施丰树于今有两哉。(《亦玉堂稿》七)

　　万历三十三年,李三才曾提出辞表,那是因围绕着作为他任务的漕运
问题和赵世卿对立之故。神宗受理了辞表,但是御史史学迁等对此
表示坚决反对,因而,他留在其职等待后任的派遣①。神宗受理辞表,
殆是因如前所述,李三才对于矿税的批判,使得他非常反感之故吧。
沈鲤的文章是涉及前后的情况来写的,李三才刚提出辞表后仅“五
日”,即只做了“五日京兆”。辞职的消息一流出,对宦官的压力就一
下子减弱,宦官的搜刮又展开。看到如此状况的李三才,在延缓后任
之命发出的同时,表示在职一日,也就要作为“朝廷一日之臣”,为人
民尽力,他加以取缔,宦官也不得不停止活动。由此可见李三才在取
缔矿税之使上所发挥的政治力的程度。还有,这生祠,是李三才提出
[301]　辞职时,淮安的义商们出资,在还活着的时候就祭祀他,称赞他功绩
之祠,可见他对于宦官的断然的态度,得到了当地商人们的强大
支持。

（二）

　　当然,反对矿税之祸的,不仅是后来结成为东林派人士,内阁也

---

①　关于其间情况,《以俟录》的《上叶相国台山先生书》中这样说:“适司徒(李三才)与中珰
左,上疏自劾,遂拟旨罢归。及请代又不许,再请三请,以数十请,卒不许。司徒悟曰,不
佞得罪贵人耳。民则何罪,起而视事如故。蒿目焦心,不少即安,中外闻而忧之,联翩乞
留,章满公车。越四年,始奉旨复职。”

有强烈反对者。但是内阁没能阻止，非但没能阻止，反倒袒护了它。

矿税之祸开始时，内阁的首辅是赵志皋，次辅是张位（都是申时行推荐入阁）以及沈一贯（王锡爵、赵志皋推荐入阁）。其中，赵志皋因病在疗养中，次辅是张位。神宗宣称是得到他的支持才采取这项政策的。事实上张位也并不赞成矿税，曾上言：

> 臣等请停矿税，非遽停之也。盖欲责成抚按，使上不亏国，下不累民耳。（《明史》二一九《张位传》）

意谓不应用宦官，而应当通过抚按，也就是正式的官僚体系来实行，对神宗有所妥协。关于这其间的情况，伍袁萃这样说：

> 或问矿税之病民甚矣。顷见圣谕云，是新建（张位）实劝之。夫新建雅负物望，何以有是。……新建乃请止令抚按采榷，召回中使，是亦从权救急之务。然出于抚按，暂为地方计则可耳，若辅弼大臣则以道事君，不可则止。法程具在，而姑徐徐之说，岂所宜陈。以此让新建，何辞之与有。噫，大臣一言不可轻发，稍或不当，而天下且议其后，可弗慎欤？（《林居漫录》别集四）

[302]

批判窥测神宗意图的张位姑息妥协，造成了这样的结果。

在当时另一个阁臣沈一贯那里，对于矿税没有采取断然态度这一点上，也是同样的。沈一贯[1]，字肩吾，鄞（四明）人。隆庆二年进士。万历二十九年，赵志皋卒后，为首辅。阁臣有他的心腹朱赓[2]（字少钦，山阴人）和沈鲤，而实际的决定权在沈一贯手中。关于沈一贯，《明史》二一八本传这样评他：为首辅，未能和外廷的关系"稍有

[1]　《明史》二一八，本传。从沈一贯方面来研究这党争的论文，有城井隆志《万历三十年代沈一贯的政治和党争》（《史渊》22，九州大学文学部，1985年）。
[2]　《明史》二一九，本传。

救正,大率依违其间,物望渐减"。

万历三十年二月十五日,有一个停止矿税和撤回宦官的机会①。神宗陷于危笃,遗言沈一贯:停止矿税,释放因这个问题而逮捕的官员,复归因上言而得罪的官僚。据此,沈一贯起草了上谕的原案。那一夜,阁臣和九卿在朝房值夜,等待上谕的颁发。三鼓(午前零时),再次看到宦官带来的上谕内容,写着包括停止矿税等,一如神宗原先所说的内容,一同狂喜。

但是,到次日十六日早晨,神宗的病情恢复。后悔的神宗派遣二十个宦官传达:原先上谕中所写的中止矿税,延期到两宫三殿修复为止,其他的事交沈一贯裁量。想要撤回原来的上谕。沈一贯不交上谕进行了抵抗,但被宦官殴打额部,最后交还了。当时,有人追究[303]上谕未能即日施行,未能进行政治革新的责任。发怒的神宗就把停止矿税以外的那些方针也全都撤回。李三才上《历陈国势病由疏》②,希望再度颁发前谕,未被允许。

神宗想要撤回上谕时,司礼太监田义反对,据说被神宗打手。后来他唾沈一贯,骂他"相公稍抵抗,矿税可停,何其卑怯"。据说因这个田义后来和李三才有联络,李三才受到弹劾③。但事实不明。

神宗想要撤回中止矿税这一最初的上谕时,沈一贯说因为中止矿税已经通知各地了,要撤回很困难,对神宗加以抵抗。确实有上谕的内容通过内阁已经发出通知的情况,那就是《抚淮小草》十三牌札中,收有李三才的《知会停税》这一有关停止矿税的告示。据其所载,内阁受取了标明为二月十六日的谕旨,户部根据这一谕旨,标明为二月二十六日,对应天巡抚、淮扬巡抚、巡按御史等,作了如下的通知:

[304]　　　遵奉圣谕内事理,限文至之日,庐、凤、淮、扬、应、徽、宁、苏、

---

① 同 205 页注①,及《万历起居注》第七册,二月十六日——二月二十日;《神宗实录》三六八,万历三十年二月己卯。

② 《抚淮小草》八,及《万历疏钞》一。

③ 第 218 页注③邵辅忠的弹劾文:"结田义为兄,结成敬为友。"

松等十八府矿税等项,尽行停止,原差内官押送起程,速离地方,
勿得延误。

据此,李三才也发出了中止抽税、船料、理盐等的告示,作了把宦官送
回北京的准备。

二十六日,是神宗撤回上谕十日后的事。为什么会发生这样的
事呢?情况不明。而说到常州府,收到此通知,虽说只有两个月的时
间,但有着中止征收商税这样的事实。当时的常州知府,就是把龙城
书院以三贤祠之名复活的欧阳东凤,他似是根据邸钞得到下了停止
矿税的上谕这一非正式的情报,立即就中止了商税。据高攀龙《毗陵
欧阳守纪略》曰:

> 朝廷忽下罢税之旨,邸报以巳刻到府,公不白当路,即以巳
> 刻撤所部关税。当路来诘,何以不俟明文。公对曰:大哉王言,
> 何明文之,救民水火,宁缓须臾邪。后旨不果行,而常郡之税独
> 得浃月之惠。(《高子遗书》十)

可知,由于欧阳东凤尽快实施为好的判断,商税得以废止了两个月
(由此可见,邸钞比通过正式通道的文件更早地被送达地方官处)。
当然,由于神宗撤回了上谕,商税也就不得不恢复。

沈一贯虽然口头上反对商税,结果对神宗妥协。与此相反,在内 [305]
阁中坚持反对撤回的是沈鲤。沈鲤①,字仲化,归德人,嘉靖四十四年
进士。由于他得到吏部的会推,又得到神宗的信赖,以七十一岁的高
龄进入内阁。沈一贯原来是反对他入内阁的。据说在决定入内阁
时,沈一贯给李三才送了一封信,说“归德公来,必夺吾位,将以何备
之”,据说这是为了让李三才把话传给沈鲤,使沈鲤自动地辞退而不
入阁。对此,李三才回信:“先生(沈鲤)忠实无他肠。”为此,惹得沈

---

① 《明史》二一八,本传。

一贯不满。而一国的首辅特地给李三才写这样的信,也可以想像李
三才在政界中所具有的隐存实力。

沈鲤入阁后,立即上奏废止矿税,此后连续不断地上奏,但都被
置之不顾,结果甚至采用了一种计谋①。万历三十二年五月,长陵的
明楼被火烧掉,而沈鲤就在此后,冒着大雨手持上奏文参内,对感到
吃惊的沈一贯和朱赓说:"今日大雨,吾辈素服参内文华殿,上上奏
文,上见此必心动。"催促迟疑的沈一贯和朱赓入内。神宗因这大雨,
认为定是有什么紧要之事,打开了一直放置的上奏文。内容是对于
神宗最不高兴的有关停止矿税,但没发怒。被称为"束之高阁"的有
关矿税问题的上奏文总算被神宗打开了。

沈鲤还用了这样的计谋②。在和朱赓一起被赐食时,宦官陈矩同
席。沈鲤明知另一个小内史(宦官)是受神宗之意来偷听的,却和陈
矩这样交谈。沈鲤说:"矿税害人民,见之不忍。再三上奏,皇上又不
许。……然矿税与民为害,这一点还是其次的。"陈矩说:"人民受害,
怎么还是其次呢?"沈鲤说:"因为皇上大受其害。"陈矩说:"那是怎
[306]　么回事呢?"沈鲤说:"现在求好风水,而国家把名山大川都掘尽了,灵
气既泄,将来恐有害皇上御身。"陈矩说:"此乃第一大事。"当时同席
的朱赓一言未发。果然,小内史将此报告了神宗。毕竟关注风水的
神宗急忙向沈鲤询问对策,答曰:"急闭矿山,恢复静谧,灵气自然就
恢复了。"

沈一贯听得其间的内幕,恐沈鲤独占了停止矿税之功,就叫李廷机
也为此上奏。结果,三十三年二月壬寅,发出了有中止矿税之旨的上谕。

　　其开矿抽税,原为济助大工,不忍加派小民,采天地自然之

---

① 高攀龙《龙江沈先生泰交始末》(《高子遗书》十)中这样说:"后推阁臣,吏部首列先生
名,上见即欣然首点。四明(沈一贯)无能遏也。然四明为吴县(申时行)、太仓(王锡
爵)的传衣钵,素忌先生,又素知上眷先生。"以下的文章俱根据上述资料,而长陵烧失的
日期,据中华书局版《明史》二一八卷《沈鲤传》的注。
② 同上。

利。今开矿年久,各差内外官俱奏矿砂微细。朕念得不偿费,都著停免。……凡有矿洞,悉令该地方官封闭培筑,不许私自擅开,务完地脉灵气。(《神宗实录》四一六)①

同时指示,对于商税,也一半送内库,一半送工部等充工费;其他的则充军事费。这上谕最后的地脉云云,明显是沿用了沈鲤的话。

但是,这一上谕在怎样的程度被实施还是问题②。也许有若干的调整,但矿税此后还在继续。因为矿税是送到内库的。第二年五月,李三才的《极陈国家治乱大关疏》③中曰:"恩诏既布,旋又中尼。"作为其原因,告诉了我们两个情况。其一,新政元年,据说因为并非神宗的本意,而是一时的想法,所以(停止矿税的上谕)忽然又被中止; [307] 其二,首辅沈一贯因为那不是自己提议的结果,故阻扰实施。李三才请求速予施行,不被见容,受到夺俸的处分。

当时,沈鲤有意和他进行有关矿税对话的陈矩,据说也许和李三才有着某种联系,沈鲤自身也有着隐约感到这一点的形迹。因为沈鲤说,李三才和宦官没有交际,但弟弟的姻戚中或有和陈矩有联系者。而李三才自己特地否定,没有这样的姻戚。李三才确实受到世上有内援即和宦官有关系的非难。被顾宪成问到这一情况的李三才回答:如果有这样的关系的话,即使可隐瞒外廷,但骗不过内阁,尤其不可能瞒过沈一贯。对此加以否定。而关于陈矩,他这样说④:

　　陈之贤天下莫不知,何独我?……陈有一弟,与予为乡同

① 又,《万历邸钞》三十三年十二月。
② 第 194 页注③南炳文等的《明史》中认为,据此进行了政策调整,矿税之祸有了相当的变化。
③ 《万历疏钞》一。
④ 以下的文章,只抽出述说和陈矩关系的部分。全文的基调当然是否定和宦官的关系,其主要的意思是说:如果自己和宦官有关系的传闻是事实的话,政治生命早就完结了。陈矩的工作结果失败了,为此,诸君子要怪罪于我的话,也不想辩解。沈鲤说"李君和宦官没有关系是事实,但听说弟妻为陈阉的侄女",但看其先考的志文,内外并无陈姓之人。

年,往与李心湖仪部燕谈,偶及之。仪部跳而起曰:有这个人
在,奈何放过他。予问,意欲何如?仪部曰:可把起废一事,顿
在他身上。予笑云:即系年家,平时绝无往来,这事恐难。况近
侍官,吾辈安可轻与通?仪部嗔曰:若如此,只是顾自家一身名
节,全不顾天下,非吾所望于子也。予曰:兄既如此责我,兄可
作一书,我当再寻几个同年连名写上送去,看他何如。仪部曰:
诺。寻以一书来。予遂械而致之陈。陈得书喜曰:各位老先生
以圣贤望我,我何敢自弃。少须之,当有报。数日报曰:此事非
某所能及也。所可效者,紧要章奏,当稍为流通耳。已而果连下
二三百本,如是而已。嗣后亦绝无往来。(《自反录》)

　　和宦官勾结进行什么策划,在当时的士大夫的意识里,不用说,是不
受欢迎的。因而这些话就全体的基调来说,也是否定和宦官的勾结。
但是尽管如此,借用李心湖的话,如果认为"顾天下"必要的话,"不
顾一身之名节"借助内援也未必就当否定。不仅如此,还承认当时曾
联络若干同年联名。即使不能说沈鲤和陈矩的会谈是李三才准备
的,但从上述资料,当可认为,他和陈矩在某一时期有着关系。

　　沈鲤除了这样为停止矿税奔走以外,因云南民变①税使杨荣被杀
害时,反而述说杨荣的罪状,支持民变的参加者;还有阻止陕西税使
梁永兼任镇守太监等行动。在对神宗妥协的内阁中,只有他一个人,
抵抗矿税之祸,始终主动地活动着。

　　在此期间,首辅沈一贯一边窥伺神宗的意向,一边强化自己的派
系。楚王之狱、妖书问题等接连的事件,进而围绕着乙巳的京察,政
界内部的政治对立越发深刻。尤其是在乙巳(三十三)年的京察中,
有关京察的报告被留中,沈一贯包庇该派给事中钱梦皋,成了很大的
政治问题。因为察疏留中,这是过去没有的事。

　　三十三年五月,抱有危机感的刘元珍上了《国事纷纭权奸煽弄

---

① 参照第 207 页注①。

疏》,弹劾沈一贯。曰:

> 一贯自秉政以来,曾不闻佐辅皇上救生灵于涂炭者何事,又不闻仰承德意,起忠良于摈厄者何人。舆论业已薄之。至年来嫉视善类,比昵金人(钱梦皋),乖谬尤甚。(《万历疏钞》十八)

虽是抽象的说法,然而批判了沈一贯作为首辅,唯见其处理矿税之祸不当,不起用被赶下野的有为人材,而保护自己的派阀则汲汲,甚至连京察都成了私物。说道:沈一贯及其私党钱梦皋把批判他们的势力全都说成为"朋党"。

> 近见梦皋诸疏,无不横恣胸臆,以党名人,……梦皋身自为党而反以诬异己者,稍有建白,即以朋党目之。……贤人遁而主势孤,锢蔽深而上下隔。……盖未有不以朋党之说,先空善类而后群恣邪谋者。(同上)

这是对沈一贯等派阀政治的批判。

刘元珍[1],字伯先,号本孺,无锡人。辞职以后,回到故乡,专事经营东林书院。受顾宪成的怂恿,写出《东林书院志》第一稿的就是他[2]。继刘元珍以后,朱吾弼、庞时雍、陈嘉训先后起而弹劾沈一贯[3]。在这样不断的弹劾中,三十四年七月,沈一贯终于被迫辞职。[310]作为首辅在任四年,对于这期间的派阀政治,王元翰评曰:"陛下三十年培养的人材,半被申时行、王锡爵扫除,半被沈一贯、朱赓禁锢。"[4]万历十到二十年被申时行、王锡爵,三十年代被沈一贯、朱赓

---

[1] 高攀龙《刘元珍墓志铭》(《高子遗书》一一)。
[2] 参照本书第四章第 162 页注②。
[3] 《神宗实录》四一○,万历三十三年六月丁卯;四一一,万历三十三年七月丙子;四二三,万历三十四年七月癸未。
[4] 王元翰《天心谴告甚切人事挽回宜早疏》(《凝翠集》疏草,《云南丛书》所收)。

所排除和禁锢的人材,处于在野的地位,自然就形成批判势力。

[311] 东林书院的讲学,就发生在这一时期。不管是否直接参与讲学,在他们周围通过各种各样的关系结集起来的人,就叫东林党。

第四节 党 争

(一)

从淮扬巡抚调任漕运总督的李三才,也是在这期间和东林党人的关系越发密切的一个人。虽没有他和东林书院讲席有关联的形迹,但是和顾宪成等东林党人士相呼应,强化了和神宗对立的态势。

万历二十年代以降,开始有了明显的中央、地方官僚的空缺,尤其到了三十年代以后,甚至到了政务施行都发生障碍的地步。这是因为神宗讨厌增加批判他的官僚,就不想对空席进行填补。三十四年,六部、都察院等的堂上官,三十一名中缺二十四名①,特别是科道官的空席为多,据说,到了三十六年,处于六科只有"寥寥数人"②,至于御史"仅二人"的状况。

在这样的情况下,李三才在三十五年七月的《直陈三事大义以裨圣治疏》中③,请求补充这些大官的空席,选拔科道官,使被处分的官员复归政界。他在这个上疏中说:官僚的任免权看起来是在君主那里,但是,实际上决非如此。因为"天生民必作之以君,天立君必辅之以臣",因此其任免不应是君主私人的恩惠。正如官位称"天位"、俸[312] 禄称"天禄"、官职称"天职"那样,臣下的任免权(予夺之权),本来乃为天之所有,不过是将其假托于君主而已。另一方面,臣下为君主所用,也不是单以职位和俸禄为目的。而是为了实践学得的学问,以立天下之计。君主欲"镇抚国家,戢和百姓",就必须以求臣为急务。况

---

① 《神宗实录》四一九,万历三十四年三月丙申沈鲤奏。
② 《神宗实录》四四五,万历三十六年四月戊寅陈治则奏。
③ 《万历疏钞》一。

且科道官是确定朝廷黜陟、天下是非、万世褒贬的最重要的官员。外传朝廷因恐惧科道官以言论批判政治,故不想放任他们。言论是应当求的,朝廷却恐惧言论,此乃不当有之事。他还谈到让被处分的官僚复归,明确地提出了顾宪成、赵南星、邹元标三人之名,主张以"清风劲节"、"忠臣义士"见称的东林党人复归。《神宗实录》在概括了该上疏后注曰:

> (此上疏)本为邹元标、赵南星、顾宪成三人发也。是疏上而谈旧相(王锡爵)时事者又曰不可止。(《神宗实录》四三六,万历三十五年七月辛卯)

确是准确地抓住了该上疏的意图。由于和李三才这样的实力人物相关连,党争终于开始呈现出激化的征状。

(二)

在此稍前,沈一贯辞职时,沈鲤也不得不同时辞职。据说,这是沈一贯担心如果沈鲤留在内阁会有后顾之忧,因此迫使他同时辞职的[1]。由于神宗也对沈鲤的鲠骨产生了厌恶,造成了"二沈同罢"的事态。对此,出现了此乃玉石不分之人事的批判[2]。 [313]

内阁中留下的,只有沈一贯的心腹朱赓。因此,神宗在三十五年五月,根据枚卜,从吏部会推的人员中,决定让李廷机和叶向高入阁,同时命朱赓,请原来的首辅王锡爵复职。李廷机是朱赓推荐的,属于沈一贯派。王锡爵也是策划三王并封的人物,被说成"今沈一贯去以锡爵代首揆,是一贯未尝去也"[3],接近沈一贯。只有叶向高是接近

---

[1] 《明史》二一七《沈鲤传》:"沈鲤既积忤一贯,一贯将去,虑鲤在。贻己后忧,欲与俱去。密倾之,帝亦嫌鲤方鲠,因鲤乞休,遂命与一贯同致仕。"
[2] 如王元翰《政本虚人廷推难缓疏》(《凝翠集》疏草)、姜士昌《请召还言事诸臣疏》(《御选明臣奏议》三四)、伍袁萃《林居漫录》别集一。
[3] 同上,姜士昌疏。

东林党的人物。如果王锡爵再出马的话,内阁中叶向高就必然处于孤立的状态。这时阻止王锡爵出马、为东林派人士复活进行运动的就是李三才。

如第三章所述,内阁大学士有着不通过通政司的路子向君主上密揭的特权。而这密揭正如人称"外廷千言,不如密禁一语"那样,有很大的影响力。

当时,回了乡的王锡爵也因为自己"所有至深至密之私语,于皇上有益于外廷触忤者,臣于心积诚而在章疏中不能直达者"①,所以用密揭这样的手段秘密地和神宗进行联络。王锡爵的密揭这样说②:

> 臣窃见近来邸报,奸邪结党,倾害忠良,朋比行私,要名讪
> 上。甚者称倾朝为叔李、目皇上为庸主,揣摩逞臆,颐指捏诬,不
> 能悉举。且以近日参政姜士昌之疏言之,其事虽公,其心实私。
> 渠等布满南北,眈眈虎视,无可谁何。更暗伺朝廷动静,以资唇
> 吻,肆毒善类。古云,主辱臣死。又云,见无礼于君者,如鹰鹯之
> 逐鸟雀。皇上受小臣之侮极矣,奸党之无礼极矣。

[314]

密揭主要针对言官对神宗和他的内阁的攻击,强调自己的立场,同时请神宗把这些舆论全视如"禽鸟之音"(《明史》),完全不必考虑和顾忌。而他自己则想作为"逐鸟雀的鹰鹯",回复到内阁之中。

密揭通过家人王勉之手送北京之日,王锡爵"焚香告天,手开手闭,一人也不与闻",期待秘密地送达北京。但是,据说,王勉在途中,到淮安访李三才,其内容被李三才探知。李三才灌醉王勉,打开放有密揭的箱子,想要篡改,但是,得知密揭是由王锡爵的孙子、有名的书法家王时敏手写的,无法改,就只钞录了内容③。可见,李三才的工作

---

① 王锡爵《王文肃公文集》五二《密奏》。
② 以下密揭文章从第 215 页注③段然上疏中引用。
③ 《万历野获编》七《内阁密揭》。

甚至做到了王锡爵的身边。

这一密揭在到达北京前，就作为情报在东林派的人士中流传了。据说"该揭未达御览，东南正论诸公……家有一通"①，这虽稍言过其实，但该密揭被相当的人所知，当是事实。可以想像，当时东林派官僚之间的情报网络是相当致密的。

基于这一情报，三十六年九月，起而弹劾王锡爵的是段然。段然，字幻然，二十年代，曾为常熟知县，和顾宪成、高攀龙都有交往②。段然弹劾的要点③，首先论说这样乱用密揭，进朋党之说、私行人事的弊害。认为：　　　　　　　　　　　　　　　　　　　　　　　　　　［315］

> 已后凡有密揭，尽发史馆存抄。中有悖理伤道，照申时行密揭事例抄行。昭揭中外，如是，则权奸知悛，而朝政清矣。（《万历疏钞》三十七年九月）

其次，对于王锡爵的把言官的批判全视如"禽鸟之音"、完全可以无视之说，认为，不可堵住言官之口，并谈到了张居正以后对言论的抑制：

> 曩者张居正之裁抑言官也，恃强狠矜急之气，以顿挫英雄。或用而黜，或黜而用，威灵气焰，其法已入于神。自沈一贯之阴狡刻深，也用软监活埋之计，行终身闭锢之谋，令废弃诸臣，自老自死，自杀自尽。贻陛下以恶直之名而已不与。其法已入于圣。朱赓不但废其人也，且废其言。禁科抄之报，不使誊传，一世盲聋。万年长夜。其法益入于工。（同上）

---

① 《万历野获编》七《内阁密揭》。

② 见顾宪成《复段幻然》（《泾皋藏稿》五）、高攀龙《段幻然六十序》（《高子遗书》九下）。

③ 见《神宗实录》四五〇，万历三十六年九月乙酉。还有，段然的上奏文，《万历邸钞》万历三十六年九月中也收录其内容。顾宪成本页注②的书简中，对此有曰"密揭一疏，功在社稷"，高度评价了它所起的政治作用。

[316] 张居正用考成法弹压言官,沈一贯用阴险巧妙的方法把和内阁对立的人士都从政界中永久地排除掉。到了朱赓,连在六科抄写上奏、公开言论都被禁止了,把政治密室化。他这样批判,并强调言论公开性的必要。还有,注意一下由吴亮编纂的《万历疏钞》也刚好在这个时期,是很必要的。

王元翰①等也接着上疏追究王锡爵。这样,由于李三才暴露了王锡爵的密揭,在批判集中的情况下,王锡爵的复职被阻止了。

[317] 顾宪成高度评价这件事上李三才的作用,在《自反录》中,用答客问的方式,这样说:

> 漕抚之可重,不特以其才,而以其节,不特以其有功于地方,而以其有功于世道。其有功于世道也,不特以其能御权阉,而以其能御权相。至其御权相也,又不特知乔道长所云木偶兰溪、四明,婴儿山阴、新建而已,乃在遏娄江之出耳。何者?娄江之再起,正否泰央娠之一大机也。然而密揭未发之先,言者犹半含半吐,意存规讽,其辞婉密;揭既发之后,乃始明指痛斥,倾国而唾之,略无假借,其辞严。而娄江之进退,从此决矣。向令不出是著,娄江必且幡然应召无疑也。娄江既幡然应召,四明必且连茹而进无疑也。四明既连茹而进,福清必且为归德之续无疑也。而邪正之消长,亦从此决矣。故人但知今日之朝廷全赖一福清,而不知福清之得以晏然安于其位者,实由娄江之不果出。人亦知福清之得以晏然安于其位者,全赖娄江之不果出,而不知娄江之所以不果出者,实由段给谏密揭一疏,有以制其命。至密揭却传自漕抚也,岂非社稷第一功哉?(《自反录》)

王锡爵复职如果成功的话,沈一贯也就会复归,唯一的东林派的阁臣

---

① 王元翰《巨奸涂面丧心比私害国疏》(《凝翠集》)。又,《神宗实录》四五二,万历三十六年二月庚寅。

叶向高就必然会和过去的沈鲤一样,在内阁中孤立,政权就完全被反东林派所掌握了。但是,由于暴露了密揭,就有可能对王锡爵公开进行弹劾,得以阻止他再入阁,在这样的意义上,李三才当为"社稷第一功"。顾宪成以最大限度的赞辞来表彰他。

顾宪成等东林派的领导人们,依靠这"以兰溪(赵志皋)、四明(沈一贯)为木偶,山阴(朱赓)、新建(张位)如婴儿",操弄现任首辅的李三才的政治力量,想以在野身份来主导政治。

(三)

就在这前后,万历三十六年十一月,阁臣朱赓卒于官[①]。他死之后,就首辅之座的,是李廷机。但是,由于言路的攻击强化,李廷机闭门不理政务。留在内阁中的,只有叶向高一人。补充阁臣的缺员成为急务。这时,推荐李三才的动向在东林派内部出现也就是非常自然的趋势了。对李三才的期待很大。比如高攀龙的《大司徒修翁李先生七十序》,虽是在天启年间写的,而在高度评价他阻止矿税所起的作用以后,用客人的话这样说:

〔318〕

> 天下之人莫不曰,使先生入而秉计,度支不虞不给乎。又莫不曰,使先生入而秉枢,庶爬垢剔蠹,事有备而戎无生心乎。又莫不曰,使先生入而秉宪,是曰是,非曰非,国是其有定乎。又莫不曰,使先生入而秉铨,直者举,枉者错,俊杰庶几在位乎。又莫不曰,使先生入而相:天子一官府、剂阁部、顺治威严可计日而臻乎。(《高子遗书》九)

意思是说,李三才为户部尚书,则财政可完备;为兵部尚书,则军事力量得以强化;为都察院御史,是非可明,国是得以确立;为吏部尚书,则人材可以登用;为大学士,则朝廷和官僚、内阁和六部之间可得调

---

① 《神宗实录》四五二,万历三十六年二月壬子。

停。东林党想把负有这样声誉的李三才，送入内阁。

三十七年一月，李三才以考满被加任为漕运总督户部尚书左副都御史，而正好在这时，段然等主张内阁缺员不当由翰林，而当由外僚补充①。说是原来由于内阁的任务有票拟敕旨，所以有文章能力的翰林院出身者为多，但今后当让通达政治的外僚入阁。这也被视为让李三才入阁的准备工作。如果李三才入阁的话，支持首辅叶向高，如他一直主张的那样，东林党人士肯定就会一齐回归政界。反东林派就会受到决定性的打击。

[319]

接着，都御史的位置空缺。这又是有关人事的重要位置。反东林的人无论如何也要阻止李三才的就任。最初起而弹劾李三才的，是沈一贯的同乡邵辅忠②。

他列举了李三才贪、险、假、横这四点③。所谓"贪"，是派遣黄正宾到各地恐吓郡邑，收取贿赂；"险"是指说把古董珍贵之类进奉给神宗，而且贪污；"假"，是指以"不廉不轨"骂人，自己却无法纪地形成派阀，或以"依啊"骂人，而自己却和皇亲宦官结托；"横"，是暗中过着与王侯相匹的豪奢生活。说：

> 凡海内名流为陛下用为耳目者，以馈遗结之，为陛下斥逐山林者，以请托招之，藉道学以为名，依贤豪以立脚。或无端而流涕，或无故而感慨。使天下士靡然从风，乘机躁进者，愿依其幕下，感时忧事者，误入其套中。一时只知有三才，不知有陛下。（《神宗实录》四六五，万历三十七年十二月乙丑）

这样攻击李三才，不是由于李三才正觊觎着总宪（都御史），不是由于天下的大事有天灾，也不是由于有虏患，而是在于如李三才那样的人

[320]

---

① 《神宗实录》四五四，万历三十七年正月己酉："南京户科给事中段然等言，祖宗卜相、原非一途。求宰相于词林，殊非旧典。乞内外均用，如先朝黄淮、杨士奇等一十三人之例。"
② 《明史》三〇六，本传。
③ 《神宗实录》四六五，万历三十七年十二月乙丑。

物,即东林党想要夺取政权这一点。

他们集中攻击李三才。接着,次年三十八年一月,徐兆魁①弹劾李三才"奸贪大著","结党行私"②。徐兆魁是一个开始附沈一贯,沈一贯去后,附于李廷机的人物。

李三才对此加以辩解,接着马从龙、董兆舒、彭端吾、金世衡等也为李三才辨冤③。

在这样东林党和反东林党的对立激化过程中,顾宪成写了两封信给吏部尚书孙丕扬,为李三才辩解。和前年末给叶向高的信一起,被称为"三书"。宣大巡抚吴亮,抄录了这"三书","付邸钞",送到北京各个衙门④。据说,乡居的顾宪成这样给叶向高送信,想要干涉中央政治,所以受到东林"遥执朝权"的非难⑤。三书不久就被他自己汇成《以俟录》⑥,所谓"以俟",就是"虚中以俟"听天下是非之意。不仅这样公开信件,作为政治宣传的手段,也显示了他想要广泛结集舆论,要左右政治。

围绕着李三才的议论热闹起来。二月钱策叙述"贿赂公行,纪纲扫地"的罪状,要求罢免李三才⑦。同年四月,王绍徽⑧发出弹劾李三才的上疏,要求对他进行调查⑨。同月,徐绍吉⑩,接着五月王三善⑪,

---

① 《明史稿》列传一二〇《徐兆魁传》。
② 《神宗实录》四六六,万历三十八年一月癸卯。
③ 《明史》二三二《李三才传》。《神宗实录》四六七,万历三十八年二月癸丑。
④ 见第193页注②之书,万历三十八年条。还有在此前后,顾宪成也给邹元标送了信(《与邹南皋》,《泾皋藏稿》五),要纠正世间对李三才的非难。据此,伍袁萃说:"数年前,南皋曾以内多欲而外施仁义刺漕抚……"顾宪成说:"唯(老兄)肯为是言,意必有以假托以欺容庵者。"恐怕邹元标也对李三才有批判吧。
⑤ 同上《定陵注略》九《淮抚始末》、三十九年二月沈正宗疏、四十年五月李朴疏。
⑥ 又据《自反录》的前言,"《以俟录》即阁铨三书,今并入文集",然内阁文库的崇祯版文集中没有作《以俟录》者,而卷三的附录收录有三书。《以俟录》,尊经阁有藏本。
⑦ 《神宗实录》四六七,万历三十八年二月庚申。
⑧ 《明史》三〇六,本传。
⑨ 《神宗实录》四七〇,万历三十八年四月甲午。
⑩ 同上,万历三十八年四月丁酉。
⑪ 《明史》二四九,本传。

同样都请求对争论作出结论。同月,周永春请求罢免李三才①。这样的相互辩驳,就全体来看,是"参者什一,保者十九"②,支持李三才的人占绝对的多数,但是,结果李三才还是以病为由,被罢免了漕运总督③。那是三十九年二月的事,李三才的政治生命由此宣告结束。

在这过程中,反对东林党的人士渐渐巩固了相互的结合。以汤宾尹④(宣城人)为中心的宣党、以顾天埈⑤(昆山人)为中心的昆党、以沈一贯为中心的浙党等,出现若干个以出身地的人际关系形成的团体,对此,东林派利用三十九年的辛亥京察⑥进行了反击。吏部尚书孙丕扬处分了秦聚奎、汤宾尹、王绍徽。

[321]

五月,这次是反东林派的朱一桂、接着是徐兆魁攻击东林派。

> 臣观今日天下大势,尽趋东林。今年计典之误,实由于此。盖无锡县有东林书院,宋儒杨时祠也。顾宪臣自谪官归会林居,诸臣讲学于此。未几,其徒日众,挟制有司,凭凌乡曲,门遂如市矣。黄正宾者,以赀郎冒迁谪名,因结淮抚。东林所至,郡县一喜一怒,足系诸有司祸福。凡东林讲学所至,主从百余,该县必先设厨传、戒执事。馆榖程席之需,非二百金上下,不能办。会讲中,必杂以时事。讲毕立刊传布远近。各邑行事,有与之左者,必速改图,其令乃得安。今已及浙中诸郡矣。(《神宗实录》四八三,万历三十九年五月壬寅)

当然,这是反对派所说,东林派究竟对地方政治介入到怎样的地

---

① 《神宗实录》四七一,万历三十八年五月乙卯。

② 同219页注⑩。

③ 《神宗实录》四八〇,万历三十九年二月戊子。

④ 关于汤宾尹,金文京《汤宾尹和明末的商业出版》(《中华文人的生活》,平凡社,1993年)对和考试产业有关的他进行了考察,描绘了和在党争中坏形象完全不同的汤宾尹。汤宾尹有《睡庵集》十五卷。

⑤ 顾天埈有《顾太史集》七卷。

⑥ 该年京察大要参见吴应箕《东林本末》辛亥京察上下、《定陵注略》九《辛亥大计》。

步,是今后研究的课题,但是,在无锡周围,知县等也参与了书院的活动,不能说和这党争没有关系。

最后,简单地谈谈李三才在此后的情况。

回到通州故乡的李三才,建了双鹤书院以讲学①,慕其声望汇集者很多。为此,孙居相策划让他回归政界,但失败,再次唤起反东林派的攻击。四十三年,被攻击作为乡绅而不法占有官地,使用皇木于私邸,被削籍②。进入天启年间,东林党掌握了政权,被起用为南京户部尚书③,但是,未之任而卒。那是天启三年的事。 [322]

根据遗言,他的亡骸仿汉代张汤的故事,收入柳木棺材乘牛车入葬。据说张汤自杀时,其母曰:“汤为天子大臣,受恶言之污而死,何厚葬耶?”反对厚葬④。和张汤同样,“受恶言之污而死”的李三才,或是耻于作为大臣未得遂行其任务而作了这样的遗言。其墓圹中没有墓志铭,也未建墓碑⑤。

结　语

如前所述,对李三才的汹汹非难之时,顾宪成给叶向高送信,为李三才辩解,关于这事,有认为是对他信赖过分的批判。作为回应,他编辑了有关李三才问题的问答等,刊行了《自反录》⑥,以表明自己的立场。所谓《自反录》,是以“新法之行,吾党亦有过。岂独王安石之罪耶”这一程子的话为真理,对东林派方面的责任也要加以“自反”。在此,只限于对李三才的评价,展开他对于政治的想法,这对于认识东林派的政治思想,颇意味深长。下面,简单地介绍其要点,以 [323]

---

① 《东林列传》一六,李三才。
② 《神宗实录》五二六,万历四十二年十一月丙寅,河南道御史刘光复以李三才“不法擅用黄(皇?)木,盖造房室数百间,起建花园吞占国家祖宗相传木厂地百余亩”等理由弹劾。参见同书五二八,四十三年一月癸酉。
③ 天启元年,御史房可壮请让李三才复出,接着御史刘廷宣也同样请求。但是,廷议纷纷,得不出结论,拖到了天启三年,起用终未实现。
④ 《史记》一二二《张汤传》。
⑤ 第191页注③所列孙承泽的文章。
⑥ 关于写此《自反录》的具体情况,详见《与吴怀野光禄》(《泾皋藏稿》五)。

代小结。

据该文所说,顾宪成绝不否定李三才有着世上所非难的道德上的若干问题。李三才有收集古董的兴趣①,非常挥霍浪费,受贿的传闻不断。"贪抚李三才"这是反对派送给他的称号。然而,顾宪成认为,这些是个人道德的另一层次的问题,没有必要把政治以外的事来作为问题。就是三代以上的圣人,自秦汉至今的二千年间,豪杰之士甚多,但是没有缺点的完璧般的人到底有多少呢?宋代的李纲、赵鼎等,确实是一代卓越人物,但就挥霍这一点来说,当是李三才的十倍。不是也并不见损他们之所以为豪杰吗?

> 凡论人,当观其趋向之大体。趋向苟正,即小节出入,不失为君子。趋向苟差,即小节可观,终归于小人。又闻为国家者,莫要于扶阳抑阴。君子即不幸有诖误,当保护爱惜成就之。小人即小过乎,当早排绝,无令为后患。又闻,古来豪杰,种种不同。或谨严,或阔大,或恫愊,或挥霍,其品人人殊矣。总之各成一局,各不害其为豪杰也。(《自反录》)

[324]

他认为,在评价人物时,不当根据小节(个人的道德),而应根据"趋向大体"(作为政治家的见识和实力),辨别君子和小人,君子即使有若干过错,也当保护使之能充分发挥,使君子之所以为君子;豪杰有各种类型,没有必要强求一律,而应当承认不同的人各有自己的特性,等等。

那么,他们从什么角度来看那种和个人道德相对的"趋向大体",或可为君子、为豪杰的根据呢?正如对李三才的评价所示,他们是要在实现"天下之公"上来看。因此,就连历来士大夫意识上不当有的和宦官的勾连,如果从"天下之公"上来看是必要的话,也被认可。而

---

① 据《自反录》所载,关于此事,据说吴中的古董店认为,只要送到李三才处,就可以高价卖掉。又,只要说李三才已经问过,价格就会立即抬高。

"一身名节"（个人之私）则被否定。只就个人的道德，无论如何也不可行的事，但只要认同政治道理，那样的事也被认可。这种和"私"对立的"天下之公"，顾宪成是从民众的舆论中来寻求的。对于指责李三才贪婪的反东林派，他强调，只有民众的舆论才当倾听。他假借客人之言，这样说：

[325]

> 与其取征于缙绅之口，不若取征于细民之口。与其取征于长安之人，不若取征于地方之人。吾愿言者，试就淮扬数百里间，一致询焉。其于漕抚果戴之如父母者耶，抑疾之如仇者耶？果所在尸祝者耶，抑所在诅咒者耶？岂不亦较然分明哉。嗟乎，耳目之官，以钱买矣。山林之士，以钱买矣。即大内，亦以钱买矣。乃漕抚发淮之日，诸父老群呼队拥，相与顶舆号哭不得行。既抵舟，复号哭而随之，相与夺缆不得行，亦以钱买耶？不然，彼何利于贪抚，而恋恋若是耶。将长安有公论，地方无公论耶？抑缙绅之风闻是实录，细民之口碑是虚饰耶？何旁观者，犹代为切齿，恨不食其肉而寝处其皮，而身亲当之者，反德所仇而恩所怨，好恶与人殊耶？则安可不思其故哉？此又漕抚一大公案也。（同上）

听到这样的话，顾宪成说："试闻此言，给叶向高的《救漕抚书》的意义就淡薄了。"表示完全赞同。而实际上和这同样意思的话在《与吴怀野书》（《泾皋藏稿》五）中就说过，这是他自己的想法。这样，他把长安和地方、缙绅和细民相对，要在后者中求"天下之公"。宦官还在其次，这是针对把内阁作为私物的皇帝个人权力的异常扩大，要在民众的舆论中求"天下之公"。并以此为依据，来强调他们自身的正当性。

[326]

　　当然，这并不意味他们无限制地赞同民众的舆论和行动。即使如此，也不能否定，这是从所谓私党向公党转变中的一个过程。而他们作为公党的组织体制也未能充分整备，还不得不多期待像李三才那样的个人的政治手腕。道德和政治在逐渐分离,但是还没有到达作为遵循政治理论、足以压倒反对派的党,充分具有组织性政治力量的地步。

第六章　天启的政局

第一节　三案的发生

万历二十九年,神宗已经册立了皇长子常洛为皇太子。出于对郑贵妃和福王常洵的爱,他曾长期不断地将此拖延,因而使政界纷然,常洛也已到二十岁,不能在继续延期了。作为万历十到二十年代最大政治课题的国本问题,总算有了这样的着落。

但是,此后福王常洵一直留在北京,没去封地河南。因此产生了各种疑惑和猜测,围绕着皇位继承,"妖书"①那样的怪事不断发生。按照明的祖制,成人的诸王留在北京是异常的,国本问题,又以"福王之国"的形式,到万历三十年还继续是政治课题。

万历四十二年,福王被授以两万公顷这样很大的一片封地,终于赴河南的王府了。其间还有这样的插曲:他要求四万顷封地,因首辅叶向高强烈反对,被压到了两万顷②。 [335]

同年,叶向高辞去内阁之任,代之为首辅的是方从哲。方从哲(？—1628)③,字中涵,浙江德清人,万历十一年进士。曾为国子监祭酒,后长期家居,因叶向高推举被起用。本当为礼部侍郎,根据神宗的意向(中旨),为吏部侍郎,接着四十一年,为礼部尚书兼东阁大学士,万历四十二年叶向高离去,就任首辅。此后,到天启元年的数

---

① 万历三年,匿名的《续忧危竑议》(封面作《国本攸关》)刊行,其内容是示唆皇太子变更的可能性,从而发展成政治问题。沈一贯利用这一事件,想陷害郭正域等,但以失败告终。
② 《明通鉴》七二,万历四十二年三月。
③ 《明史》二一八,本传。

年间,担任首辅,但《明史》本传对方从哲以及这期间的政治,作了如下的批评:

> 从哲性柔懦,不能任大事。……(皇太子的教育,福王庄田,织造等)从哲皆上疏力言,帝多不听。而从哲有内援,以名争而已,实将顺帝意,无所匡正。……丁巳京察,尽斥东林,且及林居者。齐、楚、浙三党鼎立,务搏击清流。齐人亓诗教,从哲门生,势尤张。从哲昵群小,而帝怠荒亦益盛。(《明史》二一八)

方从哲执政期间,他和反东林派的接触加深,派系斗争不断激化。官僚的位置多缺,特别是神宗不愿补充的言官,六科定员五十多人而只有四人;十三道御史一百多人的定员中,只有五人;六部的堂上官四到五人;都御史空席,总督、巡抚、按察使等也是空缺显然①,处于几乎就没有行政的状况。其间,自然灾害在山东、山西、河南、江西等接连发生,报告这些情况的上疏都被留中,没有任何对策。在东北,萨尔浒之战失败,满洲的威胁加深,加派辽饷,压迫民生,国内的阶级矛盾不断激化。

[336]

以下所述的三案,都是在这时期的方从哲内阁下相继发生的疑案。皇帝本身当然有责任,也可以说,是方从哲缺乏作为首辅的政治能力,造成了这样的疑案连续发生和政界的混乱。

这三案是在国本问题的延长线上发生的。这不仅成为天启初年党争的最大课题,而且也是魏忠贤弹压东林党的口实。这些确实是"宫中琐事",但由于成了党争的课题,所以,在论述天启时期政局就不得不从这些事件及其粗略的经过谈起。

(一)

三案②中,最初的事件梃击案发生在万历四十三年,福王常洵赴

---

① 《明史》二一八,本传。
② 关于三案,参见谷应泰《明史纪事本末》六八《三案》,温功义《三案始末》(重庆出版社,1984年)。

河南王府的第二年。

五月四日傍晚，一个手持棍棒的中年男子，推倒了警卫的门防，侵入了皇太子所在的慈庆宫，在大殿下被逮捕。立即进行审问的结果，男子名张差，蓟州人，三十五岁。家贫，以卖草为生。据说因为男子的举动多不正常，就以没有政治背景的单纯"疯癫"之举作了处理。[337]

对此抱有疑问的是当时刑部主事王之寀。王之寀①，字心一，陕西朝邑人。他觉得张差"疯癫"说很可疑，进行严格审问的结果，搞清楚了张差受其伯父和义父的指示，被宦官带到北京，住在某大邸宅，命其侵入皇太子所住的慈庆宫，杀害在那儿遇见之人的事实。王之寀作成的询问调查书报告给神宗，关于事件背后关系的嫌疑加深了。认为已经被作为"疯癫"处理的事件有必要再调查的上疏接连不断。其中，有的指出，张差背后关系中有郑贵妃的存在，加深了郑贵妃一族的嫌疑。但是庇护郑贵妃的神宗，把所有的上疏留中，无视这些意见。此后，根据御史过程训的上疏，好不容易才开始再调查，报告的结果是，当时跟随郑贵妃的宦官，在蓟州调达烧瓦柴草，与张差发生了争吵，对不法行为的愤慨乃使引起张差精神障碍，导致了这样的行动。再调查的结果，也确认了张差的"疯癫"说。过程训是反东林党的人物，或有预先准备好调查结论的可能。

但是，刑部再次会审这些关系者的结果，知道了和郑贵妃有关系这一点，判明怀疑有背后关系的王之寀等的主张是正确的。到蓟州从张差等那里买柴草的，是跟随郑贵妃的宦官庞保和刘成。张差被他们带进北京，在刘成邸内接待后，指示其侵入慈庆宫。郑贵妃一族和事件的关连，据此可以认为基本确实。

事情经过即使如此明确，神宗还是出于庇护郑贵妃的立场，运用了所有方法。从万历十八年以来，实际是隔了二十五年的出廷视朝，完全是为了庇护郑贵妃。不是为了国家的大事，而是为了君主个人的私情，采取了视朝这样皇帝的正式的举动。神宗非难这事件割裂[338]

---

① 《明史》二四四，本传。邹奇涟《启祯野乘》一。

了他和皇太子的骨肉之情,是阴谋的离间策。在所列的朝臣面前,故意演出了给他们看的、强调父子和睦之戏。就这样,这事件仅处死了张差、庞保、刘成三人,没有对郑贵妃一族进行调查,审讯就收场了。

王之寀敢于逆神宗之意,把这事件追究到这个地步,据《明史》记载"其事,似有迹",也就是说因为有关系到郑贵妃一族不可否定的证据,所以那时王之寀没受处罚就结束了。但是在万历四十五年的京察(丁巳京察)时①,受到反东林派徐绍吉、韩浚等的弹劾被削籍。其理由据说是"贪纵",明显是对梃击案里他所起的作用的报复措施。

王之寀,天启初年在第二次叶向高内阁下复归政界,后述的汪文言之狱时,和东林党一起被捕,死于诏狱之中。他和东林书院并没有直接的关系,但在阉党编纂的《三朝要典》中,被记载为头号罪人,在有关东林党的各种黑名单中,他也是必定在列。

(二)

[339]　　　发生第二个事件红丸案和第三个事件移宫案,是几年以后,万历、泰昌、天启年号变化时期的事。

万历四十八年七月二十一日,神宗因病死亡。在位 48 年,是明王朝历代皇帝中治世最长的。此后,皇长子常洛即位,光宗与其父亲成对照的是在位时期仅仅只有一个月,因为生病服用了红丸急死,成为悲剧性的皇帝。

光宗自身并不是当皇帝的料子,自从对手福王赴封地以后,郑贵妃也开始笼络他,他不断地沉湎于酒色生活。以下所说的红丸案,与他这样自我堕落的生活决非无关。

光宗即位是万历四十八年八月一日,急死于九月一日。本来应该改年,即次年一月一日改年号,后来这年八月一日以后的五个月,成了泰昌元年。

光宗即位后不久,身体就垮了,服用了曾是郑贵妃内侍的秉笔太

---

①　文秉《定陵注略》十《丁巳京察》。

监崔文升下的药。但服了这药,病状更加恶化。为此,对崔文升所下之药产生嫌疑,和梃击案的情况一样,再次流传起是否是郑贵妃企图"弑逆"的议论。陷入危险状态的光宗,把首辅方从哲叫到病床前,嘱托遗言。正在此时,鸿胪寺丞李可灼进呈了称为仙药的一锭红丸。据说或是一种房中药。服用了红丸的光宗,感到病状稍有好转,自己要求再服一丸,不知道是不是这一原因,第二天,九月一日就急死了。结果,崔文升下药是否合适,还有并不是御医的李可灼所献的红丸是什么,在议论纷然之中,首辅方从哲根据光宗的遗诏,给予两人褒赏。对此,以东林党人为中心,对首辅方从哲的非难声嚣然而起。这就是所谓的红丸案。

[340]

　　第三个事件移宫案,是光宗死后,光宗的侧室李选侍原封不动地住在乾清宫,想拥光宗之子(即熹宗)掌握权力而被排除的事件。

　　光宗有七个儿子,五个都夭折死去,长成人的仅有第一个儿子由校和第五个儿子由检。由校是熹宗天启帝,由检就是后来的毅宗崇祯帝。由校当时十六岁,是神宗的皇太孙,立太子之礼还未举行。

　　应该成为光宗皇后的皇太子妃郭氏,因为在万历四十一年已去世,光宗死时,住在乾清宫的是光宗宠爱的李选侍。据说是与郑贵妃关系也很深的女性。对死去光宗,群臣行哭临之礼时,宦官王安硬从李选侍手中把由校夺去,带到文华殿,先举行皇太子册立之礼。这样,就把皇太子暂时置于慈庆宫,使他在脱离李选侍的情况下,举行了即位之礼。这样的话,李选侍当然就不得不离开乾清宫了。但是她很不想离开。左光斗们非难说:把皇太子托给她的话,就会"则天武后之祸再起"了,主张她迅速退去。首辅方从哲虽也主张移宫,但不想强行实行。次辅刘一燝、给事中杨涟等东林党派官员强行逼迫,终于使李选侍离开了乾清宫。反东林派的御史贾继春等非难杨涟等人是"违忤先帝逼逐庶母"。在各种流言纷出的情况下,推进移宫的杨涟上了《敬述移宫案始末疏》①,暂时不得不离职。这就是所谓的

----

① 杨涟《杨文烈公文集》一。

移宫案。

在神宗死后不久发生的红丸和移宫两案里,活跃的是东林派人士。杨涟当时是兵科给事中,虽是小臣,却是光宗的顾命之臣。协助此事的是下面要谈到的汪文言和宦官王安等人。天启初年,东林党派官僚政权的掌握,在这两事件的解决上没有他们的作用是不可想像的。

[341]

虽然光宗在位仅仅不过一个月,但从东林派的官僚为他的皇位继承有长年争斗的经纬来看,这即位对东林派来说,提供了一定有利的局面。因为以神宗遗诏的形式,围绕着国本问题、矿税问题下野的东林党人得以一齐复归政界。在这期间奔走的,是宦官王安和当时不过只是一监生的汪文言。

神宗死去的第二天,二十二日,颁布了这样的遗诏:

> 内阁辅臣,亟为简任。卿贰大僚,尽行推补。两次考选并散馆科道官,俱令授职。建言废弃及矿税讹误诸臣,酌量起用。一切榷税并新造织造烧造等项,悉皆停止。各监犯俱送法司审释。东师阙饷,宜多发内帑以助军需。(《神宗实录》,万历四十八年七月戊戌)

遗诏颁布之前,皇太子常洛即光宗,命令立即停止矿税,为矿税的征收派遣税监张烨、马堂、胡滨、潘相、丘乘云等一齐撤回。关于矿税之祸,所述如下:

[342]

> 自万历乙未,大工鼎建,武弁、市猾辈以开矿奏,而诸珰从中主之,矿事遂兴,榷税亦起。遣珰四出而首事,弁猾投为爪牙,其奸利之徒夤缘差遣,谓之奏带官。所至骚动驿递,暴苦平民。间有内输,而得不偿失。至于设店征税,算及鸡豚,税以万计,官仅得其什一。当神宗晚年,亦议停、议减半,以助经费矣。而余虐未息。至是,遵遗命,悉蠲焉。(《光宗实录》二,万历四十八年

七月丁酉）

其中所说"神宗晚年,议矿税减半以助经费",其意是指三十三年的调整政策。这样,经万历一代"糠秕升斗无储"地威胁人们生活的矿税之祸终于告终了。

所谓的"光宗新政",除此之外,仅仅根据建议,使被免职官僚复归,补充官僚职位,用内帑金充当军事费,但是就连这些事,尽管东林派人士长年主张,也未能实现。

援助新政实现的是宦官王安。王安①(? —1621),字允逸,号宁宇,据说曾在冯保名下,所以肯定已相当高龄。过去曾在宦官的学校内书堂学习过,虽说是宦官,但受过相应的教育。由因矿税问题与沈鲤对话的前述宦官陈矩的推荐,成了皇太子常洛的伴读。在神宗彻底冷淡常洛,郑贵妃也进行迫害之中,王安似乎常常保护常洛,援助他而得到信任。听说神宗病笃,考虑到政权不久要交到皇太子常洛之手,他就访"贤士大夫姓名","密缔诸君子",专和东林党人间进行联络。顾大韶②为他写《王安传》,就光宗新政王安所起的作用,叙述如下③:

[343]

> 神庙末年,法弛蠹丛,朝寡正直。光宗在东官,久稔知其弊。既登极,乃沛然更始,庶政一新。天下称之为一个月尧舜。辅臣叶向高尝谓廷臣曰,人知光宗为一月尧舜,亦知有助之为尧舜者乎? 盖谓安也。(《顾仲恭文集续刻》)

还有,《酌中志》九《政监蒙难纪略》中也有这样的说法:

---

① 《明史》三〇五,本传。顾大韶《顾仲恭文集续刻》,《王安传》。
② 钱谦益《牧斋初学集》七二《顾仲恭传》。
③ 叶向高自编年谱《蘧编》一一,天启元年,所说如下:"王安者,颇好读书,知好名义。光皇初出阁,安为伴读,日侍左右,诸事赖其调护。诸讲官皆重之。……光皇亦推心委信。登极不浃月,悉行诸善政,安殊有力。今上初立,亦恃安而强。然不学无术,幸直自遂。以上冲龄,可以行其意欲。一旦尽划宫中积弊,发诸珰奸利与盗内藏诸不法事,下之法司。其贪缘赐玉者,悉夺之。诸珰大不堪,共构之上。"

　　发内帑助边,起邹元标、王德完等,议兴大工,一个月间,善政种种,皆监(王安)独立赞导之。

　　因此,王安那样的宦官中也有支持东林党的人,杨涟、左光斗等在内廷,借助于王安力量之处极大。为了发动君主权,借助君主近侧的"内援",在当时状况下是不可避免的。很清楚,东林党方面也是与宦官有联系的。虽把反东林派称为阉党(宦官党),但是东林派也和宦官有关系,这样的说法,在某种意义上是正确的。

　　在东林党与宦官王安之间进行工作的是汪文言。汪文言(?—1625)①,字士克,徽州歙县人。曾为胥吏,通过同乡黄正宾认识于孔兼,知道了朝廷中的"正人"和"邪人"之别,也就是说东林党与反东林党的区别。黄尊素的《汪文言传》,关于万历四十年代他的活动,所述如下:

[344]

　　　　万历癸丑甲寅间,正人渐排去,日以销铄。文言游诸贤豪间,悃悃若无所为者,蹑足屏语,时见端绪。察奄寺中,东宫伴读王安,乃有心储,且端谨知书,谓当以其济国事,遂倾心结交,相与谈世事得失,辨人才邪正,安听之亹亹不怠。(《黄忠端公文集》三《汪文言传》)

　　黄尊素说,万历四十五年的丁巳京察,东林党被排挤后,齐党、楚党、浙党们反东林派内部矛盾也在扩大,用奇策使他们陷入分裂,使楚党支持东林党,这些和王安、汪文言的工作关系很大②。关于光宗新政,汪文言也和王安一起,援助了东林党人。即:

---

① 黄尊素《黄忠端公集》三《汪文言传》(《乾坤正气集》所收)。

② 黄尊素《黄忠端公集》三《汪文言传》:"(汪)文言策之曰,浙人者,主兵也。齐楚者,客兵也。成功之后,主欲逐客矣。然柄素在客,未易逐,此可构也。遂多方设奇用间,离之合之,喜之怒之,沈之潦之,逮后齐、浙果大构,卒以两败。而楚遂归正。盖(王)安之谋居多。其奔走先后,以卒成之者,文言也。"

外则撤税奄,发内帑,起用诸贤。一切善政,安与南昌(刘一
燝)同心共济,文言居中通□我之怀。(同上)

在和宫廷、宦官势力对立,政治形势不断剧烈展开时,就连内阁
大学士刘一燝与光宗直接接触也很困难。他与王安一起,这中间有
中介之劳,在使光宗新政实现上起了一定的作用。后来在叶向高内
阁下被任命为内阁中书,加入东林党人的幕府活动。

时代瞬间就从泰昌移到天启,这期间首辅方从哲被追究红丸、移
宫,再有就是以后所述的辽东问题的责任而辞职,代之是东林党人士
一齐复归了政界。邹元标、冯从吾、王德完、孟养浩、鍾羽正、满朝荐
等,是由顾命大臣吏部尚书周嘉谟推荐的①。

与东林书院讲学直接有关系的人,顾允成在万历三十五年,顾宪
成在万历四十年已经去世,而高攀龙作为光禄寺丞复归政界。万历
二十一年因建言被贬为广东典史,其后归乡以来,已过了近30年了。
其间,他在东林书院从事讲学的同时,访问各地书院,进行学问交流。
听到神宗讣报时,他正在东林书院讲学②。三十年代末以来,对东林
书院的活动,虽然徐兆魁等对此进行了激烈的诽谤中伤,但在这样的
情况中,东林书院的讲学依然继续着。 [345]

内阁首辅,由叶向高取代方从哲而复归了。如把从万历三十五
年开始的数年,作为第一次叶向高内阁的话,那么这回成立的是第二
次叶向高内阁了。第一次叶向高内阁,东林党想要送进李三才,失败
了。而这次,东林党人士刘一燝、韩爌等作为大学士入阁,吏部尚书
周嘉谟(后来,张问达)、户部尚书汪应蛟、礼部尚书孙慎行、兵部尚书
崔景荣、都御史邹元标等的被任命③,诞生了可以说是东林党内阁的

---

① 周嘉谟,湖南景陵人。《明史》二四一,本传。《东林列传》一八。
② 《高子遗书》卷下《高攀龙年谱》万历四十八年。
③ 以上都是《东林列传》等书中可见名字的人物(参照本书卷末《一览表》)。特别是汪应
蛟,如前章所述,与婺源紫阳书院有关系之人,还有,孙慎行是武进人,《明儒学案》中被
列入《东林学案》,也在东林书院讲学。

内阁。在这内阁下,开始彻底追究与三案有关的方从哲的责任。

天启二年四月,礼部尚书孙慎行论及红丸事件中方从哲的作用,说进李可灼红丸的是不是首辅方从哲?尽管如此,只有李可灼被攻击,而方从哲只命其回籍而已。方从哲即使没有"弑君"之心,但有"被弑"的事实,这点上也责任难逃。还有,就移宫案来说,当时尽管言官要求李选侍迅速移宫,方从哲则迟迟不想推行。如果李选侍要得志的话,君主之权就会被她夺取了。方从哲现在还把手下的人安排在附近,有必要对有关人员进行严重处分①。经过四十年作为都御史复活的邹元标也支持孙慎行②,高攀龙也对红丸案里的崔文升和梃击案中郑贵妃同族的郑国泰的罪状进行严厉追究③。

[346]

在对红丸、移宫两案的关系者如此强烈的攻击中,内阁的韩爌也上呈了《进药始末》,主张严厉处分,重新决定李可灼遣戍,崔文升外放南京,但对曾为首辅的方从哲,则以不问了结。

[347]　　后来,阉党编纂《三朝要典》,推翻了关于三案的这些决定。

第二节　辽东问题和首善书院

（一）

进入天启年间,东北满洲的威胁越来越深刻。称为后金的满洲,经萨尔浒之战,攻陷了沈阳、辽阳,天启元年,直迫山海关东北 200 多公里的广宁。面对以破竹之势南下的后金,明王朝方面拿不出任何有效的战略。不仅如此,围绕着对满洲的战略,纠纷本来就登峰造极的政局显得更加混迷。

在这争斗中被作弄的是熊廷弼。被称为封疆案的这个问题,成了弹压东林党的口实,这与三案一起成了天启时期最大的政治

---

① 《明通鉴》七八,天启二年夏四月。
② 同上。
③ 《高子遗书》七《释群疑销隐祸疏》。

问题。

熊廷弼①,字飞白,湖广江夏人。万历四十年所发生"荆熊分祖"②之际,他结果上是与反东林党派的汤宾尹有了关系,因为作为学政使,他站到了庇护宣党汤宾尹厚颜无耻的立场上。熊廷弼在东林党派人的喧嚣的非难中受到了处分,一时必须卸任。但是这以前,熊廷弼作为巡按御史赴辽东时,受到极其高的评价。在与军阀和与此有联系政界的黑雾中,为刷新军事行政,他使出了可称为残酷程度的强硬手腕。《明史》二五九,本传里评曰: [348]

> 在辽数年,杜馈遗,核军实,按劾将吏,不姑息就事,风气大振。

这样,在另一方面,就加深了和与军阀有联系势力的矛盾。

经略辽东的杨镐被追究萨尔浒之战的责任下狱后,被任命为辽东经略的熊廷弼,他立即为重建对满洲的战线而奋斗。后来,反东林党派的朱童蒙为了调查被派遣到辽东,关于这前后的情况,他报告下:

> 辽阳城周二十里,久倾塌,当开(原)、铁(岭)初陷,辽人束装思徙,谓城不足凭,廷弼修筑甚坚,引水进闸,城上下密布火车

---

① 关于熊廷弼,除了《明史》二五九本传外,参照《熊襄愍公集》八(嘉庆十八年后跋)所收自传《性气先生传》,李光涛《熊廷弼与辽东》("中央研究院"历史语言研究所集刊六八,1976 年),全祖望《鲒埼亭集》外编二八《书明辽东经略熊公传后》。

② 文秉《定陵注略》十《荆熊分祖》。汤宾尹想纳乡里生员施天德之妻徐氏为妾,徐氏抵抗而自杀,因此对汤宾尹的非难四起。同情徐氏的学生们,为表彰徐的行为,建了祠堂,对此感到羞耻的汤宾尹把祠堂毁了,因此更遭非难。接着学生告发了梅某强奸事件,作为学政的熊廷弼,因为与汤宾尹是亲交,所以把这事件与汤宾尹联系起来,责难并杖杀学生,以雪汤宾尹之耻。巡按御史荆养乔对此进行批判因而对立。关于事情的经过,与党争有种种关联,详细参照城井隆志《试论明末地方生员层的活动和党争——围绕提学御史熊廷弼的杖杀诸生》(《九州大学文学部东洋史论集》第 10 号,1982 年),金文京《汤宾尹和明末的商业出版》(《中华文人的生活》平凡社,1994 年)。

火器,分兵防守。诘奸除暴,其心理精细,综理周密,有人不能及者。……其(库银的)一应取支,悉经饷司,廷弼原不沾手。或有虚冒及各营将佐影占作弊,廷弼严为察处而不一纵……迄今民安于居,贾安于市,旅安于涂……臣入辽阳,官民士庶,垂泣而思,遮道而诉,谓数万生灵,皆弼一人之所留,是其精力在是,其得谤亦在于此。(《勘辽疏》,《熊襄愍公全集》卷末)

如后所述,朱童蒙虽然较高评价熊廷弼在辽东的活动,但在逃亡到山海关这一点,还是追究熊廷弼的责任的。就连反对派的他,对熊廷弼在辽东所起的作用都有这样的评价,还是应当注意的。但是,他人和自己都视为"性气先生"的熊廷弼,他的傲骨、偏狭的性格和过分毒辣的手腕,深痛地刺激了腐败之极的辽东军部。

[349]

当时,熊廷弼在任只不过仅仅四个月。因为向中央报告了辽东人刘国籍募集的兵士半数已逃亡的事,招致辽东军阀的反感而被罢免。但是在熊廷弼被罢免的几乎同时,沈阳陷落了。这对方从哲内阁来说是冲击性的。熊廷弼再返为辽东经略。此时已入天启年间,但反东林党的郭巩猛烈反对再起用他。

熊廷弼再返辽东经略任职,未必意味着他对满洲军事战略的被采用。因为在与几乎同时被任命为辽东巡抚的王化贞之间,产生了被称为"经抚不和"的,围绕战略的决定性对立。

辽东巡抚王化贞这时采取的是所谓的分兵分河之策,广宁以东,沿双台子河数处设要塞,确定各处的守备范围,想防卫广宁。但是,熊廷弼认为这样肯定不能坚持,兵力分散极其危险,加以反对。他主张当前应当集中兵力于登州、莱州、天津,在军备充分整治的基础上,从三方出兵讨伐,被称为三方布置之策。

时而以皮岛为据点的毛文龙,袭击了与朝鲜国境相近的镇江,出现了一时将其收复的情况,性急的王化贞乘机让大军出动,想一口气收复辽东。王化贞不仅过于信任了明朝的兵力,而且认为西部蒙古也会加入己方战线,已投降满洲的李永芳会作内应,相当乐观。对此,熊廷弼以"西部不可恃","李永芳不可信"反对。是像王化贞那样冒险主义地出战,还是如熊廷弼那样当前巩固守备呢?巡抚和经略的意见针锋相对。王化贞所率之军有 14 万,而熊廷弼仅有 5 千,彼此间的兵力有绝对性的差别。

[350]

但是,王化贞信任的游击孙得功,不久投降满洲。知道由于他的扰乱会使广宁陷落,不得不守卫广宁的王化贞,突然弃城逃跑。熊廷弼这时在广宁右屯,听到广宁陷落,赶紧回到驻地山海关。追究这个责任,王化贞被立即逮捕,熊廷弼则等待审查。

担任这一事件审查的刑部尚书王纪、都御史邹元标、大理寺卿周应秋的"谳疏"(天启二年四月二十日),向熹宗报告如下:

> 王化贞……生来是一朴实头地人,全不知兵。用人而反为人用,用间而反为间用,甚至叛逆如孙得功辈,日侍左右而不悟,任其笼络,伎俩已可知矣。乃敢口口声声言战言渡河,至胡笳一鸣,风鹤皆兵,鼙鼓铁骑,尚隔百里之外,而弃广宁如敝屣。匹马宵遁若追者之蹑其后,而惊魂至今犹未定也。哀哉,化贞有忧国之心,而无谋国之智,有靖边之志,而无靖边之才。(《熊襄愍公集》卷末)

一方面关于熊廷弼是这么评价的:

> 初出都门,即檄有控扼山海之音,识者已知其无意于广宁矣。抵关以后,觉微有可观,如言我兵不宜浪战,西人不宜尽信,永芳降情之叵测,广宁人心之不固,语语若持左券,其料事之智,岂不远过化贞耶。……即有盖世之气,料事之明,亦不足以赎丧师失地之罪矣。……比之杨镐,更多一逃,方之袁应泰,反欠一死。(同上)

[351]

袁应泰在辽阳陷落同时自杀了,杨镐则被追究开原、铁岭失陷责任人狱,但他并未企图逃跑。官员把熊廷弼和他们作了比较。

作成这个报告的王纪、邹元标都是东林派人士,周应秋是后来被阉党指责的人物,是后面所述复社指导者周锺的伯父。他们虽然承认熊廷弼的军事才能和战略的正确,但主张在"丧师失地"、"抱头鼠窜"这点上,熊廷弼与王化贞同罪。在他们看来,那时熊廷弼不应该从广宁右屯逃出,而应该殉职。

但是在没有殉职这一点上,东林党大多数人还是对熊廷弼表示同情的。本来,作为经略的他被命屯驻山海关,在广宁失陷时回到山海关是理所当然的,"丧师失地"的责任大半在王化贞。科道官周宗建、朱童蒙、周朝瑞、江秉谦、刘弘化、甄淑、周季等主张应该追究"请饷不给,请兵不发"、强行反对熊廷弼、提出冒险主义战略的王化贞的责任①。但是维护熊廷弼的这七个人,却因"妄行保举"应该同罪的熊廷弼而被削职,并命回乡。七人中,除了朱童蒙和周季的五人都是东林派的官僚。

这时首辅叶向高,因为是王化贞的座主,反倒和反东林派一起,维护王化贞。

[352]

从这点可知,关于熊廷弼的处分,即使在东林党内部意见也并非一致。即使是王化贞的支持者,既有认为王化贞、熊廷弼都错的人;也有承认熊廷弼战略是正确的,但认为他要负从广宁逃脱的责任应自杀的人,有各种各样的议论。围绕着重大的对满洲战略意见也不一致。这一点使人感到东林派的政治集结还很不完全。

而以下所述天启五年的东林六君子之狱,是和移宫案一起,涉及维护熊廷弼的人们,说从熊廷弼那里收取贿赂而产生的冤狱。

(二)

广宁的陷落,使北京人心动摇,社会不安大大扩散。其中对王化贞、熊廷弼的被捕,叶向高说,北京的人们悲伤王化贞被捕,对熊廷弼

---

① 《熊襄愍公全集》卷末,《科道疏》。

则"掷瓦砾",进行非难①。但是另一方面,黄尊素则介绍,"掷瓦砾"
的,是王化贞为减轻自己的罪名,加重熊廷弼之罪而收买的人②。哪
一方是事实不很清楚,北京似乎交织着各种各样的流言蜚语。

　　与虞山书院有关的张鼐,这时一面回想起读邸钞萨尔浒战败时
的情景,一面说:那时,北京城门白天也关闭,路上连行人也没有。
朝廷会议上,尽是铁青的脸,面面相觑,是什么对策也拿不出来的状
况。虽攻击熊廷弼,同时似乎也议论到丞相,但不要附和雷同,劝诫
门人,毋轻据妄动③。　　　　　　　　　　　　　　　　　[353]

　　这次广宁陷落之时看来扩散着与萨尔浒之战时不可比的政治紧
张和社会不安,在北京创立首善书院,就在那样的时期。

　　由冯从吾和邹元标的讲学而发生的事,与其说是有意图还不如
说是自然发生的。在城隍庙百子堂的讲学进行中,人数渐渐增加,从
"绅衿"到"皂吏",数百人来听讲,这样就要求作为书院的场所了。

　　巡城御史周宗建等援助了这事,不久在宣武门内侧的大时雍坊
里,以一百八十两购入民间家屋,设立了首善书院④。讲堂三楹两栋,
后面的建筑物,作为图书馆收藏经史典律之类书。首辅叶向高书写
了《首善书院记》⑤,并挂出出自书法家董其昌之手的"首善"的匾额。

　　叶向高的《首善书院记》说,国内"通都大邑"都有书院,但是首
善之地的北京没有,这真是极其遗憾。通过"深参默证"、"透性"而
实现"生生不息"的邹元标,和主张"反躬实践"、"性善"以"居敬穷

① 叶向高《蘧编》一二,天启二年:"(王)化贞逃至大凌河,与廷弼相见,廷弼鼓掌以为得
　 计。而不知人情但恨廷弼,不恨化贞。化贞之逮也,士民夹道遮泣。廷弼过,则以瓦砾
　 掷之。故虽欲庇廷弼者,终不能解。大司寇王公纪议其罪曰:比袁应泰则少一死,比杨
　 镐则多一逃。人以为确。"
② 黄尊素《说略》(《黄氏八种》所收):"每遇朝审,行道之人,必以瓦砾掷熊,流血满
　 面。……一说掷瓦砾者王化贞买出之人,欲重熊罪以宽己也。"
③ 张鼐《宝日堂初集》六《寄都下诸门人论辽事危急书》辛酉。
④ 关于首善书院,刘侗的《帝京景物略》四《首善书院》以及孙承泽《春明梦余录》五六《首
　 善书院》最为详细。特别是后者收录着有关的奏疏。此外,关于首善书院,有柴田笃的
　 《首善书院的光和阴》(《哲学年报》四十九,九州大学文学部,1990)的研究。
⑤ 叶向高《苍霞余章》二。

理”为阶梯的冯从吾的学问，通过首善书院的讲学而扩大开来，是非常令人高兴的。由此，可明君臣父子之纲，确立朝廷尊严。叶向高对首善书院极有好意。应当注意，这《首善书院记》的最后，也谈及张居正弹压书院①，说：

> 世或有执江陵之见以诮余者，余亦甘受之。

而事态在此后，发展成比他所担忧的远为重大的局面。

[354] 　　为实现这书院而奔走的，是后来在七君子之狱中被杀的周宗建②。周宗建(1582—1626)，字季侯，吴江人，未必说是东林派人士。知道邹元标和冯从吾没有讲学之处，想在中城或者西城确保讲学的场所，就找到这一场所，命令吴克孝进行修补，似乎是“仅仅十五间”狭小、简陋的建筑物，费用都是由都察院人们凑来的钱。决定这个场所之际，他说，邹元标等提出特别要避开离官厅太近之处③。恐怕是想在首都北京讲学，又要避免引起各种各样的物议。

　　那么，为什么在这样的时期他们想要建立书院呢？

　　这很明显是为了宣传鼓吹“忠君爱国”思想。邹元标等认为，“兵迫关门，人心崩坏”，正是在现在这种状况下，必须明确学问。认为这是否过于迂腐的批判当然是有的。对此，邹元标这样回答：

> 向者将溃兵窜，坐失封疆，正由平日不明理学，于忠君亲上死孝之义愦愦耳。古今谭边备者，举弱宋为鉴，幸当时理学大

---

① 还有，叶向高的上书(《邹忠介公奏疏》五附)里关联着朱童蒙的批判，谈到张居正，所述如下："提学官之改敕书，禁讲学，毁书院，沙汰生员，此乃张居正所为，非祖宗朝法也。居正之得罪于清议，背成宪，失人心，正为此事。(朱)童蒙奈何引之，臣为书院记文，固云，世必有执江陵之见，以消(诮)余者。何其言之偶中乎。"
② 《明史》二四五，本传。《东林列传》四。
③ 关于寻找首善书院讲堂的经纬，《明熹宗七年都察院实录》第三册，天启二年十月十四日周宗建的上疏里很详细。那里所述如下："时同官马逢皋、杨新期，相继巡视西城，曾为觅有一房。(冯)从吾以为逼于官署，不乐居之。"

明,故张、韩、刘、岳辈,能杀身成仁。文天祥为宋人生色也。(刘
侗《首善书院》,《帝京景物略》四)

还有,冯从吾在《都门讲》里,被问到讲学和职业的关系时,作如下 [355]
述说:

> 问:居官讲学得无妨职业否?曰:讲学正所以修职业也。
> 精言之,必讲学提醒其忠君爱国之本心,然后肯修。粗言之,必
> 讲学考究其宏纲细目之所在,然后能修。不然,纵终日奔忙,不
> 过了故事以俟迁擢而已。故居官职业之不修,正坐不讲学之过。
> 而反曰妨职业乎哉!

[356]

> 问:方今兵饷不足,不讲兵饷而讲学何也?曰:试看,疆土
> 之亡,果兵饷不足乎,抑人心不固乎?大家争先逃走,以百万兵
> 饷徒藉寇兵而赍盗粮,只少此一点忠义之心耳。欲要提醒此忠
> 义之心,不知当操何术?可见讲学诚今日第一着。……有忠义
> 之心而后饷为兵用,才谓之有饷。(《冯少墟集续集》二)

在对满洲危机感不断深化中,红丸案和移宫案当然也是有关忠君爱
国的事。用"红丸""弑君主",那自不用说,就是像方从哲那样默认
"君主被弑",也是不可的。东林派之人,排除郑贵妃、李选侍的私情,
再进一步说,希望连君主个人的私情也要排除,以确立君主权的主导
性。那是"为朝廷官僚,乃是代天行道,代天行法"(刘洪谟)[①],因此,
连君主也不允许恣意放纵,应当代天行应行之道,代天行应行之法。
正是对这些的探讨,才是讲学的内容,使人们理解这些精神,才是讲
学的使命。因此"忠君"与"爱国"几乎就是同义反复。使君主权离
开君主个人,恰似国家的一个机关了。

　　在这时刻,以这样的形式,把人们集结在首善书院,宣传鼓吹忠

---

① 刘侗《帝京景物略》四《首善书院》。

君爱国的思想意识,虽说看上去是何其迂腐,但不能否定有着作为东林派政治结集的意义。对反东林派来说,对在野的东林书院旺盛的政治活动还记忆犹新,他们逐渐加深了警戒感。

(三)

冯从吾的《都门讲》序①,对首善书院讲学的具体情况作了描述:昔,京师讲学会,一个月举行三次,但万历二十年,我自己休职回乡以来被中止,三十年来也没怎么举行。天启元年秋,我复归政界。邹元标、杨东明、高攀龙、余懋衡、曹于汴诸公也相继上京,和其他同志相集,在城隍庙道院,在三个规定日子定期讲学。以缙绅们为中心,因人数的增加,再一次增加讲学之日,变为八个规定日子讲学了。举人、监生、生员到布衣增加了很多人,一般是正午集合,酉刻(四点左右)散会。有李之藻说的"人聚得越多越好"之风。不特别准备吃饭,也不送邀请状,以"不谈朝政,不谈私事,不谈仙佛"为原则。讲学中所说的,仅仅是父子、君臣、夫妇、长幼、朋友这五伦和太祖洪武帝的六谕。现在,各省虽有"学会",最重要的京城没有,就不能"四方倡"吧。正是在今日国家多事之秋,由讲学修"文德"使北京为首善之地是很有必要的。

这里登场人们中,邹元标主宰江西的仁文书院,高攀龙主宰东林书院,余懋衡与紫阳书院有关系,这已经在第四章叙述过了。万历年间,各地开展书院活动的人们,会于一堂,首善书院就像那些各地书[358]院的联合体那样,恶意地被宣传了。冯从吾所举的人们中,杨东明是河南虞城人②,《明儒学案》中,属北方王门学案(卷二九)的人,在虞城组织兴学会,举行讲学。曹于汴是河南安邑人③,是精通"兵农钱赋边防水利之学",与利玛窦也有交流的人物。除此以外,推测与首

---

① 《冯少墟集续集》二。
② 《明史》二四一,本传。《明儒学案》二九。
③ 《明史》二四一,本传。《明儒学案》五四。

善书院有关系的人物，可举出刘宗周、何乔远，方大镇、锺羽正、贺逢圣等①。

在首都北京举办这样书院或学会确实是伴随着危险的。黄尊素预测到这一点②，首善书院聚会人们对这一点也十分注意，因此说以"不谈朝政，不谈私事，不谈仙佛"，有意识不谈政治，形成了那样的书院方针。而这一方针，也是众所周知的，东林派的鹿善继，这样批判书院的方针：

> 神宗末年，高攀龙、冯从吾、邹元标集京师讲学，相戒不言朝政，不议职掌。善继曰，离职掌言学，则学为无用之物。圣贤为无用之人矣。有招之者卒不往。后，遇高攀龙于朝房。倾盖投分，始恨相见之晚。（陈傡《鹿善继传》，《皇明文海》一五二）

鹿善继，北直定兴人，是后来魏忠贤弹压之际悄悄援助周顺昌的人物，也有像他那样，对"不言朝政，不言职掌"持疑问的声音。虽然首善书院的人们对这点可以说有充分的认识，在严峻的政治性对立中，也还是不得不标榜"不谈政治"。

尽管如此，首善书院落成前，反东林党派对书院的攻击已经开始了。这成了宣告由此开始的东林党和阉党激烈党派斗争开幕的号角。 [359]

最初开火的是兵科给事中朱童蒙。那是天启二年九月的事。兵科给事中就未必是兵科职掌内的首善书院之事上奏，暗示了这个问题与前面的辽东问题有关系。他说：

---

① 刘宗周给冯从吾的《都门讲》寄了序文，何乔远为首善书院写了上梁文。方大镇和锺羽正之名，刘侗《帝京景物略》四《首善书院》里可以看到。关于贺逢圣，参照《东林列传》七。还有锺羽正对朱童蒙的反论，被收录在《邹忠介公奏疏》五附里。

② 黄尊素《说略》："邹南皋、冯少墟建首善书院于京师。……夫京师缙绅杂沓之地，一开讲学，贤奸共进，不能不为政蠹。……朱（童蒙）、郭（允厚）意在去两公，初不因讲学起见。"

　　昔在皇祖时,有理学之臣顾宪成、郭正域,开讲东林,……。从游者众,邪正兼收,不材之人,借名东林之徒,以自矜诩。甚至学士、儒生,挟之以打文网,冠裳仕进,借之以树党援。……门户别而墙壁固,所以朝端之上,士林之间,玄黄血战十有余年,摧残几多善人。戕伤几许国脉,皆讲坛之贻害也。……(邹元标、冯从吾)二臣一旦复为,择地建坛,招朋引类,况又在皇都之内,贤否辐凑之处乎。(《熹宗实录》二六,天启二年九月庚子)

　　这里讲郭正域是东林派人士,虽尚说得过去,但说在东林书院开讲,则全非事实。不管如何,反正关于朱童蒙这个对首善书院的非难,熹宗没有立即表示赞同,恐怕这其间,首辅叶向高的态度在起着作用①。而邹元标等是杰出学者,熹宗也未必会发出谕旨,禁止讲学。其后,更相继有郭元标、郭允厚②不仅对书院讲学,甚至对邹元标个人进行弹劾。

　　面对这样的非难,邹元标等反驳说,讲学决不是出于党派利害关系③。冯从吾也反驳说,我们在这儿创书院,不为名不为利,也不为官爵。在内外危机中,通过讲学,以使人心觉悟,激发忠义为目的④。还有,首辅叶向高也在《陈愚忠以质公论疏》中指出,他们的攻击涉及邹元标个人,他们的意图不在讲学,而是看准明年京察,要让都御史邹元标下台,又说:

[360]

　　夫讲学之禁,从来所未有也。乃二科臣疏内,屡奉内传,频更票拟,至谓宋室祸败由于讲学。谁为此言以告皇上。(《邹忠介奏疏》五附)

---

① 关于这期间的事,《蓬编》十三,天启二年六月所记很详细。
② 《熹宗实录》二七,天启二年十月丁卯。同上,十月壬申,同上,十月乙亥。
③ 《邹忠介公奏疏》五《陈共学之原以定众志疏》。
④ 同上。附《左都副御史冯从吾疏》。

这是指出,很明显,背后有改写票拟的人。

高攀龙也在这时写了《论学揭》反驳讲学是开门户的非难。

> 此说一倡,吾道之祸大矣,天下国家之祸大矣。职东林人
> 也,即不言及于职,何忍坐受东林之诬。……夫学者何也,人之
> 性也。性者何也,天之道也。知道,则刑名钱谷,皆实事也。不
> 知道,则礼乐刑政,皆虚文也。(《高子遗书》七)

高攀龙的想法比邹元标更进一步,认为刑名钱谷与道不可分。正因
为如此,学问才是必要的。当"即事为学",不该"以学废事"。而且
学必须以"仕"为前提。对他来说"学而优"者,乃"仕"者,实事之学,
在"仕"君主时可有所发挥。所谓讲学就意味着探究在政治上如何实
现这样的学问之道。讲学决不会引起朋党之争,倒不如说没有这样
的学问才引起朋党之祸。高攀龙在这儿也继续依据前面一章自己所 [361]
说的朋党之说,作了如下的叙述:

> 故党类之党不能无,是群分之品也。偏党之党不可有,是乱
> 亡之本也。知党类之不能无,使之各得其所而勿相猜忌,知偏党
> 之不可有,使之各惩其祸而勿为已甚。但得人人自反,勿专尤
> 人,则无不可融异为同,化小为大。故有教则无类,并党类之党
> 亦可融之者,其必由学乎。惟学可消门户。(同上)

所谓"党类之党",就是以"必察之见"而汇集的人们。所谓"群分"包
括在《易·系辞》出现的话语"物以群分"中。因为持"必察之见",在
自成党派,自己有别于和他人的同时,也就扩大了同一学问的联系。
因此,正是学问方可避朋党之祸。对此他是一直确信的。但是就在
这以后,邹元标和冯从吾离任归乡,高攀龙第二年也不得不暂时
回乡。

在围绕着讲学,直言不讳的议论日盛的情况下,人们对此后首善

书院的讲学还能否继续,是有疑问的。《帝京景物略》说"首善书院天启二年十一月开始,阅月二十,至天启四年六月罢讲"。上述的人们多被迫回乡,所以即使有讲学,也不过是时而举行的。至少在天启四年正月,书院成了"公廨"(也就是役所)①,毕竟不是可进行讲学的状况了。

[362] 关于首善书院,冯从吾《冯恭定全书》里还收有《首善书院志序》②,虽知还有出于其门人王应遴之手的《首善书院志》,很遗憾现在还未能看到。

第三节　急转——杨涟的 《二十四大罪疏》

这期间,宦官魏忠贤和熹宗的奶妈客氏勾结着,一步一步不断巩固在内廷的地位。在宦官之间,也有一种类似夫妇的关系,称为"对食",魏忠贤和客氏就有"对食"关系。

魏忠贤(1568—1627),北直肃宁人③,由本来是王安部下魏朝的推荐而得其地位。他和魏朝争客氏,先使魏朝失势,接着和客氏勾结,谋杀王安,并迫使王安的部下失势。再利用熹宗对客氏的绝对信任,爬到了司礼秉笔太监的地位,可以批红,即利用代君主写谕旨达到事实上操动君主权的地步。

天启二年,魏忠贤向熹宗进言,在内廷开始军事训练,即"内操"。这是根据与魏忠贤勾结入阁的浙党沈㴶所献之策而行的,造成了一万以上的军队,于紫禁城内,在宦官指挥下进行训练的事态。这意味着宦官在宫廷内掌握了武力。魏忠贤自己也盔甲在身,出入宫门。

---

① 吴应箕《启祯两朝剥复录》二:"改书院作忠祠(李鲁生先有疏。书院改作公廨。今又疏书院改作忠祠。)"

② 《冯恭定先生全书》五。

③ 《明史》三〇五,本传。还有关于此,参见王春瑜、杜婉言的《明史刘瑾、魏忠贤传注》(中华书局,1983年),丁易《明代特务政治》(1950年,后,群众出版社,1983年)。

这在其他人身上寸铁也不许带的宫中,确是异常之事。

东林派的周朝瑞、惠世扬等发出了如果宦官在内廷弄兵,戚畹在外弄兵,奸相在内外之间弄兵,满洲进入之前,北京就会成为战场的警告,但不被人们重视①。结果是,熹宗说:内备原为保护朕身,肃清紫禁。反对内操,肯定有其他目的。反而对他们有了怀疑。 [363]

天启三年,魏忠贤派遣宦官到边境去进行间谍活动(刺事)。兵部尚书孙承宗说,如果宦官干涉军事,边境的将军们要奉承,会使兵卒苦于役使,表示强烈反对。但这仍被无视②。

接着,魏忠贤提督东厂。万历年间,虽政治腐败达到了极点,但东厂和锦衣卫所进行的特务活动是极其稀少的。锦衣卫狱即诏狱中,甚至"生青草",几乎不使用③。然而魏忠贤以司礼秉笔太监的身份得到东厂提督的权限,此后,东厂和锦衣卫的特务活动,和附着于此不经法律手续的监狱,其威猛发,直袭东林党人。以魏忠贤为首的阉党,以君主之名获得了武力和监狱这些暴力手段。

天启三年,是阉党所恐惧的京察年。这时,首辅为叶向高,吏部尚书为张问达,都御史为赵南星,东林党起着主导作用。在这京察中,正如阉党所畏惧的那样,亓诗教、赵兴邦、官应震等,万历末年与反东林派有关之人士被辞退。对阉党来说,是严峻的结果。

天启四年,魏忠贤等终于拿出非常手段,逮捕汪文言下诏狱。因为汪文言是由叶向高提拔为内阁中书的,同时与韩爌、赵南星、杨涟、左光斗、魏大中等东林派人士有往来,所以他被逮捕,东林党人被连坐,其罪也会波及上述诸人。这时,黄尊素说"汪文言虽非当惜之人,但不当将其祸波及东林党人",对镇抚司刘侨做了工作,故仅受廷杖就被释放了。再遭逮捕被杀害之事将在后述④。 [364]

① 《明史》二一八,本传。《沈㴶传》。《熹宗实录》二十,天启二年三月戊戌。
② 《明通鉴》七八,天启三年二月。
③ 同上,天启三年十二月。丁易《明代特务政治》第一章《明代特务机关》。
④ 黄尊素《黄忠端公集》三《汪文言传》。

在这样的情况下,天启四年六月,杨涟呈上了《劾魏忠贤二十四大罪状》①,做出弹劾魏忠贤之举。这弹劾引用"不许内官干预外事,在内廷仅供使令扫洒之役"之律,有多达二十四条,揭露魏忠贤确实违反此律干预政治的内容。东林派里最过激的部分发动了对魏忠贤的攻势。

下面所载,是把杨涟揭露魏忠贤的二十四条罪状,整理为五项(括号内的数字表示了二十四条的顺序):

第一,超越内廷使役这一宦官的工作范围,魏忠贤不正当地干预外廷政治。祖宗之制,票拟是内阁权限,内阁进行谕旨票拟,这由传奉来传达。传奉谕旨,假使是君主自身的内容,如有传奉,因说话的口气,其内容也会产生天壤之别。还有,如果不是真的话,也无法确认。魏忠贤的传奉,变成为在连皇上、内阁都不知道的情况下实施,可想像甚至可能有杀人这样的事态(第一条)。掌握枚卜(选任阁臣)权限,阻止孙慎行等入阁(第五条),在廷推时,利用次席,不正当介入人事(第六条)。阻止作为职掌,纠弹织造太监的言官升迁,在侵犯吏部人事权的同时,也侵犯了言官封驳的权限(第十七条)。用立枷之法杀害皇亲家人数人,如果内阁、言官不对此加以批判,有发展到大狱的危险(第十四条)。

第二,使在国本、移宫、红丸等案中起主要作用的官僚多数被罢免。例如刘一燝、周嘉谟那样顾命之臣(第二条),追及红丸责任的孙慎行、邹元标(第三条),在国本问题上有功绩的鍾羽正、王纪(第四条)等。还有,使光宗新政有功的王安失势,并事实上杀害了他(第十一条)。以逆魏忠贤为理由,处分满朝荐、文震孟等(第七条)。想一网打尽(东林党)人士,把没能按其预想去做的北镇抚司刘侨削了籍(第十八条)。一个生员不正当地被杀(第十五条)。拷问(国子监生)王思敬(第十六条)。魏大中刚上任吏科都给事中,就被责问(争这职位的是阮大铖,由于赵南星、高攀龙等的工作,使魏大中就任,以

[365]

---

① 此外,《皇明经世文编》五二四《纠参逆珰疏》。

后,阮大铖就旗帜鲜明地成为阉党)(第十九条)①。

第三,利用东厂、内操等君主之名,乱用非合法的刑罚权。东厂原来是在非常之际进行情报活动的,并不是威胁平民生活的组织。这些被用作为对抵抗魏忠贤等的人物进行报复的手段,任意发出逮捕状(驾帖)。在汪文言之狱时,发生了连内阁都不知道的情况下,根据魏忠贤手下者的密告而逮捕他的事态。这样的话,就有发展到发生同文之狱,直至造党锢之碑的危险性(第二十条)。明的祖制,军事力是为防卫四夷而设,即使设有禁卫,但不进行军事训练,此乃通例。这当有(防政变于未然的)深意。然而魏忠贤和沈潅勾结,在内廷行军事训练(内操),把其亲戚、手下人配置在其中枢,没有比此更危险的了(第二十二条)。辽东传警报,在内外戒严状态之中,东厂所采取的特务活动,使人产生是否在满洲入侵时想要迎敌而入这样内心的疑惑(第二十一条)。

第四,关于宫廷内的秘事。使陛下贵人死去(第八条)。使裕妃自尽(第九条)。杀害皇后之子(第十二条)等。 ［366］

第五,魏忠贤个人,大大偏离宦官的不相称行为很多。乡里建起很气派的牌坊(第十二条)。亲戚做了高官(第十三条),进香之际甚至有可与皇帝匹敌的盛大行列(第二十三条),在皇上之前乘马通过的无礼(第二十四条)。

杨涟这样列举出魏忠贤二十四条罪状后,声称这些都是从邸钞、招案(自供书),及在北京实地的见闻里得到的事实,不仅仅是风闻忆测。最后他以这样的话语结束:

> 皇上大震雷霆,将忠贤面缚至九庙前,集大小文武勋戚,敕法司逐款严讯,考历朝中官交通内外,擅为威福,违祖宗法,坏朝廷事,失天下心,欺君负恩事例,正法以快神人公愤。

杨涟的上疏,由于其激昂的发言,使对宦官跋扈抱有畏惧的人们大叫快哉。与此相连,上疏不断。其中在六君子之狱中被杀的左光斗、魏大中、袁化中也有上疏。还有国子监祭酒蔡毅中[1],连同国子监学生千余人的署名,上疏对此表示支持。他这样记述了当时国子监学生们的兴奋,说道:"学校,天下公议从所出,臣正与诸生读'为君难'(《论语》子路)一书时,忽接杨涟劾魏忠贤之疏,全监师生千有余人,无不鼓掌称庆。"所说"学校,天下公议从所出"的话使人想起黄宗羲的学校论。

此外,后因七君子之狱被杀的李应升,也很快就写信给其父说:昨日,副都御史杨太洪(杨涟)上奏弹劾魏忠贤,致使洛阳纸贵,喧哗起来。我不能沉默,只做像不鸣的冬蝉那样的言官,也上奏支持他,杨涟的上疏和我的上奏是同封的。这决不是杨涟个人之私言而是国中之公言[2],复社的吴应箕也记下自己的感想,写道:这上疏在南京"每家都抄,每户都读",使人感到"一伸忠义气氛"[3]。上疏,在这个时期,以邸钞等作为媒体,倏忽间就传到了全国各地,在形成舆论上起了重要的作用。

[367]

但是这样狂热欢迎的另一边,也有以比较冷静之目注视这告发可能引起紧迫事态的人士。

那就是黄宗羲之父,当时任山东道御史的黄尊素等人。黄尊素在杨涟之前上了《灾异陈十失劾奏魏忠贤客氏疏》[4],弹劾魏忠贤们,差一点要被处廷杖,由于韩爌等的奔走,以夺俸处分了结。根据黄宗羲回忆,杨涟、左光斗当时不断出入他的北京官邸,小声避人,秘密地论说政局,他们相互间有密切的联络。黄尊素听了杨涟的上奏,认为"宪臣心乃台省诸臣之心,台省诸臣之心即通国孩稚妇女之心",上疏支持杨涟。但是实际上并不全面赞成杨涟的《二十四大罪疏》。他要削除那中间,特别是像第四项那样仅仅是传闻的部分,认为,如果不

---

① 《明史》二一六,本传。
② 李应升《落落斋遗集》九《官西台寄父亲》。
③ 参照本书第七章第一节。
④ 《黄忠端公文集》一。

根据确实的情报来弹劾是很危险的。似还痛感与其和魏忠贤等正面激烈冲突，不如通过宦官，做内部工作，即"内援"的必要性。在《说略》中，论述如下： ［368］

> 疏未入之先，一掌科知之，谓杨有此举，千古高名。意以必立锄此珰而后已。余沉吟久之，曰：从来除君侧者，必有内援。杨公有此乎？一击不中，吾侪无遗类矣。掌科未然其说。次日阅二十四款，多撼宫嫔风影事，余益跌足曰：此适贻之口实耳。（黄尊素《说略》，《黄氏八种》所收）

黄尊素在当时和他们不断有联系，这时为联系来访的恐怕就是魏大中。他表示说，杨涟的上疏，违反了他的意思，对产生了预料的对东林党人的弹压，感到极为遗憾。

杨涟在当时为左副都御史，近于都察院的第一人。他在此后也原封不动留在这地位，但黄尊素说，应该立即引身，给杨涟送了以下信：

> 从来奄宦之祸，小臣击之其害止于一身，大臣击之其害及于天下。……大臣击之不胜而身退，其祸缓，不胜而身不退，其祸亟。……堂翁曰：除吾一身生死成败莫要照管。如死而有益，亦是不妨。……然以道事君，不可则止。孔氏家法，本是平常，身名俱全者，上也；身死名存者，次也。当此之时，有一毫畏死之心，固为非道，即有一毫求死之心，亦为非道。君子不顾成败，未有不顾出处者也。（《答堂翁杨太洪问去留书》，《黄忠端公文集》三） ［369］

黄尊素论说了，必须要超越杨涟个人的悲壮感，从政治力学上正确处理问题。并劝告，为此，不管怎样，他立即辞职是必要的。还有，对这之后，要弹劾阉党魏广微①的魏大中也警告道：

---

① 《明史》三〇六，本传。

> 为君子者,亦量其力之可以有为。彼有可决之势,则正名以
> 告天下,而小人危。若小人之势焰方张,君子之营垒不固,则君
> 子小人之名无徒过为分别,使小人各怀廉耻之心,其祸可以少
> 衰,所谓抽薪以止沸也。(《止魏廓园劾魏广微庙亨不至书》,
> 《黄忠端公文集》三)

黄尊素的想法是,在东林党力量相对弱小的状况下,应该避免与魏忠贤以及阉党的激烈冲突。

还有后来与黄尊素同时被逮捕的缪昌期①,被怀疑为杨涟上疏写草稿。实际上他也与黄尊素一样,是反对这弹劾的。他的想法是:这样的事,不当轻易。击内必争于呼吸之间。一发不当,国家也不得不与之同被害②。当时,在三天前,左光斗曾和缪昌期进行商量③。

[370]　尽管有这样的反对,杨涟还是强行上疏,事态如黄尊素他们所担心那样地展开了。以这上疏为契机,魏忠贤一举凶暴化了。

第四节　弹　压

(一)

最初被魏忠贤杀害的是万燝④。他作为工部郎中从事庆陵(光宗的御陵)的营造,为建设资材不足而烦恼,对魏忠贤在菩提寺碧云寺所营造的他自己的墓的豪华奢侈感到惊叹,以"为己坟墓如此,为先帝陵寝如彼",提出对魏忠贤的弹劾。发怒的魏忠贤派遣很多宦官去他宅邸,在加以私刑后,拖进朝廷杖杀。

---

① 《明史》二四五,本传。《东林列传》四,缪之溶《年谱》(《从野堂存稿》附录)。还有,黄尊素是他的从子。

② 文秉《先拨志始》下。

③ 《明史》二四五,本传。

④ 同上,二四五,本传。《东林列传》四。

接着,魏忠贤让宦官大举袭击叶向高宅邸。说叶向高之甥林汝翥怕廷杖而隐藏了,叶向高有隐匿他的嫌疑。杨涟的弹劾以来,感到自身危险的叶向高,对宦官包围阁臣之邸这一史无前例的侮辱提出严重抗议之后,辞职了。

首辅在这之后,经韩爌、朱国桢,终于移交给阉党顾秉谦①。叶向高内阁下所起用的东林派人士相继辞职,左副都御史高攀龙、吏部尚书赵南星离任。吏部侍郎陈于廷、副都御史杨涟、佥都御史左光斗等也被削职。代之登场的是被称为五虎、五彪、十狗的魏忠贤最亲近的阉党人物。

就这样,在魏忠贤把政权完全置于他支配下的情况下,天启五年三月,发生了东林六君子之狱。 [371]

他们先把一度释放的汪文言再逮捕。当时,汪文言出入韩爌、刘一燝、杨涟、左光斗、魏大中等人的幕府,援助东林党派的人们的活动②。魏忠贤要他供述杨涟、左光斗等受到熊廷弼贿赂,策划使他们受封疆案连坐。汪文言尽管受到"幽固考掠,五毒备至"的拷问,但仍说"杨涟不会贪贿赂",加以拒绝,直到断气,也没在所要求的自白书上署名。被黄尊素评为"以布衣操纵天下"的汪文言,就这样被魏忠贤的凶恶之手杀害。

接着魏忠贤逮捕了杨涟、左光斗、魏大中、袁化中、周朝瑞、顾大章,送进诏狱加以拷问的同时,分别对各人课以相当数量的赃银。进而将赵南星、王之寀等十五人削籍,同样课以赃银。与梃击、红丸、移宫三案有关系的人们被严重处罚。

如果只是三案的话,很难追赃,所以阉党徐大化等人进言,还当追问封疆案的罪状。封疆案就被作为他们的罪状加了上去③。关于三案,以那些东林派的人士为主导,要究明真相是不可否认的事实,但对于封疆案,他们究竟与之有什么关系呢?

---

① 《明史》三〇六,本传。
② 黄尊素《黄忠端公集》三《汪文言传》。
③ 《明通鉴》七九,天启四年三月。

这六人中,与封疆案关系比较明确的是顾大章。顾大章①,常熟人,万历三十五年进士。虞山书院的募金者中可见其名。万历四十年代,东林派、反东林派,和浙、楚、齐的各党党争激化时,自己一边说"不与东林党",但效仿汉朝党锢时期的贾彪②,离间"邪党",是支持杨涟、左光斗等的人物。

发生封疆案时,他作为刑部员外郎参预审判,他所取的立场是,熊廷弼的罪比王化贞轻,而且他守卫辽阳有功。但是迫于大势的结果,他自己的意见未能通过。他也"如小舰触巨艘",似乎处于孤立无援而且危险的状况③。庇护熊廷弼,当时就有相当的危险。他因此受到阉党杨维垣的弹劾,说他受熊廷弼贿赂所以支持熊。此时,又重新提出了这个问题。杨涟、左光斗也与顾大章有相近的想法④。

还有周朝瑞⑤,也对移宫案发了言,还与左光斗们一起批判内操,暴露主张内操的阁臣沈㴶与魏忠贤等的勾结,和阉党对立尖锐。他似与首善书院也有关系。据说对弹劾首善书院讲学的朱童蒙大声疾呼,指出其错误而遭憎恨⑥。关于封疆案,与徐大化"受要人之指"对熊廷弼进行攻击的情况相反,他认为,如熊廷弼有军事才能的话,不如可使其带罪守卫山海关为好⑦。

或是反映与封疆案的距离,这六君子中,追赃银最多的顾大章是四万,接着是杨涟、左光斗各两万,以下周朝瑞一万,袁化中六千,魏大中三千最少。他们在诏狱中,个个都受到残酷拷问,死于狱中。

到次年,天启六年三月,发生了东林七君子之狱。黄尊素主张"内援"必要这一点,以前已经叙述过了。流传他策划利用苏杭织造

① 顾大韶《顾仲恭文集续刻》,《顾大章行状》。
② 《后汉书》九七。汉党锢时,贾彪不是党人,但特地赴洛阳以说党人无罪。由此,李膺等获大赦。其后他自身也作为党人被处分。
③ 同第232页注①。
④ 《先拨志始》下。
⑤ 《明史》二四四,本传。《东林列传》三。
⑥ 《东林列传》三。
⑦ 同本页注⑤。

太监李实使魏忠贤失势这样的谣言。对此感到害怕的魏忠贤,命令李实上空印白疏,利用此一举逮捕了高攀龙、周宗建、缪昌期、李应升、周顺昌、周起元。这些人都与阉党对立,加上阉党所怨恨的东林派人士黄尊素,一起被称为东林七君子。这中间,高攀龙在逮捕之前投水自尽,其余都入诏狱,与先前六君子一样,受到残酷拷问而死于狱中。这样,东林党的领导成员,几乎都被逮捕或赶下野,东林党受到毁灭性的打击。这些人逮捕时,各地方都发生了抗议逮捕的运动。周顺昌被逮捕时,苏州发生的开读之变是很有名的。 [373]

这期间,封疆案的当事人熊廷弼被处以死刑就不用说了①。

（二）

发生六君子之狱的天启五年秋七月,北京的首善书院被毁。这是由御史倪文焕的上奏造成的②。他叙述了转任苏松道朱童蒙的报告,周顺道与魏大中等共谋,煽动人们,把朱童蒙赶走;汪文言在苏州阊门与周顺昌会谈;同情魏大中和被逮捕的周顺昌,让女儿与魏大中之孙定婚约等。关于东林党,他强调今后也有警戒必要的同时,对过去被朱童蒙弹劾的首善书院,他进言,书院虽已经变为褒忠祠,但因匾额、石碑还留着,有必要采取断然措施。对此,熹宗的谕旨指示道:

> 此私创书院,去匾额而犹存碑记。着礼部即时毁碎以回奏, [374]
> 戒植徒聚党。

翌八月,巡城御史张讷③对此再进行报告。张讷遵谕旨,报告道:首善书院的匾额、对联、石碑之类已被破弃,教室也全部闭锁。并再次叙述首善书院的沿革,书院是如何支援东林党的活动的。因为这

---

① 同第 235 页注①。
② 《明熹宗七年都察院实录》第四册,天启五年七月十八日。
③ 《明熹宗七年都察院实录》第四册,天启五年八月八日,以及《熹宗实录》六二,八月壬午。

上疏对了解阉党对首善书院的认识很重要,虽与第二节稍稍重复,这里还是想再次确认围绕首善书院的事实关系,根据这一报告,检证其沿革。括号内是笔者指出的与其关连的事实。张讷的报告如下:

书院的用地,本来是中城大时雍坊的"官房",被邹元标、冯从吾所占据,是集三厅十三道的"公费银"二百余两建造的(实际是由都察院关系者募资买的民间的房屋,并没有公费支出的形迹)。根据叶向高碑记,当时广宁陷落,四川、贵州、山东发生反乱,处于必须卧薪尝胆,从国家危机的立场考虑怎样去打开局面的非常时期。尽管如此,他们却立门户,占据首都重要的场所(他们特意避开与官厅接近之处,注意到要不受门户之非难),标榜孔孟之学,却对国家危机不予费心(正为对应国家危机,他们作出书院讲学之举)。极端无父无君(忠和孝,实际是他们所标榜的内容)。其后他们还结党派,占据重要位子,自由地动用京察,其表面是以书院为看板的,故紧急要求对书院进行弹压。

[375]　　　在这样的叙说后,涉及首善书院和其他书院的关系,所述如下:

计海内为书院者,其最盛有四:如东林、如关中、如江右、如徽州,不为不多矣。若辈以为散处于野,未若汇集于朝。可以建鼓登坛,惟所号召。故实逼处此,与皇上争统一之大权。……盖今日之邪党虽斥,而南北主盟互相顽长,如孙慎行、冯从吾、余懋衡三大头目,尚无羞也。(《明熹宗七年都察院实录》第四册,天启五年八月八日)

据张讷所说,东林书院是李三才榨取东南的财赋和民之膏血而建的(虽说东林书院之人推荐李三才入阁,但没有李三才与东林书院的设立直接有关系的事实),书院有良田美宅,不下数十万金(关于书院财产参照后面的资料)。以孙慎行、高攀龙为中心,送贿赂,结托高官(贿赂,恐怕单单是找借口)。地主富户,作为一般的"编朴"(编氓)登录的有一千余户。他们不完纳钱粮,最近以灾害为借口滞纳的很多,知县则不加督促(东林派人士在灾害当口,向当局要求采取蠲免钱粮等救济策是事实)。辛酉(天启元年)的乡试中,采取不正当行为,使顾宪成、高攀龙的弟子,同时并为举人。

关中书院,原是税监梁永的私邸,被没收后成了书院。梁永占据的1 300余亩地亦归其所有。河东巡盐御史不入陕西,为会讲而入时,长安、咸宁两县出金二千余,公私严重混淆。

徽州书院因为是富商大贾调达资金,其费用更是巨额。因为是余懋衡主宰的,郑三俊、毕懋良等支援其而升进。

江右书院,是有来历的书院,邹元标出来以后,利用东林党,连携西北(所谓秦脉)刘一燝(蒲州出身)入了阁,搅乱政界以致误国。

之后又曰:

> 盖书院虽有数处,而脉络总之一条。南北相距,不知几千里。而兴云吐雾,尺泽可以行天。(同上)

要说关于参加书院讲学人们,缙绅之外,武弁、举监、儒吏、星相、山人、商贾、伎艺、亡命的罪人也参加讲学(确实,在东林书院,"总角童子"也欢迎;首善书院中缙绅之外,还有"布衣"、"皂隶"加入,他们自身应说是自豪地叙说这些的)。他们"遥制朝廷","掣肘边镇","把持有司","武断乡曲",不法之事,无所不为。

如上那样,张讷报告了首善书院和各地书院的状况,希望把封闭首善书院之例适用于全国,封闭所有书院。

这些有关书院的上奏,不用说,诽谤中伤与事实相反之点很多,但特别令人注目的是,作为据点的书院,他们举出了东林书院、关中书院、徽州书院、江右书院,指出这形成了全国性的网络,成为政治活动的后盾。实际上,这些书院的指导成员,学问上相互交流,由此产生的人际网络,成为东林党政治运动的后援。反对派注目的,正是害怕这些也像书院那样的全国网络。因此,阉党不仅对首善书院,而且要对这些书院都进行彻底的弹压。

对张讷的这个报告,熹宗的谕旨如下:

> 这都城书院改作忠臣祠已久,已有旨会议,如何至今尚未具覆? 其东林、关中、江右、徽州一切书院,俱着拆毁,一概田土、房屋,估价变卖,催解助工。

指示将已死去的邹元标以及孙慎行、冯从吾、余懋衡削籍、剥夺诰命。

在首善书院,匾额、石碑被毁。不久,崇祯新政,好像并没有毁坏建筑物就不了了之。其后这建筑物,如众所周知的那样,作为徐光启编纂崇祯历书的历局被使用。

[378] 东林书院,这时并未立即关闭。天启六年,对报告周顺昌逮捕之际发生开读之变的应天巡抚毛一鹭,当政者再次发出指示:

> 其苏常等处,私造书院尽拆毁,刻期回奏。(《熹宗实录》七〇,天启六年四月乙酉)

这时,这些书院方始被封闭。东林书院不单单是被封闭,其建筑物,除了祭祀乡里先贤的道南祠,都被彻底破坏。当时的无锡知县吴大朴,关于此事,报告如下:

> 巡按御史徐某(无锡县原设书院一处)……仰该县官吏,即便督同该地方人等,立时拆毁,拆下木料,俱即估价,以凭题解,不许存留片瓦寸椽。限即日具将拆下缘由,星驰申报。(《县申拆毁书院缘由》,《东林书院志》一四)

据此,东林书院即日被拆毁。按指示那样,建筑物的建材资材被变卖,其会计账如下:

牌坊墙门一座,六两;厅屋三间,十八两;川堂三间,十两;讲堂三间,六十两;小屋六间,十二两;公田二百亩,四百四十两;基地六亩、园地十亩,三十二两五钱;其他田屋二百十六亩,五百八十一两二钱。

万历三十二年以来东林书院的历史,就这样暂时降下了帷幕,书院化为"瓦砾之区"。

这时回到乡里的高攀龙和叶茂才一起,目视这废墟,确信东林书院虽已失去其形,但这小小的书院培养出来的人才,现在却仍生存着,咏了下面的诗: [379]

> 蕞尔东林万古心,道南祠畔白云深,纵令伐尽林间木,一片平芜也号林。(《东林书院志》十八)

关中、江右、徽州的各书院也同时被封闭。天启六年闰六月,应天巡抚毛一鹭指示,不仅东林书院,还把常熟、宜兴、嘉定各书院也都封闭、变卖,得银二千四百二十余两,将充作宫中工事的费用送往内库①。据说陕西巡抚乔应甲也同样把变卖所得银一千三百余两②,稍晚,巡按御史曹谷把江西南昌等府的变卖银三千零十七两③,分别送去。虽说各个书院之事还不清楚,但封闭书院的指示,经由讨好魏忠贤的官僚之手,大多是被执行了的。议论朝政,那就不用说了,即使绅衿们相集讲学的场所也都失去了。

最后必须讲一下作为天启政局结束而编纂的《三朝要典》。天启六年一月,熹宗下命编纂《三朝要典》④。一月十五日的上谕里,关于编纂的宗旨,所述如下:

神宗速立皇太子以确保国本。父神宗皇帝慈,子皇太子常洛孝,两者的骨肉之情没有间隔。但奸人王之寀等利用梃击案,试图立自己的功绩。皇帝光宗一个月驾崩,奸人孙慎行等利用红丸案想报己 [380]

---

① 《明熹宗七年都察院实录》第五册,天启六年闰六月四日。
② 《熹宗实录》七一,天启六年五月丁未。
③ 《熹宗实录》七七,天启六年十月己未。
④ 《三朝要典》卷头《圣谕》。

党之私怨。还有从光宗到朕,皇位继承本应正当地举行,但奸人杨涟、左光斗们想借移宫之案,贪定策之功。这次命编纂《三朝要典》,是要使被他们所诽谤的三朝皇帝,慈孝明于天下,那些邪说,必须由史官加以断案。

被任命为该书总裁官的,是阉党顾秉谦、冯铨。他们花了五个月时间,大概于天启六年六月完成,全部二十四卷。梃击、红丸、移宫三案,各用了八卷的篇幅,按年代顺序,罗列有关事项、奏疏和谕旨,并加上"史臣曰"的评语。当然对阉党的奏疏,加了辅佐天子的赞辞,对东林派则尽其所能将其骂倒。总裁官之一的冯铨满面得意地说:正是这《三朝要典》"继《春秋》之绝笔,绎《孝经》之微言","读此,使乱臣贼子惧"、"忠臣孝子感"。东林党说的"忠"和"孝",他们也是标榜的。但是,那是要求臣下对君主个人的"忠"和"孝"。

以三案,更正确地说,以红丸和移宫两案开始的天启政局,由这《三朝要典》的编纂和刊行,最后由阉党完成了断案。阉党所支配的意识形态的基础得到巩固。这意味着君主权完全由他们所获得。此后魏忠贤的恐怖时代,一直继续到天启终了。

[381]

结　语

到此为止,我根据情况,分别使用了东林党、东林党人、东林党派人士、东林派官僚等不同的话语。那么究竟东林党是什么呢? 到底是指些什么样的人呢?

康熙年间,陈鼎编纂的《东林列传》,参照《东林党人榜》和阉党作成的东林七录,选择东林党的人物,为其立传。阉党作成的黑名单,成为选择的一个基础。

首先,要说《东林列传》开头所载的《东林党人榜》,这是仿宋代元祐党人碑之例,由阉党卢承钦之手上呈①,天启五年十二月,由魏忠贤公示天下的。因为本来就并不存在作为政治结社、能够确定的东

---

① 《熹宗实录》六六,天启五年十二月乙酉。虞承钦奏。

林党的实体,这名册只是那时阉党认定的东林党人,想从政界排挤出去人物的黑名单。因此,其中很多是与三案有关系的人物,特别是那个时期,以各种各样形式和阉党对立的人物为其中心。作为这以前的万历三十年代东林党派人士的名单,其本身不能不说有着极其大的杜撰成分。即使这里记载着的,也不能说其必定是东林党人,没有被记载的,也不能就说其不是东林党人。总之,必须加上这是由该时期阉党眼中反映出来的东林党人这样的限定来看待的。

不仅仅如此。东林党名誉回复后,名单上被记载反成了名誉之事。作为东林党,有的追加名字,或者省去了不名誉者。此后还有若干篡改的形迹。也有如朱倓所指出的,这中间还加入了崇祯时期的复社人物,甚至连阉党人物也被列入了那样的混乱,处理时必须十分注意。 [382]

其次,陈鼎参照的东林七录,是指以下七种(其编纂者,据陈鼎说)①:《天鉴录》(沈德先)、《雷平录》(沈㴠)、《同志录》(崔呈秀)、《薙稗录》(陈演或者杨维垣)、《点将录》(魏广微)、《蝇蚋录》(温体仁)、《蝗蝻录》(阮大铖)。作为阉党编纂的黑名单和《东林党人榜》是同样的。

此外,《续点将录》(不明)、《续蝇蚋录》②(或是《同志录》)另载。这中间,除了《天鉴录》、《东林同志录》、《东林点将录》以外,很遗憾今天已看不到了。

还有钱人麟的《东林别乘》和撰者不明的《酌中志余》里,收录有包括《东林党人榜》、《东林点将录》在内的以下数种黑名单③:

《东林朋党录》(崔呈秀)、《东林同志录》(崔呈秀)、《东林籍

---

① 关于《天鉴录》和《东林同志录》,《东林列传》未载编者名,是笔者所补。还有《东林点将录》,陈鼎取魏广微说,但王绍徽之说颇有力。参照本页注③。

② 《蝗蝻录》和《续蝗蝻录》,《蝇蚋录》和《续蝇蚋录》从编者来看,与其认为是天启时期,还不如说是以后期复社人士为中心的吧。

③ 这些名单中,关于《东林党人榜》和《东林党点将录》,朱倓的《明季社党研究》(参照本书序章)有其考证。在《东林党点将录考异》里,作为作者举出的,有王绍徽、韩敬、邹之麟、阮大铖、魏广微、崔呈秀六人之名,其中,最有力的是王绍徽说。

贯》(撰者不明)、《东林点将录》(王绍徽)、《盗柄东林夥》(撰者不明)、《东林党人榜》(卢承钦)、《夥坏封疆录》(魏应嘉)、《天鉴录》(沈德先)。

《东林别乘》，成于东林党钱一本之子、同为著名东林党人钱春的曾孙钱人麟之手，对各种名单加以简单的解说和考证，作为今日可见的黑名单，是最可信赖的。1958 年中山图书馆根据澄海高氏的玉笥山房抄本油印。后来的《酌中志余》里同样收录以上名单。但《东林点将录》，很明显是和《东林别乘》不同系统的东西，被认为是刊刻之际产生的误讹很多。

[383]

本书卷末所付《东林党关系者一览》，是参照上述的几个名单，除《天鉴录》外，汇集而成的一览表。当时，根据李桢的《东林党籍考》(人民出版社，1957 年)，订正若干错误，补充了字号、籍贯。《东林党籍考》，是对《东林党人榜》的 309 人，附上简单传记资料而成的。这是在天启年间，党争最激烈时期，由反对派作成的黑名单，所以确实有种种问题，对一个个的人物还有必要进行检讨①。

卷末的《一览表》里，还加上了从东林党立场作成的东林党人的名单。陈鼎的《东林列传》和高廷珍、许献等的《东林书院志》(卷七~卷十一的明代传记部分)。

说到《东林列传》，虽然是以七录和《东林党人榜》为基础的，但必须指出，其中包含有陈鼎的道德价值判断。也就是说"前是后非"者、"始君子后小人终者"、"非清流逆珰诬为清流者"、"言行取法不足者"，还有"关于名教之所，流为二氏者"，都被省去而不立传。反之，护持"名教"有力者，特别是"死节君子之炳如日月"者，则广加采录。如明亡之际的殉难诸臣，都被作为东林党人来处理，就是其例。借陈鼎的话来说，"清流人物"都是东林党人，这在人物取舍选择上也

---

① 钱人麟的《东林别乘》被认为是这些名单中最可信赖的。但饶有兴趣的是，在他的《东林党点将录》里，他的曾祖父钱春也列入其中。钱春虽然是列入《东林党点将录》，也并非不可思议的人物，但在文秉《先拨志始》的《点将录》里，看不到其名。恐怕是在什么阶段被加入的。而作为钱人麟，当然是想采用列入其名的那种本子的。

有问题。

与此相对,《东林书院志》采录的是与东林书院直接有关系的人物,或者是由顾宪成、高攀龙等东林党的指导成员,间接和东林有关系的人物,其范围与前者相比,远为狭窄。 [384]

此外,《一览表》中虽没有纳入,但黄宗羲《明儒学案》卷五十八至六十的《东林学案》,在划定东林学派范围上,也是最重要的文献。《东林学案》的开头,关于东林党,黄宗羲所述如下:

> 东林讲学者,不过数人耳。其为讲院,亦不过一郡之内耳。……京师首善之会,主之为南皋(邹元标),少墟(冯从吾),于东林无与。乃言国本者谓之东林,争科场者谓之东林,攻逆奄者谓之东林,以至言夺情、奸相、讨贼,凡一议之正、一人之不随流俗者,无不谓之东林。……然则东林岂真有名目哉?亦小人者加之名目而已矣。(《明儒学案》五八,《黄宗羲全集》八)

此后,黄宗羲排除“小人”等一起加上的“名目”,根据《明儒学案》,作为学者的东林学派,采录了以下十七人(但是吴桂森仅列目)。虽以无锡的东林书院为中心,但不问参加不参加东林书院的讲学。他们是:

> 顾宪成、高攀龙、钱一本、孙慎行、顾允成、史孟麟、刘永澄、薛敷教、叶茂才、许世卿、耿橘、刘元珍、黄尊素、吴桂森、吴锺峦、华允诚、陈龙正。

通过父亲黄尊素与东林党相近,虽被说有“门户之见”,但作为准确把握当时政治状况的黄宗羲对东林学派的理解,当是最值得倾听的人物选择。但是,不管怎么,这毕竟是《明儒学案》的选择,从政治史立场上来讲,我认为黄宗羲所排除的“小人”加上“名目”的东林党人,在广泛意义是应该算入的。也就是说,可以把在和反东林党的党

[385]　争中,与成为焦点政治课题有密切关系之人,叫作东林党或者东林派,这是我的看法。所谓政治问题,在万历时期,是国本问题;天启年间,是三案和封疆案,如果可以说有着围绕这些问题和反东林党或者说是阉党的较量,那么,阉党为了向魏宗贤献媚而作成的、充满敌意的《东林党人榜》等的黑名单,在划定东林党人范围上,也就有着重要意义。

他们怀有敌意的东林党人之间,确实有着对时局共通的认识和并不紧密的相互联系。其核心部分,事实上是东林书院以及与其交流的人士,另外,体现了重视社会实践的东林学派精神的人们,他们被称为广泛意义上的东林党人,自有其理由。当然,这是建立在东林党人中相互也有很多矛盾和对立,绝非岩石一块这样认识之上的。

在本章中,以东林党和阉党的党争为中心,对天启时期的政局进行了考察。党争,是为了守卫君主权,或者说是从阉党那里夺回君主权的严峻政治斗争。"三案"确实不过是"宫中琐事",但东林党人执拗地彻底追究与三案有关人的责任,与想把熹宗作为傀儡的宦官和阉党尖锐对立。在这里,东林党人对君主权抱有一定的幻想,这一点是不容否定的。所谓的"皇权主义"就是如此。

但是,也可以这样考虑。在整个万历四十七年间,包括矿税之祸
[386]　的整体性危险状况中,他们痛感各种各样政治问题有改革的必要。正因为如此,想通过发动君主权来解决这些问题。为此,不仅要把君主权从围着它的宦官、外戚、阁臣那里,还必须从君主个人的恣意中解放出来。他们在朝廷自不用说,就是在野,也以学问之名宣传他们的言论,并且不断进行组织,甚至还想借"内援"来实行。但都脆弱地失败了。

指摘他们具有"皇权主义"的局限是很容易的。但是,如果考虑到在十九世纪,连戊戌变法都还推出光绪帝以追求变法的话,就不应因他们完全固执于君主权这一点,就将此作为"皇权主义"的局限加以否定了。而是更应当看到,他们以他们的学问、思想、政治主张,进行书院讲学,想唤起人们的舆论,组织虽说是松散的"朋党"来和阉党

势力斗争。这其中,有着与过去的"朋党"明显不同的新的政治集团的诞生。那决不是以血缘(宗族)、地缘(乡里)、科举同年等为媒介的单纯的派阀,虽未成熟,却不正是以"道"为媒介的朋友结合在政治领域里的表现吗?

第七章　复社运动

　　天启年间,经过围绕着三案的激烈论战和与宦官魏忠贤一派的政治性对立,东林党失掉许多指导者,几乎遭到了毁灭性的打击,这已如第六章所述。但是,东林党的政治运动并没有因此完全败北。在下一代,以新的形式继续着,这就是被称为"小东林"的复社运动。

　　复社,以"古学复兴"为口号,作为八股文的评选机构,在全国范围组织了相当数量的年轻知识人士。明末清初的思想家顾炎武、黄宗羲、方以智等,多多少少都与复社运动有关系,作为抚育他们思想的背景,不能无视通过复社的知识人的相互交流及其政治运动。

　　正如后面要论述的,复社所倡导的复古主义确实是非常不成熟的。但是作为当时的一个时代思潮,对当时年轻知识人阶层有一定的影响,还是应充分注意。那不只是对于特定思想家的个别的影响,而是在更大的学术史流变,即从明学到清学,如借用内藤湖南的话来说,是在考虑从"讲学"的学问到"朴学"转换过程上,有相当大的意义。

　　然而复社并不是像到明代当时为止的文社①那样,单单停留在作为文学团体或者八股文评选机构的地步。他们以全国性的组织力量为背景,虽说在野但是却发挥了如影子内阁般的巨大政治力量。虽说在崇祯末年有一段时期采取妥协的形式,甚至还实现了东林党系的内阁。当然,它并非有意识地对支配体制进行全面变革,而是从当

---

① 关于复社以前文学性的结社的研究,有郭绍虞《明代文人结社年表》,《明代文人集团》(《照隅室古典文学论集》,上海古籍出版社,1983 年),横田辉俊《中国近世文学评论史》第一部《明代诗文社的展开》(溪水社,1990 年)等。

时深刻的危机意识出发,逼迫王朝权力对政策作若干变更。其背景中当然有着当时江南经济的发展和社会巨大变动的原因,可以说,复社运动是在这中间培育出的,虽还未成熟,却是走向中国近代化的胎动。

复社,尽管是这样在思想上、政治上有重要意义的结社,但贯通有清一代,几乎未被垂顾。清末,革命运动勃起,提倡民族主义,通过《国粹学报》(1905—1911)那一派的人们,其所具有的意义总算才再次被发现。就连可以说是复社基本性资料的陆世仪的《复社纪略》,也是到了这世纪初头,才作为《国粹丛书》的一种,最初刊行的。其理由,可以认为是由于复社一部分人在清初加入了抵抗清朝的运动,而更重要的是因为在清朝的统治下,这样的结社,对统治的一方来说,是阻止贯彻皇帝权利的不受欢迎的存在①。

最早着手复社研究的,不用说是谢国桢。他的《明清之际党社运动考》(商务印书馆,1934 年,后来中华书局再刊印,1982 年),在尽量地取材于作为同时代史所写的野史之类的同时,简明地再构筑了极其复杂的当时的政治史。史料的选择和显示整体性的示意图之确切,可以说在今日还是很有用之书。其后,容肇祖的《明代思想史》(开明书店,1940 年)里附了《述复社》,简洁且得其要地确定了在思想史上复社的地位。[396]

在日本,我的旧稿《关于明末结社一考察——特别是关于复社》(《史林》四十五卷,二十三,1962 年),可认为是考察复社的全体像的最初的论文②。其后,宫崎市定的《张溥与其时代——明末一乡绅的生涯》③(《宫崎市定全集》十三,初出 1974 年),从社会史的层面,再有井上进《复社之学》(《东洋史研究》四十四卷二号,1985 年),从学

---

① 这之外,也可举出复社的指导者之一的周锺,因想参加李自成政权被说是"从逆"之臣。
② 这以前,作为全面论述关于明末结社的有大久保英子《明末读书人的结社和乡村活动》(林友春编《近世中国教育史研究》,国土社,1958 年)。
③ 宫崎论文初出《东洋史研究》33 卷 3 号。后来收入《亚洲史研究》五(东洋史研究丛刊之四~五,同朋舍出版,1978 年)、《宫崎市定全集》13 卷(岩波书店,1992 年)。

术史的层面进行了研究。到了最近,井上进校定《复社姓氏》和《复社纪略》诸本,以《复社姓氏校录附复社纪略》(《东方学报》六十五册,1993 年)的形式发表了,这当以特笔记之。据此,参加复社的人们的姓名几可确定,《国粹丛书》本粗杂的《复社纪略》①也终于可安心地使用了,也可说,这为今后的复社研究开辟了新的道路。

[397]　现在,在我写旧稿的当时几乎看不到的史料相当部分已能看到了。在补充这些史料的同时,对旧稿作若干修正,来探讨复社的全体像,以作为解明明末政治史的一个素材,这就是本章的旨意。

第一节　应社的成立

(一)

作为复社前身的应社的设立②,是在杨涟以二十四大罪弹劾魏忠贤的天启四年(1624),而且是在他曾任知县的常熟所在的苏州府地区③。杨涟对魏忠贤的弹劾是如何地激动人心,复社的同人吴应箕写道:记得当时在南京,传来杨涟的上奏,弹劾文几乎家家传写,户户诵读,忠义之气氛陡然伸张④。这种状况,在对杨涟五年间的善政记忆犹新的常熟是当然的⑤,在和东林党关系很深的江南一带,也是同样的。然而,这弹劾文不仅被完全无视,相反,加上种种缘由,东林党人被一个个从政界葬送。这消息恐怕肯定使当时的人们,特别血气方刚年轻人咬牙切齿地懊恨。应社的成立正好是在这年,在这样的

---

① 关于《复社纪略》,和井上进校订所用的版本,虽说内容几乎相同,但是有部分叙述更详细的北京师范大学图书馆藏抄本。由于魏继东先生的厚意,抄写了相当的部分,必要时对此加以参照,本章在没有特别出入的情况下,根据井上进校订之本。
② 关于应社,参照朱倓《明季南应社考》(《国学季刊》2 卷 3 号,见本书《序章》第 2 页注②)。
③ 参照本书第四章。
④ 《留都见闻录》甲子七月(《贵池先哲遗书》所收)。
⑤ 杨涟作为常熟知县在任是万历三十六年到四十年。

状况下可以认为，必须给魏忠贤的恐怖政治打上休止符的悲痛决心，以应社的集结这样的形式表现了出来。

对于应社来说，因为后来和李自成政权有关的周锺参加之故，其史实有被隐灭的形迹，其设立经过一定程度上也不清楚，张溥的《应社十三子序》所述如下：

> 志成于昔年，事大于今日。维斗始此，广此十二人。（《七录斋集》三） [398]

还有，朱彝尊《静志居诗话》二一"杨廷枢"条曰：

> 先生倡应社于吴中，评骘五经文字。

杨廷枢与这个应社的成立肯定有很深的关系。

但是实际推进这组织的，不用说是复社的指导者张溥、张采。朱彝尊在前述的《静志居诗话》二一，"杨彝"条中，根据张采的《杨子常四书稿序》（《知畏堂文存》二）所述如下：

> 甲子冬，与天如（张溥）同过唐市，问子常庐。麟士（顾梦麟）馆焉，遂定"应社"约。叙年子常居长。

杨彝①字子常，常熟人，县学生。经济上很富裕，喜欢与文人交际，他的家里设立了有很多文人出入的一种沙龙。另一方面，顾梦麟②，字麟士，太仓人，那时寄寓于唐市的杨彝家中。唐市，如后所述，是明中期发展起来的商业活动活跃的贸易市镇。杨彝的别庄应亭，

---

① 除了《静志居诗话》二一之外，参照汪琬《杨顾两先生传》（《尧峰文钞》三四）。还有张采女儿和杨彝之子杨静结婚，后来张采写了《杨静传略》（张采《知畏堂文存》六）。据此可以证明，"天启丁丑间"，和张溥一起访问了在常熟的杨彝。当时杨静是四、五岁。

② 黄宗羲《顾梦麟墓志铭》（《黄宗羲全集》十）。

成了应社的舞台。在他的行状①中有曰："（杨彝），与三吴名士为文社。就所居之园名应亭，因曰应社。"还附录有计东的话："子常，麟士，经营社事最先。"

　　张溥、张采访常熟杨彝、顾梦麟时，当称为应社原型的集会已经在常熟渐渐形成了。或者与此相重合，是已在此地的拂水山房②集会的延长也未必可知。总之是以张溥、张采、杨彝、顾梦麟等为中心，应社是从组织苏州府下的人士开始的。

　　"应社"的"应"，是因杨彝的别庄的"应"亭而得名，那里自然就成为应社不时举行文会的场所。但是这命名被认为含有着比单是文会场所更深的意义。即《易》中所说的"应"。在《易》里，把初爻和四爻、二爻和五爻、三爻和上爻，成阴和阳的情况，称为"应"，特别尊尚二爻和五爻是这样之形的情况。取此形之卦中有"同人"。而"应社"的"应"很明显是意识到这"同人"的。因为张溥不仅引用顾梦麟的话"同人之道，大在四海"③，他自身文章中从"同人"引用也是极多的（以下《易》的解释是根据本田济的《易》，朝日出版社，1966 年）。

---

① 顾湄《杨彝行状》（倪赐《唐市献征录》所收，《归庄集》年谱所引）："（杨彝）与三吴名士为文社。就所居之园名应亭。因曰应社。"

② 关于拂水山房，参照第 268 页注②朱倓论文。

③ 张溥《同言序》（《七录斋诗文集》上）。关于张溥的著作，日本内阁文库里有《七录斋集》六卷，《论略》两卷、续刻六卷，这其中除了续刻六卷外，台湾《清代禁毁书丛刊》的第一辑所收的是《七录斋论略》上、下。殆因《论略》在前，其书名才如上记那样。其他，还是台湾有《七录斋诗文合集》上中下三册，被收在《明代论者丛刊》的第三辑，这内容稍有不同，即《合集》。是由《古文近稿》六卷，《古文存稿》五卷，《馆课》一卷的四部分组成。本书在不特别强调的场合，是用内阁文库所藏本。

　　　还有关于应社的命名，张溥《广应社序》（《七录斋集》一）所述如下，在说了朋友之道并备五伦之后，采用吴昌时等的行动是和"古"相"应"的这样解释："应之为名有龙德焉。予昔尝一序其说，多恢愕怪宕不可究诘之辞，及今视之，益杂而弗举矣。乃来之（吴昌时）、彦林（钱栴）欲因其社而推大之，讫于四海，则将引言以自明，夫亦言其可信者焉。……若夫立德以善，有弘衷而考义，择然后履，履然后安。无竞乎人称，而秉恒以一。此则其可信者也。是以君子勤身而有行，莫若其自为之。至自为之以求同度，则必然之合。怀乎鸟鸣，乐其于野，朋友所縠来也。然而今之论者失之。……四时寒暑，天气或迁，而人心弗更。及周洽乎物会，共其艰难。而要其大者，友之为义，备五伦之道焉。……来之、彦林之有斯举也，与古应矣。故为略应龙之说而告之以声气之正，是乃社之本称近而之远者也。"

"同人"之卦是☰。上卦的五爻里有—,为阳爻;二爻里有--,为阴爻,阴阳相应。"同人"这个卦,正是五爻为阳爻,所以为"中",为"正"。与此相对的二爻是阴爻,"应"于五爻。《易》的"同人"里说:"同人于野,亨。利涉大川,利君子贞。"《象传》里作了说明: [400]

> 同人于野,亨。利涉大川,乾行也。文明以健,中正而应,君子正也。唯君子为能通天下之志。

即人们情投意合相聚,在广阔范围交流的话,就能如愿以偿,跨越像渡过大河那样的艰难。这是由于乾所起的作用。文明而刚健,中正以应,是君子的正道。只有这样的君子,才能疏通天下的意志。很明显,是要像"同人"那样巩固政治团聚,疏通人们的意志。

还应值得注意的是,此卦在《易》中,被置于否卦之后的位置。

否卦是☲。有塞之意。"阴阳不相交,万物不生",《象传》里如下解说:

> 否之匪人,不利君子贞。大往小来。则是天地不交而万物不通也,上下不交而天下无邦也。内阴而外阳,内柔而外刚,内小人而外君子。小人道长,君子道消也。

即否卦,是小人据内,疏隔君主臣下,相互之间,意志不通,不能行君子之道的状态。这正是适用小人,即宦官掌握权力、东林党被驱逐的天启恐怖政治状态。这样的时代当然不会永远继续。可以认为,应社的人们,是意识到,当作为跨越前卦"否"的"同人",而定了应社之名的,这里可看到该结社隐藏着的意图。他们期待着"推其同而及人,四海之大无不达"(《同言序》)[1]。从应社到广应社,再到复社,其组织范围逐渐扩大到全国,从应社成立意图来看,也是极其自 [401]

---

[1] 张溥《同言序》(《七录斋诗文集》上)。

然的方向。

应社成立后的两年,正是《易》的"否"的时代,是魏忠贤实行恐怖政治最猖獗的时期。天启五年,与移宫问题有关联的杨涟、左光斗等六人被捕;翌六年,周起元、黄尊素等七人被捕,除高攀龙自杀以外都被带到北京,受拷问死于狱中的情况已如前述。由于这镇压,东林党几乎失去所有的指导者。这时苏州发生了反对逮捕周顺昌,被称为"开读之变"的激烈抵抗。听到周顺昌逮捕通知,不期而聚的万余名民众,激昂之极,以其武力袭击缇骑,并杀了一个人。这时苏州周围学生 500 人,作为为抗议而聚集起来的民众,责问魏忠贤的不法,为救周顺昌而请愿。其中包括有相当数量的与应社有关的人员,还有后来参加复社的生员层次之人。他们积极活动,为周顺昌募集资金。张溥为此后承担罪名而牺牲的颜佩韦、马杰、杨念如、沈扬、周文元等五人写了《五人墓碑记》,其中说道:

> 丁卯(丙寅之误)三月之望,吾社之行为士先者,为之声义,敛赀财以送其行。(《七录斋集》六)

[402]　　这里的"吾社"很明显是指应社,应社的同人们站在诸生先头,为救周顺昌之命而请愿、集资。特别是杨廷枢、徐汧等,率士民数千人面会巡抚,请愿救周顺昌之命而被拒否。还有,在建这墓碑之际,张溥也是与"同社诸君子"谋,协力推进的①。

开读之变,是自然发生的大众运动,他们的政治行动并不是有计划地实行的。即使是如此,参预这样的政治运动,对于认识魏忠贤恐怖政治的实态,在提高政治意识上,也还是有很大的意义的。与此同时,正如参加这运动的生员层,后来多参与组织复社的事实所显示的那样,可以推测,在反对阉党这一点上,他们增强了相互连带感,加强了对东林党的支持。从应社到复社,从文学性的结社到政治性的结

---

① 张溥《五人墓志铭》(《七录斋集》六)。

社转换,不能不说"开读之变"有着极大的意义。

（二）

关于应社之人,特别是关于创始者杨彝和顾梦麟的学问,张溥的《杨顾二子小言序》里,有如下述说:

> 盖尝聚昔人之书,譬析而比讲之,高自日月,细则毛羽,大而王制,琐至衣冠,莫不寄其遐思,征其美据。度古之尺量与今之尺量何如也。度古之道里与今之道里何如也。而又访则有难,隐则有证,事之沿而不反者,条指以直之,人之概然以屈者,反复以切之,故有惑在百世而一日以明,千千之夫,不异其虑而独晓然以出,极其用之入神。与夫汉之马(融)、郑(玄),唐之孔(颖达)、陆(德明)揖让而刺诸经之得失,升堂入室,未知谁后先矣。(《七录斋集》一） [403]

还有,如汪琬的《杨顾两先生传》里所说:

> 明万历天启之末,士为时文者,喜倡新说,畔违传注。两先生慨然思振其弊,相与讲说辨难,力明先儒之学。远近受经称门下弟子者,尝不下数百人,会吴中诸名士兴文社日应社,先生俱在焉。(《尧峰文钞》三四)

特别高度评价汉儒的传注,想要打破万历以降空洞学问的倾向。

这样想要复兴五经,金坛周鍾似乎在天启元年、二年就已经开始提倡了。张溥的《房稿表经序》所述如下:

> 夫时文一趋,士人之志日以荒下,诸子之说,耳目不近。未知天下之有其书,作书之有其人。况乎五经之极深也。自介生(周鍾)于酉戌(天启元、二年)之文倡用其说,而四方始改形易

虑,乐于道古。……要之,古学则已立矣,历乎子丑(四、五年),
百家竞兴。(《七录斋集》二)

[404] 认为,天启元年、二年前后,虽说周锺反省了八股文流行对士大
夫心态的腐蚀,有志于经学的复兴,然而在应社成立的天启四、五年
间,那已成了主导性的风潮。

但张溥自身最初并不是这样的复古主义者。当时,他对当地流
行的文社并不太关心,张采被作为馆宾招来,学习从时代来讲比较新
的樊宗师、刘几①的文章。唐樊宗师,南阳人,用被称为涩体的晦涩文
体,但这种文章全唐文中仅留下一篇,宋刘几也与他同样,是喜欢用
难解的语句写文章的人物。张溥不断取他们之文作范文,想救当时
文章的卑俗,张溥的文章中所能看到的某种晦涩性,恐怕是来自他这
样的学问经历。

从岁试失败后开始,张溥与张采一起拜访了金坛的周锺。三人
相会,议论了一夜,接着订盟分手。据说,从这以后,他放弃了至今为
止的学问,专学经书的文章,岁试以最高分及第。恐怕对周锺的经学
复兴有共鸣的这二人,去杨彝、顾梦麟处拜访,达成了应社之约的吧。

应社是作为八股文评选机关设立的,但他们决不满足于八股文
评选。张溥尖锐指出这样的事实:当时王朝权力,是要通过在科举
上要求八股文这种形式性的文章,使知识人在思想上完全丧失主见:

[405] 经学之不言久矣。……若是,则今之人所受师而名读者,何
者之书也? 且习一经而舍其四经,忘远图而守近意,亦云已矣,
即一经之说而多有未举,将若之何?! 予尝恻然于斯,求其变之
所始,圣贤之路绝而不通,皆繇时文之道壅之也。乐于为时者,
禁其聪明之于便近,毕其生平之能以应有司,经文之效不显于

① 刘几,现在为止可看到的《复社纪略》里都作刘知幾。井上进通过和其他的版本校订搞
清楚了。作刘知幾的话,意思不通。

世,则相与苟为利而已。……虽然,前圣之学不因后人以召讥,君子之志不随众疑而见抑,六经之法,君臣父子之大行也。(《易文观通序》,《七录斋集》二)

就是说,八股文风靡一世,人们专以应考学习为事,失掉了应该是"君臣父子之大行"的"六经之法",这是招致今日政治和道德颓废的最大原因。因此只有复兴六经,才是改革政治腐败紧急课题。应社就是为此才标榜"尊经复古"而设立的。

关于应社,张溥还写道:

此数人者,未尝一日忘乎古人也。慨时文之盛兴,虑圣教之将绝,则各取所习之经,列其大义,聚前者之说,求其是以训乎俗。苟或道里之远,难于质析,则假之制义,通其问难。(《诗经应社序》,《七录斋集》二)

这样,应社的同人十一人,《诗》(杨彝、顾梦麟)、《书》(杨廷枢、吴昌时、钱栴)、《春秋》(周铨、周锺)、《礼》(张采、王启容)、《易》(张溥、朱魁),各有专门地分担,集古人之学说,加以批判检讨的同时,正确地教导初学者。有时,远方应答疑难问题有困难,就进行评选考试指导性的八股文。

应社还有作为结社的纲领的社约。张采所述如下: [406]

因遂定应社约。约之词曰:毋或不孝弟,犯乃黜。穷且守,守道古处。在官有名节,毋或坠,坠共谏,不听乃黜。洁清以将,日慎一日。叙年子常长,登坛申约,诸兄弟曰喏。(《杨子常四书稿序》,《知畏堂文集》二)

这个社约,包括在家尽孝弟之道、在官尽名节、不堕落等非常道德性的内容。尽管这样,后半部分的"在官尽名节",虽说是极其抽象性的表现,实际上意味着决不加入极尽横暴的宦官一边,应当说,在当时有相当的政治意味。还有,年长的杨彝"登坛申约,诸兄弟曰喏",殆为入社时举行的一种宣誓仪式。

应社有这样的结社规约,虽说和文社本来是有一定文学主张而集合起来的文人封闭性的集团这一点有关系,但这社约引人注目的是,如有违法行为的情况,首先"谏",如果不听的话,附带着"黜"这样除名的条项。在东林党那里,作为集于东林书院的人们,或者是其周围支持他们的人物,其党派性是颇为暧昧模糊的。与其相比,因为有这样的条项,应社的组织性可以说大致明确。此后复社也继承了这除名的条项。

[407]

这样结社的深层,与书院的情况一样,是"朋友"的伦理。这是封建道德"五伦"中唯一横向性的结合,应当注意,这种朋友关系特被尊重,强调得连宗族的结合也不能相比。

张溥后来在《广应社再序》里①,就朋友与宗族,作了如下论述:

> 夫朋友之义,与宗族之情,其本粲殊,比而同说则安称焉。然而有其一者,所谓亲亲之道,彼此之通也。且以十五国之人,各方峻阻,一旦而道姓氏、称兄弟,虽人事之应求,原其声气,不可谓非天也。天之所与,德者上也,才者次也,再况其下则无之矣。是以社名之立,义本《周官》。而今之文士,取以为号。择而后交,在久不渝。四海之大有同井之风焉,斯又王道之所存也。夫观其由来,朋友之戚,系于人伦。而士与士言,士归之本业,出入进退不能离,穷愁祸患不能舍,若是而比于宗族,非过也。

对于他们来说,朋友间的密切关系,是可以与由乡里关系的地缘

---

① 张溥《七录斋集》一《广应社再序》。还有《苏氏族谱亭记》,《苏老泉先生全集》一四所收。

性结合,或者宗族关系的族里性结合相比拟的牢固存在。

张溥还在《五经征文序》①里说,应社的设立志在尊经复古,借担 ［408］
当应社实务的孙淳的话来说,文教不通,是因为朋友关系疏远。这样
的话,现在驱奔诸国,收集围文章,通过此,就可扩充志向,实现理想。
《诗经》所说的"伐木"、"酾酒"之义决不当忘记,最后以"友之为义,
备五伦之道"(《广应社序》)②结束。就这样,张溥认为,冲破时代的
黑暗,只有靠《易》所说的"同人",而这除了更强化五伦中的朋友关
系之外,没有其他办法。

应社设立当初是 11 人,再加上担当其实务的孙淳,共由 12 人开
始。想把这应社作为全国性组织,采取了扩大强化的行动。自然在
各地,可称为其支社的应社团体被组织起来。这样,应社就出现了如
下的形势:

> 大江以南,应社主要的是张受先(张采)、西铭(张溥)、介生
> (周鍾)、维斗(杨廷枢)。大江以北,应社主要是万道吉(万应
> 隆)、刘伯宗(刘城)、沈眉生(沈寿民)。娄东,有应社十子。吴
> 县有应社十三子。还有五经应社。(计东《上吴祭酒书》,《改亭
> 集》十)

在江南一带文坛有了相当的势力。其中周鍾甚至对安徽、江北地方
的读书人也有很大的影响。关于这一点,有如下记载:

> 介生乃益扩而广之,上江之徽、宁、池、太,及淮、扬、庐、凤,
> 与越之宁、绍、金、衢诸名士,咸以文邮致焉。……于是应社之名 ［409］

---

① 张溥《七录斋集》一《五经征文序》:"应社之始立也,所以志于尊经复古者,盖其至也。
是以五经之选,义各有托。……(杨彝、顾梦麟、张溥等)振振然白其意于天下。夫天下
亦已知之矣。虽然,有其相求之辞,而无一介之出载其说以行。则江永汉广之悲。……
于是孟朴慨然兴曰,文教之不通,则朋友之疏为之累也。今欲聚诸国之远,开文谕志,正
其式法。讫于成事,'伐木''酾酒',不敢忘也。"

② 同上,一。

闻于天下。(《复社纪略》上,624 页)

由此可见周鍾的影响(陆世仪的《复社纪略》,是以周鍾为中心来叙述应社的)。

应社,根据吴昌时、钱栴的要求,在包含扩大的意义上,发展成广应社。而"广应社"的根基上仍用着应社名称,这在张溥崇祯二年写的《诗经应社序》(《七录斋集》二)中也可想像到。广应社的"广",有着应社的扩大联合的意思。

究竟是何时发展到广应社的,这一点不清楚。如后所述,从朱彝尊把它和崇祯元年、二年成立的复社严格区别开来这一点来看,它不是作为应社发展的复社的别名,这是明显的。大概可认为是天启末年的事。

由于发展到广应社,应社首先把在江北相当以前就活动的匡社的吴应箕、徐鸣时等 13 人,万历末年开始也是在这地方的南社的万应隆、沈寿民、沈士柱、刘城等 16 人统一到自己的麾下。其中,也有吴应箕那样两社都参加的人。这样,尽管广应社未必是统一的整顿了的组织,而是以文章为纽带组织起来的团体的松散联合,但可认为,它把各团体周围部分希望评选的读书人,松散地组织起来了。因此,正如上江的应社,对与其文学主张对立的艾南英相当融和这一事实所表明的那样,各团体存在着稍有不同的地方。

关于应社或者广应社的同人,据说同人之一朱隗有《同社姓氏》,但现已不存了。只能根据朱彝尊的《静志居诗话》、陆世仪的《复社纪略》、计东《上吴伟业书》等知道一些片断。朱倓整理了这片断的资料,作成了应社 28 人的名单,并收集了各人的传记[1],但此外恐怕也还是有同人的。应社这样地发展到了广应社,扩充到相当大的地域,这肯定为应社不久被改组成全国性组织的复社,准备了条件。

[410]
[411]

---

[1]　第 268 页注[2]朱倓论文。

第二节　复社的成立

（一）

天启帝死去,崇祯皇帝即位,阉党分裂,东林时代再次到来。魏忠贤失势自尽丧命,《三朝要典》被破弃。第二年,钦定逆案发表,魏忠贤一派被处分的同时,东林派再次复归政界。再有,就是复审在狱诸官僚的罪状,撤退被派到军队里的宦官①,停止苏松织造等②,过去东林党所要求的一系列政策被实现。当注意的是,这时,张居正的考成法被复活了③,这时的考成法,与其说是集中权力于内阁,还不如说有着点检政治实绩的意义。还有,列出上奏文提要的贴黄法的提出④,就是为了要通过崇祯帝亲自裁定,来排除宦官对政治的参与。但是这时,关于复活书院,没有马上被同意⑤。

就这样,时代从天启的阉党支配急速转到了崇祯新政。为什么崇祯皇帝得以这样果断地采取新政策呢? 关于这一点,据说,皇帝的嫂嫂天启帝的皇后张氏有相当的影响。张皇后对宦官介入政治所带来的恶弊深感痛心,熹宗在位时就经常诉说客氏和魏忠贤的过失,进言将其清除,招到魏忠贤一派的痛恨。为此天启三年,皇后妊娠时,据说对魏忠贤一派阴谋使其流产感到忧虑。还有,为了陷害皇后之父张国纪,以弹劾魏忠贤的嫌疑,发起冤案,由此,甚至到了企图阴谋想废除张皇后的地步⑥。

［412］

---

① 孙承泽《山书》一《罢镇守内臣》。
② 同上,一《停苏杭织造》。
③ 同上,一《科抄立限》:"一切发行内外章奏。限十日内题复。该衙门仍各立考成。着实遵行。"
④ 同上,一《奏章贴黄》。
⑤ 这时崇祯皇帝对倪元璐的上奏,下了"各书院不许倡言创复以纷扰"的旨(谈迁《国榷》八九,崇祯元年正月)。
⑥ 《明史》一一四《张皇后传》。

天启七年,天启帝死去时,围绕着皇位的继承两派间进行了激烈的暗斗,甚至流传着魏忠贤篡夺皇位的流言①。这时,张皇后为让天启帝的第五个弟弟信王,即崇祯帝即位大尽其力。这样实现了崇祯帝的即位。但因怕魏忠贤一派毒杀,据说她一概不吃宫里的东西,从外面送饭进来,这样来警戒他们的阴谋②。当时崇祯帝十七岁,从年龄、从即位的经过来看,张皇后的政治影响力无疑是相当大的。再加上崇祯帝果断的性格,使排除宦官这一断然的政治政策得以实行。

崇祯帝即位的同时,不少应社的同人也通过了科举,成了官僚。崇祯元年,张采中了进士,张溥作为恩贡生成为国子监生,入了京,蒋德璟被授予翰林院编修,周镳为南京礼部主事,张采被授予江西临川县知县。张溥因为这时殿试成绩优秀,据说学生们都争着结识他。而他集合这些学生,成了成均大会的主宰③。这时有了交朋友的机缘,后来以河南商丘的刘伯愚等为中心,设立了可以说是应社支部的江北应社④。

当时的北京,后来组织几社、复社人们,很多都住在那儿。以这些在京人士为中心结成了所谓的燕台十子盟,关于此事,杜登春说道:

[413]

> 是时,娄东张天如先生溥、金沙周介生先生锺,并以明经贡入国学,而先君子登辛酉贤书,夏彝仲先生允彝亦以戊午乡荐偕游燕市,获缔兰交。目击丑类猖狂,绝绪衰息,慨然深结,计树百年。于是乎,先君子与都门王敬哉先生崇简,倡燕台十子之盟,渐至二十余人。(《社事始末》)

---

① 孟森《明代史》338 页。
② 李逊之《三朝野记》崇祯朝纪事一。
③ 《复社纪略》上,625 页:"(张)溥廷对高等,诸贡士入太学者,俱愿交欢溥,争识颜面。因集诸多士为成均大会。是时宇内名卿硕儒,前为崔魏摧折投荒削逐者,崇祯新政,后先起用。闻溥名,皆愿折节订交。骚坛文酒,笃筐车骑,日不暇给。由是名满京都。"
④ 《七录斋古文近稿》一《江北应社序》(《七录斋诗文合集》上所收)。

这二十多个人，除了上文已经谈到的 5 人，还有米寿都、陈肇曾、杨廷枢、徐汧、罗万藻、艾南英、章世纯、朱健、朱徽、张采、宋存楠等。燕台十子之盟，因为松江几社名士很多都参加了，所以可说是几社的前身。这个同盟打出驱逐魏忠贤一派和复兴东林学的旗号，这些同人中除了与陈子龙激烈论战而和应社对立的艾南英之外，其他人几乎都在次年参加了复社。由此看来，可以认为，作为与阉党对立者的同盟，复社无疑有着连续性的一方面。

在这前后，经营豫章社的临川艾南英①与陈子龙之间展开了激烈的论战。艾南英继承唐顺之、归有光等的立场，主张要以宋文为媒介来变革古文，认为应社的尊经复古，只是继承了古文的形骸，并对此进行了严厉的批判。他听到张溥与张采一起回乡，举行社事，立刻从旅行中的山东赶到苏州，在王世贞的别墅弇园，和两人见面。这时，应社方面专门担当应战的，是当时新出气盛的几社的陈子龙，而艾南英被称为"负气，凌物，人多惮其口"。两人这时的对话，陈子龙似乎处于"手批其颊"那样感情激烈状态中。艾南英这以后接连给陈子龙写信②，批判应社的复古主义，其主要论旨 [414] 如下：

> 夫秦汉去今远矣，其名物、器数、职官、地理、方言、里俗，皆与今殊。存其文以见于吾文，独能存其神气尔。役秦汉之神气而御之者，舍韩欧奚由？譬之于山，秦汉则蓬山绝岛也。去今既远，犹之有大海隔之也，则必借舟楫焉，而后能至。夫韩欧者，吾人之文所由以至于秦汉之舟楫也。……不佞方以得秦汉之神气者尊韩欧，而足下乃以窃秦汉之句字者尊王李，不亦左乎。（《答陈人中论文书》，《天傭子集》五）

---

① 艾南英（1583—1646），字千子，江西东乡人。感叹由于八股文读书人堕落，从提倡"斯文"的复兴这一点和应社的场合是一样的。著有《天傭子集》。
② 《复社纪略》上，627 页。《天傭子集》五《答陈人中论文书》。除此之外，这卷里，收录了艾南英前后四次送周锺的书简。从中可知道这论争的论点。

据艾南英说，陈子龙们说的“尊经复古”，虽说是复古，只不过是光讲究名物、器数、职官、地理、里俗等事物，研究古代形骸化的东西。讲究这样的事物，怎么能把握秦汉的真髓呢？认为只有以韩愈、欧阳修等为媒介，才能接近其真髓。

艾南英还批判张溥评选的《表经》：应社的尊经，是在尊经的名
[415] 义下对经进行恣意的解释，而不是想正确地理解经的精神。就像剽窃古人文章的盗贼一般①。

对于艾南英的挑战，应社的人们态度强硬，张溥和吴昌时都写信给成为临川知县的张采，要求进行断然反驳。当时艾南英在江西主宰社事，对文坛非常有影响力，他在天启四年乡试的策论批判魏忠贤，受到处分以来，在知识人之间得到了相当的支持，因此这种对立，在文学主张对立的同时，无疑有围绕着选文两派争夺主导权的一面。张采刚赴任临川知县，恐怕也有政治上的顾虑吧，担心艾南英的分裂行动很可能招来反对派的攻击，婉转要求艾南英反省，但是艾南英毫无妥协之色，两者终于到了完全决裂的地步。据说，张溥等公然撒了传单宣告与艾南英决裂，并从社集上消除其名②。这场与艾南英围绕文章的论战，在巩固复社的集聚，使复古旗帜鲜明上，肯定有很大的刺激。

（二）

原来复社在当初，大致是把应社作为个别的组织，设立当初，两社的关系未必融洽。复社的设立者吴翻的女婿计东，在顺治年间写给《复社纪事》的著者吴伟业的信（《上太仓吴祭酒书》一）里，批判
[416] 《纪事》中没有讲到应社这一事实，所述如下：

始庚午之冬，因鱼山熊先生自崇明调宰我邑，最喜社事。孙

① 《复社纪略》上，624页。

② 《复社纪略》上，628页：“于是三吴社长传单各邑共绝之。某月日，侦千子来吴，谬约之，面相参证。会于娄之弇山园，语不合。陈卧子及介生幼弟周我容共抶之。千子即夜去。由是社集取其名削之，金沙、娄东合词布告同志云。”

孟朴乃与我妇翁及吕石香辈数人始创复社,颇为吴门杨维斗先生所不快。孟朴常怀刺谒杨先生,再往不得见。呵之曰:"我社中未尝见此人。"我社者,应社也。……当日纷纷社集文字,若《南彦》、《天下善》、《人文聚》诸书,与复社之《国表》一集、三集、四集颇相龃龉。独西铭先生一人,大公无我,汲引后起,且推鱼山先生主持复社之意,故能合应、复两社之人为前茅后劲之势。(《改亭集》十)

关于复社成立的年代,虽有种种问题,但如后面所述那样,作为各社统一组织的复社的成立是在崇祯二年(己巳),孙淳等设立复社的准备,当然必须在这以前就做。还有,熊开元就任吴江知县,根据(崇祯)《苏州府志》的"职官",很明确是在崇祯元年,这信所说的庚午冬,想来是戊辰(崇祯元年)冬之误。王应奎在《柳南随笔》三,言及复社,因为也是根据计东的此信,故犯了同样的错误。

本来,复社是得到成为吴县知县的熊开元的支持,以孙淳为中心的数人进行结社准备的,其中知道姓名的有吴翻、吕云孚、吴允夏、沈应瑞,其中未见应社成员的名字。但是根据陆世仪、吴伟业之说,张溥这时被熊开元招在吴江,巨室吴氏、沈氏的诸子弟都跟着张溥游学。这吴氏就是吴翻,恐怕张溥是通过他们与复社成立有联系的。这样的话,前面计东信中所说的,围绕着复社设立的感情上的对立,也可认为是由于应社向广应社的发展和复社扩大之间的竞争而产生的倾轧。

在两社的对立中,张溥立即进行调停,让应社与复社以合流的形式,实现了两社的统一。 ［417］

吴翻与"同志孙淳创复社,……溥举应社合并之"(杨凤苞《秋室集》五)。如像计东所说那样,到《国表》四集继续对立的话,那么,旧应社和复社的关系,特别其中一部分人的关系,其后未必融洽。追寻从应社到广应社,从广应社到复社的发展,这稍稍复杂的过程,最能抓住这其间情况的要领并可信赖的史料,可举出朱彝尊《静志居诗

话》二一,孙淳之条。朱彝尊是这样说的:

> 文社始天启甲子。合吴郡、金沙、檇李,仅十有一人。张溥
> 天如、张采来章、杨廷枢维斗、杨彝子常、顾梦麟麟士、朱隗云子、
> 王启荣惠常、周铨简臣、周锺介生、吴昌时来之、钱栴彦林,分主
> 五经文字之选。而效犇走以襄厥事者,嘉兴府学生孙淳孟朴也。
> 是曰应社。当其始,取友尚隘,而来之、彦林,谋推大之讫于四
> 海,于是有广应社。……声气之孚,先自应社始也。崇祯之初,
> 嘉鱼熊开元宰吴江,进诸生而讲艺。于时孟朴里居,结吴翺扶
> 九、吴允夏去盈、沈应瑞圣符等肇举复社。于时云间有几社,浙
> 西有间社,江北有南社。……佥会于吴,统合于复社。复社始于
> 戊辰,成于己巳。

朱彝尊这文章,好像是根据已经散失的杨彝的《复社事实》。道光年
间所出的吴伟业年谱①,把与此完全相同的记事和《静志居诗话》明
显区别,作为杨彝的《复社事实》加以引用,由此可以推测而知,杨彝
是应社设立以来,复社有力的同人,其著书当然应该是关于复社的基
础史料。再有,朱彝尊是复社成立之际的财政支持者,且与作为同人
的吴翺有相当近的姻戚关系②,可认为关于复社的事情相当清楚。他
转引《复社事实》的话,应该说朱彝尊这文章的史料价值是极高的。

[418]

　　陆世仪《复社纪略》的正文,清楚地证实复社崇祯元年至二年成
立说,所述如下:

> 吴江令楚人熊鱼山(开元),以文章经术为治,知人下士,慕
> 天如名,迎致邑馆。巨室吴氏、沈氏诸弟子俱从之游学,于是为
> 尹山大会。……是时江北匡社、中州端社、松江几社、莱阳邑社、

① 顾师轼《吴梅村先生年谱》(《梅村家藏稿》附)。
② 据张鉴《答震泽吴愚甫书》(《冬青馆甲集》五)说"扶九(吴翺)先生子南令为(朱)竹垞
　女夫。"

　　浙东超社、浙西庄社、黄州质社，与江南应社、各分坛坫，天如乃
　　合诸社为一。(《复社纪略》上，629 页)

　　如后所述，尹山是苏州和吴江间的一个名胜地，在这儿召开了第
一次大会，可以想像，这大会受到吴江知县熊开元的大力支持。但奇
妙的是，《复社纪略》的前面所附可以说是复社年表的《复社总纲》，
在崇祯五年里记载:

　　　　虎丘大会。张溥为盟主。合诸社为一，定名复社。

以此为根据，写成崇祯五年成立了作为各社统合组织的复社的情况
也很多①。但是《复社纪略》的抄本，直到清代都在流传，可以认为，
或许《复社总纲》也作为抄本在流传中，把应放在二年尹山大会下的
复社成立，误插在五年虎丘大会下。

　　顺便说一下，据说著《复社年表》的程穆衡非常喜欢考证，北京大
学藏程穆衡钞本《复社纪略》卷首题为《复社年表》，而其内容则与 ［419］
《总纲》几乎相同②。

　　复社就这样在崇祯元年，大致是在应社以外单独成立，由于张溥
的调停，合并了应社，确立了后来复社的基础。到第二年，江北的匡
社、中州的端社、松江的几社、莱阳的邑社、浙东的超社、浙西的庄社、
黄州的质社、浙西的闻社、江北的南社，江西的则社、历亭社、席社、昆
阳社、云簪社、吴门的羽朋社、武林的读书社、山左的大社③等，各地的
一群小文社都被统合到复社，召开了尹山大会，在那里成立了全国统
一组织的复社。

_____

① 《亚洲历史事典》的复社项。
② 关于《复社年表》和程穆衡，参照谢国桢《晚明史籍考》245 页。关于北京大学藏本，据井
　上进说。
③ 到闻社为止，据《复社纪略》上，629 页。以下据《静志居诗话》二一，孙淳之条。

关于松江的几社,是否被统合到复社里,稍有问题。几社①常常与复社并称,是明末文社中比较有名的结社。曾为几社领袖的杜麟征之子杜登春,以几社为中心叙述明末社事的《社事始末》里,所述如下:

> 天如、介生有复社《国表》之刻。复者,兴复绝学之义也。先君子与彝仲有《几社六子会义》之刻,几者,绝学有再兴之几,而得知几其神之义也。两社对峙,皆起于己巳之岁。……先君与会稽先生之意,主于简严,唯恐汉宋祸苗以我身亲之故,不欲并称。复社自立一名,尽取友会文之实事,几字之义于是寓焉。

几社的“几”,乃幽微之动的意思。几社是有这样认识,不怕孤高,为了绝学的再兴、机敏行动君子们汇集的结社。但是他们这样的结社,不希望被卷入万历以来的朋党之祸。在这一点上,与复社的倾向有些不同。所以崇祯二年,几社与复社“对峙”着。这样的话,认为几社没有归入复社这样的疑问当然就会出现了。但是,前面所举的朱彝尊的《静志居诗话》,陆世仪的《复社纪略》,关于其统合文社的名称,虽说取舍有相当的不同,但两者都列出了松江几社,而这些史料价值相当高。参加几社设立的六人,即夏允彝、周立勋、徐浮远、彭宾、陈子龙、杜麟征,都参加了第一回尹山大会②。从这些情况考虑,应该认为,几社还是被复社统合了。

那么,为什么杜登春把复社和几社的对立作为发生在崇祯二年的事,要作暗存否定复社、几社统一的叙述呢?确实,几社虽说参加了复社,但其性质稍显闭锁性和非政治性,渐渐从复社乖离,几社的同人对复社政治活动持批判态度,这些是事实。关于这一点,从杜登春这样谈到几社的六子也可知晓:

> 至于朝政得失,门户是非,谓非草茅书生所当与闻,以声应

[420]

---

① 　关于几社,朱俊《几社始末》(见本书《序章》第2页注②)。
② 　根据《复社纪略》上,所收尹山大会参加者名单。

气求之事,悉付之娄东、金沙两君子,吾辈偷闲息影于东海一隅。
(《社事始末》)

与此同时,在复社作为政治团体被视为有相当危险性的清朝初期,这一倾向更有增加也是可能的,对于这一点也有留意的必要。

杜登春是崇祯二年生的,关于几社的始末,当然是到了清朝后根据几社同人的传闻来写的,在这种场合,几社的同人们可能故意回顾与复社的对立,强调与复社没有关系。作为几社领袖子弟的杜登春写的几社的历史,也有可能无意识地,受到那样警戒心的影响。党争的场合,关系者所写的史料,当然是第一手的资料,但与此同时,当时著者所处的政治状况也有十分注意的必要。 [421]

暂且就这样理解吧。包括几社在内的复社的大团结是实现了,那么,其组织是采取怎么样的形式呢?

谢国桢认为,复社是各地文社的联合组织①。关于组织成复社的各文社,除了应社、几社、读书社以外,其内涵几乎都无法得知,因此,复社成立后各社的动向也都不清楚,这些文社其后都继续着独自的活动,复社作为其上级团体,看来大概没有那么强有力的指导性。而且复社不是以文社单位的团体加盟。作为大致的形式是个人加盟,各府都设社长,负责社友间的管理、联络。因此,作为设立当初的意图,是期待各文社在发展中消解,建立相当强固统一的组织。但事实上,杨彝、顾梦麟等所组织的应社的系统,几社、读书社等系统虽说参加了复社,并没有受到很强的约束,或许可以认为都是独自在进行活动的。 [422]

第三节　理念和组织

(一)

复社的"复"是《易》卦之一,这从关于孙淳等开始的复社,有曰:

---

① 《明清之际党社运动考》132 页。

"（吴翯）与同志孙淳等四人创成复社,义取'复剥穷'。"（杨凤苞《秋室集》五）的说法中就可明白。所谓"剥穷而复",是《易》的"剥"卦䷖的解说,也就是归于根本、复古的意思。所谓"剥",是说剥卦:"不利有攸往。"正如由该卦可知的那样,阴盛了,阳只有一,是小人荣耀,君子困穷的状况。对此"复"卦䷗是说:"出入无疾。朋来无咎。反复其道。七日来复。利有攸往。""剥"落的君子之道开始复活,朋友相集活动,达到这样的新时代。

[423]

由此社名也可知,所期待的这个组织不单单是评选八股文的,而是要实现君子们主导的新时代,为此,认为必须朋友相集,掀起"不咎"的这个机运。

还有,关于这社名的"复",杜登春认为是:"复,复兴绝学之意。"（《社事始末》）"尊经复古",确实是应社以来的口号,如后所述,这个"古"不是过去的东西,而是寄托着他们理想,要想把这"古"在"今"加以实现的目标,因此,这"古"反而成了激发起对现代强烈关心的东西。

复社所具有的这样的思想立场,在复社的纲领中明确地提了出来。在其课程中,所述如下:

> 自世教衰,士子不通经术,但剽耳绘目,几幸弋获于有司。登明堂不能致君,长郡邑不知泽民,人材日下,吏治日偷,皆由于此。溥不度德,不量力,期与庶方多士共兴复古学,将使异日者务为有用,因名曰复社。（《复社记略》上,629页）

这复社的课程中,说:

[424]

> 官辇毂,念头不在君父上,官封疆,念头不在百姓上。（《小心斋札记》十一）

顾宪成感叹官场腐败的话原封不动地被引用。据说张溥自称"吾以嗣东林也"。从这些来看,毫无疑义,复社的设立一直明确地意识到要继承东林的经世致用的传统。

复社设立是在崇祯元年到二年。由崇祯皇帝即位而实现的崇祯新政,很快就要暴露出其本质了。元年末,由阉党温体仁一派策动,钱谦益被罢免,接着二年的袁崇焕事件,以及伴随此事东林系官僚的被连坐,这是东林与反东林势力关系的逆转、崇祯年间阉党的主导权要确立的时期。复社在开读之变中,和以武力对抗阉党的大众运动建立了联系,还在北京结成了燕台十子之盟,确认了针对阉党的结聚。他们在这时期实现了各地林立的文社的团结。或许可以推测,复社是带着相当明确政治目标而设立的,即从应社到复社的改组,具有对抗反东林党而强化其组织的意味。正因为如此,在其课程中,明确显示了他们根据儒教的原理变革官场的腐败,改造政治体制的姿态。

[425]

为了加盟复社,还要按下面那样规约(盟词)宣誓:

> 毋从匪彝。毋读非圣贤书。毋违老成人。毋矜己长。毋巧言乱政。毋干进辱身。
>
> 嗣今以往,犯者,小用谏,大则摈。(《复社纪略》上)

不遵守这规约,小的问题仅劝其注意就完事,重大的问题是要除名的。还有朱彝尊《静志居诗话》二一,孙淳条里,也载着和这一条款文字上稍稍有差异的规约①,那里附加了"皆曰,诺"这样的语句,和应社的场合一样,可以想像,也是举行一种类似宣誓的仪式。

这样的程序以及规约说明,复社既不是单纯的只以八股文的评选为纽带的读书人的集合,也不是所谓的"朋党",而是以特定目标结成的组织,政治纲领、政策未必一致,然而在作为与小人即阉党对决

---

① 《静志居诗话》二一,孙淳条所看的规约如下:"学不殖将落。毋踏匪彝。毋读非圣书。毋违老成人。毋矜厥长,以辩言乱政。毋干进丧乃身。"

这点上结合起来的"君子"的组织,与应社一样。有与此相悖行为时,可以将其人除名,是有着明确除名条款的组织。在这样的意味上,可以说,它是为了政治运动的一种封闭性的组织,是有可能蜕变为有政治目标的近代政党的组织。但是,就其出发点来说虽是如此,而其组织性实际上贯彻到何种程度,是有疑问的。

[426]　复社基于以上那样的规约,每府都选出社长,负责社友间的管理、联络,事实上是把既存的各文社置于麾下,来进行管理。这时,自荐担当组织层面困难的实际事务的,是应社以来担当此任的孙淳。

孙淳,嘉兴人,嘉兴府学生。在南浔县经营以梅纶居为名的别庄,也是很爱好诗的风流人物。他是应社以来的活动家,醉心于张溥①。关于其活动,朱彝尊这么说:

> 孟朴渡淮泗,历齐鲁以达京师。贤士大夫必审择而定袗契,然后,进之于社。(《静志居诗话》二一)

张溥自身也在《社籍序》里这么说:

> 忘其身图,而惟朋友之急,义不辞难而千里必应。三年之间,若无孟朴,则其道几废。是故四方之士,相率而归功于孟朴也。孟朴既举一社之人文,显书而大刻之矣,又恐来者之日广,而涣然无所丽也,先定其姓名以为籍,而属予存之。自其渡淮泗,涉齐鲁,而之长安也,天下都会之贤者,无不遇也。苟遇其人,必使其举一乡之杰然者登之于社。复惧旧闻之不实也,必断其生平而后进焉。呜呼,求之如此其亟,而虑之如此其至,朋友之道,又何言哉!(《七录斋集》续刻三)

———————————

① 《南浔镇志》三五,据志余三《蝇须馆诗话》说:"案应社之盛,实孟朴一人之力。当日有孟朴口号云,案头一部汉书,袖中一封荐书。逢人便说,我哩天如、天如。其风趣可想矣。"

就这样,如有作为复社同人的恰当人物存在的话,不管多远,孙淳都会奔走于全国各地,一个一个地劝其入社,把社组织起来。好像依靠双脚,把确实的组织活动一手包揽下来,不仅仅收集文章,而是在调查其人平时行动基础上才让其入社。后来弹劾复社的陆文声,其曾希望入社而被拒绝。存在这样被拒绝的情况,也就意味着复社不是那么松散的组织,而是根据一定的主义和见解,把人们组织起来的。

[427]

(二)

这样成立的复社,接连举行了三次大会:崇祯二年尹山大会,崇祯三年金陵大会,崇祯六年虎丘大会。并把当时收集起来的文章汇作《国表》第一集至第六集刊印,这也可以说是八股文答案集。

这三次大会的情况如下。

第一次,尹山大会。如前面所说,吴江知县熊开元[1],非常致力于吴江文教政策,延请张溥教育学生。这时从张溥问学的是吴江的吴氏、沈氏的子弟们。因此,第一次大会,与其说是在张溥倒不如说是在熊开元的主导下召开的。其场所也是在苏州南面约十公里,前往吴江路上的尹山,据说是埋葬周朝贤臣尹吉甫的名胜地。这次大会,应社的成员很多从江南而来,这自不用说,各地也有很多人赶来参加。其情景见《复社纪略》上,所述如下:

[428]

> 于是为尹山大会。茗、雪之间,名彦毕至。未几,臭味翕集,远自楚之蕲、黄,豫之梁、宋,上江之宣城、宁国,浙东之山阴、四明,轮蹄日至。比年而后,秦、晋、广、闽,多有以文邮致者。(《复社纪略》上,629 页)

---

[1] 关于熊开元在吴江治理业绩,参照潘柽章《松陵文集》十五。还有,熊开元有《鱼山剩稿》四卷(上海古籍出版社,1979 年),由于所收为不做吴江知县的崇祯四年以后的文章,所以没有关于这个时期的记述。

苕、霅是流经太湖边的苕溪和霅溪,要说归哪个府管的话,是属湖州府。另外汇集了从湖广、河南、安徽、浙江等各地来的人士,如把邮送的东西包括在内,是把十五个省,几乎来自全国的人们的八股文编纂为《国表》,夸示了复社的"声气之大"。尹山大会,可以说是复社的成立大会。《复社纪略》上所收的名单,就是收罗了当时参加者(包括后来邮送者)文章的《国表》的名单。

第二次大会,金陵大会。崇祯三年,汇集了参加乡试的生员,在南京召开了金陵大会。该大会的情况,《复社纪略》所述如下:

> 崇祯庚午乡试,诸宾兴者咸集,天如又为金陵大会。是科主裁为江右姜居之(曰广)。榜发,解元为杨廷枢,而张溥、吴伟业皆魁选,陈子龙、吴昌时俱入彀。其他省社中列荐者,复数十余人。(同上)

这大会,应周镳的邀请,黄宗羲也参加了。大会后,集于秦淮,舟游尽欢,他是这样回忆当时情景的:

> 庚午,同试于南都,为会于秦淮舟中,皆一时同年,杨维斗、陈卧子、彭燕,又吴骏公、万年少、蒋楚珍、吴来之,尚有数人忘之,其以下第与者,沈眉生、沈治先及余三人而已。余宿于天如之寓。(《思旧录》"张溥",《黄宗羲全集》一,361 页)

[429]

秦淮,南京贡院所邻的花街,可以看到乡试结束的员生们,不管其结果如何,一面沉浸在完成乡试的解放感中,一面和同辈的生员们相互诗酒应酬,舟游尽欢的情景。黄宗羲受到在这时遇见的沈寿民的很大影响。复社名士们以诗酒为介的自由轻松、相互交流就在于此。

第三次大会,虎丘大会,崇祯六年,苏州虎丘举行。这次大会,颇为盛大,《复社纪略》如此记载:

　　癸酉春,(张)溥约社长为虎丘大会。先期传单四出,至日,
山左、江右、晋、楚、闽、浙以舟车至者数千余人,大雄宝殿不能
容。生公台、千人石,鳞次布席皆满。往来如织,游人聚观,无不
诧叹,以为三百年来未尝有也。其时与会者,争以复社命名,列
诸牌额。武陵、茗、雪之间为泽国,士大夫家备舻艎,悬灯皆颜复
社。一人用之,戚里交相借托,几遍郡邑。

　　虎丘,是苏州郊外的古迹,说是数千人聚在这里,或有点夸张人
数,但这次大会,是前后举行过四次的复社大会里最盛大的。参加这
大会的人们,正如这里所说的那样,在小船上挑着"复社"的灯,夸耀
自己是复社的成员。据说,当时,连泖湖的湖贼,为了伪装,也挂着
"复社"的牌子,以逃避官宪的追捕①。由此可知,复社在地方有着怎
样的权威。

　　这三次大会之外,张溥死后的崇祯十五年,复社再一次在虎丘,
召开了第四次大会,这成了复社最后的大会②。

　　如上述那样,复社崇祯二年举行尹山大会,崇祯三年金陵大会,
崇祯六年虎丘大会,当时收集的八股文作为《国表》第一集至第六集
刊行,但是,现在除了仅存成于张溥之手的序文外③,现物都没留下。

　　作为参加这些大会的名单,存有以下三个系统的资料。参考朱
希祖的《明季史料题跋》④,加上若干解说,那就是以下的情况。

　　(一)陆世仪《复社纪略》上所收的内容。从《复社纪略》的前后
记述来看,那几乎可肯定是崇祯二年尹山大会的名单。这大会实际
上参加与否暂且不论,那是选文在《国表》第一集所收人们的名单。
合计680人,三系统名单中人数最少。

①　《复社纪略》上,638页:"泖湖畔群盗多窃效之,官司捕获,当事颇以此为诟。天如病之,
　　力请禁止而不能,而谤言兴矣。"
②　杜登春《社事始末》。
③　《国表序》以及《国表序》(代张采)(《七录斋集》三)。
④　《钞吴翻本复社姓氏跋》(《明季史料题跋》20页)。

（二）吴翻《复社姓氏录》。被认为是第一次尹山大会以及第二次金陵大会，或者说是第二次金陵大会以及第三次虎丘大会的名单，

按照各地域，分成两集。一集与（一）陆世仪的尹山大会的姓氏相当接近，但从人数来说，为2 200余人，收录为陆世仪本的约三倍；与（三）吴应箕书的前卷也重复，但差异也多。还有，该书的第二集和（三）的后卷之间，有占全部三分之一左右的异同。

（三）吴应箕的《复社姓氏》前后卷。据说是吴应箕直接经手的第三集到第五集的名单，其中，附录有他的孙子吴铭道根据吴翻书辑补的《补录》一卷。还有，（二）的第一集、第二集，和（三）的前卷、后卷之间，原则上不重复。这本书在崇祯年间被刻印了一次，当时已就官者被省略。因此，吴铭道根据（二）的吴翻本补辑，作为《补录》一卷。这补辑虽不完全，但前、后、《补录》合在一起，合计载有3 000余人，是三个系统的名单中人数最多的。康熙五十二年，作为《复社姓氏》三卷被刻印，光绪年间由刘世珩复刻，收入《贵池先哲遗书》。

但是（二）吴翻本的一集以及（三）吴应箕的前卷，是否是以第一次尹山大会，或第二次金陵大会的名单为基础作成，同书的二集及后卷是否分别是补充了此后参加者的名单？还有，社员名单是否只分为两个部分？再有，（二）和（三）两本的关系是怎样的？这些问题，目前暂时难以作结论。今后有和参加者的实态一起加以研究的必要。

这些书都有极多的脱误。以（三）的《贵池先哲遗书》为底本，对三个系统的名单进行全面校订整理的，是井上进的《复社姓氏校录》（《东方学报》六五册）。在校订时，对三个系统的名单，包括抄本，收集了现在可见的本子，根据地方志等各种资料，对人名的错误加以校订，作为复社的名单，可以说是今天所能见到的

最完整的。

这里想根据（一）陆世仪《复社纪略》所收和井上进的《复社姓氏校录》，列出按地域区分的数字（表4）。

表4　复社人数（全国）

省	复社纪略	纪略%	校录	校录%
南直	234	34.4	1 238	40.7
北直	0	0	55	1.8
浙江	168	24.7	521	17.1
江西	123	18.1	394	12.9
福建	40	5.9	267	8.8
湖广	64	9.4	241	7.9
山东	20	2.9	91	3.0
河南	8	1.2	53	1.7
广东	14	2.1	147	4.8
山西	4	0.6	16	0.5
陕西	1	0.1	5	0.2
四川	3	0.4	9	0.3
广西	0	0	1	0.03
贵州	1	0.1	4	0.13
云南	0	0	1	0.03
计	680	100	3 043	100

正如这表所表明那样，在《复社纪略》中，南直是234人，《复社姓氏校录》中是1 238人，都是各名单中最多的，占全体的三分之一以上。其次是浙江，《复社纪略》的168人和《复社姓氏校录》的521人，是比较多的。这以后是江西的《复社纪略》123人。《复社姓名校录》394人。其中，如果再仔细看看南直和浙江的话，如表5所见，太湖周围的苏州、松江、常州、镇江、嘉兴、杭州、湖州七个府特别多。

表5　太湖周边

府	复社纪略	校　录
苏州府	90	506
松江府	41	138

续　表

府	复社纪略	校　录
常州府	11	95
镇江府	25	90
嘉兴府	66	158
杭州府	29	123
湖州府	51	116
计	313	1 226

表6　苏州府下的复社同人人数（校录）

地　域	人　数
苏州府	53
太仓州	93
长洲县	70
吴　县	51
吴江县	83
常熟县	67
昆山县	49
嘉定县	38
崇明县	2
府　计	506

[433]　注：所列苏州府，不是指"府下"所属，而是《复社姓氏》作为苏州府的部分。

　　这些地区，其大致的中心就是太湖，其东部、北部的苏州府到松江府的丘陵地区，棉花栽培与棉织品；南部的杭州府、嘉兴府、湖州府一带，以养蚕、丝织品为中心，都是急速发展的地域，因有所谓资本主义萌芽存在而引起关注的，就是这个地域。在那儿，河川纵横，形成了商品运输线路，特别值得注目的是，这个时期，在那些交通要塞，产生了很多被称为市镇的贸易市镇，近年对这些市镇的研究不断进展①。可以认为,复社就是以这样的太湖周围经济发展为背景,不断吸收由此产生的新兴势力而扩大的。下面就来看看有关人员的具体状况。 [434]

(三)

复社同人的出身阶层是什么呢? 首先想谈谈其指导者张溥、张采的情况。

张溥(1602—1641),太仓人,字天如②。和被称为南张的张采相对,被称为西张。伯父辅之是南京工部尚书,父翊之是太学生,也是太仓相当大的地主。但是兄弟十人中,因为只有他一个人为婢女金氏③庶出之子,不仅被家族里人轻视,甚至为伯父的奴仆陈鹏、过崐所轻。据说这两个奴仆中,陈鹏"笔札出色,主人奏章书牍皆出自其手"。过崐"长于聚敛","内外家政之事,大小必由两人"。因此,虽说两人是奴仆,但他们是替主人代笔上奏文、信件,或担当财产经营的所谓"纪纲之仆"。张溥之父对他们像主人那样的举止非常不满,他们曾有伤害张溥之父的事。张溥写了血书誓要报复,但是,他被讥笑:庶出之子能干些什么呢? 甚至还有这样的事,据说他十五岁时,父亲一死,就与母亲搬出家,住到西郭,其母亲专事纺织,挣得他的学费。据说张溥与张采正好形成对照,是胸怀宽大、很有包容力的人,这也许是因为他自身经受了这样的人生辛辣之故。

当时,在这个地区,雇佣奴仆进行家计管理,寄生化的乡绅地主很多。乡绅们让这些奴仆收取佃租,负责商业、高利贷的经营,或者通过把奴仆作为胥吏,送到统治机构的基层,去统治农民④。乡绅对农村支配,具体是通过这些奴仆来实现的。 [435]

---

① 参照樊树志《明清江南市镇探微》(复旦大学出版社,1990 年)。

② 关于张溥的传记,除《复社纪略》上,645 页可见外,其他参照张采《张溥行状》(《知畏堂文序》八)、蒋逸雪《张溥年谱》(齐鲁书社,1982 年)。

③ 关于其母金氏,参照张采《张溥行状》。

④ 佐伯有一《明末董氏之变——兼论所谓"奴变"的性格》(《东洋史研究》16 卷 1 号)。

这其间的情况,《复社纪略》中路振飞的上奏,有着具体的记述①,认为在这地方,造成连小民骨髓都被榨取之苦的,是衙役、豪仆、恶棍这三种人。"衙役"是居于官衙进行中间榨取,"豪仆"在主人权势下支配农民,"恶棍"是无赖之类。他们相互分工(分身法),或者成为一体(合身法)来做坏事。其中"豪仆",在这个地方称为"鼻头"。据说这是因为他们虽是主人的奴仆,又站在主人之上做坏事。吴音中"主"和"嘴"是同音,虽说有主却又位于主(嘴)之上,因而被称为"鼻头"。

张溥自己是出身于有这样"豪仆"的乡绅家庭,然而因为母亲是奴婢,在受到连奴仆也轻蔑的生活环境中长大,所以对"豪仆"横暴非常憎恨。据说,后来,路振飞接受了张溥的上诉,把陈、过两人送到崇明的监狱,由知县判决,被秘密处刑。还和当时为巡按御史的祁彪佳合计,把陆文献之仆,作为胥吏害得民众受苦的董寅卿处以杖刑。张溥就是这样要求对"豪仆"采取断然的方针,对在任的地方官施加压力的②。

不仅如此。张溥对想摆脱奴隶身份的奴仆,不惜加以援助。

复社的同人中,有张㲬其人。他曾是王锡爵一族吴世睿的僮仆,很年轻就学于复社的赵自新,希望加入复社,但主人不允许,仍作为秘书任以笔写等实务。他讨厌此而逃到张采处,吴世睿拘留了他父母,由张采的斡旋,好不容易才得以解放。但是仍像原来那样使用他,他再次逃跑,一家人不得不投奔到吴昌时处。据说张溥、张采准备了赎金,通过知州,才把他从奴隶的身份中解放出来。吴世睿屈服于知州的压力,但内心颇为不服,就此对复社心怀不满。这个吴世睿的伯父就是著名的画家王时敏,拥有着千余名的僮仆。

虽说张㲬的主人吴世睿等一族与复社之间产生对立关系这样特殊的情况也必须加以考虑,但应该注意的是,张溥对抵抗主人人身支

[436]

---

① 《复社纪略》上,644页。还有这个御史路振飞的上奏,是反对派温体仁以陷害张溥等为目的而计划的。

② 《复社纪略》上,645页。

配的奴仆寄予同情,由于要解放他们,加深了与拥有僮奴的乡绅地主之间的对立。因为此事后被利用作为弹劾复社的事例①。

张采(1596—1648),字受先②,住在南郊,被称为南张,比张溥年长七岁。张采的祖父给两个儿子留下了一人专门经营田业,一个让其读书的遗言。这样,专门鼓励其读书瞄准科举的是张采的父亲张凤异,但结果是作为生员而终其一生。一家的生活费依靠从事田业的叔父,不十分够,母亲努力种菜纺织,好不容易支撑着家计,常常是过着早饭也没有的日子。因为有这样的家庭环境,张采也颇为同情张溥而憎恨豪仆的横暴。说他的邸宅牌坊的门柱上,有"鼻头",把八字孔特别向内挖③,含豪仆不当在外面做坏事,应该在内做事之意。

崇祯元年成了进士后,他把乡绅们召集到城隍庙,说: [437]

> 吾侪读古人书,幸通籍,毋以势凌人,毋纵奴仆横,毋使宗郎
> (党)子弟肆里门,毋听私属隶官府。有渝约者,共斥之。(手稿
> 本光绪《太仓州志·人物二》张采)

让他们举行这样的誓约。为此,乡绅的奴仆们潜入衙门对小民施以横暴那样的"吴下薄俗"为之一变④。"约同盟之启"⑤恐怕就是这时的号召。张采可以对乡绅们实行这样的指导,如后所述,正是由于复社在官场拥有相当的势力。

还有,应社设立时,张溥、张采拜访过在常熟唐市的杨彝⑥,前面已经讲过。唐市在明朝嘉靖年间,已经有 300—400 栋房屋栉比相连,商船常来常往,是作为该地商业中心繁荣起来的市镇。天启年

① 关于对复社的弹劾,参照本章。
② 关于张采,参见陈际泰《张采行状》(《已吾集》五),张采《先行赠君行略》,同上《先姚苏孺人行略》(《知畏堂文存》八)。
③ 《复社纪略》上,645 页。
④ 手稿本光绪《太仓州志》人物二,张采。
⑤ 《知畏堂文存》十。
⑥ 第 297 页注①樊树志前揭书,319 页,唐市。

间,在这唐市建造的柏氏柏园里,诗人、书法家、音乐家、围棋名手相聚,每晚举行宴会、演戏,以商业繁荣为背景,产生了富裕人们的"沙龙",提供了新的文化创造的场所。杨彝、顾梦麟自身与商活动的联系具体不清楚,但在这样的贸易市镇,他们的"沙龙"也有富裕的商人们参加,是可想而知的。

担当复社实务的孙淳①的活动也证明了这一点。如前所述,孙淳因为是嘉兴学生,原籍在嘉兴,但寄寓吴江,常常被称为吴江人,还在太湖南面的南浔镇(属湖州府乌程县)建了梅绾居别庄,在那儿生活[438]的时间也很多。《蝇须馆诗话》里说:

> 孟仆于浔虽为寓公,其实无异于土著。(《南浔镇志》三五)

这南浔镇,当时也是作为湖丝集散地发展起来的城镇。北面是太湖,东面由水系与震泽镇、盛泽镇、平望镇等市镇相连。运河也从湖州府安定门通过南浔镇进入吴江,是漕运之船必经之地。为此,徽州等地的客商集在这儿,买了吴丝再向全国出货。孙淳基本住在这里,由此也可推测与这些商业活动的关系。而且,他在复社所起的作用更是与此相符的。《复社纪略》关于他的活动,所述如下(这和北京师范大学本《复社纪略》有若干不同。括号内的是《复社姓氏校录》附加的部分):

> 当天如之选《国表》也,湖州孙孟朴(淳)实司邮置。(扁舟千里)往来传送,寒暑无间。凡天如、介生游迹所及,淳每为前导。一时有孙铺司之目。(《复社纪略》上,639页)

铺司是驿站的人,或可以说是管理邮件的人。利用平时客商通过的商业路子,来进行复社的组织活动,可以认为他是经过充分考虑

---

① 《静志居诗话》二一,孙淳之条。

的。宫崎市定说,他的情报收集力量,与那样的商业路子有关系,日常情报交换系统是有基础的。还有,他尽管在复社中起这样重要作用,但对他也有"仅五经征文之人"这样稍显轻蔑的说法,可认为这表示他本来不是读书人出身。

[439]

对他的活动在财政上给以支援的,是同为吴江人的吴翻①。其家被称为吴江巨室,也是藏有明人文集3 700家的藏书家。不是宋版也不是元版,集的是明人文集,这也说明其对同时代关心之深。他在复社设立当初之际,捐资白金20镒(480两),谷物200石,援助其组织活动。从他的女婿计东称"不惜破产始复社"那样的话来看,恐怕是相当数量的援助。

吴江县②,自明朝中叶以来,市镇的发展特别突出。弘治年间的两市四镇,正德年间三市四镇,嘉靖年间十市四镇,明末清初十镇七市,其数量急增。盛泽镇、震泽镇、平望镇等这些小都市,因当时周围的手工业,特别是制丝业发展之故,有了显著的发展,是人口显著膨胀的地域。正如从表6所见的那样,从吴江加入复社的成员很多,为仅次于太仓93人的83人,在苏州府全部506人中约占近五分之一,这一点值得注意。

还有,在复社第三次大会时,复社的同人吴县的许元恺捐资千余金。许元恺之父,以太学生而终。父亲死后,饥馑之年,其母曾拿出200石赈恤,由此可知,当是相当的地主或者商人③。后来被诽谤复社的反对派嘲称为五狗的黄某、曹某、陈某、赵某、陶某,就是从这样的支持者处募集资金,来支撑其财政活动的人物④。

但是,复社未必仅仅这样靠募金来开展活动。据说,当时八股文的模范答案,如飞似地卖出,书坊评选者由此得到巨大财富。通过这样评选所得的利益,成为复社经济基础之一是当然的。

[440]

---

① 《静志居诗话》二一,吴翻之条。参照《松陵文献》九,吴翻条。
② 第297页注①樊树志书,70页。
③ 吴伟业《许节母翁太孺人墓志铭》(《梅村家藏稿》四八)。
④ 《复社纪略》上,638页。

　　参加复社的,不用说是希望八股文评选的生员层,但他们出身的阶层非常庞杂。反对派以"下至僧道优倡","微至星医卜相"麤至麾下,进行非难①。即使这不是完全的事实,也意味着在其中包含着历来读书人之外的希望参加科举的庞杂众多的阶层。

　　复社产生在太湖周围商业活动非常活跃的区域,吸收了这些地方的青年层,毫无疑问,与当时的商业资本有各种各样形式关系的人们,因参加科举可以成为官僚而加入其中了。如加入复社可学得八股文这一种科举技能的话,易于及格也就是可能的。因此,可以想像,包括投机分子,新的各种阶层都被吸收到其中。在这样的情况下,复社的"古学复兴",不是回到唐、宋,而是提倡向更简单朴素的古代回复,使他们科举的学习更加容易。

　　这样,复社作为生员全国性的组织成立的同时并掌握其主导权的,当然是以旧应社为中心的苏州一带的人们。他们很多是这个地方的乡绅地主家庭出身,而且在财政上支持复社。这样的地主中,也有像张氏那样使役"僮仆"进行寄生化的地主经营者,其经营的内容如何,特别他们与这个地域急速发展的商品经济具体以怎样形式相关联,对于这些,很遗憾,几乎没有资料。

　　当时,在这个地方,伴随着商品经济的发展,农民阶层急速分化,很多自耕农,破落成了佃农或奴隶,是周知的事实。而万历末以降,

[441]

以各种各样形式表现出来的政治性掠夺的强化,进一步推进了这种分化。太仓吴伟业的《木棉吟》②,吟唱了在隆庆、万历时代,热心的商人不来了;棉花连年歉收,而且价格如土一样便宜,所收连地租也不够的贫苦农民的悲惨状况,以下所述的复社周之夔的反对运动,很明显是和这样产棉地区的农民,对米价腾贵抵抗力孱弱有关而引起的事件。

　　在江南经济先进地区,存在着和华北不同的矛盾尖锐化,不断的

---

① 　用徐怀丹之名弹劾复社的十大罪名的檄文里说:"下至僧道优倡,入社而声价骤贵。微至星医卜相,入社则技术乃行。"(《复社纪略》下,665页)

② 　《梅村家藏稿》十。

奴变、抗租的勃发,显示着原封不动的统治体制无法跨越这些危机。

复社的同人们,虽说他们自身也出身在是可以使用奴仆进行地主经营那样的阶层,但正如从张溥的例子可见的那样,个别的,也有对"纪纲之仆"抱有强烈反感的情况。痛感这样下去,社会秩序将是无法维持的。为此,由于是以和一部分豪绅或者代他们行使权利的豪奴对抗的形式进行活动,这就不断引起了和豪绅、豪仆之间的冲突。明朝灭亡后,张采在乙酉之乱中,遭到濒临死亡的重伤,恐怕是与他个人据说是稍有些刻薄的性格有关。同时,也可以想像,或是有着这样对立的背景。关于这一点,想到后面再涉及。 ［442］

第四节　"古学复兴"

复社标榜"古学复兴",已如上述。那么,他们的"古学复兴",是怎么回事呢? 张溥①就写文章一事,追溯自己的经历,叙述如下:

> 至为文之一端,余凡数徙。而受先弹毫之始,即喜说道理,引绳墨,全以识相长。初事于子,继事于经,又继事经之大意,取己之本有。受先每劝余,安静对题。准之人心,自然良心,内生和气动荡,引而成文。(《张受先稿序》,《七录斋集》二)

据此,张溥最初是学诸子,接着学习作为知识的六经。再学的不是六经的文章而是其大意,引发出自身本来就怀有的内涵,要把自然,内心中涌出的东西用文章表现出来。

以这样自身的经验为基础,他提出如下的教育方法。 ［443］

> 使今日有武健之子,日取五经,模而书之。左右周接,无非

---

① 关于张溥的文学主张,参照袁震宇等《明代文学批评史》第九章第四节《明末文社诸子》(上海古籍出版社,1991 年)。

钜人之名,大雅之字,趋而之善也疾焉。矧相渐于意,尤有神明者哉。……初而事其话言,久之而其行是焉,又久之而性情无非是焉。(《房稿表经序》,《七录斋集》二)

最初专门抄写经的文章,在不断重复中,理解了经的意思,行为也正了。然后在重复积累中人的性情也变正了。所谓文章,必须是这样的人本身所具有的内涵的自然流露。用六经的言辞,确实伴随着流于形式主义的危险,但限定学习范围,让其完全掌握其精神,使人的行为变正确,才能够有助于其性情更自然的展开。这样的想法,是他对六经研究抱有的期待。他还这么说:

夫好奇则必知古,知古则必知经,知经则必知所以为人。至于知所以为人,而文已毕精矣。故驳而不纯之文,予所甚恶也,才而不德之士,亦予所甚恶也。(《程墨表经序》,《七录斋集》二)

所谓经,正是人"所以为人",表现人本来应有之状,不以六经精神为根底的文章,可以说完全没有意思。他们认为,就文章而言,与其"文",还不如"质"。在张溥编的《汉魏六朝百三名家集》中,作为更近于六经,更有"质"的作品,把汉魏置于比六朝更高的地位。"质",也就意味着有"实"。当时流行的公安、竟陵的性灵学,对他们来说,是"驳而不纯之文"、"才而不德之士"而加以排斥①。

[444]

这样,他们通过把握六经精神,认为要向人所应有的古人的"性情"复归。所谓六经,不仅和具体个人性情的形态相关,还和更大的政治制度的形态有关。张采在给《七录斋论略》题辞中②,作为张溥

---

① 这样复社反对公安、竟陵的文学主张,但是竟陵的谭元春等,作为复社的成员列有其名,复社的古学复兴的文学主张,未必是严格约束其成员。作为有利于科举考试的手段而入社的情况也是很多的。

② 内阁文库本有《七录斋集序刻》题辞加在卷首,台湾本《七录斋论略》里末见。张采《知畏堂文存》五。

之言,说:

> 穷经则王道明,通史则王事著。明王道者,可与立体,著王
> 事者,可与适用,则取二十一史,明白撰次。(《七录斋论略序》)

对于他们来说,所谓经,应是明王道、立政体的,是政治所当确立
的精神,或者是显示原理的部分;所谓史,是明王事,当适用的东西,
即追踪政治变迁,具体研究政治方法的部分。

他们为了"明王道",倾力于五经研究。被招到张溥身边的张采,
据说精于礼学,很早在学界就有名声。张溥在给张采《礼质》所写的
序文里说:

[445]

> 夫《周礼》、《仪礼》,既以阙失之余,难得其深微之意,后人
> 私为傅会而有所不能。《曲礼》复以篇什之寡,不能覆一经之用。
> 欲授受更定而有所不可,则必求往古论礼之文,左右相及,可以
> 整一身、理家国者,为之表著。……虽然,鬣前言之则略,由后论
> 之则详,三礼之书不及包诸记之文,诸记之文常得应三礼之说。
> 今之以《礼记》诏天下者,非废三礼,欲以详三礼也。自浅末之
> 伦。狃于安常,不务远议,遂使一经之言,殊其彼此,而古人之
> 制,日以绝旷,不亦悲哉。(《礼质序》,《七录斋集》一)

认为在现存经典不完全的情况下,必须把过去论述礼的文章收集起
来,相互研讨,重新构筑经典,复原作为"当整一身、理家国"原理的古
人的制度。

但是,这说到底,那是古代的制度,是应当作为政治原理的东西,
而不是今日当实施的政策本身。他在经典之中探求政治制度理想
(道)的同时,也通过追踪政治制度历史变迁,想要摸索适合现代的制
度。以张溥自身的《史论》两编十卷为首,复社同人们以爱用的史论
形式的政治议论,就是他们被这种对政治实践的意欲所支撑而写的

著作。

那么,就张溥来说,经和史、古和今是怎样的关系呢?《皇明经世文编》五百零四卷①,是几社人士陈子龙、徐孚远、宋徵璧等编纂的,张溥给该书寄了序文,这样谈了他的想法:经和史、古和今分成四个部分。读经者,当研究儒家;读史者,当研究变迁经过;读古者,当研究古代典制;读今者,当研究本朝。这样互相分担,推进研究,其学问必会有成果。那些几社人曾和我讨论过有关现代的事,当时,我劝说,以他们出色的见识,当先研究经济。他们同意了,此《皇明经世文编》得以被编纂②。

[446]

就这样,张溥把学问体系分成经、史、古、今四个部分,"经"是探求政治原理,"古"是追究基于此而实行的制度,"史"是探求历史变迁之迹,"今"是议论现代的政治制度。就他来说,"古"不是作为与"今"隔绝无关系的过去的世界,而有着作为探讨现代政治制度应有样式原点的意思。这就是说,要从"今",即现代的视点出发,用"古"来解明今。艾南英所说,那就是认可对经的恣意的解释的批判,在这样的意义上,是切中其要的。

几社人士以为"一人兼四部也不难",意气风发。为了"今"的改革,得到张溥希望对本朝的政治、经济全盘进行历史性研究的建议,集中精力,编纂了《皇明经世文编》。《皇明经世文编》全面不漏地收集有关明朝一代政治、经济的人们的意见,贯彻着敢于异同并存的编辑方针。因此,成了一本客观而且有用的书。引人注目的是,敢于避开有关三案那样党争的主题。正如已述的那样,这和与复社稍稍不

---

① 吴晗《景印明经世编序》(《明经世文编》中华书局,1962年)高度评价了作为顾炎武、黄宗羲经世致用之学先驱的这书的意义。

② 张溥《经世编序》。"余间语同志,读书大事,当分经、史、古、今为四部。读经者辑儒家,读史者辨世代。读古者通典实,读今者专本朝。就性所近,分部而治。合数人之力,治其一部。不出二十年,其学必成。同志闻者,咸是余说。而云间徐闇公(徐孚远)、陈卧子(陈子龙)、宋尚木(宋徵璧)尤乐为之。天才英绝,闭关讨论,直欲以一人兼四部不难也。客年与余盱衡当代,思就国史。余谓贤者识大,宜先经济。三君子唯唯。遂大搜群集,采择典要,名《经世文编》,卷凡五百。伟哉是书,明兴以来未有也。"

同的几社的独立性有关系,同时,也是他们不把政治置于党派的利害
关系中,想要以更宏大的视野、更深刻的水准,来观察天下国家的
结果。

被复社统合的一群小的文社,因为除了几社以外,了解其具体活
动情况的很少,这里,作为和他们对古代研究方法有关的例子,我们
试来看看被复社统一的读书社①的情况。

读书社的学问方法,在"古"的研究上,是极其实证性的。 [447]

"读书社"这社名本身,已经明确了他们重视读书博学的学问立
场。此社一个月开数次会,数人集在一起,同读一本经典,花数日才
研讨完一个意义,重复着那样严密的论证。对于读书社领袖张岐然
的学问方法,黄宗羲所述如下:

> 仁菴(张岐然)之读书,茧丝牛毛,访核异同。余时读《十三
> 经注疏》,刻意于名物象数,江道闇(浩)以为不急。曰:"注《尔
> 雅》者必非磊落人。"独仁菴与余同志。余疏《汉地理志》,仁菴
> 疏《左氏地理》。余著《律吕数义》,仁菴与薄子珏、魏子一(学
> 濂)取余杭竹管肉好均者,截为十二律及四清声,吹之以定黄钟。
> 又仿区田之法,试之于山中。仁菴之笃于好古如此。(《张岐然
> 墓志铭》,《黄宗羲全集》十,442 页)

应当注意的是,在读书社这样的学问中,产生了可以说完全是考
证学式的对经的事实的关心。在读书社的学问中,尤其对礼的研究
占了相当比重,这从其成员的传记里常常言及礼的研究方法可知。
所谓礼,作为学问的学问,不仅仅是所谓考证学的对象,而且是与政
治制度有深刻联系的②。读书社对礼关心之深,或可以说,也显示了 [448]

---

① 关于读书社,参照朱偰《明季杭州读书社考》(《国学季刊》2 卷 2 号,见本书序章第 2 页
注②)。还有读书社的社约,收录在丁道遇《读书社约》(《武林掌故丛编》十)所述如下:
"一曰,定读书之志。二曰,严读书之功。三曰,征读书之言。四曰,治读书之心。"

② 岛田虔次《关于章炳麟》(《中国革命的先驱者们》,筑摩书房,1965 年)。

他们沿袭宋以来浙东学问的传统对实践的关心程度。

崇祯六、七年前后，参加读书社研究的黄宗羲在《旧思录》[①]里，这样回忆：他曾在读书社领袖冯惊家留宿过。有时谈及杨涟、左光斗时，其门人顾豹文不知杨涟为何人，问道，是怎么样的人物呢？这时冯惊正色训斥弟子：读书人当知当代人物，如果一直不知的话，读书何用。这样的逸闻，显示了就连被认为最有考证性的读书社的学问，也不是完全离开对现实的关心的。还有，后面所说的"留都防乱公揭"事件之际，读书社主要的同人在这上面署名这一事实，证明他们的学问，不是像清朝的学问那样逃避现实的。读书社后来渐渐受到佛教的影响，失掉其研究组织的性格。但这样的学问方法也被康熙年间讲经会所继承，在异民族支配下，作为对汉民族同一性的追求中，产生了要更具事实性地研究中华文明的态度[②]，读书社的学问，是其源流之一。

此外，淮南山阳人张致中[③]，在复社设立同时，和同郡的人白受藻、方能权等一起参加了复社，他标榜"尊经博古"，虽然家里非常贫穷，但藏有很多金石文，详于音韵学。他的儿子，张弨（字力臣）也精于六书，旅行各地，采取拓本，进行考证。顾炎武《音学五书》的文字特地请他书写，事实上，那书也是张氏符山堂刊刻的。

这样属于复社的特定之社、特定个人的考证学风，当然不是复社的学风本身。而这样的学问，也不是到了那时才开始的，或是在一部分地区，有一部分人在进行。

但是，这样的人们，无疑通过标榜"尊经复古"的复社被组织起来而得以相互刺激，丰富了那些复古主义的内容。确实，作为复社的复古主义其自身是极不成熟的，但是各地域、个人之中所培育出来的复古主义的学问，通过政治力量组织起来，使广泛的相互交流成为可

[449]

---

① 《黄宗羲全集》一，388 页。
② 拙稿《关于清初讲经会》（《东方学报》第 36 册），《〈留书〉的思想》（《明末清初研究》京都大学人文科学研究所，1989 年）。
③ 吴山嘉《复社姓氏传略》四，《静志居诗话》二一，张致中之条。

能,使其作为一个社会的潮流发展起来,在这一点上,其意义有必要 [450]
给以评价。

第五节 围绕着复社的政治形势

(一)

以上,以应社到复社的发展为中心进行了论述。那么,复社成立的崇祯二年,是怎样的一年呢? 让我们把眼光转向中央政界来看看。

如前所述,这年发表了钦定逆案,魏忠贤一派被从政界赶出去。崇祯皇帝完全看透了魏忠贤一派。但发生袁崇焕事件的同时,曾与魏忠贤有关的阉党开始卷土重来,不久他们掌握了内阁的主导权。

袁崇焕(1584—1630)①,广东东莞人。天启初年,作为宁前兵备道驻扎在山海关的宁远。他对于辽东的防卫,有确实的战略,兵部尚书孙承宗对他的军事才能评价很高。但是,孙承宗不久受魏忠贤排斥而辞职,代之以阉党的高第为辽东经略,明王朝打出了放弃关外的战略,和袁崇焕的战略对立。在这种孤立的状况中,袁崇焕还是努力强化以宁远为中心的关外防卫线,在天启六年有名的宁远之战,与十倍于我的敌人对决,取得了辉煌的胜利。努尔哈赤在这次战斗中,被葡萄牙大炮击中而毙命也是非常有名的。这次会战,对于在万历末年以来由于满洲南下,防卫线不断后退的明朝来说,可以说是最初的胜利。作为山海关外的据点宁远,没有被满洲轻易攻破意义极大。

---

① 关于袁崇焕,除了梁启超《袁督师传》(《饮冰室专集》一),有刘伯涵《论袁宗焕与东林党的关系》(《历史研究》1958 年第 4 号)、陈生玺《关于毛文龙之死》(《社会科学辑刊》1983 年第 3 期,后入《明清易代史独见》,中州古籍出版社,1991 年)、福本雅一《袁宗焕》(前揭《明末清初》,同朋舍出版,1984 年)等。还可参照作为资料集的《袁宗焕资料集录》上下(广西民族出版社,1984 年)。

[451] 但是,魏忠贤没有对此加以正当评价,袁崇焕不满最后的待遇,不得不卸任而去①。

天启七年魏忠贤被处分,他再次作为兵部尚书督师蓟辽,东山再起。采取了"守为正著,战为奇著,和为傍著"的战略。就是先强化明朝这一侧全面的防卫体制(正着),在看清敌我力量关系基础上也可战(奇着),和议是获得时间,讲到底是权宜之策(傍着)。在出发时,他毫不顾忌地发出了看他五年内回复辽东的豪言壮语。

但在两年后(崇祯二年),发生了袁崇焕把盘踞在皮岛(现在的椴岛)的军阀东江总兵官毛文龙以计引诱出来,列出其十二大罪而杀害的事件。

毛文龙不听从中央的指令,一直拒绝军粮的监察。杀了俘虏专贪军功,每年侵吞军饷达数十万。开马市通"外番",开镇以来八年,明朝国土一寸也没收复。还虐待民间子女,叫难民盗掘人参,使得人心完全离反。他已成了对满洲防卫的障碍,对他没有必要再笼络。这是他的理由。事实上,也有了毛文龙这时已秘密投降满洲的说法②。

得到这报告的崇祯皇帝,对其独断措置很吃惊,但没发怒,此时对袁崇焕是有好感的。

但没想到事态急剧地展开。这年年末,在宁远受阻的满洲方面汇集了蒙古喀拉沁部,从大安口侵入明朝,逼近北京。闻急报,袁崇[452] 焕率军赶到北京,使敌军退却到广渠门外,但这时陷入了满洲方面的离间计。袁崇焕要求让战累的军队暂时进城休息,但这时满洲方面放回的宦官,传出袁崇焕与满洲签了密约,为满洲的内应而想入城的情报。说是满洲方面从北京的退却只是暂时的,是想得到袁崇焕的内应后不流血地进城。

主张信赖宦官情报是错误的人也是有的,但这样冷静的意见当

---

① 据说,天启年间,袁宗焕在阉党的压力下,在宁远建了魏忠贤的生祠,不能认为和阉党之间有公开的政治上的对立。

② 参照第 309 页注①陈生玺论文。

然是少数。阉党利用对袁崇焕的憎恨,策划了使东林党失势的阴谋。成为靶子的,是和作成逆案有关的大学士钱龙锡。以袁崇焕的报告里有"臣,出京之时,商之辅臣钱龙锡"为证据,钱龙锡被非难事前指示杀害毛文龙,首先使钱龙锡失势。阉党用大量的金钱,在流言蜚语之中,袁崇焕和钱龙锡两人,被以"擅自主张和议"、"专断诛大帅(毛文龙)"这样的理由下狱,袁崇焕被磔,钱龙锡被流放到定海卫。袁崇焕的座主东林派大学士韩爌被追究"误国"的责任而自己离职。韩爌也是和钱龙锡一起主导制定逆案而集阉党之怨于一身的人物。这样,"熊廷弼以后第一人"的优秀武将被杀,两个大学士去职。此外,涉及这事件而离职者很多。可以说随着崇祯帝即位,东林派官僚复活,但颇为不安定的东林与反东林的力量对比,就这样迎来了重大的转换局面。

关于这一事件对崇祯以后政局的影响,黄宗羲所述如下： [453]

> 逆党之恨公者,以为不杀崇焕,无以杀公;不以谋叛,无以杀崇焕;不为毛帅讼冤,则公与崇焕不得同罪。……崇焕之磔,酤呕竟路。逆党遂议一新逆案,以泄旧案之毒。
>
> 逆案虽未翻,而烈皇之胸中,已隐然疑东林之败矣。由是十余年之行事,亲小人而远君子,以至于不救。然则有明之亡,非逆案之小人亡之乎?(《钱龙锡墓志铭》,《黄宗羲全集》十,245 页)

袁崇焕事件就这样作为对抗逆案的"新逆案"被用来当作排斥东林派大学士的党争手段。他们离职后,登场的是周延儒和温体仁。

周延儒(字玉绳),宜兴人①。和陈于廷是姻亲,在乡里时与姚希孟、罗喻义等东林派很亲密,天启年间与阉党冯铨有很深的关系。传说,那时是约定要确立反东林党主导权后进入内阁的。前些年弹劾钱谦益时,他支持温体仁而与温有很深的关系。温体仁利用他入阁,

---

① 《明史》三〇八,本传。

不久把周延儒也排挤掉,进而窥窃首辅之座。

　　温体仁(字长卿),乌程人①,万历二十六年进士。曾献媚于魏忠贤,在杭州造魏的生祠。据说还作了称赞魏忠贤的诗,但诗本身并没有传下来。《明史》卷三〇八本传说其"为人外曲谨而中猛鸷,机深刺骨"。天启年间就阉党关系而言,没有引人注目的政治性行动。到了崇祯,由于没有被内阁会推,参预对钱谦益的弹劾,以后渐渐明确了反东林的党派性。

　　复社成立,就是在这样围绕着袁崇焕事件,两派的哪一方掌握主导权,对立不断激化时期的事。

　　在这期间,被复社组织起来的人们,通过科举,大量进入政界。崇祯三年乡试时,张溥动员在应天乡试聚集的生员,召开了金陵大会,这事已如前述。这年乡试,应社以来的中心成员杨廷枢中了解元,张溥、吴伟业、陈子龙、吴昌时等各名列前茅。据说,和其他省算在一起,这年乡试复社成员合格人数达数十名。

　　次年,崇祯四年的会试,吴伟业第一甲第二名,夏曰瑚是第二甲的第三名,张溥、马世其、管正传等复社的成员很多人及第。这年的主考官是周延儒。本来,首辅因为阁务繁忙,一般由次辅担任主考,但这一年作为特例,周延儒担任了主考官,所以似乎招来次辅温体仁的怨恨。因为担任主考官,通过座主和门生的关系是扩大其派阀的绝好机会。

　　碰巧,这一年对于吴伟业中第一甲,时有那是得到过去与吴伟业之父吴禹玉有亲交的周延儒以及房师李明睿关照的传闻。这传到了温体仁派的薛国观处,温体仁就让御史弹劾周延儒。但是崇祯皇帝亲自阅了吴伟业的考卷,对此极加赞赏,因而消除了嫌疑。但围绕着这事件,周延儒和温体仁之间产生了纠葛。两个人的矛盾后来扩大。利用这一点,张溥使在东林派主导基础上的周延儒内阁得以成立,关于此事容后面再谈。

---

① 《明史》三〇八,本传。

[454]

　　周延儒过去曾闻张溥的名声,这年做座主初次与张溥认识,推荐
他为翰林院庶吉士,恐怕有什么盘算。虽说张溥身为新任庶吉士,但
在重视年功序列的翰林院自由发言,受到了温体仁派的反对。温体
仁想逼迫罢免张溥,而张溥方面则相反。以温体仁与宦官结帮形成
派阀而计划弹劾张溥,但是,这个计划未能实现。张溥与温体仁的关
系恶化了,张溥在翰林院待不下去,以父母葬仪的理由回乡。以后,
他再也没成为官僚,作为在野的一庶常,全力进行了复社的活动和八
股文的评选。

　　由于崇祯三、四年乡试、会试出了多个名列前茅的合格者,张溥
的名声在全国响了起来。他在北京其间,到他故乡太仓造访、希望参
加复社者也络绎不绝。他归乡后,不用说,科举试子大举涌到。

　　吴伟业的《哭志衍(吴继善)》①(《梅村编年诗笺注》一)里所说:

　　　　煌煌张夫子,斯文绍濂洛。五经叩钟镛,百家垂矩矱。海内
　　走其门,鞍马填城郭。

吟颂的就是人们造访张溥处复社的盛况。

　　张溥门下拥有很多子弟,在科举考试里大显身手。其中,也有用
相当危险的、非合法方法之人②。

　　首先是"公荐"。这是以岁试、科试等成绩优秀,某官僚的亲戚,
张溥、张采的门下等名义,公开地推荐的;"转荐",是为了不直接给学

---

① 关于吴(徐)继善,参照吴伟业《志衍传》(《梅村家藏稿》五二)。
② 复社为了让社友合格而用的方法如下(《复社纪略》上,638 页):"公荐":公荐者,某案
　领批,某科副榜,某院某道观风首名,某郡某邑季考前列。次则门第,某系某公子,系某
　公弟,甚至某公孙,某公婿,某公甥。更次则门墙,某等天如门下,某等受先门下。
　　"转荐":转荐者,江西学臣王应华视荐牒发案,抚州三学诸生鼓噪,牛员黜革,应华
　夺官。自后学臣相戒,不受竿牍。三吴社长更开别径,令京师权要专札投递,如左都商
　周祚行文南直学宪,牒文直书仰提学当堂开拆,名为公文,实私牍也。
　　"独荐":独荐者,公荐虽已列名。恐其泛常,或有得失,又投专札。尔时有张浦许
　三生卷,已经黜落,专札投进,督学倪元珙发三卷于苏松道冯元飏送社长,另换誊进,仍
　列高等。于是局外者,值岁科两试,辄私拟等第名数。及榜发。十不失一二。

政增加压力,所以通过中央的官僚,以公文的形式写了推荐状而转送的;所谓"独荐",是包括替换答案等暗中的手段,推荐特定的个人。用这样的方法,复社连合格的名次都能预想,科举参加者争相入社也不是没有原因。

明末清初人周同谷对此这么说:

> 娄东月旦品时贤,社谱门生有七千。天子徒劳分座主,两闱名姓已成编。

其注曰:张溥拥有七千门生,决定考生的等级。乡试、会试由北京的天子派遣座主的,但在这以前谁已经及格,谁是第一名,都已经决定了,所以只派遣座主,已经没有意思。座主和房师都是张溥的门生或东林党人,童生府试合格,120两是必需的①。

说到崇祯六年,那是复社活动最活跃时期。张溥和预想会成为次年崇祯七年会试考官的文震孟及项煜会面,请求让复社的陈际泰、杨廷庶会元考试合格。两人答应了,不知是故意还是不注意,因拿错了答案,使别的人中了会元。据说这时,文震孟叹息道"此举,不仅负大士(陈际泰),负张天如也",责备项煜②。文震孟当时是列席讲筵、连崇祯皇帝都畏惧的翰林院修撰,这个文震孟也这样地叹息,由此可看到在野张溥的权势是如何之大了。

这年会试结束后,温体仁派的薛国观,据说试着核对复社的文集《国表》的名字,很多人是出身于复社③,马上向温体仁紧急报告。实际上合格者 302 名中,只有 33 名,一成以上,而对反对派来说,是因

[457]

---

① 周同谷《霜猿集》上:"娄东张庶常溥,倡举复社,依附东林,一时奔竞者多归之,门生有七千人焉。春秋两闱,天子徒然分遣座主,而执元执魁,孰先孰后,庶常已编定无遗人矣。座主房师,非门下士,即东林党人。待庶常以揭榜,大为孤寒之患。童生府录一名,值银一百二十两。皆为党人壅塞也。"
② 《复社纪略》上,637 页。
③ 同上,642 页。根据《明清进士题名碑录》崇祯七年和《校录》对照。

为感到很大的危机。关于复社合格率的高低,井上进有详细的计算①,据其所说,会试的场合,五科有 35%,乡试的场合有 15—18% 的高比例,无疑是相当有利的。

本来科举是选拔忠实臣服皇帝的臣僚的考试。前面已经谈过,本世纪初孙文论述不是三权分立而是五权分立,作为中国独特的东西,举出了考试权和监察权。如果说君主权中这考试权是其一部分的话,那么,这考试权现在已被在野的复社人士随心所欲地操纵,意味着君主权的一部分已经空洞化了。如下所述的那样,反对派说张溥把自己比作"天王",不客气自称"天如",这虽是没有根据的诽谤,但在这样的意义上,反对派的说法也不能说是毫无理由的。

复社成立后,到崇祯六、七年前后的四、五年间,由于复社主要成员科举及第,复社在政界形成了很大的派阀。那期间,虽然指导者张溥、张采都辞官回到了太仓,但他们长期在野,通过复社人士,具有左右政局的很大的影响力。 [458]

天启间,由于魏忠贤弹压,组织上处于解体状况的东林党,崇祯年间以刘宗周、黄道周等残留下的官僚为中心,只不过孱弱地保持其命脉,复社的活动是与他们密切连携进行的。然而,虽说张溥与文震孟、张采与刘宗周有私人关系,但组织和组织的联系是没有的。《复社纪略》在列举作为复社所尊敬的宗主文震孟、姚希孟、刘宗周、钱士升、倪元璐、姜曰广等 39 名东林派官僚后,对这期间的情况,作了如下叙述:

> 诸公职任在外,则代之谋方面,在内,则为之谋爱立。皆阴为之地,而不使之知。事后彼人自觉,乃心感之。不假结纳而四海盟心,门墙之所以日广,呼应之所以日灵,皆由乎此。是时,朝议起废,欲推举钱谦益,而阁部持之坚,乃共推文震孟、侯恂、倪元璐、刘宗周、姜曰广、黄道周,相继登用。又复引翼后进。内而

---

① 井上进《朴学的背景》(《东方学报》第 64 册)。

中、行、评、博，外而推、知，有名望应考选者，俱力行荐拔。其六
部迁转，及台省举劾，皆得与闻。天如虽以庶常在籍，骎骎负公
辅之望，参预朝政矣。(《复社纪略》上，643 页)

叙述了东林党系官僚和复社人们相互依存关系，张溥虽是在野的乡
绅，但得到东林派人士援助，和过去的东林派一样，调动人事，远距离
[459]　地"参预朝政"。

(二)

张溥认为，只有不在官位的布衣，才能对地方官进言，因为他们
的话语"质"。如果言辞是出自"诚"的话，那么即使是"草野之贱"、
"庸夫愚妇"，也应当能和诗人快乐地吟唱一样，抒发公道，表现内心，
故没有什么只当尊重高官显爵者言论的理由①。

他还这样称赞东林党的段然过去是常熟知县之时，谦虚地倾听
当地人们的意见，说：常熟知县段然专用意于经济，士人考试之际首
先考对策。士人畏上，战战兢兢，一言不发。然而，一旦有人立条目，
并在每条目里说了田赋、水利、救荒等该实施的政策，他马上给此人
让座，让其坐上位，自己到下座，询问"事之臧否"、"民间疾苦"②。

地方官必须不仅把士人，而且也把包括布衣的当地住民的意向
反映到行政上来，这就是张溥的想法。从这样的立场出发，他们对太
仓的知州积极地述说意见，地方的官员也不能无视他们的意见。

崇祯四年，刘士斗(广东南海县人)就任太仓知州。他和张溥是
[460]　同年进士。他说：

---

① 《贺常熟杨邑尊荣封序》(《七录斋集》五)："以布衣而进说于邦君之前，古有之乎？然而
君子不废者，以其言之质也。夫辞出于诚，虽草野之贱，庸夫愚妇，皆得发舒公道。循诗
人恺悌之咏，志其所怀，安在桓圭衮冕者，其言独先也。"

② 《赠简讨许少微墓志》(《七录斋集》六)："丁酉，江夏段公幻然来令虞，段练意经济，试士
先策对。士寒恐莫敢应，公(许儁)即立条议，烛跋请续。所对田赋水利救荒御倭事宜，
深通可施行。段忽起趋避，喟然曰：'斯岂今之人哉。'揖公上趣布席，命拜交拜，已即挽
公坐，己就陪位坐，问事之臧否与民间所疾苦。"

　　下车后,每事谘之受先,及天如告假归,亦与瞻父(刘士斗)
密相左右焉。(《复社纪略》上,639 页)

似是自己主动,仰承张溥的助言。

　　崇祯六年①,这地方遭到风害和水害。原来,太仓是弘治年间从
常熟、昆山、嘉定三县分离而新设的州。因为土地地势比较高,不适
合种稻,所以这个时期棉花的栽培迅速地扩大。人们连自家吃的米,
一般也都是用卖了棉花的钱从店里买来的,送到北京所纳的漕粮也
不是自家栽培而是买进的。但是,崇祯六年米价高腾,米的买入变得
很困难。在这种状况下,张采写了《军储说》②,述说了以下的救济
策略。

　　　　蕞尔一州,原割昆山、常熟、嘉定之边隅,坐枕狂流。近海之
　　田,沧桑不一,腹里水旱多艰。植花者众,栽禾者寡。即大有之
　　年,但以木棉变价易米。较诸各县,大不相侔。况遍地不毛,米
　　珠玉粒,从何贸易。且目前米价腾涌,白米一石,贵至一两三钱。
　　将来漕艘鳞集,价必愈昂。哀哀穷黎,即售土竭庐以应兑,如何
　　竣局。(《复社纪略》上,640 页)

　　在强调太仓特殊条件下商品作物的栽培,农民对物价腾贵的抵
抗力弱小的事实基础上,主张通过由太仓来支办太仓卫和镇海卫的　　[461]
军用米,可以减轻漕运转调的负担。这是他的想法。在漕运时,有耗
米等附加税或胥吏等的中间榨取,但是本地调达,就没有这些,仅此
就可以减轻负担。为此,想通过负担军用米,作为赈恤的一种手段。

────────────

① 　关于以下的年代有若干问题。根据《复社纪略》上,639 页,这风水害,是崇祯六年秋天
　　的事。但是第 320 页注①张国维的报告,是发生在崇祯四年,这里是根据前者。
② 　《军储说》也收在《畏知堂文存》一一里,与《复社纪略》上(640 页)内容稍有不同,这里
　　根据的是后者。

张采的《军储说》,附有张溥的跋文①,这无疑代表了被卷入商品经济的、太仓这一地域社会,特别是必须负担漕粮的该地乡绅层的利益。

知州刘士斗全面采纳了这个意见,想通过把漕米转成当地的军粮来解救当前的危困,并把这意见向抚按作了报告。但是,由于巡抚和巡按的意向,结果把漕粮变为军储的转调没能实现,张溥方面也以撤回意见而告终。

对此,原来是复社的成员,但因憎恨获得乡试考官之职的刘士斗的推官周之夔②,试图利用这事使刘下台,从张溥手中骗取到《军储说》以后,说这样的救济策略是"媚乡绅紊乱漕规",秘密地作为《私揭》,向上司告发。周之夔此时是监兑,也就是站在监督漕运的立场上。

另外的一件事,是在昆山,有关漕运,发生了要求增耗的军队和拒绝增加的民众之间的军变③。当时刘士斗是代理昆山知县。周之夔等将此与太仓漕运问题联系起来,说减少搬运费是他的责任,以此弹劾刘士斗。得旨,刘士斗终于受到了降四级调用的处分,为此离了任。他的行政似乎得到太仓和昆山人们的支持,据说其离任时,出现了"负石垒垒,叠国门以留之,倾国数十万人,为之罢市"的状况,这不仅仅是文字上的形容。从因为大众的舆论,周之夔一时不得不辞任的事实,也可见其一斑。

[462]

但是,这样的救济方策最终没能实现,刘士斗也被贬职,乍看起来,好像是张溥等败北了。但是,他们马上就为此事与黄道周、蒋德环以及周之夔的房师许士柔联系,促使周之夔反省的同时,以学生运动把他逼入孤立无援的地步。这经过如下:

---

① 《七录斋诗文集》上。
② 周之夔之名在第一回尹山大会的名单中(《复社纪略》上)已经得见。周之夔,福州人。与张溥同年,有文集《弃草》。
③ 《复社纪略》上,640页,这是六年十二月的事,但第320页注①张国维的报告是作为五年二月,即风水害以前的那次兵变。

因令门人制檄文驱逐之夔，粘布通衢。檄中言之夔受州同林朝钦厚贿，欲荐署州篆，故揭去刘知州以遂其私。乃先逐朝钦去职，时崇祯七年也。先是，生员科试旧例，府州县官录送宗师，而后宗师试录优者送院。之夔署府篆考生童，惟凭请托，竟不阅文。案出，各邑孤寒，虽才高望重，俱落孙山。由是各学沸然，甚至抬城隍神像，坐府署诅之。则诸生即非复社中人，亦恨之深矣。至是年四月朔，乘之夔下学，诸生噪而逐之。之夔惭愤，申文两台，惟自劾，不敢及诸生，以为首皆权要子弟故也。因杜门谢职。两台欲和解之，姑令署吴江篆以远避焉。之夔至吴江，则复社生徒再聚沈初馨家，复噪逐如郡城。（同上）

这样周之夔在苏州就不用说了，就是在受到上司的处置①、一时避难的吴江——其实吴江正是复社的发祥地——也遭到学生排斥，进退两难。这种情况，当然也因为苏州这是复社的根据地，复社学生们的网络极其有效地起着作用。然而复社不是采取像历来那样通过人际关系进行工作的政治方式，而是以组织学生舆论的大众运动形态，来表示他们的意志，这一点应当注意。

[463]

周之夔结果不得不提出辞任，但以因病休职的形式未被准许，以照顾父母为理由也通不过，只能厚着脸皮留在职位上。这期间，尝到了在苏州连一个人也没去"通刺"，两个月以后才好不容易被认可休职的屈辱滋味。崇祯八年七月，据说他刊刻了《复社或问》的文书诽谤复社，为自我辩解而去任，但遗憾的是，《复社或问》现在已看不到了。

这一事件，在对复社攻击增强的崇祯九年，被周之夔再次提出，而且受命再调查关于周之夔辞职的理由。这时为应天巡抚的张国维完全站在复社一边，报告道："私揭一事，为公论所摒，乃借题以相

---

① 后来根据周之夔所说，这时让他在吴江避难的好像是郑三俊和许士柔（《复社纪略》下，660页）。

陷"，"士民，若纷然吁留（刘）士斗，（周之夔）自知众论无所容，去志自此决"，是不被舆论所容的周之夔自己提出辞职，决非复社策动①。

[464]

由此可知，张溥、张采等以复社为后盾，组织舆论，同时利用其网络，可以很有效地对地方官施加压力。被他们排斥，对地方官来说，会受到被迫决意辞职那样程度的打击。

刘士斗离去后，当了太仓知州的是周仲琏②，乃复社的成员。据说是很多复社成员及第的崇祯七年会试的刚刚及第者，同样按照张溥、张采的意向行政。

继周仲琏之后的是钱肃乐。他也是复社的同人，崇祯十年进士。其行政常常尊重张溥等人的意见，《年谱》里说"会同乡绅张采、张溥，力行乡约，立保甲法，修湖川……"（《钱忠介公年谱》崇祯十一年条），他的朋友黄宗羲也在《钱肃乐传》里述道：

> 二张负人伦之鉴，吏于其邑者，瑕疵立见。公下车未几，二张交口赞诵。（《黄宗羲全集》十，55 页）

张采自己也在钱肃乐离任之际写了《钱侯荣升序》③，其中，相当详细地谈到钱肃乐实行的乡约。据其所说，是把太仓城内分为二十四铺，城外分成二十九都，每铺、都全有乡约，并设约正和约副，使各握有善恶册，报告人们行动的善和恶。每月，朔望日讲六谕，其后朱色的纸写善人，白色的纸写恶人的姓名，奖励善行，劝戒恶行。城内乡绅（诸绅），城外约正各自担任讲学，知州自身有时也开会讲学，教化民众。这样把乡约和六谕相结合，在乡绅主导下来教化民众，以此来维持秩序。这是在东林党人那里常常可见的主张，他将此在实际

---

① 张国维《回奏周理疏》（《抚吴疏章》北京图书馆，不分卷）。还有，关于这期间的事，《复社纪略》下，（659 页）周之夔的文章很详细。而关于这部分，第 268 页注①《复社纪略》的诸多的版本中，北京师范大学本非常详细。

② 周仲琏崇祯八年就任。

③ 《知畏堂文存》三。

中施行。不仅如此,乡约在解决社会问题上也有效地起了作用。据张采等编集而成的《太仓州志》等①可知,在多已经改种棉花的这个地区,棉花丰收也没有米买,"饱花饥粟"的状况常常出现。这时"地棍"就暗中活动,阻止米的流通以抬高米价。张溥、张采等与钱肃乐协议,在乡约中对这样的"遏籴"加以禁止并取缔"地棍"。乡约也作为为解决卷入商品经济的这个地区新矛盾的乡村组织,在起着作用。

[465]

除此之外,特别引人注目的是,对太仓无赖集团的取缔。在这里讼师、打降、衙役等"多有不逞之辈",组织罢会、乌龙会那样的组织,征收会费,一旦有事就相互援助。钱肃乐也是听了张溥、张采等的意见,对这样的组织进行弹压,阻止"势家"的"郎"或者是"仆"、"滑吏"的横暴,取得很大的成果。据说,这样,中产以上不再苦于纳税,没有依靠的妇人得以逃脱了恶党(族虫)的暴行,小商人们(捆屡、菜佣)得以逃脱了诈欺、强取(白赖)。

这样对"地棍"、"无赖"集团弹压,乌龙会反乱,恐怕就成了对张采的报复。如何认识复社与他们的敌对关系,这暂且不论。张溥、张采等与地方官提携,想要按照他们所设想的路线试图对乡村秩序进行再改造,则是确切的事实;而这对拥有豪仆,在乡村进行暴力支配的"豪绅"们来说,将其爪牙送进衙门,很明显是处于对立地位的。

[466]

(三)

复社就这样把其势力浸透到中央、地方政界。特别是通过科举,大量的复社成员进出政界,这对反对派来说是巨大的威胁。

崇祯七年会试结束后,反东林派的蔡奕琛与前述的薛国观一样,与《国表》对照,进行调查,发现多数的合格者是复社出身的②。他们似乎为考虑对策大伤脑筋。

---

①　张采等《太仓州志》五(康熙刊)以及《钱侯荣陛序》(《知畏堂文存》三)。
②　同第314页注③。

当时正好忧虑李自成等农民叛乱扩大的河南巡抚陈必谦①有上奏。乘此机会,温体仁说:

> 中原寇盗之多,由于民之从贼。而民之轻于从贼,由于饥寒之迫。民之困于饥寒,由于贪官污吏之朘削。(《复社纪略》下,648 页)

他认为,叛乱扩大的原因是由于贪官污吏的榨取,这些贪官污吏很多是进士出身。他们主张地方官的选用,未必一定要根据科举,为了开辟优秀人才录用之途,有必要对官僚录用制度进行再研讨。也就是说:

> 今之守令,大半出于进士。盖进士出身,但凭三场文字取中,房司主试,不能豫知其人之长短,未免贤愚互收,贪廉杂进。况人才之生,迥不如古,贤者少而不肖者多。则当今取人之法,不可不思变通之计也。(同上)

[467] 他认为,仅仅根据八股文这样的笔试录用人才是错误的,在导入负责任地推荐有能人才的保举制度的同时,想通过并用推荐者负有连带责任的方法来改善事态。崇祯皇帝批准这上奏,下了保举令。

张溥等马上与各府的社长联系,让其作成复社人员的推荐者名册。甚至发出了"科举三年一度,保举每年可送"的豪言壮语,作成了"经济博达之士能兴道致治者"、"才力智术,能排斥奸党者"等的名册,推荐了很多候补者。蔡奕琛把保举名单与复社的《党目》(《国

---

① 《复社纪略》上 648 页里,河南巡抚人名作□□□,并上进《复社姓氏校录》作陈必谦。根据吴廷睿《明督抚年表》这时的巡抚也可以确认是陈必谦。陈必谦,常熟人,《东林党人榜》也出现的人物。还有这时,为人才选用,当打开科举以外之途这样的论说,原来是东林派吕大器提出的(《国榷》九四,5711 页)。复社的张自烈也说不要拘泥资格,包括知府、知县应该广泛选用人才。(同上,5712 页)

表》?)对照一看,"大半"是复社的推荐。事实上,后述的沈寿民等复社的关系者,就是这次被保举出来的①。

温体仁、薛国观、蔡奕琛们急速商议对策,担心保举出身者成了推官、知县,进而成了科道官,对他们进行弹劾,想提出阻止此举的提案。但是,提出挑衅复社这样上奏的人,怎么也不出现。因此,就以下诏求建言这样的形式来征求意见,乘此势而起的,是淮安卫的武举陈启新②。据说是胥吏出身。他列举今日"天下三大病根",提出三大问题。说:

一、以科举取人。通过科举成为官僚的人物,在文章上也许是优秀的,但是,对于他们来说,"孝悌仁义"只不过是纸上的空谈,眼中只有自己的富贵和名誉。只通过科举,想要求得仕君益民之人才,那是不可能的。"科目"应当停止。 [468]

二、只重进士资格。根据祖制,选拔官僚,是监生、举人、进士三途并用,升进也没有差别。但是,现在由于只重视进士,其他二途的人,升进无望,结果就造成举贡就任,无限制地进行贪污。当根据"孝廉"进行推荐。

三、从推官、知县中选科道官。他们虽"谙练世务,熟识人情",但是此外的中书、行人、评事、博士等中间,即使有才能,也没有发挥能力的机会。另一方面,因恐惧现在的推官、知县不久将要成为科道官,谁也不对他们进行督察。科道官当从别途选拔。

此外,他还一并上奏,主张授予名将以尚方剑,把一切军国重务委任之。说:

> 迨至饷充矣、兵足矣,……然后(包括在民间)访求(可以消灭满洲之碌,镇压反乱之寇的)大将而任之。……虽然将亦难言之矣。仰息于文臣,听提缀于下吏,因之文官视之如奴隶。……

---

① 除此之外,这时被保举的复社有关系者有陈弘绪、徐鸣时、陆逊之、蒋臣等。
② 《复社纪略》下,650页。这个上奏是在崇祯九年二月。参照《国榷》九五,5772页。

当征求将才,既得其人,……凡军国重务,悉以委之。(译者按:日语原文与原书有出入,今据中文原文录入。括号中文字,是日文有而原文所无者。)(《复社纪略》下,652 页)

前半的第一和第二点,是想广开官僚门户,以求人才。指出了科举被复社掌握的问题,想通过扩大推荐"孝廉"之途,以此来送进他们一方的人才,这是前面保举的延长线上的提案。问题的关键在于体现温体仁等意向的第三点,主张应当把选拔科道官的途径,推广到知县、推官之外这一点。通过与复社有关系者的推荐成为推官、知县,加上进士出身的知县,再进而成为科道官的话,他们方面通过言论的批判是必然的。因此想通过开拓选拔科道官的途径,试图把复社以外的人士送到左右官僚人事的科道官的职位上。

[469]

对此,御史詹尔选起而弹劾陈启新。但崇祯皇帝不予认可,相反以陈启新敢言,特提升为吏科给事中,詹尔选则受到"从重议处"的处分。

在这种状况下,复社方面再次进行协议,为了避免被说成是科举出身者的科举拥护论,招来崇祯皇帝嫌疑,特地让非科举出身的候选府库大使程品进行反击,他说:

启新之参科目,非参科目也,是伤国脉也。非参科目诸臣,参孔孟也。(《复社纪略》下,654 页)

他认为陈启新的科举中止论,是要通过否定科举中的儒教教养,连孔孟也否定;像他所说那样大将登台,是期待武官的军事独裁,这是破坏文官优位的国家传统,接着就会招来焚书坑儒,对陈启新进行了激烈的批判。军队必须置于文官统制下,这是东林、复社方面人士所主张的,这些主张没有被接纳,程品被送往刑部处分。

另一方面,陈启新得到温体仁等的后援,被特别提拔为给事中,但他在六科,则受到同事们彻底的排斥。

　　启新入垣,同官交弃之,即公会无与接谈者,科中公务,亦绝 ［470］
不与闻。(《复社纪略》下,656 页)

陈启新恐怕是得不到流传在六科的内部情报的,作为科道官,没有像
样的上奏,被复社人士视作是宋代被嘲笑为"鹅鸭谏议"、"罗擒虎"
的赵需、罗相的同类,不把其作为同事。六科的廊坊里甚至贴着这样
的传单公开对其进行攻击。结果因复社方面的弹劾,指其不适合当
科道官,他受到崇祯皇帝降两级调用的处分。温体仁好不容易送进
去的陈启新,就这样不得不离开科道官之职。

　　以科举和科道官为焦点,复社和温体仁派之间进行了反复激烈
的争斗,他们在政界中相互紧密联络,阻止科举中止的策动,进行
对抗。

　　科举八股文是如何腐蚀文人的,复社自身在其成立的当初,就深
刻认识到的。而他们通过八股文的评选,把文人组织起来,乍一看,
似乎相互矛盾,但他们是想用这样的方法,把想轻易地获得知识的新
阶层人士不断地吸收到其中来,在政界中扩大派阀,以掌握主导权,
哪怕是暂时的。科举的中止是与他们这样的战略正相对立的。

　　这以后,对复社的攻击接连不断。

　　崇祯九年,一般流传的攻击复社的檄文里,托徐怀丹之名,列举
了复社的十大罪名。这据说是温体仁策动的,其内容如下: ［471］

　　一、张溥僭拟天王。张溥有什么权力,可用"天王"这样的大名
号? 朋党结社,名"应社",是取自《易》的"周武革命,应天顺人";称
复社,取自"复见其天地之心"。张溥是《易》的专家,"居圣朝而萌革
命之志,为臣子而冒天地之称",这是难以容忍的。还有,刊行作为时
文模范之书,用"匡"字,称"国表",取自《论语》的"一匡天下",《诗》
的"表正四国"。把这样的名称,公然作为社集。此其罪之一。

　　二、妄称圣人之名。孔子之德,远胜尧舜。响荡千古,没有可与
其相比者。张溥、张采自称西南两圣人,仿孔子学派,以弟子赵自新
等为四配,以吕云孚、吴伟业等称十哲。所到之处,拥弟子三千,虽然

口诵诗书,而多行无赖。此其罪之二。

三、煽聚朋党。他们在各地劝诱朋党,要求盟约。一开大会,人们不远千里来集,舟船号近万艘。推荐官僚的名册满箱,用邮传送的推荐信,比军事信件还快。造成僧、道、优、倡,只要入社,声价骤高;医、卜、星相,只要入社,技术就行的状况。即使清流人望的君子,如果组党,也会给国家造成莫大的危害,如此之辈的朋党,将使国家陷于丧乱,这是有目共睹的。此其罪之三。

[472]　四、妨碍贤者的登用。赏罚之权,当由君主执掌,科举的合格与否,是赏罚的根本所在。然而,还没有考试,合格的顺位就已经决定。若非周锺、张溥,或杨彝之党,就不会合格。考试官被无视,采否由党人决定。黜陟出于私门,恩威不出主上,这是何等悖谬。此其罪之四。

五、召集非人。集于他们之下的,有"名豪权贵之家"或"财房雄势之子",廉耻扫地,怀金挟刺,同门占据要地,强化扩大其门户。如孙淳号"神行太保",传檄星驰电发;宴会则号"糟丘肉林"。此其罪之五。

六、败坏风俗。他们群中,或士子而插盟当道,或缙绅而奴隶衣冠。成富贵则父逐其子,得名势则弟倾其兄。五伦之中,长幼、朋友、兄弟已失,只有父子和夫妇。其父子也是父不爱子,子不知父。夫妇也重离合。此其罪之六。

七、诽谤中伤官僚。横议政治得失。政治得失,只有有言责者和有职守者当议。而党人不被采用,则以为是君之恶,左迁党人,则是宰相之恶。总之,只有复社的社友才是好的,非党者都被排除。此其罪之七。

八、使士人品性堕落。复社的社友聚在一起,游博马吊之戏,谈话则专说女人和商人。此其罪之八。

[473]　九、窃取官位,丧失功业。由于复社专以党派的利益为优先,堂堂天朝,几无持廉颇、李牧之策者,至于持管仲、乐毅之略者,就更不用说了。使得天子只能叹息。由于科举合格者中得不到人才,只得

把政治委托给宦官,由于文臣中得不到人才,不得不把军事都委托给武弁。此其罪之九。

十、招来灾害。现在党社占据政界,覆盖朝野,主司都是社友,府县皆为朋徒。杯酒的庸才、贿赂的极恶都被登用,真正的人才在野感叹无聊。这样政治不修,反乱和灾害来袭。此其罪之十。

(译者按:以上"十大罪状"原书作引文,核对原文出入较多,现据日文原文译出,不作引文。)

这檄文,当然是反对派所散布的东西。夸大的表述很显眼。例如第一项,说张溥号天如,就像有篡夺天子之位的革命的意图那样。确实,张溥在那个地方蓄有可被称为"江南小天子"那样的实力,这或是事实,但是,正如后来在东林党内阁的组阁里也能看到的那样,他不辞和中间派提携,是颇为现实的政治家①,决未抱有革命那样的大志向。把张溥等体制内部变革的意识作这样的夸张,对于应社、复社命名也是这样,这除了牵强附会之外,一无所有。

但是,夸张也罢,暂且不论,通过反对派的眼睛显现的强烈的复社形象的流布,也反映出复社政治活动的一个方面,在明确这两派的对立点上,颇为意味深长。

的确,复社为了发挥了科举的实力,其自身进行了各种各样不正当的行为是事实;看到这一点,聚集了腐败分子很多或许也是事实。还有,如已经说过的僮仆出身的张岩、据说协助留都防乱公揭而受到社员同样待遇的名妓李香君等,原来读书人以外层次的人,也拥在复社的内部或周围,可以认为,特别在太湖周围的市镇是这样的。说"不逞之辈""风俗紊乱",反过来看的话,可以看到,那反映超出历来传统社会范围以外的,读书人以外杂乱众多的分子也被包含在内,表现了复社的某种自由开放的空气。 [474]

还有,在这里,孙淳登场了。被冠以"神行太保"的绰号,"星驰电闪"地奔走于各地,扩大复社组织,这从反对派方面也得到了证明。

———————————

① 　参照本章330页。

这样的组织，如被非难的那样，五伦中的"君臣"、"父子"、"长幼"的关系确实松懈，然而对于那是基于"朋友"原理的产物这一点，反对派完全不理解。尽管张溥们等在某种程度上宣传了"同人之义"。

还有，这檄文被散布的时期，《校录》(译者按：指井上进的《复社姓氏校录》)付录本所据诸本的本文中，没有明记，只有北京师范大学本记着"崇祯柔兆困敦岁强圉作噩月"。柔兆困敦是丙子，即崇祯九年，强圉作噩是丁酉，可知是这年八月的事。

此后不久，发生了对钱谦益、瞿式耜在乡里作为乡绅的不法行为进行弹劾的事件，这也是温体仁等为打击东林派而策划的。关于这事，巡抚张国维逐条加以反驳①，报告说没有事实。

进而，崇祯十年三月，陆文声发起了弹劾复社的事件②。这弹劾是依从王时敏意向的产物，王时敏对复社解放其甥吴世睿的奴仆抱有怨恨。因为其时正好与弹劾钱谦益、瞿式耜的事件相同，温体仁派策划想不要引起崇祯皇帝的疑惑，他受到温体仁派的指示，作为苏州地方的一般情况上奏，最后采取了附奏复社之事的形式。基于陆文声的这个上奏，崇祯皇帝命令江南学政倪元珙进行调查，复社方面马上通过陆文声之子陆茂贞做陆文声的工作。据说，当时陆茂贞劝说其父："复社之党占天下之半，迎其锋刃，是不考虑对子孙不利。"由此可知，被复社排斥对其子弟来说是多么的不利。

[475]

还有，应社以来的复社同人徐汧也会见学政倪元珙，劝说道"当面你即使处于不利的状况，将来复社发展了，必定会有利的"。倪元珙上奏：

> 夫结社会友，乃士子相与考德问业耳。此读书本分事，不应以此为罪。(《复社纪略》下，659 页)

---

① 张汉儒的弹劾文，《虞阳说苑》所收。张国维《回奏张汉儒诬讦疏》(《抚吴疏草》崇祯十一年一月五日)。

② 《复社纪略》下，658 页。

如预期的那样,倪元珙受到降两级的处分。接替倪元珙为学政的是亓玮、张凤翮,亓玮因丁忧辞职后,张凤翮对有关复社的调查是怠工应付。因此再提有关周之夔絮乱漕运规则事件,但应天巡抚张国维的回奏,还是对张溥、张采有利,这已如前述。

就这样,温体仁对东林派、复社的攻击以全面败北而告终,特别是张汉儒对钱谦益的弹劾以失败告终,颇受打击。这事明确之后不久的崇祯十年六月,温体仁内阁不得不辞任。此后接任首辅的,是温体仁推荐的张至发、薛国观。他们"蔽贤植党",和温体仁完全没有什么两样(《明史》)。

[476]

第六节 南都防乱公揭

(一)

这以前,在温体仁主指下,杨嗣昌被起用为兵部尚书。杨嗣昌(1588—1641),字子微,号文弱,湖广武陵人①。父杨鹤,崇祯初年作为陕西三边总督在镇压农民暴乱时,因招抚政策失败而被解任。他们父子与东林党之间并不存在对立,据说是在想恢复被列入逆案人物名誉的问题上产生了隔阂。近年他的大部文集《杨文弱先生文集》57卷(抄本,东洋文库藏)由吉尾宽作了介绍。

杨鹤于崇祯八年逝世,杨嗣昌的被起用恰好是服父丧期间,与张居正一样是所谓夺情起用。对此,当然招来了批判。这种情况下,表面上是追究夺情这样的道德问题,而实际上是追究其作为兵部尚书对农民反乱、对满洲的战略,特别对他的增强兵力,增税政策和对农民反乱的主抚政策,进行了严厉的批判。

---

① 关于杨嗣昌,见《明史》二五二,本传,及吉尾宽《关于杨文弱先生集》(《东洋学报》,65卷3、4号)、《关于明末杨嗣昌剿饷案》(《东方学报》第58册)以及《关于明末杨嗣昌的地域防御案》(《东洋史研究》第45卷4号)。但是本章是为了论说与杨嗣昌的对立,和这些论文对杨嗣昌的观点未必一致。

　　点燃批判杨嗣昌导火线的,是应社以来的同人沈寿民。沈寿民(1607—1675),字眉生,号耕严,南直宣城人。曾祖父沈宠是嘉靖举人、阳明学学者。叔父沈懋学,是反对张居正夺情的人物。崇祯三年,黄宗羲在南京与沈寿民相遇以来,作为友人亲密交往。不仅如此,还说"余之学始于眉生,成于文虎(陆符)",高度评价其学问。沈寿民通过前述的保举,受到巡抚张国维的推荐上京,当时,在北京连续三次上书,批判杨嗣昌。虽说他是被保举推荐的人,但还是学生身份,还没成为官僚。

[477]

　　崇祯十一年二月提出的他的第一上书①,认为杨嗣昌主张的对农民反乱的"四正、六偶、十面网"的作战,只是徒然地增兵而使农民穷乏,什么镇压的实绩都没有,进行了批判。但是这上书被通政司以超过了一千字的规定这样的理由放置。确实,崇祯初年制定了这样的规定②,但这个规定没被动用过。特地把这规定用在沈寿民身上,是因为认为这上书是学生的政治行为,憎恨其越权。据他所说,通政司为讨好杨嗣昌,事先给他看了这上书,杨嗣昌阻止其发抄,对通政司加了压力。沈寿民写了《上通政司书》③进行抗议,同时,给同是复社同人的刘城④写了信,诉说其不满,表达了"我辈虽伏处草野,当体上天生才,国家求才之意,为储有用,共障倾危"的决心。

　　他接着提出了第二、第三上书。后来为沈寿民写墓志铭的黄宗羲,对那很长的第二上书的大意,作了如下的概括:

[478]

　　　　以一十二万方张之师,不为不武;运二百八十余万咸集之饷,不为不充。整旅以往,何凶不摧。即使面缚舆榇,犹应宣布皇威而昭上恩德以宥之。讵有漫无霸治,招之不来,强而后可,

---

① 第一上书《劾兵部尚书杨嗣昌疏》,第二上书《再劾兵部尚书杨嗣昌疏》,第三上书《三劾兵部尚书杨嗣昌疏》都收在《姑山集》一。东洋文库所藏。

② 《山书》一《甲饬章奏》:"谕。近来章奏相习冗长,不便省览。苟论事切当可行,何必摭拾浮词。以后务宜简明,其字不过一千。"

③ 《上通政司书》(《姑山集》二)。

④ 《答刘伯宗书》(同上)。

援贼之认帖以为金石,讲盟结约犹同与国。……有授柄于敌而可慑敌者乎?(《沈寿民墓志铭》,《黄宗羲全集》十)

杨嗣昌设置剿饷,虽增税达 280 万,增兵 12 万,但结果对农民反乱没有采取断然的镇压政策,而实行招抚,批判其与反乱军妥协。结果对农民反乱,未能掌握主导权加以镇压。

沈寿民上书后,开始公然对杨嗣昌招抚政策进行批判。黄道周说"在朝者不言,在草野者言之",大为叹息①这一批判的导火线是由在野的学生点燃的。对此,黄宗羲说:

> 向若耕岩之说行,斯时易置嗣昌,文灿,流寇之祸,岂至若是哉!故识者以为,此番保举得耕岩一人,可以谓之不虚矣。(同上)

熊文灿是在杨嗣昌手下,实际执行招抚政策的人物。在当时的状况下,杨嗣昌所取的招抚政策正确与否,或者批判该政策、主张采取断然镇压政策的一方正确与否,对此意见未必一致。但东林党、复社的人士所主张的,基本是在沈寿民上书中所能看到那样的想法。

[479]

万历末年,作为北方防御的军事费——辽饷已经征收了。这辽饷年年增加,崇祯二年达 750 万两。巨额的增税,苦了民众。此外,崇祯十年,杨嗣昌设了被称为镇压流寇军事费的剿饷。进而在十二年,又设了说是为了军事训练的练饷,所谓的"三饷"合计额达到了 2 000 万两,远远超出了明朝通常的收入。这样增税,招致了农民穷困,成了非常沉重的压力,加速了其流亡化。不用说,这使农民反乱更加扩大。然而由苛酷略夺确保的军事费用,并没有就那样用作军事费,而被派遣到军队的监督宦官、将校半公开地中间榨取掉。兵饷

---

① 黄道周写批判杨嗣昌文章是这以后不久,十一年闰四月的事。(《拟论杨嗣昌不居两丧疏》,《黄漳浦集》二)。还有,关于黄道周,侯真平出了《黄道周纪年著述书画考》(厦门大学出版社,1994 年)那样详密的优异研究书。

连续几个月欠发,发生了派遣到边防的下级兵士动摇的事态。

崇祯二年,东林党领袖刘宗周就已经发出了以下的警告:

> 况三冬之日,啼饥号寒之众,填塞道路,此辈半系贼徒,遇奸宄不逞者,起而呼之,便能揭竿为乱。至于营军,素称疲困,枵腹荷戈,尤当体恤。天下嚣陵反侧之象,未有不乘饥寒而起者,则亦不可不预为之计也。(《边事万无可虞疏》,《刘子全书》十五)

陕西发生的农民反乱,其中包含有崇祯二年前后被派遣到边防的边防军在内。拥有锐利武器和受过训练兵士,在中国北方像滚雪球般扩大。据说,在崇祯六年,进入山西、河南,其人数约 10 万;崇祯七年波及湖广、四川、河南约 45 万人;崇祯八年达 60 万。在这期间,明朝政府拿不出任何有效的政策。杨嗣昌的"四正、六偶、十面网"的作战方略,也只留下了增税的结果,拿不出镇压的成果。结果起用熊文灿,转为采用招抚政策。

[480]

另一方面,对威胁北方的满洲又如何呢? 崇祯八年,满洲得了元朝传国玉玺,又控制了朝鲜、蒙古。九年,皇太极举行再即位之礼,以清为国号。并再次袭击北京周围,威胁明朝。对此,杨嗣昌相对满洲防卫战争来,更优先考虑的是平息农民反乱,秘密地探求和议的可能性,不想坚决反击。他不仅与采取主战立场的宣大山西总督卢象升相对立,还把山海关和宁远之重兵委托给宦官高起潜,只给卢象升疲兵五千。想阻挡满洲南下的卢象升,被占优势的满洲军包围在邢台附近陷于孤立时,高起潜竟然不派救援军队,结果卢象升战死在那儿。据说这时高启潜还诽谤卢象升,说他如何丧失战意而招来军队的自灭。为了让其部下作证,甚至加以拷问,但是卢象升的部下终究不肯就范。其尸体就那样被放在战场。收其尸加以厚葬的,是复社的杨廷麟(伯祥),那是崇祯十一年十二月的事。卢象升,宜兴人。宜兴是东林书院网络下明道书院的所在地,他是"弱冠与东林诸君子来往"、受其熏陶的人物①。由于这次作战的失败,满洲进而从北京之南深入到山东,一时济南也陷落了。据说,当时明朝方面死者多达13万人。

南京学生公开发表《南都(留都)防乱公揭》,开展排斥阉党运动,就是在这种状况下。当时吴应箕,写了下面那样的信送给朋友。[481]最确切地表示了在上述形势下,他们是如何把握事态,想如何行动的。

> □□必不可款,流贼必不可抚,逆党必不可容。三者利害,关系国运。惟今士大夫于此一害,先见之不决,守之不定,所以□寇二患相循不已,至欲以款抚之说误天下国家也,可胜叹哉!(《与友人论留都防乱揭书》,《楼山堂集》十五)

□□是夷狄或是夷虏,不详,总之是指满洲。他认为:对满洲民族的侵入当坚决抵抗,不当和议交涉;对流贼当坚决镇压,与上层不当妥协;与逆党当坚决斗争,一点也不能妥协。而且说,和议(款)、妥协(抚)的这些说法,都是从逆党里生出来的,首先与逆党斗争才是当前的课题。他们散布《南都防乱公揭》,广泛呼吁大众警戒阉党的复活,就是出于这样的对时局的认识和战略。

(二)

稍往前追溯,在崇祯皇帝即位的同时,东林党殉难者的子弟们,上京投诉被魏忠贤杀害的父辈无罪。周宗建之子周廷祚、魏大中之子魏学濂、顾大章之子顾麟生、周顺昌之子周茂兰、黄尊素之子黄宗羲等,他们各自为向崇祯皇帝投诉起草了上奏文②。其中魏学濂是用 [482]

---

① 以上关于卢象升,参照《东林列传》五以及《卢忠肃公文集》。
② 东林党殉难者子弟们的上奏文,金日升《颂天胪笔》二十所收。还有黄宗羲这个上奏文《奏为恭谢圣恩哀陈父节疏》、《奏为公道正明圣恩加渥再陈死忠大义疏》两篇(其中后者原阙)《黄宗羲全集》(浙江古籍出版社,1985年)未收。

血写的,那是以其思父孝心之痛深深打动人心之作。当时,崇祯皇帝接受他们的投诉,恢复东林党人的名誉,发给葬祭费用,满足遗孤的孝心。

黄宗羲,这时开始得到了与很多东林党人的子弟们相会的机会,当时的情况,他在《顾麟生墓志铭》里回想如下:

> 烈皇登极,其孤子皆讼冤阙下。叙其爵里年齿为《同难录》。甲乙相传为兄弟,所以通知两父之志,不比同年生之萍梗相值也。(《黄宗羲全集》十)

同是因魏忠贤的凶刃而丧父的遗儿之间,像兄弟一样,相互内心是相通的。他们立了兄弟誓约,约定再相会而分手。不久,他们集结在南京设立的国门广业社,成了《南都防乱公揭》学生运动的担当者。

崇祯三年,复社第二次金陵大会召开之年,复社的一部分人士,刘城、许德先、沈昆铜等主持举行了第一次国门广业社大会①。这个社和复社的关系不明确,而从参加人员重复这一点来看,与几社、读书社的情况一样,可以认为是复社麾下的一个团体。

接下来崇祯六年,召开了杨文聪、方以智、姚逴主持的第二次大会,崇祯九年召开了姚逴主持的第三次大会。这都是乡试之年。第三次大会,除了杨涟的子弟,缪昌期、周顺昌、黄尊素、左光斗等东林党人的子弟们几乎都参加了。在那里还展示了魏大中之子魏学濂的血书《孝经》等,思亡父之念似乎重新给人们的感情以巨大刺激②。

[483]

恰好,因逆案受处分的阮大铖,为了躲避农民反乱,寄寓在南京。他意气高扬,与逆案中的人们往来,为东山再起而努力活动。阮大铖有这样的经历:他参预了东林党之狱;崇祯初年想要卷土重来,被魏学濂以血书阻止,入了逆案,受到"为民"的处分;阮大铖在天启年间,

---

① 吴应箕《国门广业序》(《楼山堂集》一七)。
② 汪有典《史外》六,吴应箕。

与魏学濂之父争史科都给事中之位,到阉党一边奔走;他进呈给魏忠贤的"百官图",是东林党人的黑名单,被作为弹压东林党人的资料。

在国门广业社的第三次大会上①,提出了要事先阻止阮大铖复活的话题。东林党的子弟聚集在一起,可以想像很自然会提起这样的话题。

阮大铖,字圆海。南直怀宁人,常常被称为怀宁。天启年间的给事中。因乡里关系与东林党的左光斗很亲近,但为争史科都给事中之位与东林党对立。以后与魏忠贤勾结,受到了东林党人憎恨。但是他有戏曲作家的才能,沉沦时写的戏曲,当时颇为有名②。在南京的别邸里拥有自己的剧团,让他们演自己写的脚本,主人则对此进行讲解,过着优雅的生活。另一方面则以"边才"自认,活动于各个方面,卖弄其才试图在政界复活。复社的同人中,不少人受他之邀而丧失警戒心。而当时农民反乱军波及江北,战火已烧到南京附近。阮大铖也许会作内应,这样的担心在学生间产生出来③。 [484]

也正是这时,复社的沈寿民,虽是学生的身份,却上书批判杨嗣昌。为阻止阮大铖复活的学生运动,很明显是受到沈寿民上书的刺激而发起的。

发起这个运动的是顾宪成之孙顾杲,起草声明文《南都防乱公揭》的是吴应箕。

吴应箕,字次尾,贵池人④,喜欢古文辞,与刘城一起是应社以来活动的复社同人,也加入了国门广业社。崇祯十一年他在无锡访问顾杲,参拜崇祯二年好不容易刚刚复兴的道南祠。他在那儿,回顾了过去东林党人的"风烈",这样记述了两个人之间的会话:

① 第 335 页注④刘世珩《吴先生年谱》崇祯九年。

② 作为戏曲家的他,有《石巢传奇》四种:《燕子笺》、《春灯谜》、《双金榜》、《狮子赚》等作品。(参照青木正儿《支那近世戏曲史》10 章《昆曲极盛时代的戏曲》玉茗堂派。)

③ 汪有典《史外》五,周礼部传:"当此之时,流贼扰江北。烽火及于瓜步浦口。诸名士且疑大铖为内应。"

④ 关于吴应箕,《贵池二妙集》(《贵池先哲遗书》17)卷首,刘世珩除了《吴先生年谱》,还收集了墓志铭、传记。

予曰：……夫进而急国家之事，则不有其官，退而明圣贤之道，则未尝无其友。其友又皆明圣贤之道以急吾国家者，此何负于天下。一时邪者，至目之（东林党）为党。……子方（顾杲）曰：予先世之退而明道也不得已也。岂乐其身有党名。……今之号为盟社者，声相逐耳，见小利害即不能不掉臂去。吾即不忘先世，而求如吾先世之徒可得哉。（《道南集序》，《楼山堂集》十七）

当时他把收集的文章，因道南祠之缘，编为《道南集》，谈到了要和东林党诸公一样，在野明圣贤之道，期待着将来。或许可以认为，[485]同时也就《南都防乱公揭》具体的计划进行了商谈。因为，《南都防乱公揭》的时日，就是紧接此后的八月。上面的文章里，可看到对翻弄自身利益"今号为盟社者"的不满，这很明显指的是复社。认为，只是汲汲于科举学问，阉党的黑暗政治再次复活也未必可知。在这样的情况下，他们想返回到东林书院的原点，开始了在野的学生运动。《南都防乱公揭》就是这样，经吴应箕之手起草。揭文如下：

（顾）杲等伏见皇上御极以来，躬裁珰凶，亲定逆案，则凡身[486]在案中，幸宽铁钺者，宜闭门不通水火，以庶几腰领苟全足矣。……（阮大铖）乃自逆案既定之后，愈肆凶恶。增置爪牙，而又每骄语人曰："吾将翻案矣"，"吾将起用矣"。所在有司信为实然。凡大铖所关说，情分无不立应。弥月之内，多则巨万，少亦数千，以至地方激变，有"杀了阮大铖，安庆始得宁"之谣。意谓大铖此时，方可稍惧祸矣。（阮大铖）乃逃往南京。其恶愈甚，其焰愈张。……日与南北在案诸逆交通不绝，恐喝多端。而留都文武大吏，半为摇惑。即有贤者，亦噤不敢发声。又假借意气，多散金钱，以至四方有才无识之士，贪其馈赠，倚其荐扬，不出其门下者盖寡矣。（《楼山堂集》附）

他向人们诉说，要阻止阮大铖东山再起，不要让逆案翻案，阉党的时代再来。

这公揭的发表是崇祯十一年秋八月的事,这里汇集了 140 人的署名①。第一名是和顾宪成有关系的顾杲,第二名是吴应箕,以下并列着魏学濂、黄宗羲。这之外,杨廷枢、徐孚远、陈子龙、陈名夏等,列有当时复社铮铮有名之士的名字,连复社里考证倾向比较强的读书社的很多人也署了名②。

这个揭文本应通过东林派的御史成勇③上奏,但因为成勇继黄道周批判杨嗣昌夺情被逮捕而未能实现。因此就变成为把此印刷后向社会广泛宣传。但是,对于这样做,学生们的意见未必是一致的。为什么有人不赞成呢? 吴应箕在给对此持反对意见的友人的信中如下这么写着。这友人恐怕就是杨廷枢。

　　留都防乱一揭,乃顾子方倡之。质之于弟,谓可必行无疑者,遂刻之以传。当刻揭时,即有难之者二:谓揭行则祸至,此无识之言不足辩矣。又谓如彼者何足揭,而我辈小题大作。此似乎有见而亦非也。(《楼山堂集》十五,《与友人论留都防乱公揭书》)

[487]

---

①　关于南都防乱公揭,有关加入的人,各版本有异同。即吴应箕《启祯两朝剥复录》十,《留都防乱公揭姓氏》有 142 人的姓名,吴翻本,即《复社姓氏传略》所附录的有 140 人姓名。对此,参照张鉴《答震泽吴愚甫书》(《冬青馆甲集》五),朱希祖《书刘刻贵池本留都防乱公揭姓氏后》(《明季史料题跋》)。除此以外,有柴德赓《明季留都防乱诸人事迹考》(《史学丛考》,中华书局,1982 年)把南都防乱公揭上署名人物分为几个范围,汇总了他们的传记。这论文好像没有完成,仅有(上),这部分整理情况如下(但是,注意互相重复之处):防乱公揭的领袖(5 名),天启殉难者的后裔以及东林党子弟(22 名),父子兄弟亲戚(14 组),举人(40 名),进士(17 名),科举没合格者(13 名),任职明朝者(包括南明)(15 名),崇祯亡国前死亡者(9 名),受到阮大铖迫害者(7 名),起义或者是守城而战死者(6 名),被乡里人误杀者(2 名),助南明政权想复明者(5 名),亡国后自杀者(2 名),被清朝逮捕被杀者(7 名),这中间明朝时成进士者,说是 15 名,其中很多是南都防乱公揭发表后合格的,这时,确实成了进士者的只有陈子龙。当时陈子龙因为母亲之丧,回了乡里。

②　作为读书社的成员,以张岐然为首,冯憕、严渡、虞宗玖等署名。

③　关于成勇,参见《东林列传》二三。

　　反对意见之一是,《南都防乱公揭》的发表,与过去杨涟弹劾魏忠贤一样,会引起阉党的狂暴化而导致弹压。现在对阮大铖那样的一个人,或不必公开发表这样大张声势的声明文。据同是参预此举的陈贞慧所说,举出后者理由的人们中间,有人认为,为了阻止阮大铖复活,就像过去在太仓以大众运动(民变)驱逐顾秉谦那样,在地域社会中就可以解决(即在一乡攻一乡)①。与此相对,吴应箕主张,我们只当以"清议"和"众力"为后盾攻击阉党,我们的"名节"和"法纪",与"山河"为表里。"尊君安国",是洪武帝以来,通过读书而教我们的。逆案的阉党不是一个地域社会的问题,而是有关君主和国家的问题,当组织"清议"②。

　　可见,《南都防乱公揭》的公开发表,他们内部就有反对意见。顾杲、吴应箕与杨廷枢之间信件多次来往。结果在次年(十二年)一月,包括杨廷枢在内,有140人署名的揭文被刊刻,在南京各处流布。据说,这期间,阮大铖注意到学生的不稳定动向,策划暗中了结,盯住周鍾的堂兄弟周镳,认为他是黑幕,作书请求作罢。但周镳对这封信连开封也没开封,就当着阮大铖的面把它烧毁了③。周镳其实并没有在上面署名,而从此以后,阮大铖就记恨于他,在南明时对他进行了恶毒的报复。

　　《南都防乱公揭》的公开发表影响很大。人们重新再认识了"逆案"的存在。就连过去与阮大铖关系很深的伙伴,竟然都避开了,与之断了交往。阮大铖这以后隐居在南京牛首山,一筹莫展,收买《南都防乱公揭》想不让其流布,但是阻挡不了其流布之势④。

[488]

───────────

① 陈贞慧《书事七则》,"防乱公揭本末"(《昭代丛书》戌):"独维斗报书,以(阮大)铖不燃之灰,无俟泼溺。如吾乡逐顾秉谦、吕纯如故事,在一乡攻一乡。此辈窜无所托足矣。"《楼山堂集》一五《与友人论留都防乱公揭书》。

② "不若挟清议以攻之,负众力以撼之,使知名节与法纪,原表里山河,而吾辈之尊君安国,为高皇帝留读书种子之心,无在不寓。又何有今日异日之别乎?"

③ 第295页注Ⅳ之书,"防乱公揭本末"。

④ 徐鼒《小腆纪年》六,顺治元年六月七日:"流贼扰江北,烽火及于瓜步。诸名士且疑(阮)大铖为内应,刊《留都防乱公揭》逐之,列名者百四十人。大铖独身逃匿牛首之祖堂,使其腹心收买檄文,愈收而布愈广。"

关于《南都防乱公揭》，朱倓评论道，这个运动引起了至南明时阮大铖对复社的弹压，带来了像杨廷枢预测那样的不幸结果①。柴德赓也同样深深叹息道，对反对派的个人攻击，虽引起了公众的愤怒，但遭到了那样的结果②。但是我认为，这个运动阻止了阮大铖的复归，使人们再次认识了"逆案"的存在，而且打开了通向周延儒内阁之途，在这些方面应该加以肯定。

这样，复社——这次运动在复社内以国门广业社的人士为中心，作为复社，并没有全面推进这个运动——一方面，通过科举构筑了政界的人际关系。另一方面则以其组织力为后盾，用以生员层为中心的大众运动的形式，来推进运动，这值得注意。这意味着不是官僚的在野的生员们组织集团主动参与了政治。这不是以既成的官僚组织，或寄生于君主权的形式来参与政治，而是以与他们对立的政治参与形态。通过这样在野的政治运动，生员层政治意识急速高昂，也产生出了对组织起来的集团之力的确信。而且比什么都重要的，无疑是培育了他们相互间的连带意识。

在《南都防乱公揭》上签名的张自烈，批判了禁止学生建言的愚蠢。他认为，正是学生的建言，才是"广言路"，"所以慭人才"，"国家若不折衷众论以求适用"，河川就要决堤，或者说还不至于决堤，但只是沉默的学生"对郡县和学校也就无毫发之助"③。这是对作为舆论代言者的这样的学生运动所具有的意义，给予的高度评价。[489]

---

① 第268页注②朱倓论文。
② 第331页注①柴德赓论文。
③ 张自烈《与宋潜溪论学禁书》(《芑山文集》二)："生员不许建言，士莫不缄默退。即有司、贤人、壮士、农夫、商贾、技艺伺朝廷科防意旨，皆将曰：'我虽极言，未必容纳。'由是相率忌讳，喋莫敢发。……非所以广言路也，弊一。生员……至军民利病，在库则讲求以达民隐，入官则举行以宣上德，皆分内事耳。今使之株守禁例，膜外军民，又将曰朝廷方禁建白，士子不宜讲求，沾沾课文辞、娴律例书算。他时虽通籍，必不能兴利除害，必不能厚下安上。非所以慭人才也，弊二。……国家不辨伪是非，不慎教导以端习，不折衷众论以求适用，而徒禁生员之建言，譬为川不决之使导，势不至壅且溃不止。幸而不至壅且溃，纷纷聚瞽聋暗哑之人，于郡县学校无毫发助，焉用学校为也。贸乱治体，倒易令甲，莫此为甚。"

再有,参加这运动的黄宗羲,后来写了《明夷待访录》,提倡也可称部分采用了民权主义的乡绅主义,主张学校议院化。可以说,那也是对这样的学生运动的总结,是把为其代言的舆论反映到政治上,要[490]在国家政治体制中给予制度性的保障。

第七节　周延儒内阁的诞生

崇祯十年,因前述弹劾钱谦益的阴谋暴露,温体仁引咎辞职,接着成为首辅的是过去因敌视东林而被温体仁起用的薛国观。但是他对以日益紧迫的国内外危机,没什么有效的军事政策,民生安定政策也拿不出。崇祯十三年,以向外戚强要军事费为起因,招致崇祯皇帝的怨恨,当时又暴露了对人事不满的复社吴昌时受贿的事实,以此被免职,进而赐死。这以后由张溥等请出来的是周延儒。张溥说:"公若再相,易前辙,可重得贤声。"(《明史》三〇八,《周延儒传》)开展了拥立周延儒的活动。

关于周延儒,如前所述[①],曾和东林的姚希孟、罗喻义等有交往。特别是崇祯四年会试,为张溥、马世奇、吴伟业等的座主。另一方面,和温体仁一派关系也相当地深。还有,关于这个人物,特别有问题的是,曾为其师的吴锺峦这么评论他:

> 挹斋(周延儒)坐客,皆声色货利之辈,绝无一名士,吾不乐近之。(《复社纪略》上,642页)

[491]这样的说法,张溥可能听到过,也知道。张溥对于周延儒虽然感到其有问题,但还是这样决定拥立他,那或许是在充分估量了当时客观形势和彼此双方力量关系的基础上,想利用阉党内部的矛盾。而且据黄宗羲所说,当时东林党近乎不可能掌握政治主导权。特别是反对

---

① 见本章311页。

杨嗣昌及其军事政策的黄道周还关在狱中,还有必须紧急解决的事①。这样就决定拥立周延儒。为此,秘密活动是必要的。关于这期间的事,杜登春的《社事始末》如下记述:

> 彼为小人者,即无吹求之端而自窃窃自疑。非起复宜兴,终是孤立之局。(张溥)与钱蒙叟(谦益)、项水心(煜)、徐勿斋(汧)、马素修(世奇)诸先生谋于虎邱之石佛寺,遣幹仆王成赍七札,入选君吴来之先生昌时邸中。吴先生者一时手操朝柄,呼吸通帝座之人也。莘毂番子,密布内外。线索难通,王成以七札熟读,一字一割,杂败絮中,至吴帐为襄裱法,得达群要。此得之王成口,最详确,时是辛巳(崇祯十四年)二月事。

即只考虑拥立周延儒的张溥,与钱谦益、徐汧、马世奇协议,通过幹仆王成,煞费苦心,结果与吴昌时成功地取得联系。因此,周延儒的拥立,很明显不是张溥一个人进行的,而是在复社以及东林党领导成员的参与下进行的。

但是关于这期间的事情,连在复社内部,也有相当的批判,似乎引起了特别的传闻。例如文秉说:

> ……于是庶吉士张溥,礼部员外郎吴昌时为之经营,涿州冯铨、河南侯恂、桐城阮大铖等,分任一股,每股银万金,共费六万 [492]
> 两。(《烈皇小识》七)

斟酌崇祯皇帝意向的张溥,与包括复社学生们曾如此排斥的阮大铖在内的反对派合伙,让周延儒内阁成立。

周延儒和阮大铖是多年的朋友,这是事实,但张溥是不是和他们

---

① 《陈贞慧墓志铭》(《黄宗羲全集》第10册,383页)。根据第331页注①侯真平前揭书,黄道周有用楷书写的《张溥墓志铭》,据说现在由故宫博物院收藏。恐怕为他的释放奔走的张溥,深深有感怀吧。

妥协了？过去曾参加阮大铖与复社对抗而设立的中江社,后来转向复社的钱秉镫,关于这事记述如下：周延儒和阮大铖之间有"若再被起用,必取立君"这样约定。因此周延儒复归政界,阮大铖立刻让使者送上祝贺的金杯,周延儒用此杯子只喝干了三杯就让使者带回,据说他对阮大铖的使者这么讲：

> 饮此如与尔主面谈矣,旧约不忘。但今兹之出,实由东林,先与我约法三章,第一义即尔主也。归语尔主,倘意中有所为一人交者,当用为督抚。俟其以边才转荐,我相机图之。必得当以报耳。(《所知录》六《阮大铖本末小纪》)

由此可见,关于拥立周延儒,很明显与东林即张溥之间有约法三章,其中也包括不起用阮大铖这一项。这或者可能是周延儒逃避的借口,但至少与张溥间有不起用臭名昭著的阉党这样的约定是事实。但是,那时由周延儒提出的和阮大铖的交换条件,把阮大铖的心腹马士英作为督抚送了进来。关于这做法,和不久南明福王政权时阉党的报复相关联,将在下面的第八章里论说。

[493]

不得不拥立这样立场极其模糊的周延儒,东林、复社方面力量的弱小当然是必须要承认的吧。在那时,即使想要拥立旗帜鲜明的东林党人也是不可能的,恐怕张溥是充分估量了两者势力关系的基础上,才推出周延儒的。

因此,周延儒复归成功,张溥提出数项要求,与周约定锐意实行之。改革温体仁以来的弊政,张溥等的一部分要求,确实成了周延儒内阁的政策而得以实现。周延儒成了首辅,首先呈上如下的上奏[1],得到崇祯皇帝的批准。即：

---

[1] 《明史》三〇八,周延儒传："延儒被召,溥等以数事要之。延儒慨然曰,吾锐意行之,以谢诸公。既入朝,悉反体仁辈弊政,首请释漕粮白粮欠户,蠲民间积逋,凡兵残岁荒地,减见年两税。苏松常嘉湖诸府大水,许以明年夏麦代漕粮。宥成罪以下,皆得还家。复违误举人,广取士额。及召还言事迁谪诸臣李清等,帝皆忻然从之。"

一，赦免滞纳漕粮、白粮之户。

一，蠲免民间滞纳的税粮。

一，兵残岁荒之地，减免该年的两税。

一，苏松常嘉湖诸府水灾，以明年度的夏麦充漕粮。

一，流罪以下，全部赦免。

一，复活有错的举人之籍，增加学校生员数。

一，召还因上言被左迁的诸官僚。

恐怕这些是与张溥商定的项目。虽然只是部分地满足了复社方面的要求，缓和对农村，特别是对江南地方的王朝略夺政策，让民生安定，但这是迈出了实现的第一步。 [494]

这时，被排斥在野的东林派诸官僚先后得以复归政界。郑三俊被起用为吏部尚书，刘宗周为都御史，范景文为工部尚书，倪元璐为兵部侍郎。此外，李邦华、张国维、徐石麟、张玮、金光辰等被中央政界录用。黄道周也被释放，复归为少詹事①。

更重要的是，周延儒内阁为排除明朝一代的"癌症"——宦官对政治的介入，实施相当果断的政策。

第一，废除东厂以及锦衣卫缉事。不用说，东厂以及锦衣卫是皇帝直属的特务机构，缉事（密探）和刑狱是其主要任务。而且和司礼太监有三位一体的关系，重要之处配备着宦官的爪牙，起着作为宦官政治得以成立的暴力组织的作用②。因而就如在天启年间弹压东林党时所看到的那样，完全可以任意地捏造，逮捕官僚，被逮捕的政治犯任何抗辩机会也不给，就由宦官随心所欲地用残虐方法处刑。

为了把政治从宦官的随心所欲中解放出来，使公论反映到政治上，就必须废除可以说是宦官政治象征的诏狱。东林、复社的人士一致主张这一点③。张溥自身也写了《诏狱论》④，强调诏狱的弊害。就

① 《国榷》九八，崇祯十五年八月乙丑。
② 参照丁易《明代特务政治》，王春瑜、杜婉言《明朝宦官》（紫禁城出版社，1989 年）。
③ 例如《明史》二五五，刘宗周传。
④ 张溥《七录斋论略》一。

这样,依据东林、复社的要求,周延儒禁止了厂、卫作为特务机构的密探活动①。当然这不是东林、复社人们所说的废止诏狱本身,但在阻止因宦官的随心所欲造成的任意捏造的危险这点上来说,无疑有很大的意义。但是,这同时引起了宦官的不满,周延儒内阁因之毙命。

[495]

第二,废除监督宦官(辙中使)②。所谓监督宦官,原来是为监督边防军事的目的设置的,后来在各地都设置,看上去成了特务机构厂、卫的办事机关。这监督宦官介入军事,拥有调用军粮的自由,有时甚至左右国家的战略。主张对满洲彻底抗战的卢象升,就是因宦官妨碍,连救援也得不到,最后战死的事实,便是一个例子。更有监督宦官被派到地方上去的情况,不断探听地方行政,握有可左右地方官人事的极大权利,或者是随心所欲进行收夺,致使人民极度贫穷化。刘宗周曾经指出:"自监纪遣而封疆之责任轻,自督抚无权而将日懦。"(《通切时艰疏》,《刘子全书》十六)监督宦官的派遣,使得连要守国土的意欲也丧失了。因此,将其撤收也是东林党很早就一直主张的③。崇祯新政之际,发出了废除宦官监督的上谕,但很快在崇祯二年末,就派遣了司礼太监李凤翱等,提督京营,以后又经常派遣宦官到各地去。

第三,废止内操,即废除、停止宦官的军事训练(止内操)④。这军事训练在魏忠贤全盛时代,一个时期拥有达数万人军队大规模地进行,这一点已在第六章叙述过了。这些宦官军队直属皇帝,以皇帝的权力和军事力为背景,极端横暴跋扈,这还起着货真价实的宦官暴力组织的作用。这些政策如被贯彻,宦官的活动就会受到相当的限制。

[496]

还有,应指出的是,关于周延儒内阁提出的这些政策,黄宗羲的友人顾麟生参加了策划。他是东林党的一个殉难者、顾大章之子,也

---

① 《明史》三〇八,本传。《国榷》九八,崇祯十五年一月辛卯。根据□□御史杨人愿的上奏,出了"东厂止缉谋逆乱伦等。其作奸犯科。自有司存。不必概捕"的上谕,东厂的活动一部分被限制,这是事实。

② 吴伟业《复社纪事》。

③ 例如《明史》二五〇《孙承宗传》。刘宗周《冒死陈言疏》(《刘蕺山先生集》一九)。

④ 第 344 页注②吴伟业前书。

是在《南都防守公揭》上署名的人物。黄宗羲写的《顾麟生墓志铭》
这么叙述：

> 其再相也，玉书（顾麟生）入其幕中，起废、蠲逋、清狱、薄赋
> 四事，玉书颇与闻之。（《黄宗羲全集》十，419 页）

此外，据说参预周延儒内阁成立的钱谦益，与周延儒一起想要起用阉
党的冯铨，顾麟生收到那情报后，对此加以阻止，因而对钱谦益抱有
很大的不满。

　　通过以周延儒这样的中间派人物而实现的这些政策，当然带有
很大的妥协性，特别是根据与张溥的协定，实现东林党人一起复归政
界这一点。

　　不幸的是，在这期间，张溥在周延儒复出后不久的崇祯十四年五
月，四十岁这样年轻就去世了。关于张溥之死，计六奇说：

> （吴）昌时与张溥同为画策建功人。淮安道上，张溥破腹，昌
> 时以一剂送入九泉，忌延儒密室有两人也。其忍心如此。（《明
> 季北略》十九《周延儒续记》）

那是取由吴昌时的阴谋而被杀害之说。但没有确实的资料，一般是
写"病殁"。据说葬仪之际，"万人吊之"，可见张溥所拥有的势力确
实相当大。

　　张溥之死，好像给政局的趋向以极大的影响。关于周延儒内阁
和张溥之死，吴伟业说：

[497]

> 先生尝密疏救时十余事，要阳羡以再出必行。会上虚己属
> 任师相，蠲逋租、举废籍、撤中使、止内操，政多可纪，悉当时所笂
> 记识者。皆追功先生而颇恨其身没不究于用，阳羡亦以不终。
> （《复社纪事》）

对周延儒内阁的政策没有贯彻到底就结束了感到可惜。

张溥殁后，对复社的弹劾不断。不知道张溥死去的蔡奕琛这样弹劾复社："一里居庶常，遥执朝柄，岂非异事。"（万斯同《明史稿》二八六，《张溥传》）①对此，张采上了《具陈复社本末疏》，回奏说复社决不是这么危险的政治团体，只不过是专门评选八股文而已②，此后，张溥的名誉恢复了。

这期间，再次迎来了农民起义的高潮。明的招抚政策失败后，张献忠军再起，从四川转战湖广，攻破了武汉，自称为大西王。李自成军也从河南进入陕西，开始有了政权的构想。另一方面，满洲在崇祯十五年由墙子岭、青山口侵入，不光是威胁北京，而是再南下到山东各地，在那儿进行了八个月的掠夺。在这样的内外危机中，参加到周延儒政权的刘宗周等东林派官员，也太"迂阔"，什么有效的政策也没能拿出来。而且，周延儒实行了起废、清狱、蠲租这样东林派人们所主张的政策，相反弱化了东林派作为党派的求心力。在各方面都无路可走的状况中，阉党又开始卷土重来了。

这时，《二十四气说》这样的匿名文书通过阉党之手被散发。那是以二十四气配以各个在朝东林派官僚，对他们进行诽谤的东西。发生了"熊姜之狱"③，熊开元、姜埰下了诏狱。熊开元是在崇祯初年作为吴江知县而与复社成立有关系的人物，这一点已经叙述过了。他应崇祯皇帝的下问，想批判周延儒而失败④。当时为都御史的刘宗周，强烈抗议不当以言论，而下"天子私刑"的诏狱，为此而被削职。

但是，周延儒内阁，由于对宦官的姿态，招来阉党的反对。特别

---

① 第268页注②朱倓前书。
② 张采《知畏堂文序》一。这年八月，讲筵之际，崇祯皇帝问周延儒有关张溥、张采两人的事，得到周延儒的推赏，下了收集张溥遗书之诏，据说获得三十余卷。张溥死后，这样回复了其名誉。《国榷》九八，崇祯十五年八月。
③ 参照福本雅一《熊姜之狱》（第309页注①《明末清初》或者《明清时代的政治和社会》，京都大学人文科学研究所，1983年）。
④ 这时因为周延儒在旁，他不能尽意展开批判，但事后提出的上疏《遵谕补本疏》（收在《鱼山剩稿》一）。据此，熊开元未必是攻击周延儒个人，是认为招致今日的危机，不在于□（房）和寇，而在于没有拿出"谋国"政策首辅，而追究其政治责任的。

厂卫特务活动的中止,引起了他们间的摩擦①。结果,周延儒被阉党骆养性暴露了他在山东作为督师的丑态,激怒了崇祯皇帝而被免职。南明政权时,与周镳一起被处刑的雷演祚也加入了对周延儒的批判。

周延儒内阁是在相对立的东林派和反东林派,这两派的某种势力均衡之上成立的,另一方面由于周延儒作为首辅的力量不足和政治腐败,受到来自双方的攻击,只好处于孤立状态。周延儒自身也被崇祯皇帝看透而命其一死。

这内阁结果维持了一年八个月,在崇祯十六年五月垮台。以后不满一年,明王朝也灭亡了。这垮台与其说是周延儒个人的,还不如说反映出了让他据于首辅之位、又占据了政府各个要职却没能将此支撑住的东林、复社,作为组织的弱小和政治力量的不足。

[499]

第八节　明的灭亡和复社人

第二年,崇祯十七年三月,李自成入城,崇祯皇帝在煤山自杀,明王朝终究灭亡了。不久吴三桂引路,满洲入侵,异民族的统治继续了270年。面临着王朝的灭亡和异民族的侵入,复社的同人们采取什么行动呢?

复社失去了强有力的组织营运者张溥后,处于像自然解体那样的状态。因此,虽然他们没有以复社作为组织那样的活动,但通过复社在此以前的人的结合,为这个时期运动提供了一个基盘,这一点则是确实的。

南明政权的成立和对清朝的抵抗由下一章来叙述,这里只简单说说复社指导成员具体的个人的归宿。

---

① 这事,例如《明史》三〇八,本传,有如下那样的说明:"然延儒实庸驽无材略,且性贪。当边境丧师,李自成残掠河南,张献忠破楚、蜀,天下大乱,延儒一无所谋画。用侯恂、范志完,皆偾事。延儒无忧色。……十六年四月,大清兵略山东,还至近畿。帝忧甚,大学士吴甡方奉命办流寇,延儒不得已自请视师。……延儒驻通州不敢战,惟与幕下客饮酒娱乐,而日腾章奏捷,帝辄赐玺书褒励。……(骆)养性及中官尽发所刺军中事,……遂归。冬十二月,……命勒延儒自尽,籍其家。"

首先,和张溥一起的复社指导者张采,明朝灭亡的翌年,他在太仓发生的乌龙会反乱中遭袭击,负了濒临死亡的重伤。关于反乱的经过,森正夫《关于1645年太仓州沙溪镇乌龙会的反乱》①已经进行了周密的分析论证,指出这反乱不是一直所说的单纯的奴变,而也是拒绝清王朝的统治,想要转换既成社会秩序的"无赖"的反乱。在此,想根据成为森正夫这一研究基础的王家祯的《研堂见闻杂记》②等若干史料,叙说张采和其周围的复社人士的活动。

[500]

张采被袭,是在乙酉之年五月十七日的早晨,福王政权崩溃后两天的事。如第五节所述的那样,太仓"豪强"地主,将其奴仆作为"衙蠹门役"送入衙门,他们组成集团做坏事。张采等与知州钱肃乐等协议,要对他们采取坚决取缔的方针。这引起他们的怨恨是完全可以想像的。王家祯也明确地说:

> 吾娄受先张公,素以博击豪强为名,于衙蠹门役虎而翼者,尤绳束不稍贷,断断不肯相宽。而党中有陶千金数人,尤桀黠多犯科。张公屡以法中之。饮恨入骨。(《研堂见闻杂记》)

认为,就这样对张采怨恨的积累,造成了报复行为。但是在明王朝灭亡时,他们还没对他进行报复。

翌年,满洲渡过了长江,"乱民"们立刻蜂起。张采是在睡中被袭击的。崇祯十四年饥馑之际,有关人士的贪污,据说张采也参与了,但这是公开举出的理由。"乱民"把他拖出,强行带到太仓州衙门,他要逃走时,被抓住头发,连衣服也被撕得粉碎。让他"每至士大夫之门即屈之叩首",这些所谓"士大夫",或就是曾与张采对立的"豪强"地主。只有王时敏还拿出钱来,为帮助他而奔走,但没有用。"乱民"

---

① 《中山八郎教授颂寿纪念明清史论丛》(燎原书院,1977年)。
② 写《研堂见闻杂纪》的王家祯是复社的成员,被认为是其兄弟的王家颖,在复社被弹劾时,和赵自新一起,作为社长被比作孔门"四配"的人物,对复社的事相当通晓。因此是涉及关于属于复社人们的归宿和清初结社的贵重资料。

们把张采拉到城隍庙,竭尽其力施以暴行。他奄奄一息之际,再用数寸之锤致命地打他的耳朵及腰、腹处,直至认为他完全断了气。但是尽管这样,当时张采并没有死。据说得到僧侣相助,其后数年,默默地活在"乡村"而终其一生。关于此事,王家祯说: [501]

> 向者有受谤受诬全不以为然者。所谓捐馆明先生心迹也。盖立身太峻,任事太切,皎皎易污,白璧易瑕。故末后受此惨祸。所谓持己廉而勇于任事也。(下文缺)

表示了对张采颇为同情的态度。

王家祯原来也是复社的同人,站在同情张采的立场上,对贪污一事的情况也不清楚。然而张采有这样的嫌疑当是事实。但是,可以认为,比起那事来,问题更在于因对"衙蠹门役"暴力的严厉规制而引起的怨恨,伴随着福王政权的崩溃,他们采取了报复的行动。毫无疑问,和张溥不同,张采的情况,由于他的刻薄加上气量狭窄,使这种对立更加深刻,怨恨更增加。

在太仓这地域社会中,复社的张采和那些"乱民"的对立当处于何种位置呢? 很难立即作出结论。但至少,张溥、张采等(或者也包括采用他们的意见,负责地方行政的钱肃乐)想要在和"豪强"地主所主导的不同方向上,再编织卷入商品经济的太仓的乡村秩序,则是确实的。但是,如果把乌龙会结集的民众,如森正夫所说,视为是要整个颠倒"既存社会关系"的话,那结果就可以确认,张采等所追求的,是想在"既存社会关系"的框架内,即乌龙会要全部否定的体制内部的变革。 [502]

除此之外,在复社里的反对派、被列为"孔门四配"的赵自新"削发缠缁衣"作了和尚。吴胜兆因反正事件的嫌疑而被逮捕,最后在乡里病故。作为被吴胜兆事件牵连的复社关系者,还有陈子龙、戴之儁、李侍问、刘曙等①。

---

① 王家祯《研堂见闻杂纪》。

在苏州,杨廷枢后来受吴胜兆反正事件连坐。他被清朝逮捕,因羡慕文天祥的为人,逮捕后,绝食五天,或是因为拷问而负了重伤,十个手指全都失去了,仍抱着"浩然之气"。直到顺治四年(1647)他一直没有剃发,五月一日在吴江泗洲寺受审,被强行要求剃发,他以"砍头事小,剃头事大"而拒绝,在刑场,留下"生为大明人,死为大明鬼"的话而被杀。据说,由于壮烈之死,他被以礼埋葬①。

徐汧,崇祯末年,因拥护黄道周而不见容,其后,回乡里苏州,与杨廷枢、顾杲们亲密往来。甲申之年,对在北京加入李自成政权的从逆之人进行弹劾,檄文中他也署了名。乙酉六月四日,知道苏州陷落,想要自缢,被仆人救醒。一个友人说:"你是大臣,野死可否?"对此,他答曰:"郡城已非吾国土,今我家安在?""以不屈此膝、不剃头之身,当可见地下祖先",投身虎丘的后河②。

[503]

除此以外,复社的人士中,像顾梦麟、杨彝、沈寿民、顾炎武等那样,明灭亡后,不参加清朝的科举,也不作为官僚出仕,专门从事著书活动,作为明朝的遗老,终其生涯的人也很多③。

还有,由于复社通过评判八股文,把追求科举考试的很多年轻人组织了起来,随着清朝统治的安定,不少人都出任了官职,这里就不触及了。

作为《南都防乱公揭》中心人物的吴应箕,在发表了弹劾下一章中所述的顺案,即在北京出仕李自成政权人士的《公讨从逆诸臣檄》④后,为营救因阮大铖的暗中活动而被逮捕的周镳奔走,随着福王政权的崩溃,奉立于福建的唐王为正朔,在池州发起勤王之军,被清军逮捕杀害。临死前,他用"原君"、"原相"、"原将"等"原"(追究根本)这样的形式写了数编政治论。正如在其序文中所写的那样:

---

① 温睿临《南疆逸史》二,杨廷枢。
② 同上,二,徐汧。
③ 第269页注①汪琬《杨顾两先生传》。《黄宗羲全集》十《顾梦麟志铭》(416页),同《沈寿民墓志铭》(307页)等。
④ 《楼山堂集》十九。

国家之难发于戊午(万历四十六年)而迄于甲申(崇祯十
七年),傲始渐而不知所竟,悲极势而忘其由致,……予惧今不
晰而使后之考者贸所衷焉,援所信以答之。(《客问》,《楼山堂
集》十九)

伴随着明王朝灭亡,回过头来探讨:君主是什么,宰相是什么这样的
问题,想从更根本上考察明王朝败北的原因。虽然不像黄宗羲《明夷
待访录》那样有特色,但作为深深参预复社运动的人,是对这样的政
治方式,连续产生出的更原理性的反省和总结。

还有,和吴应箕一起发起《南都防乱公揭》的顾杲,清军进驻常
州,他为配合抵抗而举兵,被团练误认为是贼而杀害,以遗憾之死而
告终①。此事在此也想提一笔。 [504]

结　　语

这样,复社运动,如从作为其前史的应社开始的话,是从天启时
期魏忠贤的恐怖政治中对东林党弹压的状况出发,作为"小东林",有
意识地继承着东林的理想和政治运动而组织起来的。但是在复社
中,如众所周知的那样,很多东林党的子弟都参加了,作为东林党的
后一代,把科举还没及格的比较年轻的知识人组织了起来。想来其
中也包括了很多伴随着太湖周围经济发展而出现的新阶层的人士。
他们通过八股文评选这一手段,在全国范围内扩大其组织,通过合
法、非法的各种各样手段,把人才送进政界。而且,他们批判当时的
政治,摸索改革阉党所主导的政治,可以认为,其中旺盛的在野精神
和体制内的指向奇妙地并存着。

这恐怕可以说,和近世的士大夫这样的情况有关:他们不像欧
洲、日本那样,作为封闭性的身份存在,而是通过科举,谁都能进入其
中的开放性的阶级。对于万历以来通过宦官这种君主的私人性僚属

① 第337页注①柴德赓书31页。

而异常扩张的君主权,必须进行政治改革这一点,谁都看得很清楚。但只要科举这开放的部分存在,认为通过把人才送进官僚之中,扩大派阀,那样的政治改革是可能的这样的幻想,就会经常存在,这也是当然的。想以某种形式求得现体制改革,并没有要把新生势力作为第三阶层而集结在既存支配阶层之外也是必然的。

[505]

而明王朝采用的用八股文的考试,被说成是把读书人愚民化的东西。正是因为如此,开辟了只要获得某种考试技术,就容易成为官僚之道。如复社所倡导的古文辞那样,限定用秦、汉时所行的朴素言语来写文章,这样的话,肯定就更使人感到容易。古文辞,在这样的意义上,起到了把学问、教养在庶民广泛推广的作用。

这个时期在各地存在的也可称为是一种"沙龙"的小文社,由于复社这样全国性的组织的结集,使跨越地域的大范围人们获得了交流的环境。复社自身所做的主要事业,是评选八股文,尽管在学问上来说决不是高水平的,但加入的人们,获得更广的交流机会和场所,相互刺激,可以说,这使复社所提倡的古学复兴,在各个方面更丰富、内容更实在地得到了发展。此外,也把想参加科举考试的学生的视野开拓到了整个中国,使其加深了相互间的连带感。

复社虽是全国性的组织,而其中心当然是太湖周围、商品经济发展区域的人们。张溥、张采本人是太仓这一棉作物地带出身,最深刻地感受到商品经济发展所引起的地域社会矛盾;杨彝、顾梦麟也是这个时期,在发达的市场市镇开"沙龙",可以推想其中引来了包括商人在内的各种各样的阶层。他们这些人都是站在日常就强烈地感受到明王朝政治体制,或者略夺政策有矛盾的立场上。正是因为如此,复社才燃烧着这样的意欲:不只局限在结集以江南为中心的知识人士、单单停留于八股文评选的政治活动。

[506]

这样,以学生的广泛范围内的舆论为后盾,复社确实在政界具有一定的实力。如驱逐周之夔,虽说是在苏州府下,是复社的根据地,但通过那样的网络,可逼得他辞职。还有,发动《南都防乱公揭》那样的大众运动,得以阻止阉党阮大铖的再出。还有,不过是"在野一庶常"的张溥遥控朝政,不仅对人事有强有力的发言权,就连宰相的人选,张溥都有着听取成员周镳意见这样的关系。在野的舆论以这样的形式结集,对政界拥有这样的影响力,虽说和张溥这个人的个性有关,而更重要的是因为有复社这样全国性的组织。

复社虽有着作为组织的纲领,但这毕竟还不是政策上的一致。即使是有除名条项的封闭式组织,但集结力极其弱小,特别是张溥死后,几乎失去了作为政治性结社的机能。

围绕着其政策,正如复社麾下的几社团体,编纂了《皇明经世文编》那样,在收集同时代的政治、经济、社会有关根本性的史料的同时,对关于明王朝当"今"应该采取的政策,开始进行了全面性的研究。复社的同人们所拥有的"经世致用"的实践意欲,通过复社这个组织,试图使之成为同时代人们所共有的东西。

然而,事态已经到了复社所考虑的那样的体制改革再也无法含 [507] 糊的地步。张溥等实现的周延儒内阁,虽说在若干政策上作了改进,但面对紧迫而来的满洲的侵入和农民反乱,没能够打出任何有效、根本的政策就这样崩溃了。这已经不是政策水平上的问题,已到了必须从根本上追究、改造政治体制本身的存在样式的状态了。

第八章　南京福王政权下的党争

崇祯十七年三月十九日崇祯帝自杀以后,在北京诞生了李自成的大顺政权,不久,吴三桂引导清军越过山海关,进入北京城,开始了满族的统治。而在那年秋天,顺治皇帝在北京再次举行即位典礼,作为不仅是满洲、蒙古,而且是君临汉族的皇帝,表明了要统治全中国的决心。而清王朝完全控制中国,还要经过十多年的岁月。

其间,在长江以南,汉民族继续反抗,成立亡命政权,而又接连崩溃①。

崇祯十七年,甲申五月,福王政权在南京诞生,次年(乙酉,1645)的五月崩溃。同年闰六月,在浙东诞生了鲁王政权,几乎同时,在福建福州的唐王政权也诞生了。再下一年(丙戌,1646)的六月,鲁王监国败走,同年八月,唐王政权也崩溃。同年十月,在广东的肇庆,诞生了桂王政权。

这些逃亡政权都短命,一般是一年就崩溃了,而只有最后的桂王政权,在广西、贵州、云南等地辗转,总算维持了十多年明王朝的命脉。也有以康熙元年(1662),这个桂王政权的覆灭作为明王朝灭亡者,但,那基本上只不过是名义上的事。

在本章中,想考察在这些明王朝的逃亡政权中,在天启、崇祯时

---

① 关于这些明的逃亡政权即南明,过去有谢国桢的《南明史略》(上海人民出版社,1957年),Lynn Struve: *The Southern Ming, 1644—1662*, Yale Univ. Press.(中文版,李荣庆等译《南明史》,上海古籍出版社,1992年),南炳文《南明史》(南开大学出版社,1992年)等的出版,对南明极其复杂的政治情势作了相当的整理,在整体上可以被理解了。本章在参考上述劳作的同时,从党争史的角度,对福王政权的一年进行考察。

代党争的延长线上展开的南京福王政权下的党争。

第一节　围绕拥立福王的情况

崇祯皇帝自杀的报告传到南京,是四月十二日的事。南京是明太祖即位之地,是北迁后仍设有六部以下南京官的明朝的陪都。南京的官僚们在为崇祯帝服丧的同时,立即进入了关于拥立继承明国祚新皇帝的协议①。

在当时,第一候补,当然是崇祯皇帝的皇太子②,但是,他在北京陷落后,杳然不知去向。其兄弟都或是夭折,或是和太子一样,不知去向,没有可继承皇位者。看崇祯皇帝的上一代,由于天启帝之子也夭折,所以才由弟弟崇祯帝继承了皇位,如果要寻找候补的话,就必须是在再上一代,万历帝的子孙中。

因而,作为候补出现的,是万历帝之孙福王由崧③。由崧是万历以来成为东林派和反东林派政争焦点的那个福王常洵之子,万历帝宠爱的郑贵妃之孙。常洵如第三章所述,受到万历帝特别的保护,给了他广达二万顷的大田庄,在河南设王府,而后一直沉溺于酒色的生活,集当地民众的憎恶于一身。为此,在李自成的农民军攻打河南时,被捕被杀。其子由崧也和父亲相似,性颇柔弱,很难说有皇帝的器量。他被农民军所迫,这时到了淮安。 [524]

和福王一起,另一个人也被作为皇帝的候补提了出来,那就是隆庆帝第四子潞王翊镠之子常淓④。他的父亲翊镠在万历十七年,被封到河南卫辉府,和福王常洵形成了完全的对照,性谨直,恬淡金钱,不

---

① 关于围绕拥立福王的经过,参照陈贞慧《过江七事》(《痛史》所收,1912 年)、李清《南渡录》(浙江古籍出版社,1988 年)、计六奇《明季南略》一《南京诸臣议立福藩》。南明的野史之类不胜枚举,在此仅列必要者。

② 《明史》一二〇《诸王五·庄烈帝诸子》。皇太子慈烺是崇祯帝的第一子。崇祯三年二月被册立皇太子。明灭亡当时十五岁,大顺政权封为宋王,政权崩坏,不知去向。

③ 同上,《神宗诸子》。

④ 同上,《穆宗诸子》。

惜把收入多作为北方防卫的军饷,其子常涝据说也有贤明之誉。他也逃避农民军的反乱到了淮安。

皇位的继承,如从"伦序"即血统的亲疏来说,当然应是福王由崧。但是,福王不仅个人的素质欠佳,而且有万历以来围绕着其父常洵的处遇,政治上争论不断,这样以往的辛辣历史纠葛,也并非没有如三案那样的冤狱再起的危险。东林派的人士反对拥立福王,可以说是必然的。不幸的是,那样的担忧竟然成为事实。

当时,下野的东林派的官僚和南京官员钱谦益、吕大器、张慎言、姜曰广等运动拥立潞王,雷缜祚、周镳等过去复社的成员也支持,进行了拥立的工作。其理由是,虽说也承认如以"伦序"而言,当是福王即位,但是福王有"七不可",即"贪墨、淫乱、酗酒、不孝、残虐、无知、干预有司",所以决不可拥立他。他们把这意见向当时的南京兵部尚书史可法申说,史可法①又把它告诉了当时的凤阳总督马士英②。

[525]

如前所述,马士英是在周延儒内阁时,由于复社人士反对起用阮大铖,代替阮大铖被起用为凤阳巡抚之人。他原来是想拥立第三个候补者桂王③,知道宦官拥立的福王占优势,便和阮大铖商量,急遽地转向了支持福王。而且和军阀高杰等动用军队,在军队的压力下,强行拥立了福王。他以此而夸有定策之功,在福王政权下,左右大权。

主张"七不可"反对拥立福王的史可法,顺天府大兴人,是东林党人左光斗为顺天学政时发现的人物。为感此知遇之恩,在魏忠贤的恐怖政治之下,仍到诏狱看望左光斗。崇祯元年进士,在崇祯年间,和卢象升一起,担任对农民起义的镇压。如果就对农民起义的镇压而言,和卢象升同样是主张强硬路线的人物。

这样,福王政权从其成立过程来看,就是在东林派和反东林派围绕着权力的内斗中诞生的。

---

① 关于史可法,参照清张纯修编、罗振常校补《史可法集》(上海古籍出版社,1984 年),罗振常撰写的《史可法别传》参照了史可法文集的各种刊本写成,多有可据点。
② 此间情况,参见第 355 页注①陈贞慧前引书"计迎立"。
③ 同上。

尽管最后福王掌握了政权，但围绕着当拥立福王还是潞王，关于王的个人素质进行的种种议论，还是应当要记住的。虽说这是在崇祯帝死后，没有后继人，这一过去所没有过的权力空白状态中出现的，但无论如何是围绕要立为皇帝之王进行的议论和选择，这是在通常时不可能、只有到了革命时期才可能出现的事态。

关于史可法等对拥立福王提出异议，黄宗羲这样说：

> 士英之所以挟可法，与可法之所以受挟于士英，皆为定策之异议也。……始之所以异议者，"社稷为重，君为轻"之义。委质已定，君臣分明，何嫌何疑而交构其间乎？（《黄宗羲全集》二，《弘光实录钞》一，3页） [526]

黄宗羲认为：君臣关系、委质，是在与君主交契的瞬间成立的，在此以前，史可法等提出异议，当然是允许的。如果马士英没有了以此胁迫的根据，史可法也就不会被胁迫了。这是根据"民为重，社稷次之，君为轻"（《孟子·尽心》），按照社稷即复兴明王朝这一大义名分，对拥立君主提出不同意见，也就是提出了当然可以对君主进行选择这样的见解。虽说还没有达到"民为重"的地步，然而"民为重"被设想作为前提的同时，在这里作为君主权成立契机的是社稷（王朝国家）。君主和臣下并非天合，而是义合，在黄宗羲那儿，义在这时是以王朝国家这样具体的形态被认识的。

但是，在当时史可法等的结果，却是败于得到刘泽清、高杰、黄得功、刘良佐等军事力量支持的马士英。

支持福王的反东林派聚集在南京宦官韩周赞家，在他的主导下，草率之间收集为拥立福王的签名。这时，东林派的姜曰广[①]认为，

---

① 姜曰广，字居之，新建人，万历四十七年进士。《明史》二七四本传："明年（天启七年）夏，魏忠贤党以曰广为东林削其籍。"崇祯年间，经吏部侍郎，詹事，结果在南京翰林院遭遇明朝灭亡。虽然没出现在东林党关系的名单上，但从他的政治立场来看，肯定是东林派的人物。

"君主为天下而立",不可这样草率从事,没有立刻同意。阮大铖这时虽然不在场,得到了这一情报,喜出望外,便刊载于邸钞,大肆宣传姜曰广等对福王的反感①。说到史可法,先有"七不可"之信,又有姜曰广拒绝签名的罪状。马士英等把这些都作为攻击东林党的最好材料而加以利用。

［527］

五月三日,福王即监国位,同月十五日,行即位之礼。其间进行组织内阁的史可法和高弘图入阁,接着马士英也入了阁。其实,马士英是想让有拥立之功的诚意伯刘孔昭入阁,但是因没有勋臣入阁之例,史可法等反对,结果马士英自己入了阁②。他拥有长江以北号称十万的军队,在加以压力的情况下,马士英的入阁也是不得不然的③。

入了阁的马士英,就想依靠军事力量排除史可法。在那样的场合,可利用的,是他反对拥立福王的事实,主张"七不可"的信,就成了明白无误的证据。

史可法为了安顿拥立福王的江北军队,在江北设了四镇,任命黄得功为靖南侯,高杰为兴平伯,刘泽清为东平伯,刘良佐为广昌伯,在作为南京防卫屏障的同时,也想以此为夺回华北的基地。自己则不得不当扬州督师,以监督这四镇的名义离开南京。那是为了避免在南京的政权中和马士英冲突。

史可法离开南京这一消息传出,使东林派和复社的人们产生了危机感。现只剩下一个大学士高弘图,他是在天启年间和阉党相近的人物,这样,马士英就要掌握大权了。要组织改建明王朝的体制毕

① 第355页注①陈贞慧前引书"计迎立":"众集韩珏宅。是日,见其书者,初咸错愕。久之,亦复唯唯。韩珏见诸臣无言,乃呼前置几,徐布笔,执簿而请曰:'诸公既无遗议,请北拜押名。'众起趣拜。姜曰广曰:'不可。夫为天下立君,而若是之草草,非所以光昭令典也。是举也,高皇帝在天之灵,其实式凭之。盍出而大号焉。明晨祭告,然后行事。'众曰'诺'。而阮大铖刺得曰广语,遂文致以不画押传邸报矣。士英闻之则又大喜。以为是役也,吾即自以为功,恨碌碌耳。幸可法以异议书与我,今日广又不画押。此两人者,世所指名人也,又相善,此真可坐以异党,而发明吾之劳苦功高矣。"
② 关于东林党系人士反对刘孔昭入阁,参见《爝火录》三,127页。
③ 李天根《爝火录》三,130页。五月初五日。"是时,(马)士英率高杰、刘泽清等,拥兵临江,号称十万,以胁制廷臣,使不敢不相。"

竟非常困难。南京的太学生们以"秦桧在内,李纲在外",掀起了抗议运动。秦桧,在这里,不用说,指的是马士英。

曾为复社同人的学生卢渭(泾材)等送上了这样的上书:

> 陛下初临监国,首擢南京兵部尚书史可法,授东阁大学士,仍管部务,群心踊跃,万姓欢呼。……真救时之宰相,济世之忠良也。……虽淮扬为南都门户,毕竟朝廷是天下本根,若可法在朝,则出师命将,直可取燕云而复帝都;固本安民,奚但保江南而余半壁?盖以淮扬虽急,宜别命一督臣,使可法从中调度,则兵饷有看着应手之模;万一可法自行,则虽身任督师,而中枢已更成局,则战守有事事纷更之渐。(李天根《爝火录》三,162页,浙江古籍出版社,1986年)

[528]

得到了350人的署名,贴"榜",向广大民众诉说①。"秦桧在内,李纲在外"这一口号,被认为是"盖名言也",引起了广大民众的共鸣,所以相当流行。这一运动,被认为是和以前复社《南都防乱公揭》同样的一种学生运动。

被作为这一运动后台的,是受到阮大铖等痛恨的周镳和雷縯祚。

周镳,金坛人②,已如前述,是张溥也要另眼相待的复社重镇。吴应箕的《祭周仲驭文》(《楼山堂集》卷十九)说,崇祯年间,他被免职回乡后,仍有数千人游其门,尊其为"周夫子",所以在当时,是有相当影响力的人物。另一个雷縯祚,是南直太湖县人③。同样也是复社的同人,但并非特别的中心成员。崇祯三年举人,为山东金事,明灭亡前,回到故乡。

据朱一是的《周雷赐死始末》(《为可堂初集》卷二三),在甲申三

---

① 第356页注①《史可法别传》。
② 周镳,《明史》二七四,本传。汪有典《史外》五《周礼部传》。吴应箕《祭周仲驭文》一、二、三(《楼山堂集》一九)。
③ 雷縯祚见《明史》二七四,本传,《史外》五《周礼部传,附雷縯祚》。

月十九日以后,他们二人在南京,和姜曰广等来往不绝,"朝夕计事",要对应崇祯帝死后的新的政治局势。在拥立福王时,表示反对,运动推进潞王,和马士英等对立。福王政权成立后,仍不懈怠地警戒着马士英周围的阉党。在福王政权下寻求复活机会的阮大铖不时造访雷缜祚想要化解他的反感,但是雷缜祚连和他见面都加以拒绝。据说,一天,阮大铖带着酒造访他,雷缜祚虽在家,却"逾墙而避",结果没见到。阮大铖看桌子,上面像是故意写着"逆案",不与阉党交往,明确地表示拒绝。发怒的阮大铖把这向马士英倾诉:

> 桧相君者,史;同谋立生也。周、雷实主之,日夜与南昌(姜曰广)谋不利于相君。不击南昌,无以杀周、雷。不杀周、雷,无以遏诸生之横议,而东林祸君未有已也。

这是说,入了阁的姜曰广等东林派、南京的反马士英学生运动,都是他们二人主导的。对此,谢国桢感叹道:"君子不为已甚。"说东林党人这样的做法,确实令人难以忍受①。在国家兴亡之际,任性地使事态发生纠纷,在他们方面也确实有着责任。然而,这同时也显示了阮大铖如果想要复活而不得到他们的理解,毕竟也是困难的,这一当时两者的力量关系。由于《南都防乱公揭》之故已经对复社抱有憎恶的阮大铖,由于这一事件,对周镳和雷缜祚的憎恶更加增强了,发誓要报复他们。

第二节　逆案和顺案

(一)

崇祯十七年三月十九日,崇祯皇帝自杀以后,在北京有 21 名文官自杀以殉明王朝。其中如倪元璐、马世奇等,和东林、复社关系深的人

---

① 《明清之际党社运动考》,83 页。

物很多。由于他们壮烈而死之故,清初人陈鼎把所有这些人都作为东林党,收入《东林列传》。不用说,并非所有的东林、复社人士都殉了国。由于各种各样官僚在北京之故,活着受到李自成政权刑辱者有之,在李自成政权下出仕为官者也有之,其中当然也有东林派和复社人士。

北京的李自成政权崩溃,清王朝占领了北京,其中的"从逆",即在李自成政权下出仕的人们南归。那是在该年五月到七月间的事。

前面南京学生们的上书中,已经提到了从逆的问题,认为仕于大顺政权的陈名夏、项煜等回到江南,他们也许是作为大顺政权的特务被送来的。从这一点上看,史可法也有留在南京的必要。纠弹从逆的背景中,存在着"生不仕二君"这一对当时人来说是当然不过的君臣关系意识。

对于从逆之人这样的认识,结果被作为顺案的阮大铖等阉党所利用。崇祯一代,逆案的阉党受到复社的反对,被逼得没有余地,而到了这时期,开始了向政界复归的动向。 [531]

福王在五月三日就任监国之际,发出了也可以称为南京政权施政方针的上谕,其中在采取练饷等的减免,免除崇祯十四年以前的滞纳钱粮等一系列收取缓和政策的同时,谈到了新政权要广泛采用人材的必要性。其中,对于阮大铖等因逆案受处分的阉党,这样说:

> 罪废各官内,逆案、计典、赃私不得轻议外,其中情有可原,才足戡乱者,诏差官会同抚按官,从公采访,列名报闻,分别酌用。不得借端燃灰,致滋幸滥。(《嚼火录》卷三,123 页)

也就是说,对于逆案等人基本上是不采用,但对有用的人才,在个案调查后,"从公采访",在得到舆论支持的情况下,进行检讨,特殊情况下可以采用。也就是说,对于阮大铖那样上了榜的阉党,当面关闭着复活之道。但是在五月十五日即位的上谕中[1],这逆案云云的内容被

---

[1] 《爝火录》三,147 页。

消除了。

其实,大学士史可法从开始就反对放上关于逆案那样的条款。他说:

> 监国诏款内,起废一款,有除封疆、逆案、计典、赃私不准起一段,臣为去之,诚以国事之败坏非常,人才之汇征宜广,未可仍执往例耳。(李清《南渡录》一,22页,浙江古籍出版社,1988年)

[532] 他还辩解道:在三日的监国诏中,加入那样的条款就使选用人才之道变窄了,尽管反对,但是不知通过何人之手,任意地加了进去。史可法恐怕是要避免在和马士英等的对立中,任性地刺激阉党而加剧党争。即位的诏书中这些项目被删除,也许就反映了史可法这样的主张。后来说明了这事,想要和马士英之间进行"调停"的史可法,受到了严厉的非难①。黄宗羲对他的这种"调停"的态度也是批判的②。

前面的出镇扬州也罢,对逆案的方针也罢,史可法不辞和马士英等妥协,在这样的意义上,他是非常现实而且有柔软性的政治家。

但是,在此期间,马士英朝着再启用阮大铖一步步地不断进行着准备。

六月上旬③,由宦官韩周赞和勋戚刘孔昭准备,通过马士英票拟,阮大铖被允许着冠带,升见福王。以"边才"自任的阮大铖,被问以国防的方略,并想要任命他为兵部侍郎。但是,这遇到了以姜曰广为首的东林派的强硬反对。因为,大臣的人事,本来当经过九卿会议上的会推手续,即使以天子之名"内传",也不能允许那样的独断。姜曰广说:

> 昨日大铖之起,竟出内传。夫斜封墨敕,种种覆辙,史册昭

---

① 黄宗羲《弘光实录钞》二(《黄宗羲全集》二,2页)。
② 同上。
③ 这一天的日期,史料分别有作六、七、八日的不同。

然。臣观先帝之善政虽多，而以坚持逆案为盛美，先帝之害政间有，而以频出口宣为乱阶。用阁臣以内传矣，用部臣、勋臣以内传矣，用大将、用言官以内传矣，而所得阁臣则淫贪巧猾之周延儒、逢君浚民奸险刻毒之温体仁、杨嗣昌、偷生从贼之魏藻德也，所得部臣则阴邪贪狡之王永光、陈新甲，所得勋臣则力阻南迁尽撤守御狂稚之李国桢也，所得大将则纨袴支离之王宠、倪朴辈，所得言官则贪横无赖之史蕙、陈启新也。凡此皆力排众议简自中旨者也，乃其后效亦可睹矣。陛下亦知内传之故乎？总缘鄙夫热心仕进，一见摈于公论，遂乞哀于内廷。（徐鼒《小腆纪年》六，中华书局）[533]

所谓斜封墨敕，就是不通过正式程序的皇帝独断的决定。在以崇祯皇帝多用内传为例的同时，说到由于无视"众议"的"内传"人事，招致了政治腐败，导致了明王朝的今日①。用这样的方式，与拥立福王有关系的宦官和勋戚，或以大学士，或以皇帝之名来左右重要的人事的话，魏忠贤的黑暗政治也就不免要再现了。至少要通过九卿会议，可保证人事的公正，这是他们的主张。姜曰广的上奏，被作为诽谤崇祯帝政治的资料，不久就受到了马士英等的非难。

这时，被认为接近阉党的高弘图也明确地表示了反对马士英做法的意思②。高弘图对起用阮大铖本身并不反对，但认为如果用这样的方式，受宦官的意向进行人事的话，对于再起用的阮大铖来说，也绝不能说是名誉的事。以通过正式的手续采用，对于阮大铖自己也是有好处的这一消极的理由来反对。但这在当时，对于马士英等也成了意想不到的暗中之敌。高弘图在福王政权的党争中，与其说是阉党，不如说是以中立的立场来活动的。

---

① 姜曰广的这个上奏，在《南渡录》、《弘光实录钞》、《南疆逸史》等中都可见，若干内容不同。在此，取据说是根据各种资料校定的《小腆纪年》。又，其间韩赞周访姜曰广，为阮大铖的复出陈情的情况，详见第 355 页注①陈贞慧《过江七事》的"持逆案"。

② 《爝火录》四，216 页。

对于起用阮大铖,当时以兵科给事中陈子龙为首,纠劾的上书不断。御史詹兆恒缮写《钦订逆案》进呈,也是为了再确认逆案中的人物,阻止他们的复活。

[534]　同一时期,对抗《钦订逆案》,主张阉党正当性的《三朝要典》也被送上。到了这一时期,围绕万历、天启年间三案的阉党的主张又聚而浮起。

在这样的状况中,阮大铖说,自己在魏忠贤时代没有"一官之猎","一字之谀",甚至被列入《东林点将录》。在进行反论的同时,对"提倡逆案的侯恂"仕于李自成政权,"主造逆案的韩爌"开门迎李自成进北京进行非难,攻击东林派①。而实际上,《东林点将录》中并没有阮大铖之名,韩爌迎李自成进北京这样的事也完全是捏造。但是,在这反论中,阮大铖把参与作成逆案的侯恂、韩爌从和李自成关系上进行纠弹,可以明确地看到对于逆案以顺案来对抗的姿态。

(二)

把仕于李自成大顺政权的人作为"从逆"②加以纠弹动作的活跃,正好是南京政权中提出对逆案进行审理的时期。

在此以前,福王政权的吏部尚书张慎言在《中兴十议》中,提出表彰北京陷落之际,殉于明王朝的范景文、倪元璐、李邦华等殉难者,同时,也涉及到从逆问题,认为对此必须慎重对待,提出如下的方针:

> 议伪命。国家三百年养士之报致有今日,诸屈膝腼颜之臣,
> 家属在南者,量仍旧籍,俟其归正,不宜以风闻谣谤即行苛议,无
[535]　议清浊混而真膺淆,既无可还之辙,恐增从逆之想。至若自投来
> 归,尤从宽分别酌议。或原系废籍,或曾经推拟,或原无官守,或

---

① 《孤忠被陷之由疏》(《熠火录》四,218 页)。

② 关于从逆的问题,岸本美绪《崇祯十七年的从逆问题和江南社会》(《学人》五),从从逆的消息如何传到江南,在江南地域社会中是否兴起过对此进行纠弹的动向,怎样引起地域社会秩序的分裂这样的观点,提出了这个问题。

有地方之责,无兵马之权,倘才堪一割,情可矜原,宜酌定一用之法,不当概以死责。(李清《南渡录》一)

他认为,当时极为混乱的北京的情况无法把握,根据少数南归者所传的消息,数倍地扩大,进行中伤,相互流布,使人们陷入不安。如果根据这样不确切的消息来纠弹从逆之人的话,反而会把他们赶到敌对方面,将越发助长混乱。张慎言想要尽可能避免那样的事态。

但是,对仕于二朝,特别是仕于农民政权的从逆之人的批判,在江南社会很严厉。在各地不仅发出对此加以纠弹的檄文,甚至开始出现袭击其家,进行烧毁的情况。具有讽刺性的是,站在纠弹一边和站在被纠弹一边都是复社人士的情况不少。比如魏学濂,他是魏大中之子。父亲牺牲以后,始终和黄宗羲一起行动,也是黄宗羲最尊敬的朋友之一。在《南都防乱公揭》时,如前所述,无疑是带头署名的。北京陷落时,他作为翰林庶吉士正在北京,而流传被李自成政权授予户部司务这样的消息。在故乡,立即就发出了《浙江绅士公讨魏学濂檄》,极口痛骂他的变节:

[536]

　　与吴尔埙等聚议,敢言一统无疑;偕陈名夏等授官,私□独膺优擢。……合周锺、朱积之辈,庆复社之同心;对之祺、企郊之俦,羡高官之捷足。刊修仪注,抵掌而驰誉莽、巢;草定诏书,攘臂而斥言杞、宋。(《爝火录》三,179页)

魏学濂的家里,置有称赞父亲魏大中忠义和魏学濂孝行的"忠孝世家"的牌坊,赶来的"乡人"们非常愤怒,想要打坏它。但是,据说有人劝阻:"逆徒是魏学濂一人,父兄没有关系。"这才被制止。

然而不久,传来了他在四月二十九日,李自成即位那天殉明而死这样的消息。根据黄宗羲《魏学濂墓志铭》所说,其间的经过如下:他可殉死的日子有三个。"先帝上升之日"、"先帝发丧之日"及"李贼即伪位之日"。但是,魏学濂得容城孙奇逢暗中告示,要举义军,在

[537] 北京等待为内应,结果义军未到来,所以在李自成即位之日,说"吾死晚也",遂赋诗自缢。在这样叙述后,黄宗羲谈到了那纠弹,说:

> 当子一之未死也,同邑忌之者造作飞条,言其倾侧荒朝,不持士节。阮大铖时方得志,附益增张,以报血书之役。君子亦多信之。(《黄宗羲全集》十,401页)

他指出,这一事件中,隐存着为报《南都防乱公揭》私仇的阉党的政治意图。黄宗羲是同情魏学濂的。

确实,在前面纠弹魏学濂的檄文中出现的除了吴尔埙等三个人,都是《复社姓氏》中出现的人物,吴尔埙恐怕也可认为是接近东林、复社的人物①。虽说在李自成的政权中,陈名夏为翰林院编修,周锺为弘文馆检讨,朱积也同为检讨(《明季北略》二二,《从逆诸臣》),而在那纠弹的文章中,处处可读到对复社的敌意。

但是,不仅是反东林派,在东林、复社的人士中,亦强烈地翻动着纠弹他们的意图也是事实。几乎是同时,即在魏学濂殉死的消息还未传来阶段写的吴应箕的《公讨从贼逆臣檄》(《楼山堂集》十九),虽没有指名,以"其中有世世受国恩及家传忠孝者"非难魏学濂的同时,还列举了当时传说从逆者的姓名,加以纠弹。(现在的文集中,那些姓名省略了。)

周锺的故乡金坛,也兴起了纠弹周锺的学生运动。《金坛合邑诸生公讨降贼诸臣檄》中有曰:"义莫大于君臣,罪莫滔于叛逆。"在纠弹对于君主的反逆之罪的同时,说到这檄文是根据全体金坛学生们的意见发出的:

> 诸生无建言启事之条,合学有笔伐口诛之案。恨生同域,誓

---

① 《复社姓氏》中,未见吴尔埙本身的名字。他是崇德人,一度不得不参加李自成的政权似是事实。南归以后,向史可法请求"从军赎罪",参加其军。以这样的形式,南归后参加对满洲抵抗运动的人不少。参见《明史》二七四本传。

不共天。存兹公议，以俟斧钺之威；凡我同仇，毋后鹰鹯之击。
伏乞当事达尊，下采舆论之疾呼；上请天威之赫怒，国刑无赦，公
愤先抒。(《李闯小史》七，《明末清初史料丛刊》所收)

[538]

金坛的学生们以舆论的名义，请求严厉处置周鍾等。过去作为复社
的成员，相互以纲常为誓，从这样的身份出发，憎恶就越发激烈。

《李闯小史》的《金坛士子闹黉宫》，真实地记载了在苏州、常熟、
无锡、金坛等地兴起的抗议从逆的暴动，可以认为，复社的人士也基
本是站在这样纠弹一边行动的。皇帝自己殉社稷自杀，起到了美化
崇祯帝的作用，在这以前的各种批判，一时间消散了。如果再想一
想，夺得北京的，是他们一直敌视的农民反乱的领袖，有不能容忍臣
仕于其人这样的意识或行动，也并非不可思议。

在这样的情况下，阮大铖等才敢于明确声称：如果东林派和复
社以逆案来反对他再出山的话，我们就以顺案来对抗。

关于这其间的情况，《南渡录》这样说：

> 大铖亦语人云："彼攻逆案，吾作顺案相对耳。"于是士英疏
> 攻从逆，谓"闯贼入都，侍从之班，清华之选，素号正人君子，皆稽
> 首贼庭。……更有大逆之尤，如庶吉士周鍾，劝进未已，上书于
> 贼，劝其早定江南。昨日病中，东镇刘泽清来见，诵其劝进表一
> 联云：'比尧舜而多武功，迈汤武而无惭德。'臣闻之不胜发指。
> 其伯父周应秋、周维持，皆为魏忠贤走狗，本犯复为闯贼之臣，枭
> 獍萃于一门，宜加赤族。而其胞兄周铨，尚厕衣冠之列；其亲堂
> 弟周镳，俨然寅清之署，均当从坐，以清逆党"。

[539]

向马士英靠近的东平伯刘泽清过去似和张溥也有交往，在福王政权
成立之际，当初也是支持潞王的人物。这样，对于包括周鍾、周镳的
周氏一族的迫害开始了。马士英、阮大铖等通过把攻击的矛头从逆
案向顺案的转换，模糊政局的焦点，以使阮大铖多年的仇敌周镳

失势。

但是,周锺确实那样向李自成进奉了劝进表了吗?对此,黄宗羲这样说:

[540]

> 臣就以锺事论之。其罪亦不过随例从贼耳。举朝从贼,而独归重一新进之庶吉士,又何其视锺太高也?至于士英疏中之言,则为其乡人徐时霖所造。初,锺与其从兄镳以门弟子相高,汲引既广,败类入焉。两家遂分门户,彼讪此谤。两家弟子相遇于道,不交一揖。镳之门人,以徐时霖为魁。北都变后,时霖利锺之败,造为恶言,用相传播。而镳者阮大铖贸首之仇也。大铖欲杀镳而不得,遂以锺事中镳,是故时霖为镳而啮锺,反因锺以害镳。大铖无心于杀锺,反因镳以累锺。事之不可知如斯也!(《弘光实录钞》二,《黄宗羲全集》二)

他认为,尽管原来从逆的人在当时有相当的数量,却只追究不过是庶吉士的周锺的责任,并不妥当。所取的是,劝进之事乃和周锺对立的周镳的门人造出来,而被马士英等利用的这样的说法。计东等也持否定周锺的劝进说①。恐怕这是近于事实的吧。以只不过是新进庶吉士的周锺为靶子,是因为其一门中有周镳在,真的靶子是周镳。

七月二十六日,马士英让宗室朱统鑢弹劾姜曰广,同时把当时的礼部郎中周镳和道员雷縯祚等作为姜曰广的私党一起弹劾。关于雷縯祚被阮大铖怨恨,已如前所述。这上奏没有通过通政司而直接上呈福王这一点,后来成为问题。

八月二日,和周锺同时,周镳和雷縯祚也被逮捕②。二人都以在拥立福王时提倡不同意见而受到讯问。

---

① 计东《上太仓吴祭酒书》一(《改亭文集》十)。
② 据徐鼒《小腆纪年》卷二七,250页,说,周锺和周镳等同时被捕,因为"当诛被诛"是"常刑",所以不特记。《爝火录》卷六,301页作八月十二日。

　　他们的伯父周维持和周铨,对于马士英等的纠弹后来作了这样 [541]
的解说:

　　　　臣家门不幸,突出周镳,因与锺有隙,私刻《燕中纪事》及
　　《国变录》等书,自捏劝进表、下江南策,硬坐于锺,从淮上达南
　　中,致臣家城邑,不能洗此从逆之名,且镳于皇上登极时首倡异
　　议,另图推戴,是锺罪止一身,镳罪在社稷。(《南渡录》三)

　　周锺的伯父周维持,附于该一族的周应秋,在天启年间,是参与魏
忠贤一派的人物。特别是周应秋,还在逆案中受到处分。另外,周
铨和周锺,都是复社初期的成员。这个上书,在迎合马士英之意的
同时,乃是为了想通过把自己和周锺、周镳相区别,以逃脱灭族危
机而采取的行动。由此,也可以看到周镳和周锺的对立,是这一事
件的背景。

　　八月二十八日,几乎就在周镳等被捕的同时,阮大铖作为兵部添
注侍郎复出,十月为兵部侍郎,次年弘光元年二月为兵部尚书,成为
军事上的最高负责人。以后,杨维垣等逆案中的人物就不断复出。
阮大铖的复出,在福王政权中东林、复社和阉党的力量关系的逆转
上,几乎是具有决定性意义的。

　　在这样的从逆案到顺案的问题转换过程中,史可法不赞成所谓
顺案,也就是追究从逆者的责任①。他说,如果论君臣大义,追究亡国
责任的话,不仅当时在北京者有,在南京者也同样有。如果不追究在
南京者的话,在北京者也不当追究。说不定正是那些能够忍辱生存
者,可期待其将来复仇。对追究从逆,表示了消极的态度。这也是认
识到在明亡之际处于南京兵部尚书这样负责任的地位,虽曾想举勤

────────────

① 史可法《论南归从逆诸臣定罪疏》(《史可法集》一):"总之应罪者罪,无为报怨之借题。
　应宽者宽,无令人心之解体。使天下晓然知君臣大义,不但在北者宜死,即在南者亦宜
　死。而圣明宥过,不但在南者姑宽,即在北者亦姑宽。必有全身忍诟之人,为雪耻除凶
　之计。宽以死而报以死,或亦情理之所必至也。"

王之军然而没有成功的自身责任的态度。又,在当时,袁彭年①也认为关于从逆的事实很难确认。对出于义愤要求追究责任之人的心情可[542] 以理解,但是在其间,也不能说没有恶人假"正人之口舌",暗行"为逆党解嘲"这样的危险。以从逆来驱逐善类,使逆党握国政这样的事态才是应当警戒的。可以说是识破了马士英、阮大铖等的意图的。

然而,这样的意见不占主流。在要求处分从逆的要求高涨之中,十二月,通过刑部尚书解学龙之手②,发表了顺案。解学龙是天启年间,被阉党视为"东林鹰犬"而罢退,崇祯年间因反对贬斥黄道周和阉党对立的东林派人士。这位解学龙在反映了东林、复社人士纠弹从逆空气的同时,另一方面也起到了某种实现转换纠弹逆案矛头这一阮大铖战略的作用。以这样的形态,发表了顺案。

顺案仿安禄山之际的处分之例,罪分六等:

第一等,应磔。有宋企郊、牛金星等大顺政权的官僚十一人。已经投降李自成军,是在福王政权权力不及之处。

第二等,应斩秋决。光时亨、周锺等四人

第三等,应绞拟赎。陈名夏、项煜等七人。

第四等,应戍拟赎。钱位坤、侯恂等十五人。

第五等,应徒拟赎。宋学显、方以智等十人。

第六等,应杖拟赎。潘同春、李枬③等八人。(以下略)

对此,福王听取马士英等的意见,说:

[543]
> 周锺等不当缓决,陈名夏等未蔽厥辜,侯恂、宋学显、吴刚思、方以智、潘同春等拟罪未合。(《明史》二七五,《解学龙传》)

---

① 《爝火录》六:"礼科袁彭年驳之曰,从逆姓名不一,在枢辅义愤填胸。或不觉言之偶激,然恐金人乘间。阳为正人口实,阴为逆党解嘲。甚且借今日讨逆之微词,为异日翻逆之转语。不至握国是而倾善类不已,则其害有不可胜言者。"
② 《明史》二七五,《解学龙传》。
③ 李枬是李邺嗣之父。关于他,李邺嗣《杲堂诗文集》(《两浙作家文丛》浙江古籍出版社,1988 年)卷五《李氏家传》中有《承德郎礼部主事宗海公先生传》,只记"贼犯京师。城陷。公得脱身。间关至里门。"毫无言及顺案处。又,李枬后来参加了浙东的抵抗运动。

对周錘不应秋决,要求立即处刑,对其他人,也要求更严厉地处分。为此,解学龙一度给周錘罪加一等,但在马士英休假中,又向大学士王铎提出停止执行其刑的请求,并被批准。马士英虽然愤怒,但也难以如何。周錘因此脱出了面临的危机①(潘同春等因是候补的小官,处分没有变更)。但是,抵制马士英等的解学龙,这次却受到阮大铖及其一党的弹劾,受到削籍的处分,被迫辞职。

这样,顺案完全被作为政治较量的工具,处分了从逆之人。第二年四月,周錘和光时亨等在左良玉政变之际,由弃市转为充军。此后不久,由于福王政权本身的崩溃,实际上也就没有了效力。

但是,纠弹从逆之人的舆论和运动,导致了东林、复社人士内部的分裂,以反阉党战线的削弱、被从逆案向顺案转换的反对派的战略所利用而告终。更为重大的是,他们正在不断攻击顺案之时,李自成的大顺政权已经脱离北京,清朝的异民族统治开始了。而东林派和反东林派几乎都没有深刻地认识到这一点。 [544]

第三节　文和武

(一)

支持马士英的是屯驻在长江以北的四镇,即刘泽清、刘良佐、黄得功、高杰等四个军阀。据黄澍的弹劾:

> 士英私宅,兵马罗列,其意欲挟兵自重;入朝便借兵威以胁皇上,出朝只假皇上威灵以诈骗各镇将。(《弘光实录钞》一,《黄宗羲全集》二)

---

① 《明史》二七五,《解学龙传》:"当是时,马、阮必欲杀周錘,学龙欲缓其死。谋之次辅王铎,乘士英注籍上之,且请停刑。铎即拟俞旨,襃以其详慎平允。士英闻之大怒,然时已无及。"

说马士英依靠军事力量,自由地操纵福王,反过来,又以福王的名义,控制军阀。

这些军阀中,刘泽清,曹县人①。是以辽东防卫功绩升为军阀的,崇祯时为总兵官,在彰德。明亡前后,从山东逃到南方,劫略各地。在拥立问题被提起时,最初支持潞王,因福王可能性变大,转而支持福王,因担心这一点被暴露,就专门攻击东林党而取媚于马士英。据[545]说,他在军阀中,稍知书,是对福王政权的政治参与最多的人物。驻屯淮安,构筑了可与皇宫相比的奢侈的住宅。

刘良佐,大同人②。原为李自成的部下,反回到明一方,以镇压袁时中反乱之功为总兵,和黄得功一起,担当对张献忠军的镇压。

黄得功,开原卫人③。兵卒出身,以军功得总兵衔。从熊文灿担当对农民反乱的镇压,据说他的军队军纪比较好,张献忠军也怕"黄家军"。被封为靖南伯,驻扎在庐州。

高杰,米脂人④。曾是以凶暴被人害怕的农民军首领。因和李自成妻私通而脱出李自成军,和刘良佐一样投降明朝。作为孙传庭的先锋,镇压农民反乱。崇祯十七年,由河北南下,驻扎在泗州,窥窬扬州之富,想要移驻扬州,但遭到恐受略夺的扬州绅士的反对,由史可法调停,驻扎在瓜州。后被史可法劝说,准备要参加他的北征,但被投降了清朝的明朝的总兵所杀,其志未果而终。

福王政权成立后,他们分别以淮安和徐州,扬州和滁州,凤阳和泗州,庐州和六安为势力范围,驻扎在长江以北。刘泽清被封为东平伯(后,进为侯),刘良佐为广昌伯,黄得功升为靖南侯,高杰为兴平伯。福王政权虽说派遣监军,但一切权限都委托给他们,"荒芜田土听开垦","山泽之利听开采","境内招商许收税",事实上是正式认

---

① 《明史》二七三,本传。《小腆纪传》六四,《逆臣》。
② 同上。
③ 《明史》二六八,本传。《小腆纪传》二一。
④ 《明史》二七三,本传。《小腆纪传》二一。

可以略夺来充军马兵器的费用①。

　　史可法的《议设江北四藩启》(《史可法集》卷一)说:"江北兵声
既振,则江南人情自安。"那完全是误算了。由于这样的封藩,江北成
了合法的军阀统治场所。然而,他们并非只在那些占领地独占钱财,
此外,还向江南要求军粮的供给。如果拒绝的话,就说因为立福王有
功绩之故,我们在这土地上驻扎是被认可的,万一有事的话,任何时
候当然都可以选择地方移动,暗示撤退来胁迫福王政权。还有如土
桥之役②所见的那样,那些军阀为了追求自己个人的利益,相互间反
复地有着武装冲突。说让他们在江北之地作为福王政权的屏障,实
际上那是不现实的。

　　关于这四镇的设置,用史可法的说法是:

　　　　昔之建议而封四镇者,高弘图也;从中主张赞成其事者,姜
　　曰广、马士英也;依违其间,无所救正者,余也。(应廷吉《青燐
　　屑》,《明季稗史汇编》所收)

是否确实是史可法主导实行的,虽还有若干问题。但是,由于那些军
阀以拥立福王之功和马士英勾结,对于史可法来说,被迫必须用某种
形式来安顿他们则是毫无疑问的③。史可法在扬州控制那四镇的同
时,当也在进行北伐的准备。然而接受了史可法的劝说最终参加了
明的防卫战争的只有高杰,他结果也没有起到作用,已如前述。

　　除江北四镇以外,在长江上游驻扎有左良玉的军队。他过去受
到东林派侯恂的推荐被提拔为明朝的将领,以镇压农民反乱的功绩
在崇祯末年被封为宁南伯。由于受侯恂的提拔,所以对东林派有亲

---

① 《小腆纪年》五,《史可法疏》。
② 崇祯十七年九月,黄得功根据登莱总兵黄蜚的希望,率三百骑想要护送他,和黄得功对
　立的高杰军在仪真土桥埋伏袭击,同时,其间在仪真也有另外的攻击事件。参照第354
　页注①所载南炳文书6页。
③ 黄宗羲说:"马士英既借四镇以迎立,四镇亦遂为士英所结。史可法亦恐四镇之不悦己
　也,急封爵以慰之。君子知其无能为矣。"(《弘光实录钞》一,《黄宗羲全集》二,4页)。

近感,福王政权成立,也没有马上就表示拥立。据说对福王的诏书,
[547] 当初就没有想要开读①。还有,在六月,发生了巡按黄澍以左良玉的
军事力量为后盾,向福王诉说马士英"可斩"的十大罪状的事件。黄
宗羲概括说:如果黄澍不以武力威胁,他纠弹马士英就完全是正论
(谠论)②。这由左良玉为"清君侧"而兴起的政变,成为使福王政权
崩溃的一大契机,这容到以后再论说。

(二)

支持马士英的,不仅是江北的军阀,勋戚也和马士英相勾结,左
右福王政权。如魏国公徐弘基、安远伯柳祚昌、诚意伯刘孔昭等。在
福王政权成立时,和定策有关系的这些勋戚们就提出,明的覆灭是
"文臣误国"的结果,主张仿照明太祖起用魏国公徐达为丞相之例,给
诚意伯刘孔昭以大学士的位置。但姜曰广等强烈反对这样做。为
此,勋戚们颇为不满。当吏部尚书张慎言要推荐旧辅吴甡和原吏部
尚书郑三俊时,这种不满爆发了出来。

五月二十三日,勋臣刘孔昭、汤国祚、赵之龙等入朝,他们不仅在
朝堂的席上大叫:"吏部尚书张慎言排斥武臣,组织党派,只取吴甡、
郑三俊等文臣,结党行私已甚",进行抗议,还拔出小刀追赶张慎言,
[548] 大为骚动。连宦官韩赞周也说"不许如此朝仪",加以阻止。刘孔昭
这才收起小刀,仰天号哭,向福王诉说不满。而对此,福王说,朝廷用
人是吏部执掌内之事,如何办也很难。如果有不当的人事,勋臣加以
纠劾如何? 这就把本来只给科道官的有关人事的监察权,也给了勋
臣。这是重大的意见。勋臣方面大为满足,叩头谢恩而退。而姜曰
广等觉得"如果允许勋臣纠参的话,掺和纨袴子弟的利害,政治就要
越发混乱了",大感担忧。经和大学士高弘图协议,在给事中罗万象
如下反论的基础上:

---

① 李清《三垣笔记》,96 页(中华书局,1982 年)。
② 《弘光实录钞》一(《黄宗羲全集》二,18 页)。"臣按,士英以四镇兵威胁诸朝臣,澍以左
镇兵威胁士英,所谓诈之见诈也。向若澍无所挟,谠论如是,忠矣哉。"

首膺封爵者四镇也,……何尝不用武臣。年来封疆之法,先帝多宽武臣,武臣报先帝者安在? 祖制以票拟归阁臣,以参驳归言官,不闻委勋臣以纠劾也。使勋臣得兼纠劾,文臣可胜逐哉! (《小腆纪年》六)

通过由姜曰广票拟的如下的上谕:"今后,纠参责成科道等官,别衙门不得借端旁挠。"(陈贞慧"正纠参",《过江七事》)撤回了被认可的勋戚对人事的弹劾权①。但是,张慎言由于这一事件的关系,不得不辞职。继任的吏部尚书是东林派的徐石麒②。但不久,徐石麒也被迫辞职,代之由阉党的张捷掌握了福王政权的人事权。

在此以前,刘宗周也就文武问题,对福王政权进行了批判。在福王政权成立时,就以原官左都御史招聘刘宗周,但他不受,而以"草莽孤臣"之名对政权进行批判,反对置江北四镇③。他说,刘泽清和高杰准备移到江南,完全没有保守江北之地的气概,对他们封爵不当的弹劾必不会停止。还有,对他们过于厚遇,会削弱政府对他们的统率力,而势力范围的划定会造成军阀相互争雄的结果,越发助长混乱。认为这些责任都在于马士英等小人。 ［549］

刘宗周七月就任,而军阀刘泽清立刻就弹劾他④。说刘宗周等东林党人和过去的三案有关,攻击福王的祖母郑贵妃、父亲常洵;刘宗周说现在江北危机,要福王亲征,移驻凤阳,这是故意要把福王置于战火之地,想拥立潞王。这是和姜曰广、吴甡等共谋的结果,要求给他撤职处分。这明显是要讨好福王。其实,刘泽清的上奏,原是想四镇联名的,但因为高杰说"我辈武人,不可关于朝廷政治",没有同意。黄得功、刘良佐也未必同调,成了只由刘泽清上奏。

---

① 其间事情,史料稍有异同。见《小腆纪年》六,181 页、黄宗羲《弘光实录钞》一(《黄宗羲全集》二,4 页)、陈贞慧《过江七事》"正纠参"。
② 徐石麒,见《徐石麒墓志铭》(《黄宗羲全集》十,234 页)。
③ 《弘光实录钞》一(《黄宗羲全集》二,18 页)。
④ 《小腆纪年》七,226 页。

[550] 此后不久,刘宗周开始入内。而在此期间,据说刘泽清派刺客到刘宗周的住所,想要他的命,在长安街上,还贴出了诽谤刘宗周的揭帖。

（三）

七月,在崇祯年间一度被废止的东厂特务活动的复活成了问题。

发觉由宦官主掌的东厂复活的苏松巡抚祁彪佳就诏狱、缉事、廷杖等三个问题,提出了反对意见,说:

一、诏狱,是为了政治性地葬送反对派为目的设置的,原来就并非太祖洪武帝所创的制度。

二、东厂的特务活动,开密告之端绪,招致为了逃避而贿赂公行的事态,并往往引出无罪之人反招其害的结果。

三、廷杖,是悲惨之极之事,朝廷得拒绝谏言的不名誉。只有臣下得直言的名誉,对于君臣关系,并非好事。

上奏要求废止朝廷私刑,只认可裁判的法司和负责取缔的五城御史的公的权限①。对宦官的动向感到危惧的姜曰广得此上疏大喜,立即票拟了福王的谕旨,但是,这票拟被命令必须改票。

这一事件,在陈贞慧的《过江七事》中作为七事之一,被列为福王政权的重大事件。在《禁缉事》中,详细叙说了其间的情况。

[551] 大学士姜曰广票拟的第一个原案,是"着下令""以后,不许奏请复活"这样严厉的内容,但这立即被命令改票。似是宦官逼迫福王改票。姜曰广为此,改票为:"这样的事全由五城御史担当纠察为好,怠者以溺职处分。"这时,姜曰广说:"法乃君与天下皆当守者,天子也不能以私心左右。"另外,"连国家(宗社)都危急之时,卫厂就是生存下来也没有什么意思",要求废止缉事。此事就被搁置,而由五城御史担当其任务。虽说这是姜曰广、高弘图强烈反对的结果,但此后,这

---

① 《陈三大弊政疏》(《祁彪佳集》卷二),但是,这上奏是在什么时间所上有问题。《燐火录》将此和八月东厂复活相关,而在此据《南渡录》卷二,53 页。

二人的结局,是被迫辞职。八月,诏命复活东厂。还有,这时就任礼部主事的复社的张采也论说了那样做的弊害①。

同年八月,阮大铖终于作为兵部添驻侍郎复出。由安远侯柳祚昌推荐,六月曾实现冠带陛见,然而因东林派的反对,一直未能在政界复出的他,总算实现了逆案以来的心愿。

刘宗周对阮大铖的复出采用的由勋戚推荐、福王批准这种形式,也就是"内传",表示了强烈的抗议,九月自己提出辞职,被准许。就在辞职之际,他再次提出了江北四镇的问题②。谈到就这之前发生的高杰和黄得功的冲突,说,那四个军阀的"十二万不杀敌之兵"和"十二万不杀敌之饷",那只是举天下以殉之而已,强调信用军阀的危险性。

这时,熊汝霖③也进行了弹劾,说只当论军事政策的勋臣和方镇,却专门只弹劾要人,而且他们的上奏,不是通过通政司这样正式的途径,专事"斜封墨敕",即通过宦官的途径,是为不可。而关于四镇,[552]也说:

> 臣意四镇必毅然北征,雪此耻,今恋恋淮扬,何也?况一镇之饷多至六十万,势必不能供,即仿古藩镇法,亦当在大河以北开屯设府,曾奥突之内而遽以藩篱视之乎!(《小腆纪年》八)

批判四镇不准备北伐,着眼扬州之富,不想离开。主张军队当采取靠屯田自给自足的体制。熊汝霖和黄宗羲同为余姚人,在之后不久浙东的抵抗运动中成为中心的人物。

在此时,户部给事中吴适上疏,认为姜曰广、刘宗周的辞职当停止。作为言官的他,说"要明言责":

① 《南渡录》三,120页。但是,上奏的时间,迟到九月。
② 《小腆纪年》八,260页。
③ 《熊汝霖行状》(《黄宗羲全集》十,538页)。

祖宗设立六垣,与六部相表里,是故纠弹之外,复有抄参。
倘披垣仅取充位,则白简只贵空悬。抄发本章,一胥吏事,岂先
王设官意哉。(同上)

他认为六科不单单是抄写上奏文,对有关于此的进行批判,才是其的
职务。他在实际中实践这一主张,当赵之龙(忻城伯)、柳祚昌(安远
侯)等勋戚推荐阉党时,他说:"科臣专封驳之权,未闻勋爵参驳正之
司。"(同上,十)不进行抄参想要阻止。表示不能认可勋戚为了翼赞
[553]　福王或内阁,要司掌本来是言官职责的"纠劾",这乃是当然的。吴适
是长洲人,过去也是复社的成员。

　　阮大铖复出以后,勋戚一边明显地为阉党辩护,同时集中攻击复社
人士。安远侯柳祚昌弹劾复社,极口痛骂复社人士,拥戴他藩的"东林
渠魁,复社护法"徐汧,支持这些的"复社之凶"张采、华允诚,"至贪
至横之举人"杨廷枢,"极险极狂之监生"顾杲等,除了拥戴潞王以
外,几乎连弹劾的内容也没有①。柳祚昌在这以前并不是和复社特别
对立的人物,如此集中地攻击,明显可以感到阮大铖在背后的操纵。

　　这样,勋戚也站到了阉党一边,马士英、阮大铖等在寄生于福王
的权力的同时,不断扩大势力,结果把政权完全置于他们的支配
之下。

　　实际上,为此推波助澜的是作为礼部尚书的钱谦益。如前所述
他在福王定策之际,和史可法同样是支持潞王的,马士英恐怕是以此
胁迫钱谦益吧。他(钱谦益)说"以文统武"是错误的,当专任武臣;
极口赞赏马士英是孙承宗以后第一人;对于过去以复社之故攻击钱
谦益的蔡奕琛,他说,自己有"私仇",而现在不是敢言立门户,危及社
稷君父之时,鲜明地表示容忍起用蔡奕琛的态度。就连阮大铖也夸
奖为"慷慨块垒男子"②。

---

① 《南渡录》三,141 页。
② 《爝火录》七,336 页。

阮大铖的复出,可以说,反映了东林派的内部分裂已到了毫无办 [554]
法的状况。

在这期间,占领了北京的清朝追赶李自成的农民军,把主要注意
力放在对华北的控制上。这些告一段落后,就开始把军事力量由华
中向华南展开。但是,执掌政权的马士英等对于清朝的认识,颇为轻
视。在这以前,清朝发出薙发令,虽出于政治性的判断,一时取消。
而刘泽清带来这一情报时,马士英只作了"他们因为不知道中国有君
主,当派遣文武二臣,带着福王的诏书,以安定夷狄和汉人之心"这样
的反应①。还有,史可法以为江北四镇当备清朝南下,锐意尽力地总
算说服了号称精锐的高杰,想要以他的军队整顿反攻体制时,马士英
则通过拒绝史可法的军饷,想牵制史可法的影响力。再有,在报告史
可法和清军之间围绕邳州、宿迁激烈争夺的时候,竟还不惮造谣说,
这是史可法为了夸耀军功而这样做的②。

这样,福王政权中东林派和反东林派的对立,表现为文和武的对
立。马士英、阮大铖等依托江北四镇以及勋戚,由他们的军事力量作
后盾,实现了阉党的统治。东林派方面,想要压制军阀的跋扈,阻止
阉党势力的扩大,但是,他们的军事力量毕竟不支。东林派人士在这
样的军阀跋扈之中,始终发挥不出有效果的军事政策,这也显示他们
作为儒教教养人士的局限。 [555]

第四节 《蝗蚰录》

（一）

甲申年十月,钱谦益讨好马士英,诉说逆案之人的冤罪,在此以
后,因得到东林派实力人物的认可,逆案的阉党得以不断向政界复

---

① 谈迁《国榷》一〇二:"马士英言,东平伯刘泽清报,五月朔,清虏令汉人削发。是彼未知
中国有主也。宜遣文武二臣,颁诏北行,安夷汉臣民之心。"
② 《小腆纪年》八,284 页。参照第 356 页注①罗振常《别传》。

出。吏部尚书徐石祺的后任,被连马士英的意向都不放在眼中,唯阮大铖之旨是从的张捷占据。进而,过去曾弹劾过复社的蔡奕琛为吏部侍郎,逆案中的杨维垣就任通政使。都是阉党人物。甚至杨维垣公然主张逆案当平反。

这样,阉党掌握了吏部,政权腐败到了极点,成为"纳贿无虚日,唯有捷(张捷)画诺"的状态。通过贿赂,甚至有一日之中产生中书百人、监纪官数十人的情况。

　　中书随地有,翰林满街走,监纪多如羊,职方贱如狗。

　　荫起千年尘,拔贡一呈首,操尽(译者案,日语原文作扫尽,今据《国榷》原文)江南钱,填塞马家口。①

[556]　这是说中书、翰林、监纪、职方多得可丢撒,恩荫可上溯到千年的祖先,推荐贡生只须稍微打个招呼,搜刮尽江南的钱作为贿赂给马士英吞噬。这是当时有名的歌谣,如实地讽刺了当时官僚的身份是按钱的多少得到,贿赂公行的状况。

或是稍在这之前,阮大铖作成了《蝗蝻录》。蝗是蝗虫,蝻是小蝗虫。把东林党人视为蝗虫,东林党人的子弟参加的复社视为小蝗虫,也可以说是作成的黑名单。此外,还把东林党、复社周围的人称为蝇或蚋,作成了《蝇蚋录》②。

关于《蝗蝻录》,在康熙、乾隆时期确实还存在,陈鼎列数为"东林七录"之一,作为写作《东林列传》的史料运用,全祖望也有后面要谈到的《题〈蝗蝻录〉后》③一文,可认为实际是见到过的。

《蝗蝻录》,在复社成员中,对于在《南都防乱公揭》上署名的人,有"按此"、"广此"的表格,根据这个名单,阮大铖对过去复社中心的活动人员,不断地进行报复,发出逮捕令。

---

① 《国榷》一〇三,6150 页。
② 陈鼎《东林列传》凡例。
③ 全祖望《鲒埼亭集外编》二九。

《罗汉录》初看或认为和这《蝗蝻录》是不同的东西,有把东林党、复社人士拟为十八罗汉、五十三参、七十二菩萨的名单。把福王政权的官僚、或从政权中被排除人物的姓名,根据其罪状分类。其中54人的姓名,在《小腆纪年》中被采录①,这中间,除了刘宗周、黄道周等当时东林派的主要官僚以外,作为和复社有关的人物,有张采、陈子龙、徐汧、钱栴等人之名。这《罗汉录》似也在街头张贴,公开在公众面前。

[557]

前述的《蝗蝻录》和这《罗汉录》有怎样的关系呢? 有的是用《蝗蝻录》,有的是用《罗汉录》,也有的是列了《蝗蝻录》之名后,又列举了《罗汉录》的名单,在史料中有若干的混乱。

应当是看到过《蝗蝻录》的陈鼎,关于《周镳传》,这样说:

> 大铖素恶东林诸贤,作正续《蝗蝻录》,有十八罗汉、五十三参善财童子、七十二贤圣菩萨。又《蝇蚋录》,有八十八活佛、三百六十五天王、五百尊阿罗汉,共千有余人。皆海内贤良,欲尽杀之以空天下。(《东林列传》十)

从这记载来看,可认为《蝗蝻录》的内容就是《罗汉录》。所谓《蝗蝻录》,要之,就是以那样的形式,把东林派和复社人士划分等级的东西。在其中当有的黄宗羲等的名字,在《罗汉录》中未见。可以说,恐怕这以外的人物也有被列入在这名单的什么地方的情况。顺便提一下,张鉴也持这一看法②。

南渡三疑案之一的"大悲之狱"起时,阮大铖把这《罗汉录》暗放在大悲和尚的袖中,好让人看起来他们在相互联络,策谋叛逆福王,想把东林、复社人士一网打尽。但是,连马士英也说这是太过激的做法,反对如此做,所以结果没有一起检举。然而,此后,参照这一名

---

① 《小腆纪年》九,327 页。
② 张鉴《冬青馆甲集》五《复社姓氏传略序》。

单,还是对东林、复社,尤其是和《南都防乱公揭》有关的人士进行了报复。

[558]　　陈贞慧的《防乱公揭始末》,虽说没有提到《蝗蝻录》,然而最详细地叙说了自己被逮捕前后状况。文字稍长,现述其大要如下:弘光政权成立,阮大铖以就任兵部尚书之幸,想把过去反对拥立福王之人一网打尽,以报当时之怨,起周镳和雷缜祚之狱。当时,数年间,就是三尺童子,见了阮大铖之名,也要唾骂。与阮大铖亲近者为此怀愤,列举在《南都防乱公揭》署名中最切齿者十人,向福王提出,他们是抱有拥立潞王不逞阴谋之人。又作有十八罗汉、七十二金刚的名单,说支持的是这些人物。但是马士英说,在现在这样人心不安之际,不希望这样做,暂时搁下了。当时,陈贞慧本人就在南京,虽知道自己被盯上了,但因为周镳和雷缜祚在狱中难以离去。阮大铖对外放话,说陈贞慧的奴仆时而前往镇抚司,实际上是为了周镳行贿,又说周镳对都御史郭维经行贿,对郭进行诽谤。甲申年九月十四日,两个旗尉来到住所,搜索家宅,查找陈贞慧和周镳之间交往的信件,但是没有发现。出示了逮捕令,数十人将他带走。九月十五日夜,他被带到私衙,威胁讯问为何要为周镳送贿。虽被威胁,但他坚持:作为一介书生的他,没有理由要为周镳做那样的事;还有,周镳也好,郭维经也好,都不是要用走后门逃脱的人物。结果,他被送归原籍。当时的“拘票”,最初的是他,接着有吴应箕、周镳、周鏣(周镳之弟)的名[559]　字。吴应箕当时和镇抚冯某相识,所以得以逃脱。(《昭代丛书》戊,《书事七则》之一)其中从他说到甲申年九月十四、十五日的事,正确地记录了逮捕的时日来看,虽然没有用《蝗蝻录》这样的词语,但是,和那相当的黑名单,在那时当已经做出了。“大悲之狱”兴起的十二月到一月间准备的《罗汉录》,当是那个名单,或把它扩大,写成的关系者的名单。

　　关于写这文章的陈贞慧,有黄宗羲写的墓志铭。下面的文字,可证明陈贞慧自己的记述:

　　崇祯末，阮大铖作《蝗蝻录》，以复社名士填之，谓是东林后劲，欲依之以尽杀天下之清流。其间定生先生为之魁。按元祐党人，唯司马光、司马康、范纯仁、范正平、吕公著、吕希仁父子名在党籍，而先生之父子实似之。……士英定策，大铖暴起，国狗之瘈，无不噬也。遂广揭中姓名以造《蝗蝻录》，思一网杀之。仲驭(周镳)下狱死，眉生、次尾、昆铜皆亡命。余与子方从徐署丞疏逮问，而先生亦为校尉缚至镇抚。事虽解，已滨十死矣。若是乎，弘光南渡，止结得"留都防乱揭"一案也。(《黄宗羲全集》十《陈贞慧墓志铭》)

　　据此，《蝗蝻录》的做成，是"崇祯末"年的事，所以可认为是在甲申年内。

[560]

　　如上文所说，陈贞慧的父亲陈于廷是《东林党人榜》所载的东林党人，父子都被列于党人的黑名单，成为党祸的牺牲。如果要补充的话，黄尊素和黄宗羲父子也是同样的。这位陈贞慧之子陈维崧是清朝有名的文人，他为父亲写的《行略》中，也涉及这件事：

　　九月十四日，下春也。卒白靴校尉数人者，至邸中，缚府君。至镇抚，出一纸，纸尾有秋浦吴先生名。吴先生先一日亡去也。(《陈迦陵文集》五《先府君行略》)

　　这里记载陈贞慧的被逮捕是九月十四日的事。在当时，陈贞慧由于镇抚冯某、东林派的练国事的奔走，结果被释放。但在阮大铖的弹压下，经历了"滨于十死"的危险。陈贞慧后来回到故乡宜兴，一直不涉足城中，顺治十三年，作为明的遗民而亡。

　　据前面陈贞慧的文章，那时，同时被发出逮捕令的还有吴应箕。他在五月三日，于故乡贵池的山中得知明亡的消息，和刘城一起行哭礼追悼崇祯帝之死；八月听说周镳下狱，赶到南京，和陈贞慧一起，一个月间为他的释放而奔走。但是，得知阮大铖等听到这消息，他自己

也面临被捕危险,就急忙地离开了南京。行前在狱中和周镳作最后的告别,他这样写下了当时的情景:

> 予走狱中别先生。先生饭予,谈笑甚欢。良久将去,先生泣,予亦泣。予慰先生曰:"无自苦。今二患甚急,不久狱自解。"先生曰:"二患急,恐予益急耳。"呜呼,讵知此语,遂成谶也。(《楼山堂集》十九,《祭周仲驭文》)

据这篇祭文,八月在狱中看望了周镳以后,一个月在狱中周镳的身边照看他。吴应箕自己也面临着被捕的危险,才离开那里。这和陈贞慧所说的九月十四、十五日发出逮捕令,在时间上基本相符。这里所说的二患,是指满洲和李自成,所以,吴应箕在这时或已经预测到福王政权的崩溃了。(又,陈贞慧文章中出现的另一个人物周鑣的情况不详。)

那时,逃避逮捕的吴应箕在燕子矶和侯方域相会,商量了有关救出周镳和陈贞慧的方法,而周镳无法救出,他自己只能隐藏在故乡的山中。好像还给军阀刘泽清写过信①,但是,救援最后还是没有成功,第二年四月,周镳被杀。稍后吴应箕自己也在对清朝的抵抗运动中死去。

据说,当时沈寿民也暗中卖掉了自己的土地,想要帮助周镳。周镳死后沈寿民收领了数岁的孤儿养育②。在他们之间,作为朋友的伦理,就是在苦难中也要养育死者的孤儿。

(二)

甲申年末到第二年初,在福王政权下,被称为南渡三疑案的冤狱相继而起,都是由计谋而起的冤狱。

---

① 刘世珩《吴次尾先生年谱》顺治二年条。
② 徐枋《居易堂集》一二《沈徵君传》。

最初发生的是阮大铖想要用来镇压复社的"大悲之狱"。前年末，一个姓朱的和尚到了南京，为潞王收集情报。他被指为抱着颠覆福王政权的阴谋而被逮捕，下狱处刑。接着发生了第二个事件"童妃之狱"。福王过去在周王府中有一个相知的叫童妃的女子，要投靠福王逃到了南京，但是福王坚持说和她没有任何关系，不予会见。不仅如此，她也被说成是抱有什么阴谋，加以虐待，投入狱中。这是引起南京人们非常同情的事件。第三个事件，是"伪太子事件"。由于围绕着拥立福王的情况不明朗和对于福王的失望，相对福王来说在伦序上有绝对优势的崇祯帝的皇太子还活着的流言，一直不断地成为民间的话题，而自称是那个皇太子的人物从北方逃来了。对此，不知真伪，就召集知道当时皇太子者进行调查，结果说是王之明，这个宗室驸马的侄孙冒称皇太子之名。然而，马士英想把这作为政争的工具，所以使政局越发陷入更深的混乱。这样的疑案不断出现的本身，就说明了这个政权处于怎样不安定的状况。

[563]

这时，打败了李自成军的清军开始南下。与此连动，在武昌巩固福王政权西部的左良玉发动了内战。左良玉当时持伪太子是真的态度，而且称奉其诏，以清君侧之奸即马士英、阮大铖的名义，发动了内战。发出的驰疏，列举马士英七大罪状，以激烈的言词，对他进行纠弹。那就是：罪之一，复活被崇祯皇帝废弃的《三朝要典》；罪之二，不仅卖官鬻爵，还起用有罪之人占据当路；罪之三，让阮大铖以添注尚书复出，操掌重兵；罪之四，在此非常时期，向福王进中宫，谋图不轨；罪之五，向福王献上民间女子，有损圣德；罪之六，捏造周镳、雷缜祚之罪，要把反对派一网打尽；罪之七，派放密探，探测福王周围，公言可自由地废立天子①。

在此前不久，依靠左良玉的武力，在福王面前列举马士英的十大罪状加以弹劾的黄澍，这时逃避逮捕到了左良玉处，指挥了这次政变。这驰疏他肯定也深加参与。

---

① 李清《三垣笔记》136 页。《小腆纪年》九，346 页。

左良玉的这次政变,名义上虽说清君侧的奸臣马士英,而实际上是因被清军逼迫向湖广进军的李自成军从背后追赶,不得不离开根据地武汉下长江。对于因被马士英疏远,不断被欠缺军饷的他来说,有贪图江南之富的野心也是事实。然而,过去包括骑兵号称数十万,以精强自夸的这支军队,现在已是军纪混乱,早已失去了往时的力量。

九江总督东林派的袁继咸认为"晋阳之甲"(《公羊传·定公十三年》)有悖"春秋之义",反对这次政变。左良玉自己也没有控制军队的能力。不久他因生病死在九江,此后,他的儿子左梦庚统帅这支军队向东移动。福王政权北边受到清军,西边受到左良玉军队的进攻,军事上完全陷于困境。

四月中,清军终于渡过了淮河。这个消息使南京人心大为震动。在这时,福王命令刘良佐军队从江北撤退,移驻南京。清军已经迫于眼前,还要撤退江北的军队,这是为什么呢? 以东林派人士为中心,在政权中强烈反对是很自然的。然而马士英说:"如是北兵,或还有讲和的可能。如是左逆来,汝等或还可能作为高官被登用,而我君臣必被杀。君臣就是死于清,也不能入左良玉之手。"毫无忌惮地强行把那些军队从江北撤退①。这时,据说甚至出现了提议"用北(清朝)讨左(良玉)"的人。还出现了像方安国、牟文绶那样,说是为了阻止左良玉军队,实际上是为了避免和清军冲突,擅自把军队向西移动的人。这样,根本无法阻止清军的南下。给事中吴适对此进行弹劾,而蔡奕琛说吴适是"诪言乱政",进而张孙振说吴适是"东林嫡派"、"复社巨魁",反而对他进行弹劾。吴适被革职,下狱②。

因《蝗蝻录》被赶走的复社的沈士柱(昆铜)、左国柱(左光斗之子)等,都是在《南都防乱公揭》上署名的人,他们逃避逮捕寄寓在左

---

① 《嫭火录》十,445 页。
② 同上,十,446 页。

良玉的军营中。虽不能说他们实际上参与了政变,但因为他们在左良玉的军营中,马士英等害怕在南京狱中的周镳、雷缜祚为其内应。为此,马士英指他们二人"招引外兵,别图拥戴",即左良玉的军事政变是周镳等废除福王拥立潞王的叛逆阴谋,急遽地命二人自尽。这时,周鍾也同时被弃市。 [565]

在此前后,发出了对《南都防乱公揭》最初署名者顾杲[1]、黄宗羲等的逮捕令,参照《蝗蝻录》想要一起进行检举。但是来不及逮捕了,在此期间,福王政权崩溃,他们才免于受难。

渡过淮河的清军,一下子就迫近了长江。由于江北军队撤退了,就像入无人之境。

> 四月二十五日,扬州陷落,史可法殉死。
>
> 五月八日,清军渡江,镇江陷落。
>
> 五月十日,福王出奔。
>
> 五月十一日,马士英出奔。
>
> 五月十五日,南京陷落。

就这样,经过一年的福王政权一下子就崩溃了。福王一度逃到在芜湖的黄得功之营。黄得功战死,已经投降清朝的刘良佐袭击其营,捉住福王献给清朝,次年五月在北京遇害而死。

最后,简单地说一下马士英和《蝗蝻录》作者阮大铖以后的情况。 [566]

福王出奔的次日,马士英也和皇太后一起离开了南京,进入杭州。由于一同逃到杭州的潞王也投降了清朝,所以想加入在绍兴成立的鲁王监国政权,但由于东林派的张国维的反对而未成功,便以同乡之谊,潜入了在钱塘江布阵的方国安之营。马士英暗中和方国安谋划,想要把鲁王监国献给清朝以投降,但失败了。方国安之营溃散后,传说马士英被清军杀死,或说他逃脱进五台山为僧,

---

① 顾杲,见温睿临《南疆逸史》三二《顾杲》。

确实的情况不详①。

而阮大铖逃到了浙江金华山,被金华的士民赶走,和马士英一样,也逃进了方国安之营。但是清军渡过钱塘江后,就投降了。为清军的先导,进攻金华,对前年被金华士民赶走进行报复。也有他早就投降了清朝,作为密探潜入方国安营之说。此后,和清军一起随军队到福建。知道他是《春灯谜》、《燕子笺》作者的满洲人问他能不能看着谱唱,他马上就表演给他们看。因在军中每晚唱到天明,身体搞垮了。在仙霞岭那个地方,同行者可怜他生病,劝他说:年纪大了,暂时留在这里休养如何?他回答:这是东林党和复社企图分裂我和清军。加以拒绝。而清军方面对什么东林党、复社是怎么回事,完全不能理解。就这样,也不休养,和清军同行。据说,结果气息不接了,不得不蹲在石头上,瞬间就一下子死了②。

从《南都防乱公揭》开始的复社和阮大铖的对立,在明灭亡以后,越发激化,没有完结。福王政权是阉党势力复辟的一年。逆案事实上被废弃,《三朝要典》也被恢复。对于清朝南下这一事态,没有拿出任何有效的手段,从早到晚只是党争。复社,以及在《南都防乱公揭》上署名的人士,都被彻底地报复。

[567]

当然也有着这样的批判:复社的人士过去所进行的过激的排斥运动,使阮大铖不断地陷于孤立而发狂,导致了福王政权的党争。但是,关于这一点,全祖望在题《蝗蝻录》的文章中,已经有回答。那就是:

> 世皆言阮圆海志在一官,若当时借边才之说,畀以远方开府,或豫或黔,其志满矣,不至如后来决裂也。予则以为不然。小人之欲无厌。试观其一起,即夺贵阳之枢枋,寻觊其黄扉一席

---

① 《小腆纪传》六二,马士英。钱秉镫《所知录》六《马阮始末》。撰者不明《鹿樵纪闻》上《马阮始末》。此外,详见嘉庆年间人张道《临安旬制纪》(明末清初史料选刊《海东逸史》所收)附《朱督师及马阮诸奸事迹》。

② 同上。

矣,安得饱彼腹乎?且以为豫抚耶,是导之使北降也。以为黔抚耶,亦不过称臣于孙可望而已。谁更能挽之反正者?(《鲒埼亭集外编》二九《题〈螳蜋录〉后》)

全祖望的这一看法恐怕是正确的。

到崇祯末年,东林、复社至少还有着可以阻止阮大铖出山的力量。但是在福王政权下,靠军阀的军事力量支持,马士英和阮大铖再登场时,东林派、复社已经完全无力了。由马士英和阮大铖主导的福王政权,只是把东林派和反东林派的党争以露骨的形式再现而已,根本无法作为和满洲对抗的政权,就那样地告终了。

[568]

第九章　复社人士的抵抗运动

第一节　太　湖　周　围

南京陷落后,太湖周围、浙江、江西等地,兴起了反抗清朝统治的抵抗义勇军。其中,有不少是复社同人们组织的。关于这些抵抗运动,前面谈到的谢国桢的《南明史略》、司徒琳(Lynn Struve)《南明史》、南炳文《南明史》等都已经有概述。关于嘉定也有邓尔麟(J. Dennerline)的专著《嘉定的忠臣们》刊行①。因而本章中,在重点注意复社人士的动向的同时,想考查比较长期地开展抵抗运动的太湖周围,以及和这些地方相呼应,发生数次起义的浙东的反抗。

处于太湖以东的吴县,是与复社成立关系特别深的地方。如前所述,周围贸易街市的市镇中,很多的人参加了复社,在这里以曾为复社同人的吴易和孙兆奎为中心,组织了抵抗运动。(以下本章中出现的人物,凡是复社同人,加上＊,以明确关系)

吴易(或作易)＊,字日生,号朔清,崇祯十六年进士②。北京陷落时,他正候补,待在北京。因而和知一禅师相会,得其知遇,三月十七、十八两日,李自成猛攻北京之际,由于知一禅师的援助,成功地从

[575]

---

① 谢国桢《南明史略》、Lynn Struve, *The Southern Ming*; 2. The First Defeat: The Ch'ing Conquest of the Yang-tzu Region, 3. Second Stand: The Lu and Lung-wu Regimes, Yale Univ. Press, 1984. 南炳文《南明史》第二章《浙东、福建政权、农民军开始拥明抗清》、J. Dennerline, *The Chiating loyalists*, Yale Univ. Press, 1981.

② 吴易,见计六奇《明季南略》四《吴江吴易》同九《吴易起兵屯长白荡》、李聿求《鲁之春秋》一二"吴易"(浙江人民出版社,1984年)、徐鼒《小腆纪传》四六"吴易"。

北京的东便门脱出。据说,当时知一禅师特别教谕他"尽忠"①。

　　吴易首先造访了在扬州的史可法,由他推荐,得福王政权的职方主事之头衔,成为监军。他向福王提出了《中兴四大议》②,认为,为了收复明的领土,"郡邑之兵"可以守备但难以发起攻势;"诸镇之兵"虽可为"声援",但毕竟难以成为主力,提议选拔文武兼备且忠义之心深厚的大帅三人,在淮扬组织五万,在安庐组织五万,为恢复荆襄组织十万军队,当巩固南明的军事体制,并论说了在江南训练水师的重要性。"大兵棋布江北,水师星列江南",大兵和水师两两相俟,方始可收中兴之功。这是他的战略。在说到依靠江北四镇不安的同时,特别论说了在江南水乡地带事先训练水师的必要。

　　次年乙酉年,他为了调集军饷,暂时离开扬州。而就在这时,扬州陷落,史可法死去,接着南京政权也崩溃了。

　　六月,清军进一步南下,来到了吴易的故乡吴江。县丞朱国佐立刻投降,被任命为清朝的代理知县。其间,发生了诸生吴鉴*空手闯入县衙门,痛骂朱国佐而被逮捕的事件。他被带到苏州,逼迫他交代党羽。但是他沉默不开口,加以拷问,则大叫"孔子、孟子、张睢阳(张巡)、颜平原(真卿)是我同志",进行反抗。连孔子、孟子也呼作为同志,由此可见其毫无忌惮的傲岸和坚固的信念。和孔子、孟子一起被举出名字的张巡,是在唐代镇压安禄山反乱中活跃的人物,被捕以后遭杀害,到最后还骂敌不止。书法家颜真卿也是在安禄山反乱中举义军进行抵抗的人物。 ［576］

　　吴鉴最后被带到苏州,在胥门外处斩。吴易闻此,愤慨难平,遂奋起造反,抓了朱国佐,把他交给吴鉴父亲吴汝咸,供于吴鉴灵前③。当时参加造反的有孙兆奎*、沈自炳*、沈自駧*、华京、吴旦*等人,分别为抵抗运动召兵。据说在旬日间,在他们的身边汇集了水军数千人。说是水军,当是操舟之人,恐怕是在江南水路上从事运输之人,

---

① 《明季南略》九《吴易起兵屯长白荡·附记》。这一记事其他传记中未见。
② 《鲁之春秋》一二"吴易"。
③ 同第390页注①。

或就是太湖的渔民。

这时,起作用的,据说是沈自炳、沈自骊的兄弟沈自徵在太湖中预先准备好的一千艘(八百艘?)船。《小腆纪传》如下那样记载:

> (沈自徵)见天下乱,造渔船千艘,匿太湖,以备非常。未几,殁。(沈)自炳、(沈)自骊收其船以集兵。吴易一军所由起也。(徐鼒《小腆纪传》,同书四六,"沈自徵",464 页)

这里说"备非常之时"的"非常"之时,究竟是何时的事呢?

沈自徵①和吴易同为吴江县人,字君庸。有《霸亭秋》、《鞭歌妓》、《簪花髻》(一起被称为《渔阳三弄》)等北曲作品留下,是戏曲作家。同时,又是好读兵家之书,语"九边形胜"则滔滔不尽的兵法家。在崇祯初,满洲从水平攻遵化时,他曾在兵备道张春的幕府,参与那战事。又,在袁崇焕事件时,曾受兵部之请,单身潜入袁崇焕兵营,侦探他有无叛逆的意图,劝说袁崇焕入朝。是有这样勇武传说之人②。以后十多年,待在北京。崇祯十三年,被荐于朝廷,但辞退不就官途,为同乡官僚的幕府,在广东从事镇压"海盗"的作战。

[577]

沈自徵自己虽不是复社同人,但兄弟沈自炳是复社中非常有名之人。有这样的逸话:入清朝数年后,当是沈自炳已经去世后的事了。人们聚集在震泽镇他的别庄,回想他在时仍泪下不已。

> 沈中书自炳别业在梅里,近太湖。性孝友,为丹棘堂、春草池堂诸胜以寄情。自炳本复社眉目,社中诸名士来造,辄置酒赋诗,临望湖山为笑乐,后数年,中书已殁于师。诸名士复过之,每徘徊掩泣,作诗以吊。(乾隆《震泽县志》三八)

① 沈自徵参见查继佐《罪惟录》一四"沈自徵"、《小腆纪传》三九"沈自徵"。
② 邹漪《启祯野乘》六"沈自徵"、查继佐《罪惟录》一四。

震泽镇①,在吴江县城西南 90 里,作为生丝的聚散地成为繁荣的贸易城镇。在清初,发展成有居民三千户,住宅鳞次栉比的大镇。为了从附近农家购买收集苏州绢织所用的湖丝的客商在这里出入不绝。在沈自炳的"沙龙"里汇集的复社名士中,有和那样的商业资本有关系的人物,是完全可能的。 [578]

沈自徵的名字在《复社姓氏》中未见,但两个兄弟都是复社的成员,别庄中,复社名士时常相聚举行文会,因而,沈自徵本人也有和复社人士交往的机会当是很自然的。崇祯末年,他和复社同人冯京第*有很亲密的交往。

实际上黄宗羲有《御史中丞冯公墓志铭》,是最近才知道的事②。在其中,黄宗羲谈到了沈自徵,有如下的叙说:

> 辛巳、壬午间(崇祯十四、十五年),(冯京第)与吴江沈自徵君庸狂饮燕市,各以霸业自许。君庸归吴,造渔舟八百只于太湖,公买牛千头,招流民屯田于齐、鲁。其后,君庸死,吴长兴(易)得其舟以起事。公之牛则为乱兵略去。(《冯京第墓志铭》,《黄宗羲全集》十一,86 页)

冯京第,如后面要谈到的那样,是浙江慈溪人,后来为抵抗运动奔走的人物。复社中有其名,《南都防乱公揭》时也署名。

冯京第③的伯父冯元飏和冯元飚,是崇祯末年曾为都御史和兵部尚书的大官。他为伯父们的幕府,帮他们写上奏文和信的草稿是其任务。冯元飏兼天津巡抚时,冯京第也深加参与,有在祥(墙)子岭击退清军的功绩。此后,冯京第在山东从事屯田事业,从胶州、莱州、金州、复州招募兵士,编成军团,准备"捍卫神京",也就是保卫北京。伯

---

① 樊树志《明清江南市镇探微》,294 页。
② 黄宗羲此文见《黄宗羲全集》十一(浙江古籍出版社,1985 年),86 页。
③ 冯京第,除上黄宗羲《墓志铭》以外,全祖望有《冯京第墓碑》(《冯王两侍郎墓录》,《四明丛书》第二集所收),参照第 414 页注①。

[579] 父们处于那样的要职,冯京第又为其幕府,当然也就处在可以得知军事机密的地位。恐怕是基于确实的军事情报,感到有必要强化中国的防卫体制,才在山东从事屯田事业和组织军团的。

一天,沈自徵和冯京第在北京狂饮,谈天下国家之事。相互约定要立"霸业",因而回到故乡吴江,在太湖中准备了八百艘船。明显有着不久也许将来临的"非常"之时,要保卫家乡,起而抵抗的意图。提供资金的,是同乡也是诸生的陆世钥,人称他"轻财任侠","以财雄陈湖"。得此,确定了"保障乡里之计"。其兄沈自炳、沈自骃用他准备的这些船,整备了水战的体制①。在吴江这样商业发展的城镇,他们不依靠王朝的军队和军阀,以自己的力量组织船队,预先作好保卫乡土的准备,这是值得注意的。但是沈自徵在明亡以前就去世了。

话再回到吴易。他用这些沈自徵准备的船只和沈自炳、沈自骃等的水军,和同志者一起,组织起抵抗军队。而其中似还有归降的在太湖活动的湖贼②。他们驻扎在长白荡,出没五湖三泖间,使不惯水战的清军大为恼火。他们采取假装成农民的船,事先配置在湖畔,看准清军出动到湖上时,跟踪上去,把船弄翻,淹死敌人的作战方法。清军被要弄,丧失了很多士兵。

[580] 吴易由陈子龙*推荐,被下面要说的浙东鲁王监国授予兵部侍郎。从浙东送来援军,抵抗清军,一个时期还曾收复了浙江的德清。但是,在八月,大败于清军,吴易不得不离开太湖。那时,父吴承绪、妻沈氏、女儿皆投水自杀,吴易自己得以活下,和乡里人一起,在长白荡重新组织军队。

次年,他们再次攻击嘉善、吴江。在吴江,把清朝的新知县和参加清朝乡试的新举人们杀死,还使清朝受到县的"库藏一空"的损害。对于清军来说,是"渡过长江以来"的大败。但是,在丙戌年(1646)

---

① 同第 391 页注②。
② 《明季南略》四《吴江吴易》,又同书九《吴易起兵屯长白荡》。但说起事当初,兵卒极少。

六月,吴易因时常在嘉善的孙璋家喝酒,被密告到清朝方面,遭杀害。

据说吴易有《东湖集》、《客问》十三篇、《富强要览》等著作(吴山嘉《复社姓氏传略》二),从题名上看,我对于《富强要览》是怎样的书特别感兴趣,但是非常遗憾,至今尚未能见到。

和吴易一起指挥这抵抗军的孙兆奎也是吴江人①,字君昌,据说和沈自徵一样,好兵家之言,那是其祖先孙履恒以来的家学。崇祯九年举人。他为了这次起义,把所有的家财都拿出作为军用资金,和吴易一起,指挥抵抗军,人称孙吴军。在太湖水上,趁着混乱,盗贼横行,在起义军中,也有不少因军规紊乱,给民众带来危害者。但是说到孙吴军,从开始军规就颇为严整。吴易一时败走,孙兆奎看着吴易的妻和自己的妻自杀,然后自己也投水自杀,但未成,被清军逮捕。他被押送到南京,在那里,已成为清朝总督的洪承畴出来会见,但他说:听说先帝时确实有一个叫洪承畴之人,为了国家献上生命。您就是那同一个洪承畴吗? 讽刺对手,被处斩时面不改色。 ［581］

吴江的戴笠这样比较吴易和孙兆奎,评论说:

> 孙、吴两君之举事也,号召之远,联族之众,则孙不如吴;临事之慎,赴义之烈,则吴不如孙。(潘柽章《松陵文献》七,"孙兆奎"所引)

所说的"联族之众",可以想像,吴易在吴江是以族的联合为基础,组织起抵抗军的。

加入孙、吴军的人士中,沈自炳、沈自骢在抵抗斗争中战死,陆世钥后来剃发为僧。

孙吴军在一年后被清军打败,然而,以后在太湖周围头上绕白布

---

① 孙兆奎见《小腆纪传》四六"孙兆奎"、《鲁之春秋》一二,"孙兆奎"、乾隆《震泽县志》三八"孙兆奎"。

被称为白党军的抵抗仍在继续。因为他们的对抗,清军封闭了周围的河港,"凡商民船俱不许行泊",进行严厉的取缔①。就这样,直到康熙初年,还没有完全制服。

和吴易军取得联系,加入到抵抗运动中的,有陈子龙*、戴之隽*。

陈子龙*在福王时②,以原官兵科给事中被起用,但对政权的腐败感到绝望而辞职。福王政权崩溃后,在家乡松江,和夏允彝*、李待问*、章简*等一起举兵。但是,松江不久陷落,夏允彝也自杀。陈子龙为了照看养育自己的祖母,一时寄身僧寺,据说在这时,会见了张采③。在太仓遭到袭击受到濒死重伤的张采,这时也寄身于附近的寺院。

[582]

陈子龙葬了祖母以后,再次参加抵抗运动。那时,他在太湖中的一个孤洲,当时叫做盛氏书院④的地方,和钱栴*之子钱熙*一起,会见了吴易。陈子龙这样评说吴易:长兴(吴易)为一世人豪,阙其意颇轻敌,又幕客多轻薄之士也,诸将只以剽掠为事,师众不整,其能长荡耶。对其部下军规的颓废感到担心。但是,尽管如此,可以认为,陈子龙曾在其幕下,有称吴易为"江左英雄"的诗留存⑤。此后,因吴胜兆反正事件而连坐被捕自杀,直到那时陈子龙仍未削发。

作为吴胜兆事件首谋者的戴之隽,字务公,长洲人⑥,是复社杨廷枢的门人。他也参加了在太湖中的沈自炳军,但是吴易军失败后,被松江提督吴胜兆军逮捕。吴胜兆军中,混有参加过太湖抵抗军队的败卒数百人。吴胜兆时常和同为清朝一方的巡抚土国宝发生矛盾,

---

① 叶绍袁《启祯记闻录》七:"吴江因白布裹头之辈蔓延不已。上台发令禁闭各河港。凡商民船俱不许行泊。"

② 陈子龙见《陈忠裕全集》附王昶辑《年谱》、朱东润《陈子龙及其时代》(上海古籍出版社,1984年)。

③ 《陈忠裕全集》附《年谱》顺治二年条。

④ 同上,顺治三年条。

⑤ 朱东润《陈子龙及其时代》,287页。

⑥ 戴之隽《鲁之春秋》一三、"戴之隽"。

暗中准备叛逆时,与其幕客沟通进行反水工作的就是戴之隽。

松江北临长江,西有太湖,南与杭州湾相连,是战略上的据点。戴之隽策动陈子龙和继续抵抗的浙东舟山列岛取得联系,想相互呼应举兵。但是,其间谋划泄露,吴胜兆被逮捕,谋划以失败告终。在这事件中,不仅作为首谋者的陈子龙、戴之隽,就是复社的关系者也多人受到连坐而牺牲。

复社的杨廷枢也被说成参与了这一事件而被逮捕①。此外,钱熙、徐儿毂(徐石麒之子)、夏完淳(夏允彝之子)、刘曙*等也因此事件被连坐,处死刑的达三十多人。 [583]

这样,吴易的抵抗运动一时中止了。但是在吴江,吴宗潜、吴宗汉、叶继武等结成了惊隐诗社这样的社团②。吴宗潜和兄弟吴振远、吴宗汉、吴宗泌等一起,组织了一支军队,是响应吴易起事的人物。叶继武是失败后,把他暗藏起来的人物。后来为明史狱牺牲的吴炎,就是这吴氏兄弟的侄子。惊隐诗社又名"逃社",或"逃之盟",是和顾炎武、归庄等明朝遗民们相往来的结社。和吴炎一起为明史狱牺牲的潘柽章也是惊隐诗社的同人,而他的妻子是沈自炳之女。她生 [584] 下孩子后,殉死。

第二节　浙　　东

太湖周围地区,原来是复社的根据地,与此相对,钱塘江东面的浙东,当初则是复社势力薄弱的地区。现在如果打开《复社纪略》的话,崇祯二年的《国表》中,可见其名的,宁波府 5 人,绍兴府 12 人,金华府 3 人,加起来也不过 20 人。

此后,复社的影响波及浙东,是由于慈溪刘应期(字瑞当)的关系③。

---

① 参见本书第七章。
② 惊隐诗社见谢国桢《顾炎武与惊隐诗社》(《明末清初的学风》,人民出版社,1982 年)。
③ 关于刘应期,黄宗羲的弟弟黄宗会也有《刘瑞当先生存稿序》(《缩斋文集》),同样也谈到这种文会。

黄宗羲对于当时的情况,作了如下的叙述:

> 崇祯间,吴中倡为复社,以网罗天下之士。高才宿学,多出
> 其间。主之者张受先(采)、张天如(溥)。东浙冯留仙(元飏)、
> 邺仙,与(元飙)之枹鼓相应。皆喜容接后进,标榜声价,人士奔
> 走辐辏其门。蓬荜小生,苟能分句读、习字义者,挟行卷西棹娄
> 江,东放慈水,则其名成矣。其间模楷之人,文章足以追古作,议
> 论足以卫名教。裁量人物,讥刺得失,执政闻而意忌之,以为东
> 林之似续也。当是时,慈水才彦雾会,姜崑愚(思睿)、刘瑞当*
> (应期)、冯玄度(文伟)、冯正则(讳不详)、冯簟溪*(京第)诸子
> 莫不为物望所归。而又引旁近县以自助。甬上则陆文虎*
> (符)、万履安*(泰),姚江则余(黄宗羲*)兄弟晦木(宗炎)、泽
> 望(宗会),盖无月无四方之客,亦无会不诸子相征逐也。(《刘
> 应期墓志铭》,《黄宗羲全集》十,326页)

[585]

刘应期经常举兴文会,"缘经术饰时文",在竞其成绩的同时,"裁量
人物,讥刺得失",不断对时政进行批判。担心学生的舆论,也担心执
政有"东林似续"。黄宗羲回顾:

> 当坊社盛时,吾辈翘然各有功名之志。居常如含瓦石,品核
> 公卿,裁量执政,不欲入庸人小儒之尺度,直望天子赫然震动,问
> 以此政从何处下手。(《寿徐掖青六十序》,《黄宗羲全集》十一,
> 63页)

谈到他们讨论的情况,是在期待君主权强行发挥的同时,政治怎样实
行根本的变化。应当注意的是,受到复社活动的刺激,虽在浙东这一
个边远的地方,但他们的目光却不受地域的局限,而是面向整个中国
展开。黄宗羲把这篇文章寄给徐凤垣(掖青),他是后面要谈到的抵
抗运动的非合法组织弃繻社的成员之一。

在这些文章中,对于浙东这类文社的名字,一般都没有涉及,称为文昌社的那个,崇祯五年前后成立,似归属于复社①。

以山阴刘宗周的讲学为中介,东林学问的影响扩大,也是那个时期的事。刘宗周与之有关系的有东林、首善、证人等书院。列名绍兴证人书院讲席的人中,浙东人有相当的数量②。成为抵抗运动中心的,是以黄宗羲为首,以及他周围和东林、复社都有很深关系的人士。

［586］

南京的福王政权崩溃以后,在杭州的潞王就监国之位。但在六月十五日,他也投降了清朝,以至浙东的府县也都纷纷表示投降。

在这样的情况下,六月十五日发布的剃发令也传到了浙东,那是在六月二十日前后的事。二十三日,刘宗周的弟子王元趾说“化中国为夷狄,此身无生之理”③,投水自杀。已经绝食要自杀的刘宗周④,从听到这一告示时开始,连水也绝掉,闰六月八日殉死。

刘宗周当时这样对弟子们说:

> 北都之变,可以死,可以无死,以身在削籍也,而事则尚有望于中兴。南都之变,主上自弃其社稷而逃,仆在悬车,尚曰可以死,可以无死,以俟继起者有主也。监国降矣,普天无君臣之义矣,犹曰:吾越为一城一旅乎? 而吾越又复降矣。区区老臣尚何之乎? 若曰身不在位,不当与城为存亡,独不当与土为存亡乎?(《黄宗羲全集》二,94 页)

---

① 文昌社,黄宗羲未举其名,但冯元飚《句章同学祭铭存先生文》(《四明儒林董氏宗谱》一三,陈训慈,方祖猷《万斯同年谱》10 页,中文大学出版社,1991 年)中有如下记载:“自我党文昌社兴,而同乡人士不然一变,而知所为东林之学。……文昌社者。中丞(冯元飚)、太保(冯元颷)两先兄暨文烈公姜诩朋先生实主是盟。当是时,鄞有陆万二子。……益以姚江黄子三人。”又同上《年谱》列于崇祯五年。

② 黄宗羲《蕺山弟子考》(《黄宗羲全集》一一):“先生讲学二十年。历东林、首善、证人三书院。从游者不下数百人。……某尝考索至三百七十六人。”刘宗周在乡里期间很长。可以想像,其中在绍兴证人书院学习者有相当的数量的。

③ 黄宗会《缩斋文集》,《王元趾先生传》。

④ 《黄宗羲全集》一,《子刘子行状》;同上,二,《弘光实录钞》。

明亡之时,刘宗周是削籍之身,君臣关系已不存在。接着南京陷落,批判福王的他肯定完全没有殉逃亡的福王的想法。如果是死于"南都之变"的话,那当是因为明的命脉已尽。然而,那时,他们还把希望寄托在潞王。但是,如今那个潞王也抛弃社稷投降了。在绍兴城也投降了的现在,不是殉城,就是说殉土而死也可以。所谓土,就是《尚书·皋陶谟》中所见的"有土"。《蔡传》认为这个"土"就是民社。或进一步说,就是人民和社稷。他不是对于君主个人的恭顺,而是作为对人民和社稷当负有责任的明的大臣而殉"土"的。可以认为,刘宗周有着这样的想法。

[587]

刘宗周以绍兴为中心讲学,有着众多弟子。他的殉死,当然给浙东人以很大的冲击。浙东抵抗运动的开始,就是从那个时候起。

次日闰六月九日,余姚的孙嘉绩①和熊汝霖②揭起了反旗。他们都是余姚人。熊汝霖在南京陷落后,和刘宗周一起,前往杭州。但是因为潞王已经投降清朝,就回到故乡,等待着刘宗周所约定的举兵时期。

当时,明的知县王曰俞逃亡了,代之被任命为摄印官的是训导王元如。他已经决定投降清朝,为此作准备,进行道路工事。但是,被动员来的民众积压的不满,已经到了就要爆发的地步。乡绅孙嘉绩前往相会,民众纷纷诉说不满。"是在道路工事累死,还是逃亡而死?如果反正都要被杀,那么为何不寻死里逃生之路而起事呢?"响应孙嘉绩的这一号召,民众奋起。孙嘉绩率领着其中的三百多人,突入余姚的县衙门,斩了摄印官,并且呼吁会稽和宁波方面也起来造反。

十日,刘宗周的弟子会稽的章正宸③率领诸生郑遵谦④呼应他

---

① 关于余姚起事,见《黄宗羲全集》十《孙嘉绩墓志铭》,《鲁之春秋》四"孙嘉绩"。孙嘉绩为崇祯十年进士,南京工部职方郎。和杨嗣昌对立,刘宗周入狱后,随他进入监狱,受《易》之学。

② 《黄宗羲全集》十,《熊汝霖行状》;《鲁之春秋》四"熊汝霖"。

③ 章正宸,字羽侯,会稽人,刘宗周弟子,而且是他的外甥。《章正宸行状》,见《黄宗羲全集》十。但是其中只谈到他在崇祯时期的活动,没有谈到这个时期的起事。此外,又见《鲁之春秋》六"章正宸"。

④ 《鲁之春秋》二一"郑遵谦"。

们,杀了绍兴府知府张愫和山阴知县彭万里。

　　十一日,宁波的钱肃乐也呼应他们。在宁波①听到南京陷落,接着杭州陷落消息的鄞县的学生们聚集在学校举行哭礼。生员们脱下衣服返还,这就是说,他们的生员资格也没有了,回归成为一介布衣。在那里,他们相互确认了抵抗的意志。加入这谋划的有董志宁、王家勤、张梦锡、华夏、陆宇爔*、毛聚奎六人,被称为六狂生②。所谓狂,是"不自量力"的意思。

　　最初,提出"载书"也就是作成盟约的是董志宁③。陆宇爔不仅在这时署了名,而且起而组织抵抗。署名在宁波的乡绅之间暗中传览,但是几乎没有回应。陆宇爔或是想要和钱肃乐商量,访问了他④。

　　钱肃乐,字希声,别号孙,鄞县人⑤,过去是复社的成员。崇祯年间,为太仓知县,就和复社有很深的关系,这在第七章已经谈过了⑥。此时,他作为乡绅在乡里,虽是因吐血而谢绝会面,还是接受了学生们的请求,约定组织抵抗军队,募集同志。但是,乡绅们只是观望事态,一直没有动作,呼应他的只有张煌言。钱肃乐这样回顾这前后宁波的状况:

　　　　无何,而胡骑且蹦省会矣。无何,而献册纳玺者举国若狂。无何,而伪年号、伪国号遍满街衢。宁郡之从丑虏者,且率其士民尽去大明所有字号矣。……至闰六月初七日,伪官孔闻语、刘端起见贝勒归,传闻欲逼缙绅往见,又欲士民剃发。(《钱忠介公集》九《举义情由疏》)

①　参加宁波起事的以下诸人的墓志铭以外,钱肃乐《举义情由疏》(《钱忠介公集》九,《四明丛书》第二集所收),记之最详。

②　六狂生见全祖望《鲒埼亭集》八《董志宁神道表》、《鲒埼亭集外编》十《王家勤状》、《鲁之春秋》一六"张梦锡"、《鲒埼亭集外编》十《华氏忠烈合状》、《鲒埼亭集》二七《毛聚奎传》。陆宇爔见后述。

③　《鲒埼亭集》八《董志宁神道表》。

④　《黄宗羲全集》十《陆宇爔墓志铭》、《鲒埼亭集外编》六《陆宇爔墓志铭》。

⑤　《黄宗羲全集》十《钱肃乐传》、《鲒埼亭集》七《钱肃乐神道碑铭》。

⑥　见本书第七章。

十日,决心不投降的他意识到要死之时,听到投降了清朝的新知府朱之葵想要把库银23 000两送给贝勒,被在余姚起义的孙嘉绩拦阻这一消息。同时也知道学生们要在宁波起事的计划,便答应作他们的号召人。

十二日,钱肃乐、陆宇燝等准备在城隍庙举行宁波的乡绅集会,把抵抗运动付诸“公议”。但是因事情重大,意见难以统一。或是为了威吓,投降清朝的新知府朱之葵和通判孔闻语等也赶来。二人一到,缙绅中想要迎合他们的人就出现了。这时,钱肃乐号召起而抵抗,布衣戴尔惠呼曰“奉钱肃乐公起事”,与之唱和。众人拥钱肃乐服巡抚装束。这样宁波的起事就决定了。

钱肃乐立即派倪懋熹①到已经投降清朝的定海总兵王之仁处,动员他支持。但这时关注、思索起事动向的宁波乡绅谢三宾②,给王之仁送去了要他用武力阻止起事的信。信是这样写的:

> 渝渝訛訛,出自庸妄六狂生而一稚绅和之。将军以所部来斩此七人,事即定矣。(全祖望《钱肃乐神道第二碑铭》,《鲒埼亭集》七)

[590]

所谓稚绅,是指当时三十九岁的钱肃乐;六狂生,是指当初参加这谋划的陆宇燝等六个学生。但是,王之仁决心站在抵抗的这一边,要倪懋熹转达:作好准备十五日到达宁波。同时,也通知了谢三宾。王之仁的军队有二万五千,他的归向,对于抵抗运动有着决定性的意义。对于双方的工作,握有军队的王之仁到底趋向哪一边,这是紧张的三天。

---

① 《鲒埼亭集》八《倪懋熹坟版文》。
② 关于谢三宾,柴德赓的《〈鲒埼亭集〉谢三宾考》(《史学丛考》,中华书局,1982年)中,网罗《鲒埼亭集》,有详细的研究。本稿以下的叙述,多有据此文者。谢三宾,字象三,号塞翁,是鄞县相当大的豪族。天启五年进士,作为嘉定知县,实行均田均役,所以在这个时期以前,和东林派人士没有什么不同。升到了太仆寺少卿,此后,归故乡。

十五日,这次是在演武场,汇集乡绅,再次开大会①。什么也不知的谢三宾当然期待王之仁会站在他一边。据说,总算就席时,王之仁从靴底(袖中?)取出谢三宾的信,当众朗读起来。谢三宾急着要想取回,但为时已迟,兵士已用刀逼着谢三宾。谢三宾这时哭着乞求,表示要为抵抗军提供资金,总算求得了一条命。

当时,提出让谢三宾为抵抗运动方面提供军用资金,来收拾事态的,实际上是前面提到过的万泰。

万泰(1598—1657),字履安,鄞县人。从刘宗周学。是万斯同、万斯大之父,和陆符一起,是黄宗羲最尊敬的浙东学者。说到和复社的关系,在崇祯二年大会的名簿中已可见到万泰和陆符之名。复社的势力得以波及浙东,有赖他们二人之力甚大。关于此,黄宗羲说：[591]

> 诗坛文社,三吴与浙河东相闭隔,而三吴诸老先生皆欲得此两人为重。浙河东风气渐开,实由此两人。(《万泰墓志铭》,《黄宗羲全集》十,288 页)

汇集在演武场的大众激烈地指责谢三宾的背叛时,为何万泰要袒护谢三宾呢?那是因为万泰和谢三宾家之间有姻戚关系,所以想救他一条命。但是,结果是诱发了进一步的背叛,造成许多参加抵抗运动的人牺牲。据说,万泰给自己起了"悔庵"之名,一生悔恨这事②。但是,为万泰写墓志铭的黄宗羲没有涉及此事。《行朝录》中,恐怕是为万泰讳吧,只写："为三宾解者。以任饷止之。"③

(一)

浙东的抵抗运动拥戴在台州的鲁王监国,是由东阳张国维主导的。他是"慕东林之名"不止的人。崇祯年间,任应天巡抚时,就站在

① 关于演武场大会参见第 401 页注③全祖望《董志宁神道表》。
② 全祖望《续甬上耆旧诗》二二"万泰"。
③ 《黄宗羲全集》二《行朝录》三《鲁王监国》。

复社一边,和温体仁等对立[1],已如前述。

在南京福王政权下,张国维作为兵部尚书复出,但和马士英、阮大铖等对立。因为名字进入了黑名单《蝗蝻录》,危险及身,逃归故乡东阳[2]。他听到福王政权崩溃的消息,立即举兵请求谒见在台州避难的鲁王,树立政权。在余姚起事的孙嘉绩等也派张煌言来奉迎,把鲁王接到绍兴,建立了监国政权。张国维、孙嘉绩、熊汝霖等作为这个政权的大学士,指挥以后在浙东的抵抗运动。

这样,鲁王监国政权以钱塘江为防线,对清朝进行抵抗。被称为"划江之役"的就是指此。战线保持了约一年多时间。

在钱塘江以东,和方国安、王之仁等的正规军一起,孙嘉绩等的义勇军构筑了阵地。

义勇军由孙嘉绩、熊汝霖、章正宸、钱肃乐、沈宸荃、于颖等六家军组成。孙嘉绩等前五人都是浙东出身,只有于颖是金坛人[3],由绍兴知府为宁绍台分巡道而在浙东,是对刘宗周执弟子之礼的人物。黄宗羲也组织了乡里的子弟数百人成立世忠营,加入了战线。

当时,义勇军的士气高扬,一段时期,不仅进入到浙西,熊汝霖还和太湖的吴易取得联系,想要朝钱塘江以北出击。正如黄宗羲所说:

> 当义旗初立,士民喟然有吞吴楚之气。方(国安)、王(之仁)亦肯受约束,趋死不顾利害,竞渡钱塘江。此时北师之席未煖,三吴豪杰,寻声响臻,未必不可争衡天下。(《行朝录》三《鲁王监国赞》,《黄宗羲全集》二,131页)

抱着现在如前往江南三角洲地带的话,或可以和满洲一决的期望。

---

① 见本书第七章。

② 被认为是改动了《蝗蝻录》内容的《罗汉录》(参见本书第七章)中,张国维被列于七十二菩萨。见徐鼒《小腆纪年》九,327页。

③ 《鲁之春秋》六"于颖"。

[592]

但是,义勇军毕竟是"书生"、"街卒"以及"野儿"的集团,没有受过正 [593]
规军事训练。更重要的是,由于潜入正规军方国安营的马士英等的
策动,产生了被称为"分地分饷之议"①,围绕着军饷分派的对立。方
国安、王之仁等主张正规军当然应该由正规的税粮,义勇军则由义饷
(临时的筹金)来充当军饷,和义勇军对立。鲁王政权的户部主事董
守谕*认为,"义饷只是名义上的东西,持续地供给是困难的",主张
当置于户部的统一管理之下。结果,这没有通过。这样围绕着军饷
的政权内部的抗争,自然就使得抵抗力量减弱了。

当时,造成军饷困难的另一个原因,在于谢三宾。宁波的义饷,
其中多数是由谢三宾负担。但是,谢三宾通过贿赂,入阁鲁王政权
后②,就拒绝把在乡里征收的军饷作为义饷交给抵抗运动方面,义勇
军被迫渐渐地陷入困境。

次年,丙戌(1646)年五月,太湖的义勇军崩溃后,清军把军力集
中到了钱塘江。其间,首先是方国安军陷落,在从钱塘江撤退时,发
生了把鲁王监国作为人质逃走的事件。虽说鲁王监国逃脱方国安的
监视,但是,由于这一事件,钱塘江的防线崩溃了。六月,清军渡过钱
塘江,浙东很快就处于清军的支配之下。

此后,鲁王监国离开了绍兴,由舟山列岛到厦门,在十年间辗转
于福建。对于浙东来说,鲁王监国并无实质的统治,只是起到一种作
为抵抗运动象征的意义。 [594]

但是,钱塘江之战失败以后,许多义勇军潜入了四明山,继续了
数年的抵抗。

四明山是遍及浙东周围广达400公里的广阔的山岳地带。280
座山峰相连,其中有高达1000米以上的山,山峰之间有田地,山民们
经营农业,是一种有井冈山味道的地带。

四明山中,一时盘踞着相当数量的义勇军。萧山的石仲芳,会稽

---

① 分地分饷之议见《黄宗羲全集》十《董守谕墓志铭》。

② 谢三宾入阁情况参照第402页注②柴德赓论文。

的王化龙、陈天枢,台州的俞国望、金汤,奉化的吴奎明、袁应彪,平冈
的张煌言,上虞的李长祥等。这些军队中,也有极为横暴,被山民完
全孤立者。其中只有据于大兰山的王翊和王江之军,保持严正军规,
以此为根据地,继续了相当时期的抵抗。

王翊[1]和黄宗羲一样,是余姚人,其女和黄宗羲之子黄百家有婚
约,也是黄宗羲的姻戚。那时,王翊主持军事,被称为西王,王江[2]主
管财政,被称为东王。

关于他们在四明山的活动,黄宗羲这样叙说:

> 惟王翊一族,蔓延四明山八百里,设为五营、五内司。王江
> 则专主饷,劝分富室,自单门而下,安堵如故,履亩而税,人亦无
> 不乐输。平时,不义之徒,立置重典;异时,巡方访恶,徒为故事。
> 翊所决罚,人人称快。浙东列城,为之昼闭,胥吏不敢催租缚民,
> 惴惴以保守一城为幸。皆荐诚讲和。翊计天下不能无事,待之
> 数年,以为中原之应。(《行朝录》九《四明山寨》,《黄宗羲全集》
> 二,168页)

[595]

全祖望写的墓碑,进一步展开了黄宗羲的文章,这样说:

> 公军既盛,设为五营、五司。五营以主军,公统之。五司以
> 主饷,王公江任之。视山中田可耕者,且耕且屯,而其余则履亩
> 而税,无横征。富室则量为劝输,下户安堵如故。异时虽有巡方
> 之访缉,徒为故事。公直按有罪者而决之,无枉者。于是四明四
> 面二百八十峰之民,其租赋不之官而之公,其讼狱不之官而之
> 公,其耳目消息,皆不之官而之公。浙东列城昼闭,胥吏不复下
> 乡。汛兵远伏以相眺望而不复近山。

---

① 王翊见《冯王两侍郎墓录》(《四明丛书》第二集所收)。
② 王江见全祖望《鲒埼亭集外编》五《王江神道阙铭》。

和王翊在一起，主管四明山山寨财政的王江，是慈溪人。关于他，全祖望记述如下：

> 公善理饷。计山中屯粮所收不足，亲往民家，计其产，用什一为劝输，以忠孝感动之，有额外扰民一粟者必诛。又时遣人入内地，结连遗老，致其扉屦之助。故杜岙一军之强，甲于他寨。……公总司三营之饷，浙东列城畏之如老黑当道，而胥吏不复下乡催租，于是山中之民益乐输。

可以说，四明山处于战时体制。设有五营五内司那样简单的统治机构，实行屯田制，自给自足。同时，施行"履亩"那样合理的课税，裁判也极为公正。可以说四明山 280 峰处于王翊等的支配之下，实行着一种包括财政、司法的自治体制。四明山不仅是自治区，而且不断地游击出动，威胁在清朝统治下的浙东。在浙东，甚至白夫都不得不关闭城门。清朝在浙东得以统治的只不过是县城这样的点。王翊和王江虽分别从鲁王监国那里得到兵部侍郎、副都御史的官位，但说到四明山，事实上那是王权所不及的范围。王翊被称为大兰洞主，以侯景之乱以来不断被使用、"朝廷不称"的"洞主"来称呼（全祖望语），正是反映了这样的状况。[596]

王翊和王江的山寨，在四明的山寨中强盛超群。因此，不久冯京第和张梦锡的军队也合流于此。从江西、福建到广东，清朝统治一直得不到安定，正是由于在这四明山中，有着抵抗力量的广大的根据地。

但是，清朝在庚寅（1650）年秋天的八月，终于从奉化和余姚两个方面向王翊等所在的大兰山发动进攻。以团练为向导，很难回击。王翊不得不一时逃到舟山群岛。据说，他不乐意留在那里，第二年，得到清军要开始进攻舟山群岛的情报，欲再次回到四明山去。途中，被清军逮捕，押回舟山群岛，于八月十二日被杀。王江一度曾剃了发，以后的数年间，继续抵抗。但在乙未（1655）年，战斗中中流箭而[597]

死。但此后的四明山继续有着游击活动。

（二）

明亡以后，在宁波还出现了若干个结社，如西湖八子社、南湖九子社、西湖七子社、南湖五子社等等的诗社①，那不仅只是用诗歌来表达亡国的悲哀，而且也是对现实的抵抗运动抱有相当关心的人士的集会。其中有为抵抗运动提供军用资金者，也有实际在从事抵抗活动者。

在宁波的结社中，有一个叫弃繻的组织，和诗社的性质稍有不同，弃繻社的"弃繻"，是出自《汉书·终军传》之词。繻，本为剪下的绢，在《终军传》中，指剖开的符。终军想赴长安上书，经过潼关时，关口的官员给他回途时的通行证"繻"，他不接受。回答道：大丈夫为大事赴都，不考虑归途之事。"弃繻"源于此。

由于人们立下志向，为大事而不生归，表示了这样决不退转的意志。从"弃繻社"这个命名本身，就可以看到他们想要进行抵抗到底的意思。

关于这个弃繻社，全祖望在《族祖苇翁先生墓志铭》中说：

> 苇翁先生讳美闲，字吾卫。……国难后，自以明室世臣，不仕异姓，集亲表巨室子弟为弃繻社。……谢昌元闻而恶之曰：此辈不复求死所耶？

[598]

这是说他的族祖全美闲不仕异族，结集了乡里的世族的结社。谢昌元是宋代人，这里是谢三宾的代名词，特地避开其本名②。谢三宾嘲笑道：参加这个结社的人是不是想选择死的场所，也就是说他们全都想要被逮捕死在监狱中吧。

---

① 《鲒埼亭集外编》六《董剑锷墓版文》。
② 在全祖望的《鲒埼亭集》中，共写有 13 种谢三宾之名。前面的谢昌元也是一种，而全祖望之所以要避之而用别的称呼，第 402 页注②所引柴德赓的论文有详细的考证。

全祖望列举了组织这弃缧社人士的名字,有如下的成员:

> 杨文琦、杨文瓒、屠献宸、董德钦、董剑锷、周御天、陆宇爗、陆宇燥、李振玑、李振玘、徐凤垣、施邦玠、高宇泰、全美樟、王之梽。

以下,说到了他们各自的归宿。现根据全祖望写的墓志等,加以若干补充,记之如下:

顺治丙戌(1646)王之梽(王章之子)为金华朱大典所招,守义乌而亡。戊子(1648)杨文琦、杨文瓒①兄弟,屠献宸、董德钦、施邦玠等五人,和舟山群岛相呼应,在宁波起事(翻城之役)失败,杨文琦、屠献宸、董德钦②都被杀。高宇泰③连坐入狱,幸而得免,以后也没有因恐惧而曲节。全美闲,己丑(1649)从鲁王监国,赴舟山群岛,照顾其生活,仅陋屋两间,虽食物欠缺,但仍自若,继续绘马④。他过去曾学赵孟頫画马,讳其仕元,称自己的画是学宋遗民龚圣予。实际上,龚圣予的画并没有留存,是因为和作为遗民的生活方式有共感之故。陆宇爗、陆宇燥⑤兄弟虽合邻而居,但陆宇爗把在城门下的王翊的首级带回,寒食之际招全美闲祭祀,连家里人都不告诉。壬寅(1662),和海上张煌言⑥联络的通海案起,李振玑被捕入狱。癸卯(1663),全美闲和陆宇爗被送往杭州之狱,一天晚上,全美闲突然死亡。翌年,张煌言被捕,其姻戚全美樟⑦也就难免入狱之灾。 [599]

全祖望在记述了弃缧社的成员如何保持"弃缧"的决心、忍受着苦难的岁月以后,这样说:

---

① 《鲒埼亭集外编》十《杨氏四忠双烈合状》。

② 同上,十《屠董二君子合状》。

③ 全祖望《续甬上耆旧诗》四二"高宇泰"。

④ 《鲒埼亭集外编》二一《先侍御画马记》。

⑤ 陆宇爗见本章第350页、陆宇燥见《陆宇燥阡表》(同上,六)。

⑥ 全祖望《鲒埼亭集》九《张煌言神道碑铭》。

⑦ 同上,《鲒埼亭集外编》八《穆翁全先生墓志》。

　　盖二十年来,社中人物或死或生,要皆以完节终。六朝最重门第,自唐以后始衰。今以先生社事观之,乃知故国乔木,不可不亟为封殖。

　　所谓"故国的乔木",是出自《孟子·梁惠王》的话,说国家所必需的,不是高的树木,而是世臣。也就是说,要恢复明的社稷,就必须进行"门第"的结集。确实,他们弃繻社的成员,都是这个地区有着可夸耀"门第"的名族,门当户对,相互之间通婚,有着重合婚姻关系也是事实。正是这样的夸耀"门第"者,才必须自觉地担负起社稷的责任,起到指导抵抗运动的作用。这时,宁波世族间的组合,在以守卫社稷作 [600] 为结社基础的同时,可以说,还超过了族的结合的性质,成为由抵抗的理想结合起来的同志式的结合了。

　　我注意到,在对清朝的抵抗运动中,像这样有着明确的意识的结社在浙东出现。那是与复社以科举及第那样个人的个别利益完全没有关系的情况下成立的结社,是以主义为媒介、作为非合法的,而且是完全秘密、封闭性的组织而成立的。

　　有弃繻社的一部分成员参加,在宁波被称为"翻城之役"事件的发生,是在丁亥年(顺治四年,1647)。那年春天,松江吴兆胜反正事件的失败刚刚结束①。复社人士也受到连坐,已如前所述。这次,宁波方面也想尝试起事。他们一方面对清军中原来是史可法部下的将校做工作,另一方面,还请求在舟山群岛的军阀作援军,准备进军绍兴。全祖望在六狂生之一的王家勤的《行状》中,说到那次起事计划:

　　　　时议分道集兵。华(夏)氏主中甄(翼),而屠驾部(献宸)以内应之兵佐之。冯氏(京第)主西甄,而李侍御(长祥)以东山之寨相援。杨氏兄弟(文琦、文瓒)主西南甄,则大兰之师也。评事

———————————

①　参照本书本章。

（王家勤）曰：吾愿主东南甄。乃逾姜山至管江。管江之豪施邦
炌（玠）、杜懋俊等招姜山之死士，得三千人，资粮扉屦无不毕具。
评事屠牛酾酒，刺血誓师，约以翁洲水师入关，则由陆路自城下
会之。（《王家勤状》，《鲒埼亭集外编》十）

董德钦也对此作了准备，把所有的家产都卖掉了。但是，因被清军所
阻，应当到宁波汇集的义勇军没有到达，从舟山来的援军因感到内应
的危险，以没有起事而告终。还有，参加起事计划的华夏欠慎重，把
给大兰山王一的密信交到了那个谢三宾的手中。

[601]

　　因这次翻城之役失败而被捕的有 100 人以上，给抵抗运动以很
大的打击。而其中先后牺牲的有 5 人，即华夏、王家勤、杨文琦、屠献
宸、董德钦，被称为五君子①，和前面宁波起事时的六狂生并称。五君
子中杨、屠、董三人是弃缛社的成员。

（三）

　　黄宗羲为弃缛社成员之一的陆宇燝（1608—1663）写的墓志铭
（《黄宗羲全集》十，295 页），那是全祖望喜欢读的文章。后来全祖望
因陆宇燝之子的请求，为他再次起草墓志铭，把黄宗羲当时为了避清
朝的忌讳而未能写的内容也记录了下来。

　　陆宇燝，字周明，号赣庵，鄞县人，右都御史陆世科之子。作为六
狂生之一，从起事之初就起领导的作用，这已经如前所述。谢三宾谋
划杀害六狂生时，他给谢三宾写了这样的信：

[602]

　　　　昔德祐之季，谢昌元赞赵孟传，诱杀袁进士以卖国，执事之
　　家风也。今幸总戎不为孟传，遂使执事不得收昌元效顺之功。
　　以是知卖国之智，亦不能保其万全也。（《陆宇燝墓碑铭》，《鲒
　　埼亭集外编》六）

---

①　关于五君子是谁，史料记载有不同，第 402 页注②所引柴德赓的论文有详细的考证。

收到这封信,据说谢三宾咬着舌头颤抖起来。全祖望在前面避开谢三宾之名而称谢昌元,也涉及这个故事。

陆宇燝作为监军参加了钱塘江之战,而在钱肃乐之下实际指挥这一战斗的就是他。马士英逃到方国安军营时,他列举了十大罪,主张当断然斩马士英,黄宗羲也持此同样的论调①。

此后,陆宇燝和冯京第、王翊等相呼应,在榆林为组织抵抗军而奔走。在顺治十六年,张煌言会见郑成功,要从长江进攻南京时,他在浙东支持之。康熙元年,被逮捕。关于此事,黄宗羲谓"为降卒所诬",认为那也许是假造出来的,但是,在全祖望的《陆宇燝墓志铭》中,则明确地断言这个事实。

> 己亥之役,苍水以孤军入江北。先生为之飞书发使,其家初亦不知。但见其喜形于色,私相语曰:殆有好音。闻其败也,当食失箸。是时苍水在海上,遥仗先生为内主。

[603]

据此,陆宇燝明显和张煌言有着联络,绝非假造。这事被清朝所知,他被以通海案投入杭州的监狱,然而以"奇计"逃脱,归途病倒而亡。他有一个女儿为万斯大之妻。

陆宇燝死后,在他书斋的书下,发现了在口袋中收藏着的四明山寨王翊的首级。王翊被杀后,其首级被挂在宁波的城门上示众。陆宇燝无论如何也要把它安葬,在那里徘徊。一天,发现了一个在暗中对那首级叩头的人,那是过去他的手下参画军事,叫毛明山。他们和另一个人,也是曾为钱肃乐武将的江子云商量,谋画要把首级弄到手。秋天,宁波举行龙舟大会的那天,非常混杂,江子云跟着十多人登上了城门,问守卫城门的士兵:"那是谁?""是王翊。"江子云说:"那正是我的仇人。今天得以相会,并非偶然也。"说着就把缚着的绳

---

① 《黄宗羲全集》二《行朝录》三《鲁王监国》。但是版本不同,有不作黄宗羲而只记作某者。

子切断,首级落下。事先等候在城门下的陆宇燝和毛明山就把它拾起而去。据说,陆宇燝连家族也不告诉地过了数年,在书斋中祭祀着。每逢寒食和重九,在他的别庄,悄悄地召集同志,"放声号哭"①。前面所说的西湖八子社、南湖八子社、西湖七子社、南湖五子社等等的诗社,也许就是在那样的时候形成的。

在他们之间强烈的同志式的关系,不仅一起进行抵抗活动,在被敌人逮捕时,冒着生命的危险也要夺回同志;如果不幸被杀害时,要为其举行葬礼;或许还要暗中养育留下的孤儿。在陆宇燝那里,连家族都不让察觉,必须非常细心警惕。在那中间,可以看到,有着称之为朋友的极致的同志友情和抱着殉于此也在所不辞的对于主义的忠诚。黄宗羲把这样的人称为"任侠之人"。[604]

黄宗羲在陆宇燝墓志铭的开头,引用司马迁的话,这样说:

> 司马迁传游侠,以乡曲之侠与独行之儒比量,而贤夫侠者。以布衣之侠与卿相之侠比量,而难夫布衣。然时异势殊,乃有儒者抱咫尺之义,其所行不得不出游侠之途,既无有土卿相之富厚,其所任非复闾巷布衣之事,岂不尤贤而尤难哉?……周明(陆宇燝)一布衣诸生,又何所关天下事。而慷慨经营,使人以侠称,是乃所以为异也。(《黄宗羲全集》十,295页)

他认为现在不是儒者研究学问,就可以独行天下之道的时代。即使是小小的主义,要实现的话,儒者也还是要作任侠之人。他们在没有任何权力这一点上,和庶民是完全一样的,但是被要求从事并非庶民责任的天下国家之事。陆宇燝正是那样的人。

所谓儒者,本来是"文"人。"文"人的极限,在从明末到南明的历史中已经很明显了,只说学问和道德救不了国家的灭亡。那时所需要的,不仅是知识性的,而且是有着"武"的实践所燃烧的热情,哪

---

① 全祖望《鲒埼亭集外编》二十《不波航记》。

[605]　怕超越自身能力的极限也要变革天下国家的个人,以及相互切磋琢磨、克服困难、共同实行的朋友的牢固结合。

　　这种任侠思想的要素,可以说在明代阳明学中就确实存在着。现在围绕着国家和民族,那些要素就显现了出来。

　　这里想谈谈有关浙东抵抗运动的斗士冯京第(1604—1650)。冯京第,字跻仲,号簟溪①,曾祖庄轩是王阳明的门人,他自己也从刘宗周学。冯氏在慈溪也是屈指可数的名门,伯父冯元飏、冯元飙都是被称为"东林巨子"的人物。冯京第也在他们的幕府,帮助他们的政治活动,这已如前述。他和复社的吴应箕相善,与之相会时,经常大肆"危言谰语,裁量人物"。就是他,崇祯十四、十五年,在北京和吴江的沈自徵相会,立志分别建立"霸业",在山东省进行屯田作准备,并开始组织军团。应当注意的是,在黄宗羲为他写的墓志铭中,说到这和吴自徵在太湖准备的船队有关系。崇祯十五年,黄宗羲为了应考也到了北京,汇集在北京的学生们对于围绕当时满洲的状况抱有非常大的危机感。在相互联络的同时,可以想像,已经在探讨为了抵抗的具体战略了。那就是,即使不能抵挡清朝的军事性进攻,他们自身也要投身于为了自卫的"武",也就是军事。

　　冯京第在北京陷落后,得知福王政权发出了逮捕令,就没有前往南京。因为他在《南都防乱公揭》上署名,恐怕在《蝗蝻录》中也肯定
[606]　是榜上有名的。于是就先前往福建的唐王政权。此后,回到浙东,那时,浙东已经是在清朝的支配之下了,因而就专门"召集慈溪大侠"。因和非法活动关联,逃到舟山群岛。其间为了请求援军,还到过日本②。此后,辗转于太湖周围,最后和王翊合军守杜奥,顺治七年(1650)在四明山被清军逮捕杀害。由于长年的抵抗之恨,被杀害后,

---

① 关于冯京第,除了第 393 页注②《黄宗羲全集》十一的《冯京第墓志铭》以外,《冯王两侍郎墓录》(《四明丛书》第二集所收)有《冯京第墓碑》。但是,不知何故,《鲒埼亭集》中未收录。

② 关于此,参见拙稿《浙东的抵抗运动》的注⑦③(《明末清初的社会和文化》所收,京都大学人文科学研究所,1996 年)。

他的心脏被剜出做羹,死得甚为悲壮。黄宗羲没有具体地涉及这些,只记作"遭害",当是由于作为友人,不忍心写那些残忍的事。

冯京第的遗书中有《三山吟》①,其中有《李卓吾酒杯》这样的诗。据诗所说,他在王在明家中,曾用此杯喝酒,那是过去李卓吾在麻城和弟子杨定见告别时作为留别所赠之物。冯京第"手之感涕,极醉而归"作诗。

> 龙湖昔是焚书台,李生王霸纵横才。开口辄骂张白眼,佯狂不受世人哀。
> 举世为公愤中虿,忽然剃除不耐栉。左手搔头右手哦,诛讨千秋一丹笔。
> ……(中略)偃月堂中笑里刀,多少忠良骨化醢。
> 天下皆痴公独狂,生憎老死儿女床。好头颈还自家斫,焉能杀余终屈强。
> ……(下略)

[607]

龙湖,就是麻城的龙潭,过去李卓吾寄寓之处;偃月堂,是唐代权臣李林甫杀害忠良之所。诗中显示了对于李卓吾狂气的某种共感,也预感到自己被作成羹的命运。可见,即使他对于李卓吾的思想并非特别倾倒,也和彻底厌恶阳明学左派急进主义的东林党人不同,是一个任侠之人。

(四)

在宁波,过去的复社成员发挥了领导作用,支撑着抵抗运动。当然,并不是复社所有的人都参加了抵抗运动。在清朝异民族统治这样严酷的现状下,也有以各种各样的方式脱离战线的人,作出出仕新王朝这样苦涩选择的人也很多。

---

① 《冯侍郎遗书》(《四明丛书》第二集所收)。

[608] 黄宗羲的弟弟黄宗会(字泽望,号缩斋)就是脱离了抵抗战线投入佛教之道的一个人。他在那时,断绝了和友人之间的关系,为了回答为何要这样做之问,他写了《解疑》这样一篇文章①,他说:所谓交游,因为说是同人,那就在道德上我作为师,敬仰之人;在文章上我作为友,感到亲切之人。如果要问那些师友是否平安,他们或是惋惜自己的才能闷闷地想如何为世所用;或是迫于饥寒低头转向,听到这样的消息,我就想掩耳而逃。如听到或是其骨被醢,或是九族遭灭,其邸化成泥沼,即使万死得一生也只能逃亡,那就连悲痛也不想说,只有涕泣、恸哭而已。既不能为死者抚墓,又不能为生者御外侮。而我自己,数年来,被马卒捕缚拷问,遭包围略夺,不得不抱老人幼儿逃亡。在这样的状况下,我方想到要放弃和友人们的交游。

他说:

> 夫人幸而处平流无事之日,友论得以相劘,乡议得以相刺,其人虽无千百年之见,未尝无旦暮之声华以荣其身,有甚不合者。
>
> 至于今横流相寻,自非杀身成仁者。美恶贤不肖杂然无以自见。况乎我党困顿已极,尤难责以千百年之见。卒然欲改此,度友论党议,孰从而明之,又孰从而听之?

[609] 他不堪于过去的朋友们的悲痛消息和难以相信的去留状况,就决心断绝一切交游,连和同人之间的笔墨也不交通。深为绝望。但是,他的老师万泰听到这一消息,表示反对,写了《读黄子解疑》②诗相赠。其题辞和诗如下:

> 《解疑》者,黄子泽望所著,(高)旦中自西园归持以相示。其辞多感慨。大略欲息交绝游,不复以书尺通人间,而引欧阳子

① 《缩斋文集》。黄宗羲家的苦难情况,又详见黄宗羲之子黄百家《担书行》(《黄氏续录》五册卷四,上海图书馆所藏)。

② 《续甬上耆旧诗》二二"万泰"。

之言以为其言是而其时非。呜呼！此黄子有为言之，非通论也。我辈生当乱离，以朋友为性命，安得涣然不相往来如黄子之论?！

　　故人江上来，冰雪手自携。著书者黄子，其目为解疑。

　　开卷一再读，字字闻嗟咨。上言交可废，下言时已非。

　　吁嗟著书人，自命非等夷。其言皆有谓，其旨殊可悲。

　　（中略）

　　性命苟可全，交游安得亏。人生当乱离，摧落若枯死。

　　卬须惟我友，辛苦相维持。如何谢故人，老死不相知。

　　（中略）

　　平生敦素交，相好毋相违。非惟应声援，亦以固藩篱。

　　聊厚不为薄，敢效他山劚。

[610]

　　虽说万泰主张正因为在当今乱离之际才当以朋友为性命，但是，黄宗会此后还是按其本人的想法，和朋友们断绝关系。作为居士，在康熙二年，终其生涯，享年四十六岁。按黄宗羲的说法，是"愤憾"早逝。

　　黄宗羲还有一个弟弟黄宗炎[①]（字晦木，号立谿），一段时期，也倾心于佛教。但是，此后因参与策划在四明山中的姻戚冯京第的军事，在根据地之间奔走而被捕。那时，有一个和万泰也有关系的有名的传说。说是庚寅年（1650），冯京第军全部被消灭以后，黄宗炎被投狱待死。当时，其兄黄宗羲想尽办法要夺回黄宗炎。在被处刑那一天，天渐渐暗下来，冯道济就背着死了的囚犯到了刑场。在那瞬间，灯火一灭，当被处刑的黄宗炎就被人背着一下子逃散。在黑暗中跑了十里，到达的是万泰的白云庄，背他来的则是万泰之子万斯程。处刑场上，留下的是换下的死了的囚犯。说要夺回确定执行死刑的黄宗炎等等，单单靠黄宗羲的策略是不可能成功的。背着他逃跑的万斯程自不用说，就连逃往的万泰的白云庄，如果一旦暴露，就难免遭

---

① 《鲒埼亭集》一三《黄宗炎神道表》。

到灭族之灾。那是在认识到这样危险的基础上,得到李邺嗣①、董天鉴、高旦中等数人的协助,方才得以进行。万泰所说的朋友,并非单单在友人之间通通消息那样轻而易举的事。而是在苦难之中,仍然和清朝权力斗争的同时,要夺回同志的牢固的同志式的关系。但是,在清朝的统治体制确立的过程中,朋友那样的横向关系就不能够公开联系了。那样的朋友关系阻挠王朝权力贯彻,清朝政府不久发出禁止以朋友为基础的结社,也就不是不可思议的了。顺治十七年,清朝禁止社盟,使其非法化。此后,康熙元年到二年之间,弃缡社中生存的人士因和海上的抵抗运动有关,被以通海案②逮捕,那绝不是偶然的事。陆宇燝和高宇泰在被捕后,逃脱了,可惜陆宇燝在归途中病死,全闲美和杨文瓒的弟弟杨文琮被捕时就自绝其命。

[612]　　《明夷待访录》的完成,当是在看到中华的恢复业已没有希望的康熙二年(1663)的事。

结　　语

如前所述,复社中奇妙地并存着体制内的趋向和在野的精神。但是,随着明的灭亡,那种体制内的趋向也就失去了意义。那些能量全部都倾注到了对满洲的抵抗运动中。在探讨了上述的抵抗运动的基础上,再来考虑一下其思想背景,也就是成为明代学问基调的阳明学,或是必要的。

众所周知,阳明学主张良知,在呼唤个人自觉的同时,也深入地思考了知识和实践的关系。东林书院的讲学,在这样的意义上,也是继承了阳明学的精神的。他们特别对政治的实践,显示了强烈的意欲。成为中央官僚的话,就必须致力于天子;为地方官的话,就必须致力于人民;如果在野的话,就必须互相研究学问,切磋琢磨道德,致力于世道人心。这就是支撑着东林书院的精神,也是复社人士继承

① 《续甬上耆旧诗》五三"李邺嗣"。

② 通海案见谢国桢《明清之际党社运动考》(1982年)附录清初通海案。

的理念。他们在书院中,并非只是举行文会,高蹈地进行哲学议论,或只是切磋琢磨文章,而是对现实的政治有着强烈的关心,时而对政治家进行尖锐的批判,形成自己的"清议"。

他们不只是把这样的"清议"限于在野的议论,而是作为"天下之公",把在实际中对此加以实现作为自己的使命。哪怕和当时的政权对立,时而冒着生命的危险,他们也要政治性地强调自己。在采取行动的同时,巩固作为朋友的相互联系。在这样的情况下,产生了所谓任侠那样的行动性的人物,那意味着为了在政治上追求变革的主 [613] 体性自我的确立。

本来在阳明学中,就存在着一种可称为狂气的因素。在抵抗运动中,也存在着想停也停不住、任凭本能行动,以及从利害和世间常识难以想像的、和阳明学也相通的那种狂气。

儒和侠本来是相对立的概念,但是在那个时代,所需要的却既是儒也是侠,是尽管没有权力却要行天下国家之事,像陆元燝那样的人物,是恐怕连自己的力量都不考虑、连客观的状况都不看、像疯狂般地奔走行动的任侠之人。也许正是在毫无办法的状况下,为了开辟时代,那些任侠之人才是需要的。

东林党主张复兴道德、复兴学术,乍看起来,或颇为迂阔。也不否定确有这样的情况,但是,他们绝非把政治的变革只作为个人道德层次的问题来追求。也许说得比较极端,是要通过组织党派、结社,诉说于大众,来实现那样的变革的。

在抵抗时期,像在书院中那样的讲学当然是不可能的。而在这时,他们就通过讲学散布思想基础和培育人际关系,还产生了复社的关系网络。他们相互间联系,构筑起有时是冒着生死危险的同志式的团结。同时,一方面面向民众,一方面面向乡绅进行工作,组织起 [614] 抵抗的军队。其中,也存在着像弃缥社那样,明显是为了抵抗而形成的非合法的组织。在清朝的统治下,用实力夺回被捕的同志,或经营其葬仪,或藏其孤儿加以养育。那是五伦中朋友关系的极致,以这样横向的聚集就可能抵抗权力。过去在东林书院的讲学中,朋友的伦理就被强调,就想通过朋友的构筑,树立起君臣间当有的道德;而现在,或许可以说,朋友的构筑成了抵抗夷狄君主的原理。

导致他们有这样狂气的,是清朝的剃发令。被强制实行"夷狄"的风俗,意味着在姿态外形上显现出成为异民族王朝奴隶的屈从,这非常深痛地伤害了他们个人的自尊和民族的尊严。于是"完发"成了崛起抵抗人们的口号,保持包括头发在内的中华文明成了他们的目标。在他们中间,不单纯只限于种族的意识,也可以认为,正在萌生出把文明作为共有之物的民族自豪感。而且,这样的自豪感,并不是只作为读书人的东西存在,布衣之中也有很多人参加了抵抗运动。宁波六狂生之一的毛聚奎有《舆人皂人丐人传》①,那是称赞在福王政权崩溃后,殉难自杀,连名也不知的庶民之死的作品:

[615]

舆人,是南京武定桥人,不知其姓。乙酉之变时,夫妇同日上吊而死。皂人姓于,而不知其名,江阴人。乙酉,清朝的知县来后,暂时忍耐着工作,但是不愿意被清朝的知县使役,归而自杀。丐人则姓名都不知,听到李自成攻陷北京,在养济院的壁上题诗后死。因而,他这样说:连舆人、皂人、丐人都如此汲汲赴义。并非舆人、皂人、丐人的人很多,但是作为真正的人则很少。因此,我想要为他们立传,而且想以《舆公皂公丐公先生传》为传名。称之为公、为先生,是因为只有他们才配称公、称先生。

连舆人等那样被人使唤的奴隶都为"完发"而死,那句有名的顾炎武的"天下兴亡,匹夫有责"的话,是当时实际存在着的或是现实历史的反映。在当时的情况下,只靠乡绅们或学生们的力量,要取得抵抗运动的胜利,毕竟有困难。非聚集所有人的力量,要恢复中华是没有希望的,那或许是在这种紧迫的时刻的想法。在此以前只有知识人是"治"者,民众作为"被治"者,只是被动式的存在。而在要求民众如此关心国事的思想中,有着在阳明学中作为良知的、可称之为人的平等、自我觉醒的因素。也可以认为,那也就是蕴存着的向国民国

---

① 毛聚奎《吞月子集》二(《四明丛书》第二集)。

家发展的可能性。

当时,在北京的是清王朝,而在江南的一部分到浙东,其统治尚未能及,那里是一种权力的空白状态。在其中,诞生了浙东的亡命政权,想要图谋恢复明王朝。但是,他们想要建设的是已不可能在旧体制下恢复的明王朝。在抵抗运动中,也在追求着、不断摸索,在权力空白状况下,全面地构思政权的构图是比较容易的。

[616]

鲁王监国,只是继承明王朝血脉的象征,并没有实际行使作为君主的权力。鲁王实际支配浙东只有一年。如果说民国初年常常出现的所谓虚君共和的虚君状态的话,那就是如此。而在四明山寨,倒是脱离了那种不可依靠的君主权,分布着自治这个地区的体制。在抵抗运动那种非常态的世界中,那种自治,包括关于财政和司法,甚至可以说包括战略,四明山的根据地,是作为解放区、自治区存在的。他们想要把四明山的体制进一步扩大,和太湖周围相联系,扩展到江南一带,进而扩展到全中国。结果没有实现,然而那是否存在可代替王朝国家的国民国家的可能性呢?

可以说,黄宗羲的《留书》①,就是在这样的抵抗运动中提炼出来的民族主义的思想,同样,《明夷待访录》是他们作为反抗者所构想的国家蓝图。

---

① 拙稿《〈留书〉之思想》(《明末清初期研究》,京都大学人文科学研究所,1989 年)。

终　　章

　　以上,对从万历初年开始到明朝灭亡,进而到福王政权下东林党和复社的历史,以各个时期党争的议论问题为焦点,进行了论说。由于是根据我所关心的内容进行的叙述,所以未必能覆盖东林党史的全部。万历四十年代的党争,逮捕东林党人之际发生的开读之变等等,作为东林党史当然是应当论及的课题,然而几乎都未涉及,问题不少。还有,这是从东林党、复社角度,当然是带着"门户之见"的东林党史,现在再一次加以检讨也是必要的。因为对于明末的政治过程,用和这完全不同的角度来写也是可能的。

　　在结束全稿之际,在此想再次按照时代,对其中的要点加以整理。

　　东林党的历史如果划分时期的话,大致可以分为如下六个阶段。

　　第一个时期:东林前史。从万历初年到张居正死去。

　　在这个时期,虽不存在称为东林党的团体,但是,抵抗要把权力集中到内阁的张居正的势力逐渐形成,顾宪成等也是其中的一部分。他们批判的是,张居正的夺情,以及张居正为了确认行政、财政改革而施行的考成法。考成法是把监察制度置于内阁的管理之下,想要封住以言论为职责的科道官的政治批判,实现中央集权的强有力政府的措施。还有,张居正封闭地方上的书院,禁止学生介入政治,封闭了在地域社会上的言论集结场所。东林党人士虽然不反对张居正的行政、财政改革的本身,但是反对无视地域的实际情况,在中央主导下来推进那些政策。两者之间,对于是集中权力于中央,还是给予地方以权限;如何保障言论等,这些政治手法上的不同,渐渐明显。

第二个时期：东林党的形成时期。从万历十年代到二十年代末。围绕着对外问题和国本问题，与内阁对立的时期。

在第二章中，论述了作为张居正政权基础一部分的山西商人和隆庆和议，而到了万历十年代隆庆和议体制所存在的矛盾开始被认识到。那就是造成边境防卫的构造性的腐败，进而是否削弱了国家的防卫体制呢？还有，对于丰臣秀吉对朝鲜的侵略，对蒙古也同样，与说是叫"封贡"而现实却想要含混的政府相反，东林党人士主张要"战守"，主张强化防卫体制的必要性。那是在认识到中华帝国无法收敛的异民族存在的基础上，主张国家防卫的思想，也有从华夷意识脱却和民族意识形成相关联的因素。（还有，万历三十年代以降对满族的战略，是研究明末政治过程的重要政治课题，由于无法收入东林党史这样的范围，所以，只在第六章中，论及有关天启年间的封疆案。）

在这个时期，还发生了成为党争最大议题的国本问题。在第三章中，论述了围绕国本问题东林党人所主张的"开通言路"是什么。所谓"开通言路"，是说以言论为职责的科道官政治批判的自由。为了使他们自己认识到言论的职责，同时就有必要把言论的通道，对官僚自不用说，就是对一般的人民也广泛地开放。东林党人认为，"国"离开了"众论"是不可能的，从而和朝廷、内阁对立。他们受到"结党"的非议而下野，然而公开声称，内阁如果非难"党"的话，我们就是和"辅臣私党"相对立的"朝廷公党"。 [624]

第三个时期：党争时期（前期）。万历三十年代到万历末。以东林书院为中心的书院网络不断形成，拥护李三才展开党争的时期。

顾宪成、高攀龙等复活了东林书院，以此为中心进行了活跃的讲学活动，在野组织舆论。他们主张，学问必须树立在大众的基础上，不能和社会实践相脱离，极为重视五伦关系之一的朋友关系。通过以学问和道德为中介，包括君臣关系在内的其他四伦也可以接近于和朋友关系的同样的水平。他们和思想立场不同的人们也加强了交流，和各地的书院联络，在知识人之间形成一种网络性组织。由于他们的学问重视社会实践,因此,他们自己就必然地形成为朋党。结果,他们被指责为组织朋党,然而,他们认为,如果消除了君子"朋党"而造成小人"朋党"漫延的话,还不如应当通过扩大"君子之党",把和他们有共鸣的人士结合起来。在这里,可以领略到不止于朋友关系,而且有着趋向作为政治结社的"党"的志向。

当时,东林党人想要送入内阁的李三才有着独特的君主论。主张君主是民之主,同时,人民也是"君之主",在从君主权成立的原因上追根问底地探讨这一点上,乃是黄宗羲《明夷待访录》的先驱。李三才在阻止矿税之祸上、在阻止迎合神宗的王锡爵回到内阁上,也发挥了巨大的政治作用。然而要把他送入内阁的战略,则由于反东林派的反对而以失败告终。但是,东林党尽管在野,却关注、干预了中央的人事,"遥执时政"。(此后,围绕着科场案、京察,齐、楚、浙、宣、昆党等党之间进行了激烈的党争,但是关于那个时期的情况,本书基本未能涉及。还有,关于和山西官僚的关系,也未能论及。)

[625]

第四个时期:党争时期(后期)。天启时期。围绕三案和封疆案,与阉党之间展开党争的时期。

天启的政局,开始于梃击、红丸、移宫三案,而东林党人阻止君主成为反东林派的傀儡,实现了东林党系的叶向高内阁。还在首都北京创立了首善书院,宣传鼓吹忠君爱国的思想,期待着思想性的聚结。这期间,反东林派和宦官魏忠贤的勾结加深,增强了和东林党对决的态势,迎来了魏忠贤的恐怖政治时期。以杨涟对他弹劾二十四大罪为契机,魏忠贤接连地兴起冤狱,弹压东林党人。由此,东林党丧失了多数的领导成员,首善书院和东林书院也被封闭,几乎陷于崩溃的状态。

主导这一时期党争的,是东林书院,以及和东林党的主张在政治、思想上有共鸣的人士。在东林党人的周围,慢慢地组织起来的朋党,在这个时期,被称为东林党。

第五个时期:复社活动的时期。东林党下一代的复社人士,与在朝的东林党人士连带活动的时期。

崇祯年间,被称为"小东林"的复社,通过评选八股文在全国组织年轻的知识人,具有了政治的影响力。他们通过各种合法的、或非法的方法,向政界输送人材,其中,也包括参加了太湖周围市镇沙龙的人士。复社提倡"复兴古学",限定于秦汉的简朴语言,同时要写八股文。这样的主张,为和历来士大夫不同的庶民层也广开了科举的门户,得以把全国年轻的知识人聚集到其麾下。复社的张溥,以那种组织力量为背景,作为一个在野翰林,对中央政界具有影响力,学生们也兴起了阻止阉党再出山的政治运动。在崇祯末年,由于张溥的工作,实现了周延儒内阁。但是,这个内阁却未能起用东林党人,未能提出拯救迫在眉睫的明王朝的政策,就告终了。 [626]

第六个时期:南京政权的党争。福王政权的时期。

从万历到崇祯的党争,在南明,特别是南京的福王政权中复燃。可以说,南京政权时期,是阉党对于东林党、复社人物的报复的一年。马士英、阮大铖等和勋戚、军阀相勾结,作成了相对于阉党"逆案"的"顺案",以及《蝗蝻录》那样的黑名单,想要彻底地排除东林党、复社人士。在满洲已经攻陷了北京的情况下,由于为了党争而党争,南京政权仅一年就自行崩溃,根本无法成为抵抗运动的政权。

从上述的情况来看,可以说,东林党是从国本问题被作为政治议题提出的万历十年代开始,经三案成为政局的焦点,到因魏忠贤的狂暴而被彻底弹压的天启末年为止,以这一时期为主要活动时期。此后继续活动的,与其说是东林党不如说是复社的人士。

在那个时期,支撑着他们旺盛的政治活动的,是只有他们才是"天下之公",也就是舆论的代言者这种自我感觉。他们中蕴存的言论,要求可发挥的通道,以"开通言路"这样的政治主张表现出来。而其锋芒,首先就是针对着迎合神宗的内阁。内阁本来只不过是君主的顾问官,以那种批判内阁的政治姿态开始的党争,当然就成了对君主批判的前奏。这样,不久,就发展成为对君主本身的批判。 [627]

　　他们对于内阁自不用说，就是对于君主，也引进了朋友之道的原理。以天下公论之名，公然批判君主，开始执拗地追究国本问题和三案。他们对于看起来是"宫中琐事"的这些问题，之所以那样重视，无非是想把君主权作为王朝国家的一个机关，把它从君主个人的恣意中解放出来。君为民之主，同时民也为君之主，君主必须"以天下好恶为公"。当时，他们认为，如以君主权为依据的话，他们的言论比较容易在政治中得以实现，那就是，当对以君主权为顶点的过去的政治体制的存在方式——当然也包括内阁的存在方式——从根本上加以探讨。

　　在这期间，他们因言论之故而被逐出政界。如果说东林党通过书院的网络，形成朋党；而复社则通过八股文的评选，在全国组织作为官僚预备军的知识人，同时，也和在朝的东林派官僚相联系，从在野的角度展开政治活动。通过邸钞等传媒可以共有情报，这在沟通他们之间意见方面，起到了很大的作用。通过这些，他们之间产生了虽说是松散的、却是共同的政治信念以及以此为纽带的一定的同志式的结合。因此，这就和过去以血缘、地缘、科举同年等为媒介的所谓的朋党明确地划清了界限。这也就是东林党作为"天下公党"在政界中的转化过程。但是，他们还未能提出明确的政治纲领和政策，在政界中也没能掌握主导权，结果，不得不惨败于寄生于君主权的阉党之手。

[628]

　　最后，让我们再回顾一下本书开头提出的问题。是否可以说，明王朝就是由于党争而灭亡的，东林党应当对党争负主要责任呢？

　　关于这个问题，就连当时持支持东林党立场的人士中间，也有相对立的见解。比如，夏允彝和黄宗羲的情况就是如此。夏允彝在《幸存录》中说：

> 　　两党之于国事，皆不可谓无罪。……东林之持论高，而于筹边制寇，卒无实着。……其无济国事，两者同之耳。（《门户大略》，据《汰存录》所引）

他认为明朝灭亡,东林党和反东林党两方都有责任。对此,黄宗羲写了《汰存录》,逐条加以反驳,其中他说:

> 彝仲(夏允彝)以筹边制寇东林无实着,夫筹边制寇之实着,在亲君子远小人而已。天(启)、崇(祯)两朝不用东林以致败,而以筹边制寇责备东林,岂彝仲别有功利之术。(《黄宗羲全集》一,329页)

夏允彝虽说也认同东林党的主张,但认为他们在对于满族的侵入和扩大的农民叛乱,没能拿出确切的政策这一点上,东林党和阉党是同罪的。而黄宗羲反驳道,问题不如说在于作为“君子”之党的东林党未能掌握政权,没有得以实现其政策的机会。只有起用东林党人,才会有“筹边制寇之实着”。而对于没有被起用的东林党,要以没有政策来追究责任,恐是不当的。黄宗羲这里所说的“君子”,不是指单纯的道德意义上的君子,这是无须多言的。 [629]

那么,如黄宗羲所说的那样,东林党完全地掌握了政权,他们究竟会有怎样的“筹边制寇之实着”呢? 关于这一点,必须在了解这个时期政治的过程中,具体地分析和阉党有哪些对立点,然而我不认为,当时他们有可以救得了明朝灭亡的确实的战略。

正如和首善书院有关的人士所主张的,他们在书院要追求的是“代天行道”。这和“刑名钱谷”之事相脱离,没有另外的学问。学问应当是和“职业”不可分、“即实事”而行的。还有,他们认为,讲学不是单方面的教授,而是在和知识人(这自不用说),甚至是在和包括连名也没有的民众的相互交流中,才能得以发展的。因此,这个党争,并非单单在朝廷这一高高在上之处进行。以书院或结社为核心,在其周围的地域的人们都以各种各样的形式卷入到其中。关于党争的实录式的书籍广被刊行,也就说明了识字阶层对于党争关心程度之深。我认为,对于政治的强烈关心和党争的广泛深入,可以说是明末这个时代的象征。 [630]

东林党也好，复社也好，尽管他们聚集舆论，想把言论变为力量，有意识地组织朋党，但是，最终没有压倒阉党的政治力量，这也是历史的事实。他们不得不被君主的恣意和以君主之名进行的阉党的挑衅所拨弄。在内外交困的王朝危机中，阉党挑起的无限制的党争，妨碍了在朝廷中政策论争的展开。两派的争斗，萎缩成没有意义的权力斗争，这也是无法否定的。而其责任，与其在东林党方面，不如更多地要从阉党方面追究。

[631]　　明朝，与其说是亡于党争，不如说亡于阉党之手。

东林党关系者一览

（1）本《东林党关系者一览》是以钱人麟《东林别乘》以及李俟《东林党籍考》（商务印书馆，1957年）为底本，并参照《酌中志余》做成的。但是，《酌中志余》的人名中，因音通和形似的文字错误很多，《东林别乘》也难说万全。即使是作为东林派人物收录的姓名，也混杂有明显是阉党，或天启年间黑名单中的复社人士，有种种问题。还有不同的版本，收录的人物有若干异同。对于这些，当然无法擅改，所以，不得不主要根据钱人麟的书，就那样地收入到一览表。同时，根据题名录等其他史料，对于可以确认的确认之，加上了原籍等内容。而也留有完全没有线索、无法确认的人物。这些黑名单，由于有载入其中但不能断言为东林党的人物，只不过是为了看起来方便，才这样做的（参见本书《序章》第2页，朱俟前引书，以及本书第六章第229页）。

（2）上述李俟《东林党籍考》，是以《东林党人榜》（略称《党人榜》）为基础，记有个人的小传以及简单的有关史料。为了利用时的方便，在表中，不记作○，而是用《东林党籍考》的号码。

（3）作为东林党及东林书院的史料，把陈鼎《东林列传》（略称《列传》）及许献、高廷珍等《东林书院志》（略称《书院志》）的传的一部分列入一览表中，但是都只采录这些书中的明代人，而且是顾宪成以后的人物，省略宋人和清人。数字都是卷数。

（4）《明儒学案》，由于只有17人，所以未列入此表。请参见本书前面有关章节。

（5）沟口雄三在《所谓东林派人士的思想》（《东洋文化研究所

纪要》75 册, 1978 年)中, 把《东林列传》、《东林党人榜》、《明儒学案》所举这些人名的地域作为附表, 同时附有东林派人士著作中日本现存的著作目录。非常有用, 可以一并参照。

（6）关于复社同人, 京都大学人文科学研究所《明末清初的社会和文化》班编有《复社姓氏索引——附明登科录索引》, 可以参照。

东林党人榜

是根据天启五年十二月阉党卢承钦的上奏公布的当时当成为处分对象的东林党人 309 人的姓名。据说是模仿了宋代的元祐党人碑。参照朱倓《东林党人榜考证》(《明季社党研究》所收, 1945 年, 商务印书馆)。在此, 由于李倓《东林党籍考》是以《东林党人榜》为基础, 记有其小传、著书之类, 所以不记作○, 而是采用《东林党籍考》所记的号码。下列文献 1、2、3 中所收。

东林点将录

把东林党人分别比作《水浒传》中的 108 (实际 109 人) 条好汉。关于此书作者, 有诸种说法, 王绍徽说比较有力。版本不同, 有相当的异同。本表中所录为文秉《先拨志始》中所录者。参照朱倓《东林点将录考证》(《明季社党研究》所收, 1945 年, 商务印书馆), 略称《点将录》。下列文献 1、3、4、5 以及吴应箕《启祯两朝剥复录》十(《贵池先哲遗书》)中所收。

东林同志录

据说是为了补充《东林点将录》的不完全而作成的, 还有《续点将录》。按官职之别记载东林党人的姓名。作者据说是崔呈秀。略称《同志录》。下列文献 1、3、4 中所收。

东林朋党录

作者据说也是崔呈秀。为了明确容易形成朋党契机的座主和门生的关系等,汇集了东林党人的科举及第年代、原籍、座主等资料。
略称《朋党录》。下列文献 1、3、4 中所收。

东林胁从

和上述《东林朋党录》同样形式。略称《胁从》。下列文献 1、3、4
中所收。

东林籍贯

作者不明。把东林党人按地域分类而成。略称《籍贯》。下列文
献 1、3、4 中所收。

盗柄东林夥

东林党的初期、盛期、中期、晚期,大致按时代,列举东林党人而
成。略称《盗柄夥》。下列文献 1、3、4 中所收。

夥坏封疆录

作者魏应嘉。附有他的《夥坏封疆录题》。列举和封疆案有关的
东林党人姓名。略称《封疆录》。下列文献 1、3、4 中所收。

出典

1　钱人麟《东林别乘》(广东中山图书馆,据澄海高氏玉笥山房
所藏稿本油印,1958 年)。

2　陈鼎《东林党人榜》,《东林列传》所收。

3　撰者不明《酌中志余》。

4　静嘉堂所藏抄本《东林朋党录》等六种。

5　文秉《先拨志始》。

6　许献、高廷珍等《东林书院志》。

7　陈鼎《东林列传》(略称《列传》)。

东林党关系者一览（按日语五十音顺）

姓名	字	号	原籍	党人榜	点将录	同志录	朋党录	胁从	籍贯	盗柄辏	封疆录	列传	书院志
ア													
安伸			淄川										
安希范	小范	我素	无锡	273						○		21	8
晏文辉			南昌							○			
イ													
韦藩		松翘	富顺		○								
尹伸	子求		宜宾			○				○			
尹洗	宇新		安肃									10	
尹同皋			兴县						○				
ウ													
于玉立	中甫		金坛			○							
于孔兼	元时	景素	金坛	246		○				○		21	9
エ													
卫胤文	祥趾		韩城									7	

续　表

姓名	字	号	原籍	党人榜	点将录	同志录	朋党录	胁从	籍贯	盗柄矉	封疆录	列传	书院志
卫景瑗	仲玉		韩城									7	
卫桢固	屏君		韩城									7	
易应昌	瑞芝	白楼	临川	254						○		20	
袁化中	熙宇	民协 民谐	武定	11	○	○	○		○	○		3	
袁继咸	临侯		宜春									10	
袁中道	小修		公安			○			○	○			
丁													
王安	允逸	宁宇	雄县							○	○		
王纪	惟理	宪葵	芮城	52	○	○	○		○	○	○	13	
王洽	和仲 涵仲	葱岳	临邑	117	○			○	○	○			
王国	之桢		耀州							○			
王佐						○			○	○			
王章	汉臣	芳洲	武进									9	

续　表

姓名	字	号	原籍	党人榜	点将录	同志录	朋党录	胁从	籍贯	盗柄戥	封疆录	列传	书院志
王图	则之	衷白	耀州	194	○	○	○		○	○		16	
王蒸	潜仲		昆山									5	
王明										○			
王以宁			绍兴卫							○			
王允成	述文		泽州	77	○	○	○			○	○		
王永图	惟怀 新之	俭齐	宜兴										8
王家彦	尊五		莆田									9	
王基桢			长垣										10
王基洪			襄垣			○				○			
王凝祚			安邑			○				○			
王继谟	景文	显哉	府谷	235									
王元雅	浦鹤		太原	71									
王元翰	伯举 横空	聚洲	宁州	213		○	○		○	○			

续　表

姓名	字	号	原籍	党人榜	点将录	同志录	朋党录	胁从	籍贯	盗柄录	封疆录	列传	书院志
王国兴			顺天	268									
王国桢			咸宁			○			○				
王士祺	同伯		太仓			○				○			
王之寀	心一		朝邑	180	○	○	○		○	○			
王时熙	仲缉 止敬		南昌	140		○	○						
王淑汴	符清		耀州	263		○			○	○			
王述古	信甫	锺嵩	禹州										
王象乾	子廓		新城			○			○	○			
王象春	季木	文水	新城	58	○	○	○		○	○			
王钟庞			新城	295		○				○			
王心一	纯甫	元珠	吴县	118					○				
王振奇		石鲸	安福	159									
王祥远			普安卫						○				

续　表

姓名	字	号	原籍	党人榜	点将录	同志录	明党录	胁从	籍贯	盗柄鞶	封疆录	列传	书院志
王祥昌			合州	226					○				
王宗贤	淑颜	省愚	清源	214									
王则古			禹州			○				○			
王登庸			泸州							○			
王道焜	昭平		钱塘									11	
王任杰			合州			○			○	○			
王命新			汶上			○	○			○			
王明熙										○			
王豫立			泾阳			○				○			
汪　伟	叔度 长源		江宁									9	
汪　镶						○							
汪应蛟	潜夫 蔚翔		婺源	133							○	16	

续　表

姓名	字	号	原籍	党人榜	点将录	同志录	朋党录	胁从	籍贯	盗柄戝	封疆录	列传	书院志
汪怀德			婺源			○				○			
汪乔年	岁星		遂安	31								6	
汪康谣	淡衷 唐徵	鹤屿	休宁	271								22	9
汪若霖	时甫		光州							○			
汪承爵			临清							○			
汪先岸	登于 无一		休宁	209		○							
汪宗孝													
汪道亨	云阳		怀宁			○	○			○			
汪文言	土光		休宁	13	○	○				○		3	
区大伦	罗阳	孝光	高明	248									
翁宪祥	兆隆		常熟			○				○			
翁正春	兆震 益斋		侯官	148		○				○		17	

续　表

姓　名	字	号	原籍	党人榜	点将录	同志录	朋党录	胁从	籍贯	盗柄鬃	封疆录	列传	书院志
欧阳调律	嶰谷 伯宣		合州	96					○				
欧阳东凤	千仞 若谷	宜诸	潜江	154								21	9
温纯	景文 叔文	一齐	三原							○			
カ													
何吾驺	龙友 象冈		香山	309									
何士晋	武莪	武表	宜兴	187	○	○	○		○	○			
何如宠	康侯 芝岳		桐城	241									
何栋如	充符 子极	天至	无锡	182		○							
夏嘉遇	正甫	绳北	华亭	88	○	○			○	○			
夏之令	伯宣	伯先	光山	24	○					○		4	

续　表

姓　名	字	号	原籍	党人榜	点将录	同志录	朋党录	胁从	籍贯	盗柄辍	封疆录	列传	书院志
华		讱菴	无锡										9
华允谊			无锡									24	
华允诚	汝立	凤超	无锡									2	10
华允谋	汝翼	燕超	无锡									24	9
贺烺	函伯	世寿	丹阳	35	○	○	○		○	○			
贺王醇				284									
贺学仁						○			○	○			
贺时泰	叔交		江夏									22	9
贺仲轼	景瞻		获嘉									10	
贺逢圣	克歆	对阳	江夏	30	○	○	○		○	○		7	
解学龙	言卿 石帆		兴化	43		○							
解经邦			韩城										
郝土膏	臣水	洽寰	郿县	93	○	○	○			○			

续表

姓名	字	号	原籍	党人榜	点将录	同志录	朋党录	胁从	籍贯	盗柄㭊	封疆录	列传	书院志
郝名宦			清涧							○			
郭巩			迁安						○				
郭渭			新乡			○				○			
郭一鹗			庐陵							○			
郭正域	美命		江夏	210						○		15	
霍镁	中明	韵衡	马邑	227		○		○					
霍守典	和衷	显用	沁州	132		○	○						
岳元声	子描 之初	石帆 潜初	桐乡	164		○			○	○			
葛曹熹	水鉴	屺瞻	钱塘							○			
韩爌	象云 虞城		蒲州	111	○	○			○	○		17	
韩策	对廷		南宫	208						○			
韩范			沁水							○			

续　表

姓　名	字	号	原籍	党人榜	点将录	同志录	朋党录	胁从	籍贯	盗柄辏	封疆录	列传	书院志
韩　琳	景珪	管洛	泾阳	253									
韩继思		正堂	西安		○				○				
韩光祐			光化			○		○	○				
韩钟勋			武进	281									
韩万象	元虚		太原	231		○		○		○			
卞													
祁彪佳	幼文		山阴									11	
魏　说			蒲圻			○			○				
魏允中	懋权		南乐			○							
魏云中	定远		武乡				○		○	○			
魏应嘉	示周	宾吾 易山	兴化	139				○					
魏光绪	孟韬	元白	武乡	40	○	○	○		○	○			
魏大中	孔时	廓园	嘉善	9	○	○	○		○	○	○	3	10

续　表

姓名	字	号	原籍	党人榜	点将录	同志录	朋党录	胁从	籍贯	盗柄夥	封疆录	列传	书院志
吉人						○				○			
丘懋炜	以鄂		长治			○				○			
许直	若鲁 一箴	桂玉	漳浦									9	
许士柔	仲柔		如皋									23	
许世卿	伯勋	静馀	常熟									22	8
许念敏			无锡	185		○				○			
许文岐	我西		仁和			○			○	○		7	
许誉卿	衷实 霞城	公实	华亭	91						○			
姜宝	廷善	凤阿	丹阳							○			
姜士昌	仲文		丹阳			○				○			
姜志礼	立之 同节		丹阳	245		○			○	○		16	9
姜习孔	素臣	四可	遂安	250								20	

续　表

姓　名	字	号	原籍	党人榜	点将录	同志录	朋党录	胁从	籍贯	盗柄戮朋	封疆录	列传	书院志
姜逢元	仲讱		会稽	258								18	
乔允升	吉甫	鹤皋	洛阳	61	○	○	○		○	○			
乔可聘	君徵	圣任	宝应	102								24	
乔承诏	扬名	献盖	介休	144		○		○		○			
龚三益	伸友	兰谷	武进										
龚廷祥	伯兴	佩潜	无锡							○		10	10
饶位	廷立		进贤							○			
饶伸	抑之		进贤			○	○		○				
金铉	伯玉		武进									8	10
金九陛	允诇		全椒									23	10
金光辰	居垣		全椒									23	
金毓峒	鹤冲		完县									10	
金士衡	秉中		长洲	251		○		○		○		20	
金世俊	孟章	稠原	义乌	233									

续　表

姓名	字	号	原籍	党人榜	点将录	同志录	明党录	胁从	籍贯	盗柄鬽	封疆录	列传	书院志
ク													
瞿式耜	起田		常熟			○				○			
ケ													
荆羕乔		钟阳	临晋										
惠承芳					○	○	○		○	○			
惠世扬	抑我抑之	元纁	清涧	37	○	○	○		○	○	○		
倪应眷	申之	三兰	桐城						○				
倪元珙	赋汝		上虞									16	
倪元璐	玉汝		上虞									8	
倪思辉	韫之实符		祁门	120									
甄淑	尔仪锦石		黄冈	89	○	○		○		○			
コ													

续　表

姓名	字	号	原籍	党人榜	点将录	同志录	朋党录	胁从	籍贯	盗柄黟	封疆录	列传	书院志
胡化													
胡忻	慕之	慕东	秦州	212		○				○			
胡琳			余姚			○			○	○			
胡永顺	助之、天岳		武陵	137									
胡应台			浏阳					○	○				
胡嘉栋			西华						○				
胡士奇			天长			○				○			
胡守恒	见可		舒城									7	
胡良机	省之、念菴	省之、念菴	南昌	128	○					○			
顾铉	青城		成都									9	
顾枢	所止	庸菴	无锡										11
顾允成	季时	泾凡	无锡	106						○		2	7
顾宪成	叔时	泾阳	无锡	3		○				○		2	7

续　表

姓名	字	号	原籍	党人榜	点将录	同志录	明党录	胁从	籍贯	盗柄戮	封疆录	列传	书院志
顾国宝			通州										
顾际明			嘉善			○		○		○			
顾士琦			太仓			○				○			
顾锡畴	九畴	瑞屏	昆山	174	○	○				○		12	
顾宗孟	岩叟		长洲	39									
顾大章	伯钦	坐客	常熟	12	○		○		○	○	○	3	
顾大韶	仲器	常熟	常熟									3	
顾大猷						○							
顾天埈	升伯	开雍	昆山							○			
顾秉谦			昆山										
吴炯	晋明		华亭						○	○			
吴默	因之		吴江			○				○			
吴亮	采于		武进							○			
吴怀贤	齐仲		休宁	21								4	

续　表

姓　名	字	号	原籍	党人榜	点将录	同志录	朋党录	胁从	籍贯	盗柄彠	封疆录	列传	书院志
吴甘来	和受	苇菴	新昌									9	
吴桂森	叔美	瓢华	无锡									22	9
吴弘业	富有	玉麓	澄江	151									
吴弘济	春阳 海舟		秀水	297								13	
吴尔壎	介子	以白	石门									10	
吴尔成	元水		青浦	46	○	○	○		○	○			
吴柔思			武进							○			
吴钟峦	峦稚	霞舟	武进			○				○		12	
吴仁度	继疎		金溪					○	○	○			
吴正志	之矩		宜兴			○							
吴宗达	上宇	青门	武进							○			
吴达可	叔行	安节	宜兴			○				○			
吴道坤				291									

续　表

姓名	字	号	原籍	党人榜	点将录	同志录	明党录	胁从	籍贯	盗柄鬠	封疆录	列传	书院志
吴道长			星子							○			
吴道南	会甫	曙谷	崇仁			○				○			
吴邦耀										○			
吴麟徵	圣生	磊斋	海盐									9	
吴裕中	幼益	磊石	江夏	19								4	
吴用先	本如		桐城	183		○		○	○	○			
吴养春						○		○	○	○			
吴良辅	修宇		潼川	146		○				○			
公鼐	孝与	家臣	蒙阴	296		○							
向日升			鍾祥								○		
江东之	长信　念所	子信	歙县	255								14	
江秉谦	兆豫	瞻城	歙县	100		○				○	○	14	
侯恪	若木　若朴	木菴　遂园	商丘	252						○		20	

续　表

姓名	字	号	原籍	党人榜	点将录	同志录	朋党录	胁从	籍贯	盗柄豭	封疆录	列传	书院志
侯恂	若谷	六真	商丘	301	○	○				○			
侯岐曾	雍瞻		嘉定									20	
侯执蒲	以康	碧塘	商丘			○				○			
侯震旸	得一	英观	嘉定	34							○	20	
侯峒曾	豫瞻		嘉定									20	
洪如锺	学海		南郑	153		○				○			
洪文衡	平仲	桂渚	歙县										
耿如杞	楚材	朴公	馆陶	247									
高推								○					
高攀龙	存之	景逸	无锡	6	○	○			○	○		2	7
康元穗			安福			○				○			
黄一腾			宁国			○				○			
黄毓祺	介子		江阴	283									
黄裕相						○							

续　表

姓名	字	号	原籍	党人榜	点将录	同志录	朋党录	胁从	籍贯	盗柄鬠	封疆录	列传	书院志
黄公辅	振玺	春溥	新会	53	○	○	○			○			
黄承昊	履素	同瀹	秀水	175									
黄正宾	黄石		歙县	64	○	○	○			○			
黄淳耀	蕴生		嘉定									11	
黄宗昌	长倩		即墨									24	
黄尊素	真长	白安	余姚	17	○	○	○		○	○		4	
黄道周	幼元 幼平 螭若	石斋	漳浦	262					○	○		12	10
黄伯英	冠龙		无锡										11
黄龙光	二为		浮梁	188		○			○	○			
旷鸣鸾			庐陵			○		○		○			
卝													
左光斗	遗直 共之	浮丘 沧屿	桐城	8	○	○	○		○	○	○	3	

续　表

姓　名	字	号	原籍	党人榜	点将录	同志录	朋党录	胁从	籍贯	盗柄矜	封疆录	列传	书院志
崔景荣	自强 振峰	自绦	长垣	72								14	
蔡毅中	弘甫	中山	光山	113		○	○		○	○			
蔡思充			漳浦							○			
蔡懋德	维立 公虞	云怡	昆山	36								7	10
三													
史永安	磐石		武定	169		○			○	○			
史可法	宪之	道邻	大兴									10	
史学迁			翼城			○				○			
史记事	义伯	莲勺	渭南	87	○	○	○		○	○			
史孟麟	际明	玉池	宜兴	272		○			○	○		22	8
施元徵	泰先	旷如	无锡										11
施邦曜	尔韬	四明	余姚									10	

续 表

姓名	字	号	原籍	党人榜	点将录	同志录	朋党录	胁从	籍贯	盗柄鬠	封疆录	列传	书院志
施天德	胤尼		新喻	193		○				○			
谢应祥			安福			○		○	○	○			
谢奇举	曰可					○				○			
谢廷讚			金溪							○			
谢文锦		玄中	江陵		○								
朱　灏				279									
朱延禧			聊城					○					
朱钦相	懋忠	如容	临川	126									
朱吾弼	谐卿		高安			○			○	○			
朱光祚	上愚		江陵	203		○		○	○	○			
朱国桢	文宁 平涵	文盲	乌程	50		○			○				
朱国弼			夏邑	156									
朱之冯	德止	勉斋	大兴									-7	

续　表

姓　名	字	号	原籍	党人榜	点将录	同志录	朋党录	胁从	籍贯	盗柄矙	封疆录	列传	书院志
朱世守	玉朴	五楼	安福	220	○								
朱祖文	完天		嘉兴									3	
朱大典	孟常	未孩	金华	149									
朱长春			乌程							○			
朱万春	德升		无为			○		○				3	
朱隆宣			吴县										
周　镳	仲驭		金坛		○	○				○		10	11
周延儒	玉绳		宜兴			○		○		○			
周应期			蕲水			○			○	○			
周嘉谟	明卿	景松 讱士	汉川	108	○	○	○		○	○	○	18	
周希圣			零陵					○		○			
周希令			宁州							○			
周起元	仲先	联贞 绵贞	海澄	23	○	○	○		○	○		4	

续　表

姓名	字	号	原籍	党人榜	点将录	同志录	朋党录	胁从	籍贯	盗柄鼸	封疆录	列传	书院志
周孔教	怀鲁	行在	南昌	282								21	9
周洪谟	宗稷庆虞尧弼	箐高	山阴	162									
周尔发			同安			○				○			
周顺昌	景文	蓑州蓼洲	吴县	14		○		○		○		3	10
周汝玑			商城							○			
周汝登	继元		海门						○	○			
周宗建	二咸		商城	166		○		○	○	○			
周宗建	季侯	来玉	吴江	16	○	○			○	○	○	4	
周宗文			嘉善							○			
周大成						○				○			
周秦峙			金坛			○				○			
周朝瑞	思承	衡台	临清	10	○	○	○			○	○	3	

续　表

姓　名	字	号	原籍	党人榜	点将录	同志录	朋党录	胁从	籍贯	盗柄矇	封疆录	列传	书院志
周廷佐			金坛							○			
周道登	先岸文岸	念西	吴江	219		○				○			
周凤翔	仪伯	巢轩	山阴									9	
祝　渊	开美		海宁									12	
祝世禄	延之	无功	鄱阳							○			
宿梦鲤	龙吉	仁寰											9
诸寿贤	延之		昆山			○				○			
徐　汧	九一		长洲									10	
徐　标	鹤洲		济宁							○		7	
徐观澜			泽州				○						
徐宪卿	九亮		太仓州	78	○								
徐时翰													
徐如珂	季鸣	念阳	吴县	204						○			

续　表

姓　名	字	号	原籍	党人榜	点将录	同志录	朋党录	胁从	籍贯	盗柄鬠	封疆录	列传	书院志
徐缙芳	奕开	十洲	晋江	302		○				○			
徐石麒	宝摩 虞求		嘉兴	107								11	
徐遵阳				300									
徐大相			安义							○			
徐必达	德夫		秀水							○			
徐梦麟			宣城				○			○			
徐良彦	季良	若谷	新建	191	○	○	○			○			
舒荣都			鄞县						○	○			
邵宗元	景康	又芝	砀山									10	
章允儒	珍甫	鲁斋	南昌	94									
章嘉祯	元礼	衡阳	德清	57		○				○		14	
章正宸	羽侯		会稽									24	
焦源清	湛一		三原									7	

续　表

姓名	字	号	原籍	党人榜	点将录	同志录	朋党录	胁从	籍贯	盗柄掇	封疆录	列传	书院志
焦源溥	逢源 定夫	涵一	三原	33							○	7	
叶向高	台山	进卿	福清	2	○	○	○		○	○		17	
叶茂才	参之	闲适	无锡			○	○			○		22	8
蒋 贵						○				○			
蒋允仪	闻韶 岩叟	泽全	宜兴	42	○	○	○		○	○		19	
蒋弘宪	成甫	笠泽	宜兴			○				○			
蒋正阳				206									
萧 基	大美 汝城		泰和	130	○	○		○		○	○		
萧近高	损之 九生	抑之	庐陵	303									
锺 惺	伯敬	退谷	竟陵			○			○	○			
锺羽正	淑濂	龙渊 龙原	益都	205		○				○			

续　表

姓名	字	号	原籍	党人榜	点将录	同志录	朋党录	胁从	籍贯	盗柄鼐	封疆录	列传	书院志
申佳胤	孔嘉 井眉	素园	永平									9	
沈演	淑敷		乌程	265									
沈鲤	仲化	龙江	归德							○			
沈惟炳	斗仲	炎洲	孝感	125	○	○			○	○			
沈维堡			仁和			○				○			
沈云祚	子瑗		太仓									10	
沈应奎	伯和	湛源	武进		○	○	○						
沈应时	伯起	五锡	无锡	305		○		○		○			
沈敏圻	叔永	泰垣	归安			○							
沈敏衮						○				○			
沈思孝	纯父 继山		嘉兴	105								13	
沈正宗	因仲	桐冈	吴江	116		○	○		○	○			

续　表

姓　名	字	号	原籍	党人榜	点将录	同志录	朋党录	胁从	籍贯	盗柄录	封疆录	列传	书院志
晋淑汴			洪洞										
秦尔载	彦熙	水庵								○			9
秦重泰	原博	澹缘	无锡										11
人													
帅　众	我一	五实	奉新	177		○			○	○			
邹维琏	德辉	匪石	新昌	65	○	○	○		○	○		19	11
邹期相	公黄	忠隆	无锡										11
邹期颎	公宁	经畲	无锡										8
邹元标	尔瞻	南皋	吉水	4	○	○	○		○	○	○	13	
邹德溥	汝臣		安福			○			○	○			
邹复宣			新建							○			
七													
成　勇	宝慈	仁有	安乐									23	11

续　表

姓名	字	号	原籍	党人榜	点将录	同志录	朋党录	胁从	籍贯	盗柄辑	封疆录	列传	书院志
成德	元修	立升	怀柔									9	
成基命	靖之	怠子	大名	267									
成明枢			曹州							○			
盛以弘	子宽		潼关卫			○				○			
盛万年	恭伯		秀水			○				○			
石星	拱宸	东泉	东明							○			
石有恒	伯常		黄梅									5	
石昆玉			黄梅				○				○		
薛贞			韩城						○				
薛大中	允执	龙阜	三原	135		○		○		○			
薛敷教	以身	元台	武进	104		○				○		21	
薛敷政	以心	纯台	武进			○			○				
薛文周	希文	情岚 晴岚	安定	306	○					○			8

续　表

姓名	字	号	原籍	党人榜	点将录	同志录	朋党录	胁从	籍贯	盗柄录	封疆录	列传	书院志
詹兆恒	月如		永丰									11	
钱春	若木	梅谷	武进			○	○		○	○			
钱一本	国端	启新	武进			○				○		21	8
钱谦益	受之	尚湖 牧斋 蒙叟 东涧遗老	常熟	62	○	○	○		○	○	○		
钱士升	抑之	御冷	嘉善			○				○			
钱士晋	康侯	昭白	嘉善	192		○				○			
钱大复			松江	257		○				○			
钱龙锡	稚文	机山	华亭		○							18	
丷													
宋焘	岱倪		秦安州	256		○				○		14	
宋槃	念蓁	懋章	乐陵	114		○	○		○	○			
宋师襄	袁节		耀州	143		○		○		○			

续　表

姓名	字	号	原籍	党人榜	点将录	同志录	朋党录	胁从	籍贯	盗柄鄵	封疆录	列传	书院志
曹珍	用韦		益都	170						○			
曹于汴	自梁 珍宇字		安邑	63	○	○	○			○			
曹师樱			宜兴						○				
曹大咸			江陵							○			
曹履吉			当涂							○			
曾樱	仲含 仲闇	二云	峡江	68								12	12
曾际易			番禺			○			○				
曾用升			海阳			○							
臧煦如			长兴			○				○			
臧照如			长兴			○				○			
孙玒	纯玉	蓝石	渭南	216								19	
孙铤	文中	玄峰	徐姚	51								14	

续表

姓名	字	号	原籍	党人榜	点将录	同志录	朋党录	胁从	籍贯	盗柄掇	封疆录	列传	书院志
孙羽侯	鹏初		华容							○			
孙居相	伯辅	洪阳	沁水	59	○	○	○		○	○			
孙之益						○			○	○			
孙承宗	稚绳 恺阳	维城	高阳	29	○	○			○	○		6	
孙昌龄			宁晋						○				
孙绍统	昌之	华屏	华州	152									
孙振基	肖冈		潼关卫			○				○			
孙慎行	闻斯	淇澳	武进	66	○	○	○		○	○		21	8
孙鼎相	玉阳		沁水	60	○	○		○	○	○			
孙玉扬	叔孝		富平	211						○		15	
孙必显	克孝		潼关卫		○	○	○			○			
夕 埙				288									
戴													

续　表

姓名	字	号	原籍	党人榜	点将录	同志录	朋党录	胁从	籍贯	盗柄眹	封疆录	列传	书院志
戴　忠				242									
戴章甫										○			
谭　锴			南丰			○							
段　然	幻然		江夏	171		○		○	○	○			
谈自省	中约		丹徒	229									
子													
张　庭			蒲州							○			
张　甬	世调		华亭		○					○			
张　涛			黄陂										
张云鸢	羽臣	泰岩	无锡			○							11
张承桢				276									
张嘉言			湘潭			○							
张我续			邯郸							○			

续　表

姓名	字	号	原籍	党人榜	点将录	同志录	朋党录	胁从	籍贯	盗柄蠹	封疆录	列传	书院志
张经世	惟才翼明		渭南	299									
张继孟	伯功	素岩	扶风	167		○	○		○	○			
张光前	尔荷	泽西	泽州		○	○	○		○	○			
张光房			泽州			○	○		○	○			
张国维	玉笥		东阳									11	
张国纪			祥符	269									
张国儒			榆次							○			
张国纯				240									
张三谟	纬典		平定									19	
张思任						○				○			
张慎言	金铭	藐山	阳城	98	○	○	○			○			
张锡命			潼川							○			
张振德	季修		昆山									5	

续　表

姓名	字	号	原籍	党人榜	点将录	同志录	明党录	胁从	籍贯	盗柄戮	封疆录	列传	书院志
张大受	伯可 弦所		无锡									22	8
张廷拱										○			
张柽芳			同安			○				○			
张道濬			通州	292		○							
张笃敬			沁水							○			
张文熙			扶沟					○		○			
张邦经									○				
张凤翔	蓬玄		堂邑		○	○			○				
张鹏云	挚九 汉冲	雨苍	阳城	121			○			○			
张梦时	伯可	弦所	无锡										
张懋忠			仁和			○				○			
张向达	德允 诚宇 明远		泾阳	165	○	○	○			○			8

续　表

姓名	字	号	原籍	党人榜	点将录	同志录	朋党录	胁从	籍贯	盗柄粊	封疆录	列传	书院志
张罗彦	仲美	二酉	清苑									10	
张罗俊	元美		清苑									10	
张养才			同州							○			
张养正			清丰							○			
张养德		见冲				○							
张养蒙	泰亨		泽州							○			
赵彦	明宇		肤施	160		○			○	○			
赵选	镇所		昆明									9	
赵标													
赵运昌	五期		临潼	200		○		○		○			
赵延庆			孟县			○			○	○			
赵洪范	无锡存萱		嘉定	45									
赵之翰			邻州							○			

续　表

姓名	字	号	原籍	党人榜	点将录	同志录	朋党录	胁从	籍贯	盗柄戮牒	封疆录	列传	书院志
赵时用	德友	霖宇 霖雨	江都	123	○				○				
赵清衡			高邑	308									
赵德遴				285									
赵南星	梦白	侪鹤	高邑	5	○	○	○		○	○		13	
赵秉忠	季卿	峡阳	益都			○				○			
赵邦清			真宁							○			
陈言	献可	东涯	海盐	224						○			
陈本													
陈以闻			麻城			○		○	○				
陈一教	函三		宜兴	259		○				○			
陈一元	涵三	四游	侯官	196		○		○		○			
陈于廷	孟谔	中湛	宜兴	49	○	○	○		○	○		16	10
陈嘉训			鄱阳							○			

续　表

姓　名	字	号	原籍	党人榜	点将录	同志录	朋党录	胁从	籍贯	盗柄矇	封疆录	列传	书院志
陈奇瑜	正学 玉铉		保德州	150		○				○			
陈熙昌	当时	吴巷	南海	239									
陈居恭													
陈子壮	集生	秋涛 云淙	南海	261									
陈子贞	成之	怀云	南昌							○			
陈士元	心叔	养吾 孟卿	应城	141									
陈所学		志寰	景陵		○	○			○				
陈新芝				278									
陈纯德	静生		零陵									9	
陈仁锡	明卿	芝台	长洲	289								22	
陈正卿	並渔		无锡										11

续表

姓名	字	号	原籍	党人榜	点将录	同志录	明党录	胁从	籍贯	盗柄录	封疆录	列传	书院志
陈潜夫	元倩		钱塘									12	
陈宗契						○				○			
陈大绶			浮梁			○				○			
陈大道			光化								○		
陈长祚	培所		长乐	197									
陈贞慧	定生		宜兴									16	
陈贞达	则廉		宜兴									16	
陈道亨	孟起	蠡源	新建	163									
陈伯友	仲恬		济宁			○	○			○			
陈必谦	益吾		常熟	79	○	○	○			○			
陈邦瞻	德远		高安	307									
陈幼学	志行	筠塘	无锡			○				○		16	8
陈龙正	锡龙	几亭	嘉善									11	10

续　表

姓名	字	号	原籍	党人榜	点将录	同志录	朋党录	胁从	籍贯	盗柄蠹	封疆录	列传	书院志
陈良训	武甫	壶云	进贤		○								
陈良弼				223									
陈良谟	士亮	宾日	鄞县									9	
丁													
丁宾	礼原	改亭	嘉善			○							
丁应泰			武昌						○	○			
丁乾学	天行	字莼	宛平	18								4	
丁元荐	长孺慎所		长兴	69	○	○	○		○	○		22	9
丁此吕	右武		新建							○			
程绍	公业	肖我	德州		○				○				
程注	尔雅白麓	芸阁	孝感	122	○	○	○		○	○			
程拱辰	仲呈		莆田	115									

续　表

姓名	字	号	原籍	党人榜	点将录	同志录	朋党录	胁从	籍贯	盗柄鉥	封疆录	列传	书院志
程国祥	仲若	我旋	上元	202		○	○		○	○			
程正己	道先		长治	74	○	○	○		○	○			
郑鄤	谦止	峚阳	武进	83	○	○			○	○	○		
郑三俊	用章 元岳	纯庵	建德	81	○	○	○		○	○			
郑振先			武进			○				○			
郑宗周			沁水			○	○			○			
翟学程			泽州	110		○	○			○			
翟凤翀	凌元		益都	195			○		○	○			
田大年			虞城										
田珍													
卜													
杜三策	升之	毅斋	东平州	155						○			

续　表

姓名	字	号	原籍	党人榜	点将录	同志录	朋党录	胁从	籍贯	盗柄豁勦	封疆录	列传	书院志
涂一榛	廷荐 淑任		镇海卫	75	○	○	○		○	○			
涂绍煃									○	○			
涂世业	蔓青		南昌	54		○		○		○			
涂宗濬	镜原		南昌							○			
佟卜年			辽阳							○			
唐绍尧	二华	大愚	武陵	161									
陶珽			姚安所			○							
陶崇道			会稽			○		○	○	○			
陶朗先	元晖		秀水	238						○			
汤启													
汤兆京	伯闳	质斋	宜兴	56		○				○		14	
董应举	崇祖		闽县			○			○	○			
董其昌	玄宰	思白	华亭						○				

续　表

姓名	字	号	原籍	党人榜	点将录	同志录	朋党录	胁从	籍贯	盗柄鬃	封疆录	列传	书院志
邓澄			新城							○			
邓渼	远游	环丘	新城	181		○			○	○			
邓云霄	玄度		东莞							○			
十													
南企仲	伯燮		渭南							○			
南居益	思受	二太	渭南			○		○	○	○			
南师仲			渭南			○				○			
八													
马之骏	仲良		新野						○				
马世奇	君常	素修	无锡									8	
马鸣起	伯龙	勉思	龙溪	99		○				○			10
马鸣世	声希	岫旭	武功			○		○					
马孟祯	秦符 兴之	六初 六符	桐城	230		○		○		○		20	

续　表

姓名	字	号	原籍	党人榜	点将录	同志录	朋党录	胁从	籍贯	盗柄鏖	封疆录	列传	书院志
梅之焕	彬父 长公	信天 居士	麻城	249						○		20	
白所知			阳城							○			
綦谦贞			屯留					○					
范景文	梦章	质公	吴桥	32								8	
范凤翼	异羽		通州					○					
樊王家						○				○			
樊尚燝			进贤			○		○		○			
潘文			宁化			○				○			
潘云翼	翔公	瓠玄	宁化	145		○		○	○	○			
潘永图	君怀		金坛						○			21	
潘之祥			婺源			○				○			
万燝	闇夫	元白	新建	20		○						4	
万言扬			孝感	48	○	○	○			○			

续　表

姓名	字	号	原籍	党人榜	点将录	同志录	朋党录	胁从	籍贯	盗柄鬠	封疆录	列传	书院志
ㄅ													
毕佐周	崧高		光山	178									
毕自严	景曾		淄川										
毕懋康	孟侯	东郊	歙县	198		○	○		○	○			
毕懋良	师皋	见素	歙县			○			○				
缪昌期	当时	西溪	常熟	15	○	○	○		○	○	○	4	10
ㄈ													
傅淑训			孝感						○				
傅振商			汝阳			○							
傅宗皋			丰城			○				○			
武之望			临潼			○			○	○			
冯琦	用韫	琢吾 北海	临朐	243								15	
冯英垣			南海							○			

续　表

姓名	字	号	原籍	党人榜	点将录	同志录	朋党录	胁从	籍贯	盗柄録	封疆录	列传	书院志
冯元飚	尔仙		宁波									24	
冯三元			三河					○					
冯时来			晋江			○				○			
冯从吾	仲安 仲好	少墟	长安	80	○	○	○		○	○		13	8
文翔凤	天瑞	大青	三水			○				○			
文震孟	文起	湛持	长洲	82	○	○	○		○	○	○	23	10
米万锺	仲诏 友石		锦衣卫安化	234		○				○			
蒲秉权			永明							○			
方一藻			歙县							○			
方员度				124									

续　表

姓名	字	号	原籍	党人榜	点将录	同志录	朋党录	胁从	籍贯	盗柄蝥	封疆录	列传	书院志
方孔炤	潜夫	仁植	桐城			○			○	○			
方震孺	孩未		寿州	76	○	○		○	○	○	○		
方大任	玉成逢吉		桐城	237						○			
方逢年	韦田	玉田	遂安	172		○			○	○		12	
方有度	方叔	方石	歙县	232		○			○	○			
彭 琯	子白		永川									9	
彭汝楠	伯栋	让木	莆田	304									
彭端吾						○			○	○			
彭遵古	日阳		黄安	201						○			
鲍应鳌						○				○			
庞时雍			汶上							○			
房可壮	阳初	海客	益都	67	○	○	○		○	○			
茅 维	孝若		归安			○				○			

续　表

姓名	字	号	原籍	党人榜	点将录	同志录	朋党录	胁从	籍贯	盗柄鹙	封疆录	列传	书院志
茅元仪	止生	石民	归安			○				○			
濮中玉			舒城			○		○		○			
〔门〕													
麻僖	淳甫	立轩	庆阳卫	138		○		○	○	○			
满朝荐	震东 震寰	同卿	麻阳	264					○	○	○		
〔毛〕													
毛士龙	伯高	禹门	宜兴	84	○	○	○		○	○	○	19	
孟习孔			武昌			○			○	○			
孟淑孔			武昌	184		○				○			
孟章明			交河									9	
孟称光				286									
孟兆祥	允吉	肖彤	交河								○	9	
〔门〕													

续　表

姓名	字	号	原籍	党人榜	点将录	同志录	明党录	胁从	籍贯	盗柄玠	封疆录	列传	书院志
俞志虁	华邻		新昌									9	
喻安性			嵊县						○				
游汉龙			婺源						○				
游士任	肩生 尹仲 伊仲		嘉鱼	70		○	○		○	○			
熊尚文			丰城							○			
熊则桢		太崃	崇阳		○								
熊廷弼	飞白 芝冈		江夏	26									
熊德阳	龙光 日乾	青屿	建昌	95							○		
熊奋渭	佐文	汝望	商城	92		○			○	○			
熊明夏		文直	丰城			○			○				
熊明遇	子良 良如		进贤	186	○	○		○	○	○			

续　表

姓　名	字	号	原籍	党人榜	点将录	同志录	朋党录	胁从	籍贯	盗柄录	封疆录	列传	书院志
余玉节	声子	振衡	大冶										
余懋衡	持国	少原	婺源	215		○	○						9
姚　镛			太原			○		○	○	○			
姚希孟	孟长		吴县	136	○	○		○	○	○	○	23	
姚思仁		罗浮 善长	秀水	127									
杨　鹤	修龄		武陵								○		
杨　羙				129									
杨　涟	文孺	大洪	应山	7	○	○	○		○	○	○	3	10
杨惟休	叔度		丰城	112						○(惟)			
杨维新			高陵	134		○	○						
杨一鹏	大友		临湘	221									
杨嘉祚	美云		泰和	270									

续　表

姓名	字	号	原籍	党人榜	点将录	同志录	朋党录	胁从	籍贯	盗柄录	封疆录	列传	书院志
杨金通			孝感			○				○			
杨建烈	义清 显宇		韩城	142		○	○			○			
杨时乔	宜迁		上饶	189						○		19	
杨春元										○			
杨新期	应昌 周卜	素垍	阳城	228	○								
杨廷枢	维斗		苏州									12	
杨天民	正甫		太平										
杨栋朝	梦苍		剑川州	158						○			
亏													
罗喻义	湘中		益阳						○				
雷缜祥	介公		大湖							○		10	
雷思霈													
刂													

续　表

姓名	字	号	原籍	党人榜	点将录	同志录	朋党录	胁从	籍贯	盗柄录	封疆录	列传	书院志
李玄瑾				38									
李瑾		念塘	襄陵		○	○				○			
李玄	含真		同州	225	○	○	○			○			
李标	汝立		高邑			○				○			
李倖			闻喜			○				○			
李朴	缙白		朝邑			○				○			
李一鳌			南郑						○				
李应魁		光宇	内江		○								
李应策			蒲城							○			
李应昇	伸达		江阴	25	○	○	○		○	○			
李希孔	子铸	寻仲	三水	55		○				○	○		
李乔岱	孕秀		高陵	147		○		○		○		4	
李遇知	伸之 伯伸	赟谷	洋县	131		○	○			○			

续　表

姓名	字	号	原籍	党人榜	点将录	同志录	明党录	胁从	籍贯	盗柄彔	封疆录	列传	书院志
李继贞	徽尹 平楼	散步	太仓州	173								19	
李孔度				217									
李三才	道甫	修吾	临潼	1	○	○				○		16	
李之藻	振之		仁和						○				
李思诚			兴化	236									
李日华	尚绚	海楼	华亭						○				
李日宣	晦伯 灿岩		吉水	101	○	○	○		○	○	○		
李若愚			汉阳			○				○			
李若星	紫垣		息县	176	○	○	○			○			
李守俊	念敏 从寅		宜兴	293								19	
李承恩	襄知			179		○							
李成名			太原			○	○		○	○			

续　表

姓　名	字	号	原籍	党人榜	点将录	同志录	朋党录	胁从	籍贯	盗柄录	封疆录	列传	书院志
李仙品	云卿		高陵	218				○					
李宗延	景哲	嵩毓	汝阳	119									
李腾芳	子实	湘洲	湘潭	199						○	○		
李复阳	宗诚 元冲		丰城	274								21	9
李炳恭	汝笃	纯菴	闽县	85	○	○	○		○	○			
李邦华	孟闇	懋明	吉水	86	○	○	○		○	○		9	
李陵云			华亭						○				
陆　培	鲲庭		仁和										
陆完学	汝成		武进	222		○				○		11	
陆基志						○							
陆基恕			平湖			○							
陆基忠													
陆大受	疑远	武进				○				○			

续表

姓名	字	号	原籍	党人榜	点将录	同志录	明党录	胁从	籍贯	盗柄彭	封疆录	列传	书院志
柳佐			临清						○				
刘蔚			卢氏							○			
刘玤										○			
刘策	范董		武定	260	○	○	○		○	○			
刘铎	我以	洞初	庐陵	22								4	
刘璞			益都	97		○	○						
刘浃						○							
刘芳	尔声	文石	渭南	103	○	○	○		○	○			
刘懋	龟夫	养衷养中渭溪勉之	临潼	44	○	○	○		○	○			
刘惟忠	泰阶		石首			○				○			
刘一燝	季晦	是葊贞白	南昌	109	○	○	○			○	○	18	

续　表

姓名	字	号	原籍	党人榜	点将录	同志录	朋党录	胁从	籍贯	盗柄鼹	封疆录	列传	书院志
刘一焜	元丙		南昌							○			
刘永澄	静之 练江		宝应			○							
刘荣嗣	敬中		曲周			○				○			
刘曰宁			南昌							○			
刘可法			商城			○				○			
刘其忠			龙溪		○								
刘起肤				277									
刘九经			鄞县							○			
刘宪章				280									
刘宪宠	抑之 行表		慈溪	76		○		○				14	
刘元珍	伯先	本儒	无锡	244		○				○		21	
刘弘化	贰公	衡麓	长沙卫	290	○	○				○			8

续　表

姓名	字	号	原籍	党人榜	点将录	同志录	朋党录	胁从	籍贯	盗柄鏖	封疆录	列传	书院志
刘鸿训	默承	青岳	长山	266								18	
刘之待			兴国州			○							
刘之凤	雏鸣		中牟	294									
刘士章				298		○				○			
刘思海	忠甫	鼎梅	赣县	90	○								
刘斯崃			隆昌	287									
刘时俊							○						
刘钟英											○		
刘宗周	起集	念台 蕺山	山阴	47	○		○			○		11	9
刘大受	贞白		房县		○								
刘大中			通州			○				○			
刘廷谏									○	○			
刘廷佐	含白	瞻辰	万安	168		○				○			

续　表

姓名	字	号	原籍	党人榜	点将录	同志录	朋党录	胁从	籍贯	盗柄鏖	封疆录	列传	书院志
刘定国						○				○			
刘同升	孝则 晋卿		吉水									24	
刘道亨			新城										
刘道隆			潜江								○		
刘复初			高陵			○			○	○			
刘理顺	复理	湛陆	杞县							○		9	
吕坤	叔简	新吾	宁陵										
吕维祺	介孺	豫石	新安	28						○		6	
吕炯如						○							
吕器器	先自		遂宁						○			23	
吕兆熊			柏乡										
凌汉翀			长洲							○			
凌义渠	骏甫 茗柯		乌程									9	

续　表

姓	名	字	号	原籍	党人榜	点将录	同志录	朋党录	胁从	籍贯	盗柄录彰	封疆录	列传	书院志
林	莘	德衡平华		漳浦	275								22	12
林	垩	子野		侯官									12	
林枝桥		阳仲存表		新会	207									
林汝翥		大藏		福清	157									
林秉汉		伯昭		长泰							○			
﹀														
练国事		君豫		永城	41	○	○			○	○		18	
口														
卢化鳌		尔腾		漳浦	190		○							
卢象昇		建斗		宜兴										
逯中立		与权	确斋	聊城			○				○		5	
鹿善继		伯顺	乾岳	定兴	27								5	

后　记

　　我向京都大学文学部提交《黄宗羲的政治思想》的毕业论文，是1954年的事。当时被岛田虔次先生的《中国近代思想的挫折》（筑摩书房，1949年）所感动，才以黄宗羲为题目。没有想到，那年春天，我被录用为京都大学人文科学研究所的助手，得以在先生手下学习。在现已过世的安部健夫、小野川秀美两先生，还有岛田虔次之下，作为研究者开始工作，对于我这个时代的女性来说，无疑是稀有的幸运。

　　岛田虔次先生非常健康，不久就将临伞寿之年（译者案：日本关于人寿的说法，八十八岁）。先生特地仔细通读了本书的全部章节，并赐以序文，同时教示了当注意到的地方。然而，当时本书已经基本校完，难以大幅度更改，因此未能充分利用先生的教示，这是非常令人懊恼的，就像一个忘记了做作业的小学生感到难为情。在以作为先生的学生感到幸运的同时，再一次对长年以来先生的学恩表示由衷的谢意。

　　还有，谢国桢先生，虽连见面的机会都没有，但对于我来说，是学问上的老师。我手边有印着"瓜蒂庵"朱印的《晚明史籍考》。所谓"瓜蒂"，是先生谦逊的室号，意思是，善本很难买到，只是"瓜蒂"那样的东西。三十年代，先生着手党社研究，是在"九一八事变"后的民族危机感中，想从明末的党社中发现"民族的不挠精神"。对于作为过去侵略一方的日本的研究者，先生亲手盖上印章赠送书籍，是对我的鼓励。未能将本书送给泉下的先生，是我的遗憾。

　　毕业论文结束以后，我从黄宗羲出发，在对产生他那样思想家的明末清初时代加以关注中,产生了想对包括他父亲在内的东林党进行研究,这一现在看来是过于庞大的愿望。这样,在 1958 年写了《东林派及其政治思想》,那是我发表的最初的论文。还有,对黄宗羲自己也参加的复社运动的研究也在进行。但是,当时人文科学研究所中,明本很少,连影印本都难以得手。即使允许我到内阁文库等处去看书,也只是在东京待二三天,把几页书抄下来都得费很大的力气。

　　此后,有一个时期,我着手女性史的研究,研究的中心离开了明末清初,但那期间京都对于明代文集和地方志影印本的收集在进行,可以看到很多关联史料了。以一边读这些史料,一点一点地写成的有关东林党和复社的几篇文章为中心,补充了若干章,汇集而成的,就是这本《明季党社考》。我虽然知道,为了保持作为专著的一贯性,也许应当全面地改写,然而,毕竟难以舍弃原先写的文章。本书改正了脱误,补充了史料,部分地对原文加以修正,而文章整体的风貌则未改变。还有若干重复,因前后关系无法省略,就此保留下来了,这样的地方也不少。第四章、第六章、第八章,是新加写的部分。第九章第二节,本来是为其他论文集写的,因考虑到本书中也以谈到弃缥社为好,就收录了其中一部分。

　　作为写作本书基础的、已经发表的文章如下:

　　第一章　东林党和张居正——以考成法为中心(《明清时代的政治和社会》,京都大学人文科学研究所,1993 年)

　　第二章　万历前期的对外问题

　　第一节　张居正和山西商人——以隆庆和议为中心(原题《山西商人和张居正——以隆庆和议为中心》,《东方学报》五八册,1986 年)

　　第二节　围绕明日和平交涉的政争(《山根幸夫教授退休纪念明代史论丛》,汲古书院,1990 年)

　　第三章　东林党的形成过程

　　第一节　《万历邸钞》和《万历疏钞》(《东洋史研究》三九卷四号,1981 年)

　　第二节　形成过程(原题《东林党考(二)——形成过程》)(《东

[633]

方学报》五五册,1983 年)

第四章　东林书院和党(原稿)

第五章　东林党和李三才(原题《东林党考(一)——关于淮抚李三才》,《东方学报》五二册,1980 年)

第六章　天启政局(原稿)

第七章　复社运动(原题《关于明末结社的考察——以复社为重点》上、下,《史林》四五卷二号、三号,1962 年)增订

[634]

第八章　南京福王政权下的党争(原稿)

第九章　复社人士的抵抗

第二节　浙东部分(《浙东的抵抗运动》,[《明末清初的社会和文化》,京都大学人文科学研究所,1996 年]中,所收比较详细)

鉴于篇幅,本书叙述了前述《东林派及其政治思想》(《东方学报》28 册)中的一部分,但是未收录其原文。

毕业论文结束以来,一直挂念着作为研究出发点的黄宗羲《明夷待访录》,同时进行有关东林党、复社的研究。写完了浙东的抵抗运动,有一种终于到达了我的出发点《明夷待访录》的感慨。

本书的出版,得到了文部省 1995 年度研究成果公开促进费。本来,是预定在我按规定年龄退休时出版的,但是,由于世间的杂事,遇到了作为女性研究者无法躲避的事件,大幅度推迟了原稿的提交,给同朋舍出版的木村京子和大隈真实造成了很大的麻烦。还有,井上进、岩井茂树、谷井阳子等各位,不仅帮助校正,而且提出了宝贵的意见。帮助电脑输入、做成索引的是立命馆大学的研究生远藤祐子(现在姓鹫尾)、同大学院的学生山田崇仁两位。记于最后,表示感谢之意。

[635]

小野和子
1995 年 12 月 12 日

附录：英文版扉页与目录

ORIENTAL RESEARCH SERIES NO. 50

THE DONG-LIN MOVEMENT
AND
THE RESTORATION SOCIETY
IN
THE LATE MING

By

Kazuko ONO

PUBLISHED BY THE DOHOSHA

1996

PRINTED BY DOHOSHA
PRESS CO., LTD, KYOTO

CONTENTS